KB044446

신 없는 세계에서 목적 찾기

신 없는 세계에서 목적 찾기

우주를 이끄는 손길은 없어도 우리는 의미를 찾아 나선다

랠프 루이스 류운 옮김

FINDING PURPOSE IN A GODLESS WORLD

바다출판사

추천의 글

랠프 루이스는 이 멋진 책에서 대단히 큰 물음들을 던지고 답을 제시한다. 갖가지 학문 분야들을 토대로, 그는 서로 경쟁하는 과학 및 종교 이론들을 솜씨 있게 견줘 내고 있다. 그 결과 훌륭한 정보를 담고 대단히 재미있게 읽을 만한 역작이 탄생했다. 이 책은 갈팡질팡하는 현대인들을 위한 안내서이다.

앤소니 파인스테인Anthony Feinstein, 토론토 대학교 정신의학 교수

《신 없는 세계에서 목적 찾기》에서 정신과 의사인 랠프 루이스는 여러 학문을 넘나들며 우리의 목적, 도덕성, 의미가 어떻게 진화했는지를 보여 주는 시각을 하나 제시하고 있다. 루이스 박사는 사람 개개인의 복잡한 인생 여정을 한결같이 존중하는 모습을 보여 주면서도, 그 여정을 위에서 내려다보는 오만함을 보이지 않는다. 이성—그리고 목적—의 편에 선 세속적 휴머니스트들도 연민과 이해를 전달하는 사자使者가 되어야 할 것이다.

토니 반 펠트Toni Van Pelt, 과학과 인간의 가치 연구소 소장, 미국여성기구 회장

루이스의 개인적인 인생 경험과 정신과 의사로서 쌓은 전문적인 경험이 어우러져, 무심하지만 진정으로 굉장한 우주로부터 나오는 경이로움, 아름다움, 빛남에 대한 독특한 통찰을 우리에게 선사한다. 진화과학과 정신의학에 치밀하게 의거해서 루이스 박사는 가치도 목적도 보살핌도 없는 우주에서 인류가 어떻게 가치와 목적과 보살핌을 진화시켰는지 세밀하게 입증하는 실용적으로 탄탄한 논증을 제시한다.

크리스토퍼 디카를로Christopher DiCarlo, 《철학자처럼 질문하라 How to Become a Really Pain in the Ass: A Critical Thinker's Guide to Asking the Right Questions》의 지은이

인생의 목적이 무엇이냐는 물음은 아마 신자들이 그동안 믿어야 한다고 주입되었던 케케묵은 종교들을 재평가하고 거부할 수 없게 만드는 주된 이유일 것 같다. 개인적으로 겪은 위기를 기폭제로 해서 루이스 박사는 이 물음에 대해 명확한 답을 책으로 써냈다. 많은 독자층을 얻기를 바라마지 않는다.

존 로프터스John W. Loftus, 《왜 나는 무신론자가 되었는가Why I Became and Atheist》의 지은이

이 책은 훌륭하게 초월을 논박하고 있다. 루이스는 우리는 자연적 환경 속에 있는 생물학적 유기체이기 때문에 목적이란 것이 그냥 '하늘에서' 뚝 떨어진 것일 수 없음을 설득력 있게 보여 주고 있다. 목적은 밑에서 위로 생겨난 것이지 위에서 아래로 떨어진 것이 아니다. 곧, 목적은 진화한 것이지 선사받은 것이 아니다.

댄 바커Dan Barker, 《삶이 이끄는 목적: 무신론자가 의미를 찾는 법 Life Driven Purpose: How an Atheist Finds Meaning》의 지은이

깊은 자기 성찰을 위한 궁극의 발견과 숨은 거울을 찾아 나서는 거침없는 여행.

로버트 로렌스 쿤Robert Lawrence Kuhn, 〈과학을 말한다Closer to Truth〉의 제작자이면서 진행자

종교가 과거에 가졌던 지배력을 더는 가지지 못하는 이때에 우리는 인간으로서 어떻게 의미를 만들어 낼 수 있는가? 루이스 박사는 진정 큰 이 물음을 풀어내기 위해 풍부한 임상경험과 신경생물학과 철학을 통합해서 독자들을 끌어들이는 소수의 '르네상스 정신의학자' 가운데 한 사람이다.

아리 자레츠키Ari Zaretsky, MD, FRCPC, 토론토 대학교 정신의학과 학장, 서니브룩보건과학센터 교육부 부총장

차례

2

목적 없는 자발적인 우주

3

우연히 생겨난 도덕성

4

종교의 자리는 있는가

일러두기

권말의 지은이 원주에서 부연 설명을 참조할 수 있습니다.
본문 하단의 각주는 모두 옮긴이의 것입니다.
단행본은 《》, 저널, 논문, 기사의 경우 〈〉로 묶었습니다.

자연을 끝까지 따라가자

마이클 셔머

과학적 회의주의 잡지 〈스켑틱〉(미국판) 발행인

이름난 의사이면서 신경학자였고 과학저술가이기도 했던 올리버 색스Oliver Sacks는 2015년에 암으로 세상을 떠났다. 그 여섯 달 전, 끝이 멀지 않았음을 안 그는, 느끼는 존재로서 우리 한 사람 한 사람이 다 유일무이하다는 것을 통해 어떻게 우주에서 의미를 찾아낼 수 있을지 되돌아보고, 그 마지막 성찰을 다음과 같이 세인들에게 밝혔다.

> 사람이 죽으면 누구도 그 사람을 대신할 수 없다. 그들은 다시는 메울 수 없는 구멍을 남기고 떠나는 것이다. 왜냐하면 한 사람 한 사람이 모두 유일무이한 개체이고, 자기만의 길을 찾아서 가고, 자기만

의 생을 살아가고, 자기만의 죽음을 맞이하는 것, 그것이 운명—유전자와 신경의 운명—이기 때문이다. 나는 죽음이 무섭지 않은 척할 수가 없다. 그러나 내가 가장 크게 느끼는 것은 바로 고마움 같은 것이다. ……뭐니 뭐니 해도 그동안 나는 이 아름다운 행성에서 느끼는 존재sentient being, 생각하는 동물로 살아왔다. 그 자체만으로도 어마어마한 특권이고 모험이었다.[1]

올리버 색스, 〈나의 인생〉

'생각하는 동물'이라. 우리가 누구이며 여기에 왜 존재하는지 생각할 때 참으로 많은 사람들을 괴롭히는 것은 '생각하는'이란 형용사가 아니라 '동물'이라는 명사이다. 과학은 지난 500년 동안 우리가 가진 인간 중심주의에 여러 타격을 가해 왔다. 그중에서도 우리가 우주의 중심에 자리하지 않는다는 발견보다 훨씬 더 마음을 괴롭게 한 것은 우리 행성에서조차 우리 인간이 특별하지 않다는 것이었다. 사람이란, 거의 40억 년 전부터 이 행성에서 진화했던 수억 종—이 중 99퍼센트는 자연 선택의 잔혹한 알고리듬으로 까불질을 당해 사라졌다—중 하나에 지나지 않음을 다윈이 밝혀냈고, 그 뒤로 진화과학이 계속해서 그것을 확증해 왔다. 우리가 사는 지구는 우리 태양계를 이루는 여덟 개 행성 가운데 하나이고, 이 행성들과 더불어 우리 태양계에는 거의 200개에 달하는 위성과 수십 개의 (명왕성 같은) 왜행성, 수백 수천만 개의 혜성과 아마 수십 수백억 개에 이를 소행성들이 있다. 우리 태양계는 은하수 은하계 안에 존재하는 수십 수백억 개의 태양계 가운데 하나이고, 은하수 은하계 자체는 수많은 은하계들로 이루어진 은하단 안에 자리하고 있으며, 이 은하단은 다시 수백 수천만 개의 다른 은

하단들과 다를 게 전혀 없다. 이 은하단들의 대부분은 가속 팽창하는 거품 우주에서 서로를 빙빙 돌며 서로 멀어지고 있으며, 이 우주는 어느 광막한 다중 우주multiverse 안에 있는 거의 무한개에 가까운 거품 우주 가운데 하나에 불과할 가능성이 농후하다. 이 넓디넓은 공간과 깊디깊은 시간 속에서 과연 우리의 자리는 무엇인지 궁금해 하지 않을 수 없다. 그리고 진화는 아마 우리 사람 종만이 가지고 있을 선물, 곧 우리 자신이 언젠가는 죽을 것임을 아는 의식을 내려주었으며, 그와 더불어 우리가 살아가는 80년이라는 시간이 수십억 년의 단위로 측정되는 우주 시간에서 어떤 의미를 가지는지 헤아릴 과제를 던져 주었다. 우리는 왜 여기에 있는 것일까? 생의 목적은 무엇일까?

네 번의 천년기를 거쳐 오는 동안 이런 물음들에 답을 준 것은 종교, 신화, 영성주의 운동들이었으며, 아마 오늘날의 터키에 자리했던 1만 1천 년 전의 괴베클리 테페Gobekli Tepe—지금까지 발굴된 유적 중에서 가장 오래된 종교 및 영성의 중심지—까지 거슬러 올라갈 수 있을 것이다. 그 사람들은 자기네 생의 목적이 무엇이라고 생각했을까? 그들도 '내가 여기에 왜 있을까?' 하며 궁금해했을까? 우리로선 아마 알 길이 전혀 없겠지만, 그 1만 1천 년 중 1만 500년 동안 종교와 영성의 운동들이 그 물음의 범주를 독차지해서 신들과 하늘나라들이 등장하는 다종다양한 초자연적인 답들, 마치 외부에 존재하는 아르키메데스의 지레처럼 우리를 더욱 높은 의미로 고양시켜 주는 답들을 내놓았음은 알고 있다. 그러나 지금은 어떤 혁명이 진행 중이다. 그 혁명은 과학 혁명Scientific Revolution(대략 코페르니쿠스의 《천구의 회전에 관하여On the Revolution of the Heavenly Spheres》가 출간된 1543년부터 아이작 뉴턴Isaac Newton의 《자연철학의 제일원리Principia》가 발간된 1687년 사이에 일어났다)으로 시작해서 이성과 계몽의 시대Age of Reason and the Enlightenment(대략 뉴턴부터 프랑스 혁명 사이인 1687~1795년의 시기이다)와 함께 진행되었다. 그 시대에 과학과 이성은 세계는 물론 인간 세상을 비롯해 그 안에 담긴 모든 것을 이해하는 일에서 일차적인 도구가 되었다. 이것이 바로 계몽주의적 휴머니즘의 세계관이고, 설령 제아무리 일시적이고 개인적일 수 있다 할지라도, 생의 가장 깊은 물음들에 답을 주는 세계관이 바로 이것이다. 계몽주의적 휴머니즘은 초자연적인 것은 피하고 오로지 자연과 자연 법칙들—여기에는 인간의 본성은 물론이고 우리를 지배하는 법칙과 힘도 포함된다—에만 의존해서 우리가 어떻게 행동해야 하고 어떻게 의미와 목적을 이끌어 낼 수 있는지 길을 안내한다.

역사적이고 심리적인 이유들로 인해, 현재 수많은 과학자들과 철학자들은 벼랑에서 물러나 그 문제들을 신학자들, 목사들, 라비들을 비롯한 영성의 지도자들에게 넘겨주고 있다. 마치 그런 도덕적이고 실존적인 문제들에 대해서 뭐라 뭐라 말하는 것은 과학과 이성의 본분이 아니라는 듯이 말이다. 그러나 우리 중에는 이런 식의 지식의 분할 통치를 거부하는 이들이 상당수 있다. 곧, 죽음을 무릅쓰고 무인지대로 돌격하거나 지식의 요새를 두른 성벽을 깨뜨려서, 궁극적인 '왜' 물음들에 답하는 일에서 우리가 어디까지 나아갈 수 있는지 보고자 하는 이들이 있다. 이것이 '과학주의scientism'로 매도당할 때도 있는데, 저들의 한 사람으로서 나는 그런 비방을 기쁘게 포용한다. 어디 한번 해보자고 나는 말한다! 초자연적인 주장은 모두 물리치고, 자연이 우리를 어디까지 데리고 가는지 끝까지 자연을 따라가 보자. 정신과 의사인 랠프 루이스 박사가 바로 그런 동료 여행자의 한 사람이며, 이 책은 계몽주의적 휴머니스트가 신 없는 세계에서 어떻게 목적을 찾아내고,

우주는 보살피지 않는데도 왜 우리는 보살피는지 알려 주는 증언이다. 한 사람 한 사람이 유일무이함을 인정해 주고 환자들을 연민을 가지고 대하고 독자들을 존중하는 따뜻한 의사 루이스 박사의 인간애를 이 책의 쪽마다 느낄 수 있다.

루이스는 인간이 가진 인지력의 버그(또는 특징이라고 할까?), 곧 의미 없는 잡음에서 의미로운 패턴을 찾아내게끔 하는(이것을 나는 **패턴 보기**patternicity라고 부른다) 버그가 있음을 보여 주는데, 신이라든가 신이 부여하는 목적 같은 것도 이런 패턴에 해당하며, 이 모두는 오로지 우리 마음속에만 존재하는 것으로 보인다. 분야를 넘나들며 종합적 사고를 하는 다른 위대한 인물들—이를테면 재레드 다이아몬드Jared Diamond, 스티븐 핑커Steven Pinker, 유발 노아 하라리Yuval Noah Harari 등이 떠오른다—과 마찬가지로 루이스 역시 진화이론, 복잡성 이론, 인지과학, 신경과학, 심리학, 인류학을 비롯한 여러 분야들을 들어서, 원시의 뇌에서 왜 의식이 진화해 나왔는지, 목표 지향성과 의지가 어디에서 나왔으며, 그것들이 어떻게 해서 우리를 다른 동물들보다 더 의미를 갈구하게 만드는지, 우리가 가진 도덕 감각은 어디에서 나왔으며, 왜 우리는 타인들, 심지어 우리와 핏줄 사이도 아닌 사람들까지 보살피는지 우리가 가진 최상의 증거를 검토하고 있다. 루이스 박사는 또한 현업 정신과 의사로서 이제까지 갈고닦아 온 지혜를 바탕으로, 실제 위기를 겪는 현실 속의 사람들을 다룬 경험을 엮어 누구든 인생, 우주, 그리고 어느 것에서나 영감과 의미와 목적을 끌어낼 수 있음을 보여 준다. 이 책을 읽은 독자들은 자발적이고 아무런 길잡이 없는 진화의 과정과 무심하고 무작위적인 우주에서 자기 조직하는 복잡성이 어떻게 실제로 저마다 유일하고 자기를 인식하고 보살피고 목적과 의미가 있는 생을 살아가는 인간 존재를 만들어 낼 수 있었는지 깊은 이해를 얻게 될 것이다.

모든 것이 다 정해진 느낌

이제까지 낡은 믿음 속에서 태어났던 모든 이들에게 위기의 시기가 오리라. 곧, 낡은 것을 벗게 되지만, 아직은 두 발이 새로운 것을 딛지 못하는 시기가 오리라. 우리는 시내산의 천둥에서 울리는 목소리를 더는 듣지 않지만, 이성의 목소리는 아직 작아 들리지 않는다. 어머니가 우리에게 먹여 주신 종교가 망상임을 우리는 증명했다. 당혹스럽게도 하루하루 걷는 우리의 걸음을 인도하는 그 어떤 규칙도 보이지 않는다. 그럼에도 우리는 날마다 어딘가를 향해 걸음을 떼어야 한다.[1]

올리브 슈라이너, 《어느 아프리카 농장에 관한 이야기》

이따금 우리는 어떤 진리의 증거를 엿보았다는 느낌이 들 때가 있다. 말하자면 모든 일들이 이유가 있어서 일어나고 모든 것들이 미리 예정되어 있다는 느낌 말이다. 이를테면 실직을 했는데 더 만족스러운 직업을 얻을 길이 열렸다거나, 어떤 사람과의 관계가 실패한 덕분에 인생의 배우자를 만나게 되었다거나, 비행기를 놓치고 시간을 때우던 중 어느 서점에서 인생을 바꿀 책을 만나게 되었다는 것이다. 이런 통찰의 순간에 우리는 원인과 결과가 엮이는 고리를 보게 되고, 그 모두가 무슨 의미를 가지는지 알게 된다. 목적을 가진 우주의 신비로운 작용을 방금 경험했다는, 으스스하지만 마음 편안한 느낌을 가지게 된다.

사람의 마음은 점과 점을 잇는 일, 곧 원인과 결과, 패턴, 목적을 추론하는 일에 더할 나위 없이 능숙하다. 대부분의 사람들은 우주에 어떤 목적이 내재해 있다고 믿으며, 그중 많은 사람들은 자기 인생이 그 높은 계획의 작은 일부라고 믿는다. 이런 믿음을 가지면 우리 인생은 중요해지고, 따라서 인생에 어떤 의미가 있다고 믿게 된다. 반대로 우주가 무작위적이고 목적이 없다면 우리 인생도 궁극적으로는 무의미할 것이라는 두려움에 사로잡히곤 한다. 목적 없는 우주란 신 없는 우주라는 뜻이다. 이 우주에 목적이 있다면 끔찍한 일들이 왜 이토록 많이 일어나는지 설명하기가 난감하기는 해도, 적어도 우주가 완전히 무작위적인 곳일 리는 없다고 확신을 하면 안도감이 든다. 세밀하게 조정된 자연의 법칙들, 우리 사는 세계의 어마어마한 질서와 복잡성, 그리고 우리에게 의식이 있다는 사실, 이런 것들이 완전한 무에서 **아무런 인도함 없이** 순전히 자발적으로 생겨날 수는 없을 것이라고 직관적으로 느끼는 사람들이 대부분이다.

나는 인간의 조건, 특히 목적과 의미에 관한 물음들에 사로잡히곤 한다.[2] 수많은 사람들이 저마다 살아온 이야기를 나와 나누고, 지극히 내밀한 감정들을 내게 믿고 털어놓고, 대단히 극적이거나 대단히 미세하게 뇌에서 일어난 섭동perturbation이 행동에 어떤 효과를 미치는지 내게 보여 주고, 저마다 가장 깊숙이 간직한 통찰을 내게 전해 준다는 것, 그것이 바로 정신과 의사로서 내가 누릴 수 있는 고유한 특권이다. 그래서 환자를 볼 때마다 나는 가장 근본이 되는 실존적인 물음들을 거듭해서 생각할 수밖에 없다. 그러나 살다 보면 그런 물음들이 갑자기 완전히 나의 물음이 되는 일이 일어나기 마련이다. 어떤 위기가 불시에 들이닥치면, 우리가 가진 세계관의 구조적인 허점이 드러날 수도 있다. 홍수가 나면 도시 기간 시설의 결함이 드러나는 것처럼 말이다. 말하자면 시설물의 중추적인 지점들에 아귀가 틀어져 있으면 금이 가 부서져서 홍수의 급류에 쓸려가 버리는 것이다.

내 경우에는 2005년 가을 학기 첫날에 그런 위기가 시작되었다. 현실은 나를 호되게 후려쳤다. "아들 녀석은 고작 세 살이야. 엄마를 기억도 못할 거라고. 게다가 딸들은 어떡하지?" 우리의 보험 설계사이기도 한 친구에게 나는 전화로 뭐라고 말을 토해 내려고 애쓰고 있었다. 당시 우리 부부는 중증 질환 보험금을 청구하고 있었는데, 결코 청구하고 싶지 않은 종류의 보험금이었다. 말하자면 제발 졌으면 하는 내기를 보험사와 해서 이기는 것이었다. 그 며칠 전에 내 아내는 형태가 매우 악성인 유방암 진단을 받은 터였고, 병의 예후는 심히 불확실했다. 아내는 겨우 서른아홉 살이었고, 우리 자식은 셋인 데다, 큰애가 겨우 일곱 살이었다.

아내인 카린과 나는 삶의 시련과 큰 고비를 여러 번 겪어 보았지만, 이런 경우는 처음이었다. 이런 위기를 마주하고 우리가 놀랐다는 뜻은 아니다. 우리라고 이런 시련을 피할 수 있으리라는 착각은 카린도 나도 결코 하지 않았다. 이런 시련이 다른 이들을 덮치는 모습을 너무나 자주 보았기 때문이다. 나처럼 카린도 사람들을 돕는 일을 직업으로 가졌기에, 친구들과 친척들의 경우뿐만 아니라 일을 하면서도 이런 비극을 수없이 목도했던 것이다. 그러니 이런 심각한 시련이 마치 오래전부터 우리를 기다려 온 듯도 싶었다.

좋은 말을 해 주고 싶어 하는 이들은 만사가 다 잘될 것이며 카린이 이 병을 이겨 낼 것임을 알고 있다는 말로 우리를 안심시키려 애썼다. 암을 이겨 낸 사람들은, 지금 당장은 상황이 전적으로 나쁘게만 보이겠지만 시간이 흐르면 그 상황으로부터 좋은 결과들이 많이 나오는 것을 보게 될 것이라면서 우리를 다독였다. 그들은 암조차도 긍정적인 경험이었노라고 말했다. 암 덕분에 심리적인 면에서 더 좋게 바뀌었으며, '작은 것에 연연하지 않는 법'을 암이 가르쳐 주었다고 했다. 어떤 이들은 세상의 모든 일은 어떤 이유가 있어서 일어나는 법이라고 우리에게 상기시켜 주기도 했다. 말하자면 삶에서 겪는 사건들은 모두 어떤 목적이 있다는 것이었다. 비록 그 목적을 인식하기까지는 시간이 걸릴 수 있긴 해도 말이다. 시련이란 종종 축복이 변장한 것이라는 말이었다.

갑자기 삶에 어떤 강력한 목적 감각이 주입되면서 무엇을 우선시할 것인지 분명해지는 느낌이었다. 친구들과 가족이 다들 달려와서는 정서적인 면은 물론 현실적인 면에서도 경외감이 일 정도로 지원을 해 주었다. 카린의 진단 결과가 나오고 얼마 지나지 않아, 친구들과 그 자식들까지 해서 예순 명이나 되는 이들이 '토론토 치유를 위한 걷기 대회'에 참석하여 '카린 돌보미' 티셔츠를 사람들에게 선보였다. 우리는 치어리더와 행진 악대들이 늘어선 거리를 분홍색 꽃줄을 두른 수천 명의 참가자들과 함께 행진했다. 친구들은 카린이 항암 화학 요법 치료를 받을 때 곁에 있어 주었고, 우리 아이들이 학교가 파하면 집까지 태워다 주었으며, 일요일 아침마다 팬케이크를 구워 아이들에게 가져다주었다. 우리 집 냉장고는 기부받은 음식들로 몇 주 동안 미어터질 지경이었다.

우리는 우리가 소중한 존재이며 보살핌을 받는다는 느낌을 받았다. 그러나 그토록 큰 긍정의 기운에 둘러싸여 있었음에도 불구하고, 우리는 이 모든 상황이 아주 나쁘게 바뀔 수 있음을 알고 있었다. 긍정적인 면들에만 집중하려고 지나치게 기운을 쏟게 되면, 어느 사이엔가 비현실적인 안도감과 소원 빌기식 사고wishful thinking* 같은 것을 느끼게 된다. 경우에 따라 암 환자가 어떤 끔찍한 결말을 맞게 될지 우리는 너무나 잘 알고 있었다. 그 불행한 환자들도 틀림없이 우리와 똑같은 안도감을 받았을 것이다. 우리가 그들보다 더 긍정적인 결말을 맞을 자격이 있는 것은 결코 아니었다. 카린의 예후는 예단할 수 없었다. 곧, 카린의 암은 빠르게 성장하는 특별한 형태의 암이어서 급격하게 진행될 수 있었다. 종양은 이미 매우 커진 상태였고, 다른 곳들까지 퍼졌다는 암울한 징후들을 보이고 있었다.

우리 부부가 가진 종교적 정체성과 종교 공동체는 버팀목이 되어 주는 동시에 압박감을 주는 원천이기도 했다. 카린과 나는 세속적 유대인이면서도 유대교의 문화적 전통을 소중히 여기며, 친족과 친구들

---

* 바람을 담아서 사고하는 것을 말한다. 보통 '소망적 사고'라고 옮기지만, 여기에서는 조금 더 풀어서 옮겼다.

중에는 종교를 가진 이들이 많다. 우리는 당시 시나고그 공동체—그때 당시는 정통 유대교 교회였다—의 일원이기도 했다(이렇게 종교적 믿음이 없으면서도 유대교 공동체에 소속되는 것이 모순되게 보이겠지만, 유대인들에게는 이상한 일이 아니다). 우리는 그들이 우리를 위해 기도해 주고 의례를 베풀어 주는 것에 고마움을 표했지만, 참여하는 것은 정중히 거절했다. 그러면 이따금 다음과 같이 은근히 압박하는 사람들도 있었다. "당신처럼 종교가 없는 사람을 알고 있어요. 그 분은 교회 회중이 집단 기도회를 열도록 했고, 암은 회복되고 있답니다. 의사들은 치료가 불가능하다고 말했는데 말이죠." 그리고 이렇게들 덧붙이곤 했다. "어때요, 이 작은 기도회를 한번 고려해 보세요. 만일을 위해서 말이에요. 어쩌면 결과가 완전히 달라질 수도 있어요. 모르는 일이잖아요."

청하지도 않은 이런 종교적 충고를 받을 것이라고 우리는 이미 예상했었다. 우리 시나고그 공동체에서 비슷한 병을 앓았던 이들에게 사람들이 똑같은 충고를 하던 모습을 줄곧 보아 왔기 때문이다. 카린이 암 선고를 받았다는 소식이 공동체에 퍼지고 며칠 뒤, 이런 압박감을 피하기 위해 우리는 우리 부부를 대변해 주는 라비를 찾아가서, 사람들이 우리에게 기도회 같은 의례에 참여하라고 말하지 않게 해 달라고 정중히 부탁했다. 서로에게 힘이 되어 주기 위해 공동체가 함께 나서는 문화적 전통을 존중하기는 하지만, 믿지 않는 자로서 우리에겐 이처럼 인생의 위기에 처한 때에 기도회 같은 종교 의례에 참여하라고 사람들이 청하는 것은 우리를 간섭하고 압박하고 부담을 주는 것으로 여겨질 것이라고 설명했다.

그러나 나는 나의 믿음 없음을 얼마만큼 확신하고 있는지 자신할 수 없었다. 당시 나는 자신의 믿음 없음에 갈등을 덜 느끼는 카린보다 종교와 영성에 대해 더 어정쩡한 태도를 취하고 있었다. 나는 나 자신을 무신론자보다는 불가지론자에 더 가깝다고 여겼으며, 본질적으로 답할 수 없다고 간주했던 몇 가지 철학적 '큰 물음들'에 대해서도 뚜렷한 입장을 가지고 있지 못했다. 사람의 형상을 한 성경의 신을 내가 믿지 않는다는 것은 상당히 자신할 수 있었던 반면,[3] 더욱 깊은 종교적 진리가 있을지도 모른다는 생각에는 여전히 어느 정도 마음을 열어 두고 있었다. 우주에 어떤 수준에서인가 목적이 내재해 있다는 생각을 나는 특히나 좋아했고, 어떤 추상적인 꼴을 하고 어떤 의도를 가진 높은 힘이 우주를 이끌어 가고 있을지도 모른다는 생각을 하면서 안도감을 느꼈다. 어떤 신이 존재하고 어떤 형상을 하고 있다고 상상하든, 그 신에게 빌어 보라는 공동체의 요구를 단호하게 물리치는 것은, 인생의 크나큰 위기에 직면한 시점에서 보면 보호막을 잃어버리는 것과 다를 것이 없었다.

그럼에도 불구하고 카린과 나는 그 암의 예후가 얼마나 불확실한지 고통스럽게도 잘 알고 있었다. 우리가 받을 수 있는 최선의 의학적 치료법의 통계적 결과를 바꿀 길이란 전혀 없음을 우리는 확실히 알고 있었다. 이런 깨달음이 우리 마음을 깊이 뒤흔들었고, 그걸 부정해 버리고 다르게 믿고자 하는 욕망이 매우 거세게 일었다.

대부분의 사람들처럼, 나 또한 인생이 완전히 무작위적이라는 것을 온전하게 받아들이기가 늘 힘들었다. 내 삶에서 일어나는 사건들이 무언가의 인도를 받아 일어났다거나 '미리 예정된 것'이라는 강렬한 느낌을 경험할 때가 이따금 있었다. 이를테면 이렇게 위기가 닥치고 앞날이 불확실한 시기—사실 특히 바로 이 시기—에도 우리는 몇 가지 예상치 못했던 특별한 행운의 수혜자였다. 진단 과정과 최적의 치료법을 적용받는 과정에서 핵심이 되는 여러 단계들을 그냥 우연으로 치부할 수는 없다는 느낌이 들었다. 어떤 행운과 우연으로 인해, 나는 올바른 때에 올바른 사람들과 계속 연결되어 카린에게 최첨단의 치료를 받게 해 줄 수 있었다는 느낌이 들었다. 그리고 당시 우리는 마침 새로 나온 획기적인 신약—카린의 암처럼 형태가 특히나 악성인 유방암이 보이는 고약한 예후를 상당히 개선할 가능성을 가진 '기적의 약'이라고 극찬하는 이들도 있었다—도 쓸 수 있었다.

나는 내가 인격 형태의 우주적 인도함을 믿는다고는 생각지 않았지만, 어떤 섭리가 작용하고 있다는 느낌은 상당히 강했다. 앞으로 보게 되겠지만, 그런 인상은 언제나 착각에 지나지 않는다. 그러나 당시의 나는 왜 그게 착각인지 그 이유를 명료하게 헤아리지 못했다. 그러나 또 한편으로 나는 직업이 직업이니만큼 부정과 소원 빌기식 사고가 심리적 방어 메커니즘으로서 가지는 위력이 얼마나 대단한지 경험을 통해 잘 알고 있었다. 심각한 위협과 불확실성에 직면했을 때 사람들이 이런 방어 메커니즘들을 어떤 식으로 펼치는지 줄곧 보아 온 터였다. 특히 내가 살아온 인생의 의미를 조롱하는 듯, 무작위적이고 사소한 인자들에 의해 임의적으로 운명이 결정될 때 사람들은 더더욱 그런 메커니즘들에 의존했다. 당시 나는 인생을 무작위성이 지배하고 있음을 완전하게 받아들이지 못하고 있었다.[4]

이제 와서 돌아보면, 당시 나는 인지 부조화를 겪고 있었음을 깨닫는다. 말하자면 내가 품은 믿음들이 일관되지 못하고 서로 모순되는 터라 정신적으로 불안정한 상태였다는 것이다. 내면에서 벌어지는 믿음들의 충돌은 더욱 일관되고 견고한 실체성을 가진 세계관을 정형화하는 일에 몰두하게 만들었다. 나는 여러 해 동안 치밀하게 성찰, 독서,

토론, 연구, 저술을 해 왔으며, 이 책에 그 과정의 정수를 담았다.

왜 목적이 있다고 믿는가

우리가 가진 목적 감각과 의미 감각은, 살면서 겪는 사건들은 의도적인 이유가 있어서 일어나고 우주 자체에도 목적이 내재해 있다는 가정과 얽혀 있다. 왜 그럴까?

우주에 목적이 있다는 믿음은 널리 퍼져 있으며, 비단 전통 종교를 믿는 자들만 가진 믿음이 아니다. 전통 종교와는 색이 좀 다르고 개개인의 인생에서 일어나는 특수한 사건들은 의도적인 이유가 있어서 일어난다는 믿음에 동조하지 않는 여러 신학을 따르는 수많은 사람들도 일반적으로 가지고 있는 믿음이다. 또한 '종교적이지는 않지만 영적인' 사람들도 전형적으로 가지고 있는 믿음이기도 하다. 이런 사람들은 어떤 '인격신'이 인간 개개인의 인생에 간섭한다는 믿음조차 가지지 않을 수도 있다.

지난 몇십 년에 걸쳐 세상을 뒤바꿀 만한 과학적 통찰이 쏟아져 나오기 이전에는, 우리 세계가 목적을 가지고 설계되었고 뜻을 가진 높은 힘(들)의 지배를 받는다는 생각이 꽤 자명하게 보일 만도 했다. 우리 세계를 특징짓는 오묘한 복잡성이 자발적으로 생겨날 수 있었을 것이라는 말을 꺼내면 아예 멋모르는 소리 말라고 했을 수도 있다. 심지어 오늘날에 와서도, 이름이 대단히 높은 과학자 몇 사람은 우주의 물리가 생명이 진화할 수 있도록 정밀하게 미세 조정되어 있다는 주장을 아직도 펼치고 있다.

영적인 영역이 있다는 인상, 초자연적인 설계가 있다는 인상에 더해, 의식의 수수께끼는 특히나 강렬한 인상을 준다. 대체 어떻게 의식이 물질 입자들에서 유래할 수 있을 것이며, 의식처럼 복잡한 현상이 어찌 아무 인도도 받지 않고 자발적으로 진화할 수 있었을 것인가? '나'에 대한 경험이 어떻게 물리 법칙 및 단순한 물질로 환원될 수 있을 것인가? 그뿐만이 아니다. 가치와 윤리는 또 어떻고? 그런 추상적이고 손에 만져지지 않는 성질들이 어떻게 우주를 이루는 물질적인 '재료'에서 생겨날 수 있었는가? 설사 그렇게 생겨났다 쳐도, 도덕성이란 상대적인 것이 아닌가? 무작위적이고 물질적인 우주에서 의미가 어떻게 생겨날 수 있는가? 목적이 없는 우주에서 어떻게 목적이란 것이 떠오르겠는가?

우주에 어떤 웅대한 설계가 있음을 설득력 있게 뒷받침하는 것처럼 보이는 논증들이 많이 있기는 하지만, 실재의 본성에 대해 현대 과학은 그것과는 다른 이야기를 들려준다.

우리를 이끄는 손길은 없다

지난 400년에 걸쳐 강력한 과학적 세계관이 꾸준하게 구성되어 왔으며, 현대에 와서는 그 속도가 거의 기하급수적으로 가속되었다. 전체적인 그림에서 열쇠가 되는 조각 여러 개를 지난 10~20년 사이에 맞춰 넣었다. 현재 우리에게는 우리 세계, 생명, 의식이 어떻게 **완전히** 자발적이고 인도받음이 없이—(놀랍게도) 우주의 처음부터 현재의 복잡성에 이르기까지—떠오를 **수 있었는지** 대단히 설득력 있고 완전히 가당성 있게 설명해 내는 모형들이 있다.[5] 이 설명 모형들에서는 외적인 원인이나 제일 원인, 지적인 설계자, 인도하는 손길은 전혀 필요 없다.

그와 동시에 심리과학 분야에서 이루어진 발전은 우주 또는 특별한 사건들에 목적과 의미가 내재해 있다고 가정하는 경향성이란 그저 우리 사람의 뇌가 가지는 인지적 편향성을 반영하는 것일 뿐임을 입증했다. 사람은 사건에 패턴과 의식적 의도성을 과도하게 부여하는 성향이 강하다. 이런 경향성은 포식자와 먹이를 찾아내고 사회적 동물로서 서로 협력하기 위해—말하자면 바로바로 패턴을 식별해 내고 그 패턴들을 토대로 다른 존재들이 품은 의도를 유추하기 위해—고도로 조율된 능력들이 진화하면서 나온 부산물일 가능성이 크다.

우주론, 이론물리학, 진화생물학, 복잡성 이론, 신경과학, 인지과학, 정보이론 등 갖가지 분야에서 중추적인 돌파구들이 마련되어 왔다. 이 분야들을 개별적으로 따로 떼어서 보면, 각 분야에서 이뤄 낸 통찰만으로도 이미 급격한 패러다임의 전환을 이루고 있지만, 한데 모아서 보면, 그 통찰들은 사실상 인류 지성사의 어떤 사태점tipping point*으로 귀결되고 있다고 할 수 있을 것이다.

그런데 이 과학적 통찰이 우리로 하여금 모든 존재를 무작위적인 것으로 간주하도록 몰아간다면, 우리에게는 무엇이 남게 될까? 노벨물

---

* 변화나 흐름이 천천히 쌓이거나 진행되다가 갑자기 걷잡을 길 없이 폭발하는 시점을 말한다. 그 시점을 지나면 그 변화나 흐름은 멈출 수가 없다고 한다. 대개 이 말을 번역하지 않고 그냥 '티핑포인트'라고 옮기고 있지만, 여기서는 눈사태, 산사태, 사람사태 등에서 '갑자기 한꺼번에 쏟아져 나오는 일'이라는 뜻으로 쓰인 '사태沙汰'라는 말을 써서 '사태점'으로 번역해 보았다.

리학상 수상자인 스티븐 와인버그Steven Weinberg는 이런 말을 한 것으로 유명하다. "우주가 점점 이해할 수 있게 보이면 보일수록, 우주는 점점 더 무의미하게 보이기도 한다."[6]

과학적이고 유물론적인 세계관에 만족하지 못한 나머지, 비록 전통적인 제도 종교에 회의적이고 환멸을 느낌에도 불구하고 어떤 높은 힘이나 계획이 있다는 믿음을 계속 견지하는 사람들이 굉장히 많다. 그리고 서양 사회에서 종교의 영향이 쇠퇴하면서, 사회적 가치가 무화되고 말 것이라고 걱정하는 사람들도 많다. 말하자면 도덕의 나침반이 사라지고 목적과 의미 감각도 잃고 말 것이라고 걱정하는 것이다.

세계관으로서의 과학을 만나다

큰 물음들을 거론하는 과학적 통찰들이 그동안 워낙 빠른 속도로 우리 손에 들어왔기 때문에, 대부분의 사람들은 거기에 보조를 맞추지 못해 그 통찰들을 이해하지도 못하고 그 완전한 함의를 파악하지도 못하고 있다. 나는 이 책에서 그 통찰들을 여러분과 함께 나누면서, 여러분이 더욱 속도를 내어 보조를 맞출 수 있도록 하고 싶다. 그리고 어떻게 그 통찰들이 일관되고 의미로운* 세계관을 하나 형성해 낼 수 있는지 살펴볼 것이다. 나는 우주, 복잡성, 생명, 의식의 기원뿐만 아니라, 가치의 기원, 그리고 우리의 삶과 타인의 삶에 대한 보살핌의 떠오

* '의미롭다'는 국어사전에 없는 말이지만, '의미'에 접미사 '-롭다'를 붙여 '의미가 있다'는 뜻으로 써 보고자 한다. 이 작은 언어적 실험에 독자들의 양해를 구한다.

름을 과학이 어떻게 가당성 있게 설명해 낼 수 있는지 보여 주고 싶다. 나는 특히 과학을 휴머니즘 수준의 개개인의 삶과 맺어 주는 데 도움이 될 수 있다고 생각하는 통찰을 여러분과 나누고자 한다. 이를 위해 나는 인간 조건의 최전선에서 활동하는 정신과 의사로서의 내 경험으로부터 많은 것들을 끌어내려고 한다. 환자들이 정신 장애와 싸워 나가는 과정을 돕는 것은 인간의 동기 부여를 세밀한 수준에서 이해할 수 있게끔 해 주었다. 내가 담당하는 환자들 중에는 청소년기에서 성년기로 성장하는 단계의 젊은이들이 많다. 나는 그 젊은이들이 인생의 목표를 정의하고 직업을 가지고 가정을 꾸려 나갈 수 있도록 돕는다. 그러나 아무리 애써도 결코 충분한 동기를 갖지 못하는 이들도 있다. 그 이유가 무엇인지 알아내서 그들의 인생 항로에 변화를 주려고 노력하는 것이 바로 내 일이다.

카린의 암을 겪어 나가면서 나는 내가 하는 임상의 범위를 확장하여 암 환자와 그 가족을 정신의학적이고 심리학적으로 돕는 일에도 관심을 가지게 되었다. 몇 년 동안 심사숙고한 끝에, 나는 내가 일하는 대학 병원에 소속된 지역 암센터—카린이 치료받았던 곳이 바로 거기였다—의 정신과 상담의가 되었다. 나는 그곳에서 받았던 은혜를 갚고 싶었고, 말기 질환을 비롯한 깊은 실존적 위협에 다른 사람들은 어떻게 대처하는지 더 배우고 싶었다.

이 밖에 다른 측면들에서도 환자들로부터 배운 바가 많다. 정신 장애에서는 사람의 본성이 크게 확대되어 나타난다. 정상적인 상태에서는 뚜렷하게 드러나지 않는 형질과 인지적 습관들이 정신 장애에서는 증폭되거나 왜곡되기 때문에, 정신 장애를 보면 이런 형질과 습관을 이해하는 데 도움이 된다. 예를 들어 정신증과 조증에서는 패턴을 과도하게 식별하고 무작위적인 사건들에서 고의적인 의도—특히 자기를 향해 있는 것으로—를 지각하는 일반적인 인간적 경향성이 터무니없이 확대되어 나타난다. 질서, 통제, 예측 가능성에 대한 욕구, 주변 환경을 상징적으로 통제하고자 미신적인 의례 행위에 몰두하는 성향, 청결함과 완벽함에 대한 집착—이 모두는 널리 퍼져 있는 인간의 경향성으로서 종교에서 두드러지게 나타난다—이 증폭된 강박 장애에서는 이런 모습이 더욱 분명하게 나타난다.

정신 장애를 가진 사람들은 그릇된 주관적 지각과 왜곡된 믿음에 종종 현혹된다. 그러나 그런 잘못과 왜곡은 결코 정신 장애에만 국한되지 않는다. 주관적인 경험은 우리 모두에게 어마어마한 힘을 발휘한다. 우리는 우리의 지각, 직관, 믿음이 실재를 정확하게 표상한다고 여기는 경향이 있으며, 그것들이 완전히 잘못된 표상이어도 그 점을 인식하거나 받아들이지 못할 때가 종종 있다. 우리는 또한 타인의 주관적 경험을 믿는 경향도 있어서 타인이 들려주는 일화적 증언에 쉽게 휩쓸린다. 종교적 신앙을 떠받치는 것이 바로 직관, 주관적 지각, 타인의 개인적 증언이다.

죽음에 대한 두려움도 환자들이 내게 도움을 청하는 또 하나의 공통된 주제이며, 환자들뿐만 아니라 우리 모두와도 관련될 수 있는 주제이다. 개중에는 종교적으로 사후 세계를 믿음으로써 스스로를 부분적으로나마 위로하는 이들도 있지만, 사후 세계를 전혀 믿지 않는 이들도 있다. 초자연적인 것에 대한 믿음에 불을 지피는 것은 우리가 자아 중심적인 인간으로서 우리의 주관적인 의식 경험이 완전히 꺼지는 것을 상상하지 못한다는 것이다.

세계의 진짜 모습이 어떤지 더욱 실재적인 그림을 얻으려면, 우리가 가진 주관성, 직관, 인지적 편향성, 두려움, 소원 빌기식 사고를 피해 가야만 한다. 가장 미덥게 이를 해내는 길은 과학적 방법을 적용하는 것이다. 일단 우리가 관련 과학적 증거를 고려하게 되면, 우주가 목적을 가지고 설계되었다는 생각은 사람이 구성해 낸 관념임이 분명해진다. 우리는 또한 목적, 도덕성, 의미의 근원이 종교라고 믿을 기초가 아무것도 없음을 똑똑히 보게 된다. 그 대신 종교는 동기 부여 및 사회성과 관련된 이런 자연적인 성향들이 통합된 것이며 세월이 흐르면서 인간의 문화와 함께 진화해 온 것으로 이해할 수 있다. 이런 성향들 말고도 우리가 가진 더욱 이기적이고 공격적이고 경쟁적이고 이방인 혐오적인xenophobic 기질들까지 종교가 통합해 왔다는 것도 놀랄 일은 아니다. 현대의 세속적 사회는 종교적 사회보다 훨씬 연민을 발휘하고 성공적인 사회를 이루어 냈다. 그 사회에서 인간의 보살핌은 우주 또는 높은 힘이 보살핀다거나 목적이 있다는 믿음에 의존하지 않는다.

계몽되고 지성적으로 다듬어진 형태의 종교들이라면, 과학적 눈을 갖추고 세속적인 성격이 두드러지는 현대 사회에서도 한 구실을 해낼 수 있다고 나는 아직도 생각한다. 가장 진보적이고 경전의 자구에 얽매이지 않는 형태의 종교라면 수많은 사람들이 보살핌 능력을 더욱 키울 수 있게 할 것이며 실제로도 그렇게 하고 있다. 내 환자들 중에는 신앙이 주는 위안이 없었다면 시련을 결코 이겨 낼 수 없었을 것이라고 느끼는 이들이 많다. 그리고 종교에서 영감을 받아 사회적으로 이타적인 행위를 대단히 많이 한 이들도 있다. 그러나 너무나 많은 사람들이 죄책감이나 자책감, 또는 신에게서 버림받은 느낌—"왜 저입니까?"—에 시달리며, 종교적 의례를 격렬히 수행하는 데 소중한 시간과 에너지를 쏟아붓는 이들도 있다.

이 책에서 내가 염두에 두는 목표는 엘러너 포터Eleanor H. Porter의 소설 속 주인공인 폴리아나Pollyanna처럼 무조건 낙관만 하는 세계관이 아닌, 동기를 부여하면서도 신중한 낙관론이 담긴 세계관을 제시하는 것이다. 이 세계관은 우주와 인간 본성에 대한 탄탄한 과학적 이해를 토대로 구축되고, 따라서 믿음보다는 실재와 증거를 기초로 한다. 이 세계관은 우리가 따라야 할 도덕률이 무엇이고 인생의 목적과 의미가 무엇이어야 하는지 지시하는 처방전이 되지는 않을 것이다. 나는 그저 우리를 목적과 도덕과 의미가 있는 삶으로 향하게 하는 근본적인 인간적 성질들은 아무 인도함 없이 진행되는 진화가 낳은 선천적이고 본능적인 산물이라는 논증만을 제시할 생각이다. 우주에는 목적, 도덕성, 의미가 내재하지 않는다. 그것들은 우주가 시작될 때 '설계'의 일부로 있었던 것들이 아니다. 그것들은 훨씬 나중에 생명 자체와 함께 떠올라 진화에 의해 빚어진 것들이다. 우리 사는 세계가 현재 목적과 의미는 물론 도덕적 가치들로도 넘쳐 난다는 사실에 기적이나 신비로운 의미가 전혀 없다는 것이 놀랍기도 하고 반직관적이기도 할 테지만, 이런 깨달음에서도 경이로움을 얼마든지 느끼게 될 것이다.

주의를 주어야 할 것이 있다. 곧, 이 세계관은 자애롭고 목적 있는 우주에 대해 그동안 우리가 들어 왔던 옛 이야기들만큼 마음을 달래주고 안도감을 주지는 못한다는 것이다. 그러나 허무주의적인 세계관인 것도 아니다. 과학에 열중한 사람들, 그리고 직업만이 아니라 하나의 세계관으로서 과학을 보듬은 사람들은 대개 이 사회에서 가장 영감어리고 가장 목적 지향적인 구성원들이다.

정신과 의사로서 나는 한 발은 뇌의 생물학적 측면들이 어떻게 행동을 낳으며 우리의 욕망을 지피는 것들이 무엇이냐는 문제에 집중하는 의학과 신경과학에 담그고 있고, 다른 한 발은 사람의 삶, 관계, 그리고 그들이 사회 속에서 목적 감각을 어떻게 정의하느냐는 문제에 집중하는 사회과학과 인문학에 담그고 있다. 날마다 인간의 투쟁이 벌어지는 참호 속의 한 정신과 의사로서 나는 변혁의 힘을 가진 이 사회적 논쟁에 특별한 이바지를 해 주리라 바라는 것들을 여기에 제시했다.

일러 둘 말들

1. 이 책에서 서술하는 발견과 이론 들은 이 책을 쓰고 있는 현재 급격하게 발달하고 있으며 아직 발달이 완료되지 않은 상태에 있는 수많은 과학 분야들에서 나온 것들이다. 과학적 방법의 본성이 본성이니만큼, 여기에 제시된 과학적 발견과 이론들 가운데 많은 수는 시간이 흐르면서 천천히 또는 빠르게 바뀌어 가면서 내용이 일신되거나 더욱 정확한 것들로 대체되어 갈 것이다. 이 책이 출간되고 어느 정도 세월이 흐른 뒤에 이 책을 읽는 독자라면, 아마 여기에 제시된 이론들에 무슨 오류라도 있을 경우, 그렇게 바뀐 지식으로 그걸 알아볼 유리한 고지에 서 있을 것이다. 내가 말하고자 하는 요지는, 오늘날의 '큰 물음들'을 과학적이고 합리적으로 답할 수 있을 것이라는 이 책의 주장을 과학적 발견과 이론이 꼭 확정적으로 뒷받침할 필요는 없고, 그저 가당성 있게 뒷받침만 해 주면 된다는 것이다.

2. 이 책에서 제시한 사례들과 짧은 예들은 환자의 개인 정보를 보호하고 익명성을 유지하게끔 서술했다. 세부적인 면들은 다르게 바꾸기도 했고, 합성한 사례들도 있다.

1

인생에 목적이 있는가

1 그것은 내 삶과 관계없다

왜 사람들은 모든 일에 이유가 있다고 믿는가

믿음이 가진 양날의 검

애나가 최근에 유방암 진단을 받고 어떻게 해야 할지 몰라 불안에 시달리는 것을 본 담당 종양과 의사는 애나를 내게 보냈다. 애나는 서른한 살에 독신이고 혼자 살았으며, 병 들기 전까지 최저 임금을 받는 두 가지 일을 하면서 간신히 먹고사는 형편이었다. 가난한 동유럽의 어느 나라에서 난민 자격으로 캐나다에 온 이후, 애나는 지난 6년 동안을 대부분 힘들게 살았다. 애나는 모국에서 폭력적이고 통제적인 남편과 지역 경찰서에서 일하는 부패한 남편 친구들에게 감금당한 채 위협을 받으며 살다가, 부모와 가족의 친구들, 위조 문서의 도움으로 황급히 은밀하게 모국을 도망쳐 나왔다. 애나의 거듭된 불복종은 남편을 격분시켰고, 애나에게 휘두르는 폭력의 정도도 점점 심해졌다. 그로부터 4년 전에 애나의 부모는 그 남자가 재산이 많고 지역 유지들과도 연이 잘 닿아 있었기에 애나에게 그 남자와 결혼할 것을 종용했었다. 캐나다에서 애나는 안전했으나, 가족으로부터 멀리 떨어져 혼자 살아야 했다. 우울증에 사로잡힌 그녀는 자기가 무슨 잘못을 했기에 그런 운명을 맞았는지 알 수가 없었다. 그러다가 가슴에서 멍울이 하나 만져졌다. 암이라는 진단은 끔찍한 충격이었다. 왜 이 나이에 유방암에 걸려야 하는 거지? 애나는 고향으로부터 멀리 떨어진 곳에서 홀로 죽어 가는 자신의 모습을 상상하면서 절망하기 시작했다.

그러나 그 뒤로 애나는 최상의 캐나다 보건 의료 체계를 경험했다.[1] 그러면서 애나는 자기 병의 예후가 걱정했던 것만큼 무시무시하지는 않다는 느낌이 들기 시작했다. 우리 암 센터에서 받을 수 있는 최첨단의 치료를 받은 덕분에, 완치 확률이 높았던 것이다.

애나는 눈물을 펑펑 쏟으며 내게 이 이야기를 들려주다가, 받을 수 있는 암 치료법이 캐나다에 비해 몹시 제한된 '자기 나라'에 그대로 살았더라면 그 암의 결과가 어떠했을지 생각해 보고 몸서리를 쳤다. 그러다 지금까지 자기가 살아온 인생의 전체 궤적이 갑자기 납득이 되었다. "이리 되도록 이미 예정되어 있었어요. 하느님이 남편을 제게로 보내셔서 제가 그 고통을 받게 하셨고, 제 몸에서 암이 자랄 때 저를 이곳으로 오도록 하실 생각이셨던 게지요." 애나는 자신이 결국 암에 걸릴 수밖에 없었던 것은 그보다 훨씬 깊고 더욱 신비롭고 더욱 높은 어떤 계획의 일부임이 틀림없을 것이라고 추리했다.

애나처럼 인생의 위기에 직면한 이들뿐 아니라, 어떤 더욱 높은 힘이 자기 인생을—직접적이지는 않다 할지라도 알아채기 힘들게 신비로운 방식으로—인도하고 있다고 확신하는 사람들은 많다. 대부분의 사람들은 인생의 사건을 겪을 때 바로 이를 뒷받침하는 증거를 보았다고 확신하는데, 이런 주관적인 증거가 가지는 설득력은 극도로 강할 수 있다. 지성적이고 이성적이며 교육을 잘 받은 사람들이라 할지라도 그런 믿음을 가지기 일쑤이며, 그 믿음을 뒷받침하는 확증을 발견했다 싶은 '아하' 하는 심오한 깨달음의 순간을 경험하는 이들이 많이 있다.

이런 부류의 믿음들이 워낙 널리 퍼져 있는지라, 으레 우리는 그것이 비이성적이거나 괴상한 믿음이라고 여기지 못한다. 그런 믿음들은 우리가 가진 직관과도 일치하고, 앞뒤가 맞는 이야기—모든 것을 굽어보는 시점과 만족스러운 결말을 가진 웅대한 이야기—를 좋아하는 우리의 자연적인 성향과도 일치한다.

정신과 의사로서 나는 인생의 사건들이 어떤 식으로인가 의도된 것이라는 믿음이 긍정적으로나 부정적으로나 동기 부여에 크나큰 힘을 발휘할 수 있음을 관찰해 왔다. 이런 믿음은 양날의 칼과도 같다. 곧, 안도감을 주고 마음을 편하게 해 줄 수도 있지만, 모진 시련을 겪는 상황에서는 환멸, 괴로움, 버림받은 느낌으로 이어질 수도 있는 것이다. 종교적 또는 영적인 성향을 가진 환자들이 비극과 고통을 겪을 때, 우주는 자애롭다는 믿음으로 과연 그들이 위로를 받을지 비참함을 느낄지 예측하기가 나로선 힘들었다. 반면에 그 대안이 되는 믿음, 곧 인생이란 무작위적이라는 믿음은 마음에 안정감을 주지는 못하지만 정서적으로 해방감을 줄 수는 있다.

재능 있고 머리 좋고 앞날이 창창했던 십대의 아이였건만 돌연 강력한 마약에 중독되고 말더니, 그러지 않아도 되었을 텐데 결국 마약 과다 투여로 목숨을 잃고 만 것을 보고 신의 존재를 의심하는 부모에게 무슨 말을 하겠는가? 또는 살면서 늘 신이 함께하심을 마음 깊이 느껴 왔으나, 만성 통증으로 몸이 쇠약해지다가 고위험 암을 선고받고 직장과 경력, 결혼 생활, 집까지 잃는 등 숨 돌릴 틈도 없이 불운이 몰아쳤는데, 그 와중에도 날마다 자신을 도와달라고, 그게 안 되면 적어도 희망과 의미가 있다는 징조만이라도 보여 달라고 기도하는 (그리고 매번 그런 징조를 보았다고 믿지만, 언제나 더 잃고 말 뿐인) 여성에게 무슨 말을 하겠는가? 암에 걸리고 난 뒤에 암과는 별개로 불운을 연달아 겪었던 한 환자가 내게 이런 말을 한 적이 있었다. "하느님의 보우하심을 더는 느낄 수가 없네요."

고통을 받더라도 믿음을 잃지 않도록 도움을 주고 마음을 다독여 주는 어느 종교적 은유는 우리의 세상 경험을 그림 직물tapestry을 뒷면에서 보는 것과 같은 것으로 묘사하고 있다. 그림 직물의 뒷면에서 우리가 보는 것은 실이 목적 없이 무작위적으로 얽혀 있는 모습이다. 그러나 때가 되면—아마 사후 세계에서—신이 그 그림 직물의 아름답고 웅대하기 그지없는 앞면을 우리에게 보여 주실 것이다. 무작위적으로만 보였던 우리 인생의 그 모든 실올들이 그려 온 무늬와 목적이 그 순간 갑자기 우리에게 드러날 것이다. 그러면 우리는 우리가 맡은 역할과 그 모든 일들이 일어난 이유, 곧 그 모든 것들의 목적을 이해하게 될 것이다.

모든 일은 이유가 있어서 일어난다는 믿음을 이해하려면, 종교적 또는 영적인 믿음만이 아니라 일반 현상으로서 믿음의 본성까지 고려할 필요가 있다.

완강한 믿음과 비판적 사고

믿음은 동기를 부여하고 합목적적인 행동을 하게 만드는 강력한 조절 장치이다. 내용과 맥락에 따라, 믿음은 용기를 주기도 하고 사기를 꺾기도 한다. 믿음은 위험할 수도 있다. 믿음의 힘은, 능히 치료할 수 있는 암인데도 화학 요법 대신 대체 의학을 선택하는 치명적인 행위를 이끌어 내기도 한다. 비행기를 몰아 건물로 돌진하게 만드는 힘을 가진 것도 바로 믿음이다.

왜곡된 실재에 기초한 비합리적 믿음들은 그 믿음과 모순되는 증거 앞에서도 끄떡도 하지 않을 만큼 완강한 모습을 띨 수도 있다. 이런 비합리적 믿음에는 개개인이 가지고 있는 특이한 믿음만 있는 것이 아니라 대규모 집단에서 공유하는 믿음도 있다. 점성술, 외계인 납치, ESP(초감각 지각), 동종요법, 백신이 자폐증을 유발한다는 믿음, 전혀 가당치도 않은 음모론 등, 정신적으로 건강한 많은 사람들이 널리 공유하는 비합리적 믿음의 예는 한도 끝도 없다. 조금도 타당성이 없는 그 많고 많은 믿음들을 정신적으로 건강한 사람들이 그토록 당당하게 공유하는 까닭은 무엇이고, 어떻게 해서 그런 믿음을 가지게 되는 것일까? 여기에는 단순히 고지식해서 잘 속는다든가 암시에 취약하다는 것 이상의 것이 작용하고 있지만, 비판적 사고력이 없다는 것이 한 구실을 하고 있음은 확실하다.[2]

과학을 대중에게 알리는 사람이었던 칼 세이건Carl Sagan—TV 프로그램인 〈코스모스Cosmos〉의 공동 제작자이자 진행자였고, 현대의 과학적 회의주의 운동의 창시자 가운데 한 사람—은 왜 그토록 많은 사람들이 허무맹랑한 믿음을 받아들이는지 그 까닭을 이해할 때 참을성 있고 관대하게 접근할 것을 주장했다.

> 호기심 많고 지적이며 세계를 이해하는 일에 마음을 쏟는 사람들이라 하더라도 (우리가 보기에) 미신과 사이비 과학의 수렁에 빠질 수 있다. 그들을 보고, 음, 저들은 당연히 더 잘 알아야 하는 것 아닌가, 저들은 더 비판적이어야 하지 않은가, 등의 말을 할 수도 있을 것이다. 그러나 그건 지나치게 모진 말이다. 이것이 그들의 잘못이라고 하기는 어렵다고 나는 말하겠다. 이는 허튼소리를 선전하고 진실ambrosia을 감추기를 좋아하는 어떤 사회의 잘못이다. ……그들이 가진 믿음들에 대해 회의주의자들이 낮잡아 보거나 깔보거나 거만한 모습을 보이면, 똑똑하고 호기심 많고 흥미를 가진 이 사람들의 주목을 얻는 가장 효과 없는 방법이다. 그들이 비록 귀가 가벼울지는 몰라도 멍청한 사람들은 아니다. 사람이란 미혹되고 잘못되기 쉽다는 것을 염두에 두면, 우리는 그들의 처지를 이해하게 될 것이다. ……그들은 믿을 만한 이유가 있기 때문에 믿는다. 사이비 과학은 물론이고 미신이라 할지라도 코웃음을 치며 일축하지 말도록 하자.[3]
>
> 칼 세이건, 〈경이로움과 회의주의〉

그런 다음 세이건은 죽은 자와 '소통하는' '기술을 가진' 영매가 하는 말에 얼마나 많은 사람들이 쉽게 혹하는지 예를 들고는, 이렇게 결론을 내린다.

〔영매의 술수와 분위기에〕 감정적으로 휩쓸리는 〔내〕 모습을 볼 수 있을 것이다. 내가 거기에 혹했다고 여러분은 나를 더 낮게 평가할 것인가? 내가 회의주의 교육을 받지 못한 탓에 회의주의가 하나의 미덕이라고는 생각지도 못하고, 회의주의란 인간적인 것들은 죄다 심술궂게 부정하고 거부하는 것이라고 믿는다고 해 보자. 그렇다면 영매나 심령술사에게 쉽게 휘둘리는 심정을 이해할 수 있지 않겠는가?[4]

칼 세이건, 〈경이로움과 회의주의〉

여러분은 사람들이 저마다 가진 믿음에 대해 회의적인 자세를 가지도록 설득하는 것, 다시 말해서 사람들이 저마다 가지고 있는 가정을 뒷받침하는 증거를 비판적으로 검토하고, 자기가 생각하고 지각한 것을 곧이곧대로 믿어서는 안 된다고 설득하는 것이 정신과 의사의 한 가지 중요한 역할이라고 말할 수도 있을 것이다. 자신의 건강과 안전을 끊임없이 걱정하는 사람은 아마 나쁜 일이 일어날 가능성을 과대평가하고 있을 것이다. 사람들과 어울리는 것에 불안을 느끼고 남의 이목을 꺼리는 사람은 남들이 자신을 샅샅이 뜯어보고 판단하고 있다는 허무맹랑한 감각을 가지고 있을 수도 있다. 울증 상태에 빠진 사람은 아마 자기가 해낸 일이나 남들에게 가지는 자신의 가치를 평가 절하하고 있을 수 있으며, 반면에 조증 상태에 빠진 사람, 곧 자기애자narcissist는 자기가 가진 능력이나 남들이 자기에게 가진 관심을 과대평가하고 있을 수 있다.

정신증 상태의 사람들은 누가 봐도 그르지만 흔들림이 없는 믿음, 곧 망상을 펼치는 경향이 있다. 이 망상에는 그럴듯하게 들리기는 하지만 잘못된 믿음부터 극도로 괴상한 생각에 이르기까지 대단히 다양할 수 있다. 가장 흔한 형태의 망상은 '지시 망상delusions of reference'(다시 말해, 자기 지시 망상delusions of self-reference)*이라는 것이다. 서로 무관하거나 우연히 일치하거나 별 뜻 없는 사건, 작용, 사물들이 개인적으로 자기 자신을 가리키고 있다는 믿음이 이런 망상에 해당된다. 망상을 가진 환자들은 '모든 일은 이유가 있어서 일어나며' 그 일들이 모두 자기와 관련되어 있다는 믿음을 때마다 내게 털어놓곤 한다. 그들은 숨겨진 메시지나 신호를 포착하고는, 어떤 사건들은 결코 단순한 우연의 일치일 리가 없다면서, 그 사건들이 자기를 가리키고 있다고 확신한다. 대개는 편집증적이지만, 과대망상적인 모습을 보일 때도 있다. 다음 장에서 내 환자인 글로리아와 저스틴의 사례를 살펴볼 텐데, 이들은 그런 단정을 뒷받침하며 반박할 수 없다고 여기는 온갖 증거를 제시한다. 여기서 무엇이 문제냐면, 그들이 지나치게 많은 점들을 잇고 있다는 것이다. 으레 망상은 설득으로 바로잡을 수 있는 것이 아니며, 그것과 반대되는 증거를 환자에게 제시하면 한층 더 강하게 그 망상을 붙들 수도 있다. 사실 정신증 환자들의 망상 속에 나 자신이 등장하는 경우도 흔하다. 이런 환자들은 내가 그 편집증적인 믿음이 거짓임을 밝히려고 할 때마다 내가 음모의 일부가 아닐까 의심한다.

여러 측면에서 보았을 때, 정신증 같은 정신 장애를 가진 사람들

* 'delusion of reference'는 보통 '관계망상'으로 옮기고, 'self-reference'는 '자기 언급', '자기 참조', '재귀再歸' 등으로 옮긴다. 심리학뿐만 아니라 논리학과 언어학 등에서도 쓰이는 개념인 만큼, 두루 쓰일 만한 말이 필요하다고 생각해서 여기서는 '자기 지시'로 옮겨 보았다. 풀어 보면, 주변에서 일어나는 사건과 그 사건에 담겨 있다고 생각하는 의도나 의미가 모두 '나를 가리킨다' '나를 향해 있다' '나와 관련이 있다'고 여기는 망상을 말한다.

은 사건에서 의도와 목적을 과도하게 찾아내는 정상적인 인간의 습관이 더 극단적으로 증폭된 모습을 보이는 것에 불과하다. 우리는 다들 세계를 이해하려고 할 때에 인지적 왜곡에 빠지기 쉽다. 의도, 목적, 의미에 대한 믿음과 관련될 때 특히나 그렇다. 최근에 이루어진 심리학 연구들은 가장 흔한 형태의 직관적 오류와 무의식적인 편향을 명확히 밝혀내는 것을 도와주었다. 이런 오류와 편향으로 인해 때에 따라 우리는 누구나 잘못되고 비합리적인 결론과 가정에 이를 수 있다. 이번 장 후반부에서 그 몇 가지를 살펴볼 것이다.

정신적으로 건강하고 상대적으로 행복감을 느낄 만큼 운이 좋은 사람들의 경우, 현실을 왜곡하는 사고는 긍정적인 시각을 견지하는 데 도움이 될 때가 많다. 이런 사고는 소원 빌기식 사고의 꼴을 할 때도 있고, 마법적 사고magical thinking의 꼴을 할 때도 드물지 않으며, 우리 자신은 물론이고 우리의 미래에 대해서 좋은 느낌을 가지게끔 도와주고 불안을 몰아내 준다. 그런 사고들이 무해하게 보일 수도 있고, 소중하게 간직한 믿음이 거짓임을 밝혀서 콩깍지를 벗겨 주는 것이 불필요하게 보일 수도 있고, 심지어 매정하게 보일 수도 있다. 하지만 회의를 불어넣어 주고 비판적 사고를 가르치는 일은 대단히 중요하다. 왜냐하면 믿음이 현실을 잘못 표상하면 해를 입을 때가 종종 있기 때문이다. 칼 세이건의 말마따나, '팔랑귀가 죽음을 부를' 수 있다.[5]

다른 한편으로, 현실을 지나치게 맞닥뜨리게 되면 거기에 압도당해 끔찍할 만큼 모질게 느껴질 수 있다. 감정적으로 허약한 상태에 있는 사람에겐 특히나 그렇다. 정신 건강에는 부정과 회피가 때때로 필요하며, 이것은 삶에 대처하는 능력이기도 하다. 왜냐하면 우리 대부분에게는 때에 따라 소원 빌기식 사고가 약간은 필요하기 때문이다.

환자들의 망상과 종교

정신과 의사들은 증거에 토대를 두지 않는 수많은 종류의 믿음들에 대해 환자들에게 의심을 불어넣어 주지만, 가장 민감하고 널리 퍼져 있는 믿음인 종교에 대해서는 신중하게 걸음을 떼며 중립적인 태도를 유지하려고 한다. 내 환자들이 가진 종교적 믿음의 스펙트럼은 폭넓다. 종교적 신심이 대단히 깊은 환자부터, 영적이기는 하지만 종교를 가지지는 않은 환자, 그리고 무신론자까지 걸쳐 있다. 그들이 가진 믿음은 대개의 경우 그들이 가진 정신 질환과 직접적인 관련이 없다.

환자가 가진 종교적 믿음을 비정상적이라고 간주하는 경우는 그 믿음이 굉장히 괴상하고, 평소의 본인과는 다른 성격의 인물로 매우 극적이고 급작스럽게 바뀐 모습을 보이며, 환자가 소속된 사회 문화적 집단과 매우 합치되지 못할 때뿐이다. 예를 들어 보자. 종교를 가지지 않은 어느 유대인 부모가 젊은 아들을 데리고 내게 온 적이 있었다. 아들이 최근에 열성 신자가 되어서는 가족에게 쉬지 않고 설교를 하고 여자 친구와 헤어지고 친구들과 더는 만나지 않기에 데려온 것이었다. 그 젊은이는 지난달에 하느님의 목소리를 들었던 경위를 내게 고래고래 떠들었다. 그 이후로 젊은이는 거의 잠을 자지 않았고, 토라를 읽으며 밤을 샌다고 했다. 그는 공과 대학을 자퇴하고 토론토의 믿음이 없는 유대인들을 모두 토라의 길로 되돌려 놓는 포교의 길을 가고 싶어 했다.

정신과 의사들이 적용하는 망상의 정의는 다음과 같다. "고착된 그른 믿음으로서, 그 믿음을 반박하는 증거 앞에서도 강하게 견지되어 바뀔 줄 모르며, 당사자의 학력, 사회적 및 문화적 배경과 부합하지 못한다."[6] 종교를 논박하는 리처드 도킨스Richard Dawkins의 베스트셀러 《만들어진 신》에서 제목으로 쓰인 문구인 '신 망상The God Delusion'은 신에 대한 믿음은 **모두** 망상임을 암시하고자 한 것이다.[7] 그러나 여기에서 '망상'이라는 말은 비록 효과적인 수사학적 장치가 될 수는 있겠지만, 정신과에서 임상적으로 사용하기에는 적합하지 않을 것이다.

나는 환자들이 가진 종교적 믿음이 망상적이 아닌 한, 그 믿음을 걸고넘어지는 일에 관심도 없고 내 상관할 바도 아니다. 오히려 그와는 반대로, 만일 환자가 종교를 통해 위안을 구하고 기운을 차린다면, 비록 나 자신은 안 믿는 자여도, 환자의 종교를 지지하고 장려한다. 내 일차적인 목표는 사람들이 더 좋은 느낌을 갖고, 더 나은 구실을 하고, 자기 인생을 의미롭고 중요한 것으로 보도록 도와주는 것이다. 그들이 신자거나 반쪽 신자라면, 종종 나는 개신교 교회, 유대교 회당, 이슬람교 사원 등 종교적 예배를 볼 수 있는 곳에 참석하기를 권하곤 한다. 그 공동체와 연결되어 지원을 받고 의미를 찾기를 바라는 마음에서 말이다.

초자연을 믿는 인간의 본성

이 시점에서, 종교적 믿음이 왜 그토록 보편적인 인간 현상인지 잘 받아들여진 수많은 심리적·사회적 이유 가운데 몇 개를 살펴보는 것이 도움이 될 것 같다. 그런 다음에 그런 믿음을 가지는 지적 근거가 있다는 것도 인정할 것이다. 그런 뒤에 무작위적인 사건들에 어떤 의도적인 이유가 있다고 생각하는 쪽으로 우리를 기울게 하는 인간의 인지적 편향성을 검토해 볼 것이다. 이 편향성은 우리를 강하게 종교적 사고로 흐르게 하는 사고 습관이다.

인류 역사 내내, 대다수 사람들은 초자연적인 힘들이 이 세계를 다스린다고 믿었다. 이렇게 믿는 이유가 많이 있고, 인류 문화에서 그동안 종교가 왜 어떻게 크고 보편적인 일면이 되었는지 조사한 뛰어난 학술적 분석들도 많다.[8] 무엇보다도 그 분석들은 종교가 보편적으로 호소력을 가지게 만드는 인간 본성의 요소들과 사회적 요인들을 살피고 있다. 이 요인들 가운데 몇 가지를 짤막하게 살펴보자.

여러분이 종교 신자이든 아니든, 초자연적인 것에 대한 믿음이 강한 호소력을 가지는 이유를 주줄이 댈 수 있을 것이라고 나는 확신한다. 그런 이유들은 초자연적인 힘에 대한 믿음을 무효로 만들지는 않고, 다만 그런 믿음이 널리 퍼져 있음을 설명해 줄 따름이다. 여러분의 이유 목록에는 아마 안도감과 확실성을 느끼고자 하는 심리적 욕구가 들어 있을 것이다. 이것은 누군가 또는 무언가 책임자가 있으며, 의도적이고 자애로운 이유로 일들이 일어나고, 우리 자신의 삶—특히 크나큰 고통을 겪을 때—이 덧없지 않다는 것을 알고자 하는 욕구와 관련되어 있다. 또 하나 확실히 여러분이 들었을 이유는 아마 죽음에 대한 불안일 것이다. 이것은 이 지상에서의 짧은 생이 끝날 때 그냥 함께 끝나지 않고 영원히 불멸하는 어떤 정수가 우리에게 있다고 믿고자 하는 욕망과 관련되어 있다. 나 자신이 완전히 존재하지 않는 상태를 상상하기란 어려운 일이다.

아마 여러분은 종교가 도덕률, 도덕성의 절대적인 기초를 제공한다는 이유도 들 것이다. 여러분이 만일 믿는 자信者라면, 종교가 없고 신에 대한 믿음이 없으면 모든 도덕은 상대적인 것이 되어 그저 인간적인 의견 또는 가장 힘센 자가 가하는 강요의 문제가 되어 버리지나 않을까 우려할 것이다. 또한 여러분은 우주적 정의가 있음을 믿음을 통해 확인할 수 있다는 느낌을 가질 수도 있다. 말하자면 유한한 이 지상의 삶을 살면서 아무리 많은 고통과 아무렇게나 일어나는 것 같은 일들을 겪을지라도, 이 구석진 존재함 너머에 궁극적인 정의와 공정이 있을 것이라는 느낌 말이다. 믿지 않는 자들이라 할지라도, 어떤 전지한 신에 대한 믿음이 없다면 얼마든지 기분 내키는 대로 행동해도 된다고 여길 사람들이 있지 않을까 걱정할 것이다.

사회학 및 인류학의 관점에서 보았을 때, 종교가 보편적이 된 이유로 집단 결속group-binding과 사회적 응집social cohesion 효과—종교가 사회적 아교 구실을 한다는 것—를 포함시킬 수 있을 것이다. 어떻게 이렇게 되는지 짐작이 갈 것이다. 구석기 시대 사람들이 가졌던 원시적인 물활론적animist 믿음들—의식을 가진 정령과 의도가 생명이 없는 물체들에 깃들어 있다는 믿음들—이 후대에 체계화된 종교들의 선조였을 것이다. 초자연적인 정령에 대한 믿음이 진화하면서, 원시 부족들은 아마 그 정령들의 기분을 풀어 주고 주변의 불가해한 자연 환경을 더 힘 있게 통제하기 위한 수단으로 집단 예배group ritualistic worship를 발전시켰을 것이다. 집단적 의례 행위라는 것이 으레 그렇듯이, 구성원들 모두가 특정 정령이나 신을 섬김으로써 집단을 정의하고 결속시키는 강력하고 중요한 효과를 얻었을 것이다. 초창기의 인류 사회가 특히 농업 혁명 이후에 규모가 커지면서 정령 신앙의 중심 역할을 사회적 요인들이 더욱 강화해 주었을 것이다. 그러다가 초자연적인 힘들을 지각하거나 그 힘들에게 말을 걸 수 있게끔 특별히 조율된 권능을 가지고 있다고 주장하는 (또는 그렇다고 정말로 믿는) 자들이 나타났을 것이다. 그런 자들이 숭배를 받고 권력을 부여받아 샤먼—후대에는 사제나 선지자—이 되었을 것이다. 더 발전되고 체계적으로 조직된 사회의 제도 종교는 이 모두가 자연스럽게 확장된 결과일 것이며, 여기에 사제들 및 신이 임명한 군주들로 이루어진 지배 엘리트 계층이 사회를 통제하고 중앙 집권을 이룰 필요가 결합되었을 것이다.

무엇이 과학의 빈틈을 파고드는가

종교적 믿음에 합리적인 근거를 대는 일은 생각 있고 지성적인 수많은 신자들에게 중요한 일이다. 초자연적 믿음들은 우리 사는 이 복잡한 세계에서 만물이 왜 그렇게 있는지 설명해 주며, 과학적 방법이 미치는 범위를 벗어나 있다고 생각되는 물음들을 던진다. 신자들 가운데에서 자신의 초자연적 믿음의 설명력에 만족스럽지 못한 불일치와 빈틈이 있음을 인식하는 이들마저도 신이 있다는 믿음이 신이 없다는 믿음보다 더 합리적이라고 한목소리를 낸다. 이러는 까닭은 과학이 내놓는 설명에 있는 빈틈들이 신앙이 제공하는 설명의 빈틈들보다 언제나 더 클 것이라고 가정하기 때문이다. 예전에 어느 과학-종교 논쟁에서, 종교를 믿는 자들은 '악의 문제'[9]를 설명해 내야 하지만 안 믿는 자들은 나머지 모든 것을 설명해 내야 한다고 쏘아붙이던 어느 신학자가 있었다. 그들은 신앙에 (왜 착한 사람들이 고통을 받느냐는 것 같은) 비일관성이 있는 까닭은 신의 방식들이 우리로서는 그저 헤아릴 길이 없기 때문이거나 어쩌면 신께서 우리의 믿음을 시험하고 계시기 때문이라는 식으로 가정한다. 그러나 모든 것에는 목적을 가진 이유가 **반드시** 있어야 하며, 그것은 오로지 신만이 알 수 있다는 믿음을 놓지는 않는다.

지적 관점에서 초자연주의를 변호하는 또 다른 시각은, 우주에는 반드시 처음이 있었어야 하며 우주 스스로 존재하게 되었을 수는 없다는 식의 논증에 기초한다. 곧, 왜 무엇은 없지 않고 있을까? 그 무엇은 어떻게 무에서 생겨날 수 있을까?

그러나 더 높은 힘이 있다는 믿음에 대해 아마도 가장 흔히 거론되는 지적 근거라면 우리 세계의 어마어마한 복잡성은 틀림없이 지적으로 설계된 것이어야 한다는 가정에 기초한 논증일 것이다. 우주 비행사 존 글렌John Glenn이 두 번째 우주 비행에서 다음과 같이 탄성을 지르며 했던 말이 이런 시각의 예가 되어 준다. "이곳에서 이런 창조 작품을 바라보며 하느님을 믿지 않는다는 것은 나로선 불가능한 일이다."[10] 생명이 보이는 복잡성을 진화로 설명할 수 있다는 증거를 받아들이는 신학자들조차 대개는 하느님께서 진화를 **수단으로 삼아** 일하신다고 논하곤 한다. 신자들 중에서 하느님의 아무런 인도하심 없이 진화가 일어난다는 것을 실제로 받아들이는 소수의 사람들조차, 무엇보다도 먼저 물질 조직과 생명이 생겨날 수 있게끔 물리 법칙들이 말도 안 될 만큼 세밀하게 조정되었어야 한다는 논증에 여전히 의지하기도 한다. 그들은 또한 가장 중요한 물리 법칙 가운데 하나인 열역학 제2법칙(엔트로피 법칙)을 거론할 수도 있다. 곧, 이 법칙은 무질서 수준이 높아지는 쪽으로 우주가 진행한다고 말하는데, 그렇다면 어떻게 질서가 저절로 생겨날 수 있었겠느냐는 것이다.

그다음에 우리는 인간 의식의 수수께끼에 이르게 된다. 들어가는 말에서 적었다시피, 인간의 의식은 어떤 초자연적인 설계자와 어떤 영적인 영역을 거론하지 않고서는 그 복잡성은 물론이고 그 플라톤적이고 비물질적인 성질을 설명하기가 불가능할 만큼 특히나 불가해한 것으로 보인다. 그리고 역시 앞서 말했다시피, 이와 관련하여 물질적이고 무작위적인 우주에서 도덕과 윤리를 어떻게 설명할 것이며 어떻게 뿌리를 마련할 것이냐 하는 문제도 있다.

이런 철학적인 물음들은 지적이고 설득력이 강한 논증들이며, 무신론자로선 도저히 극복할 수 없는 것처럼 보이기도 한다. 하지만 뒤이은 장들에서 보여 주겠지만, 최근의 과학은 설계가 있는 것처럼 보이는 것에 대해 초자연주의를 불러내는 것보다 더 나은 설명과 모형을 제시하고 있다. 여기서 '더 낫다'는 말은, 데이터가 초자연적 믿음들에 들어맞도록 모형을 만들기 위해서는 모순과 임의적인 조절이 필요한데, 과학적 설명들은 그렇게 하지 않고도 데이터에 훨씬 더 깔끔하게 들어맞는다는 뜻이다. 여기서 중요한 점은 과학적 모형들이 훨씬 정확하고 검증 가능한 예측을 해 내기도 한다는 것이다. 신의 자애로움은 차치하고, 계획된 설계가 있다는 생각이 증거와 명명백백히 모순된다고 과학자들이 결론을 내리는 이유가 무엇인지 우리는 살펴볼 것이다. 생물의 진화를 검토할 때 이것이 더없이 분명해질 것이다. 물론 이 모든 과학적 통찰들—앞으로 책을 읽어 가면서 이것들을 이해해 나갈 것이다—이 더 높은 힘과 더 높은 계획이 있다는 믿음을 확실히 반증해서 무효화하지는 못한다. 과학에서는 그 어느 것도 100퍼센트 확실한 결론에 이를 수 없기 때문이다. 그러나 우리가 품은 가정들을 의심해도 될 만한 설득력 있는 이유를 과학은 제시한다.

눈에 보이는 것만 믿고 싶다

우리가 초자연적 믿음에 마음이 끌리는 데에는 근본적으로 진화적인 이유들이 있다. 인간 직관에서 오류를 일으키는 습관들(편향성)에 특별히 관심을 기울이는 인지과학 분야에서 나온 계몽적인 통찰들 덕분에 이는 점점 분명하게 드러났다.

심리학자 대니얼 카너먼Daniel Kahneman은 경제적 의사결정에서 비합리성이 중요한 역할을 한다는 것을 입증한 공로로 2002년에 노벨경제학상을 수상했다. 그는 직관적 사고를 '시스템 1', 이성적 사고를 '시스템 2'라고 칭한다.[11] 시스템 1은 빠르게—종종 자동으로—힘들이지 않고도 작동하며 감정의 영향을 크게 받는 반면, 시스템 2는 느리게 의도적으로 애를 써야지만 작동하며 의식의 통제를 받는다. 직관적인 시스템 1은 자동적으로 가정을 산출해서 결론으로 뜀뛰기 한다. 이런 효율적인 사고 형태는 많은 경우 우리에게 좋은 도움이 되지만, 이 모든 효율성을 얻는 대가로 오류와 잘못된 결론을 피할 수 없다. 이성적인 시스템 2는 이런 인지적 오류들을 극복할 수는 있지만, 시스템 1의 직관에 의해 심하게 편향될 수 있다. 카너먼은 이렇게 설명한다.

> 시스템 1은 얼마 안 되는 증거로부터 결론으로 뜀뛰기하도록 설계되어 있다—그리고 그 뜀뛰기의 크기를 알도록 설계되어 있지는 않다. WYSIATI〔"눈에 보이는 것이 있는 것의 전부What you see is all there is"의 머리글자를 따서 카너먼이 만든 말〕 때문에 당장 손안에 쥔 증거만 셈에 넣는다. 일관성에 의한 확신confidence by coherence으로 인해, 우리가 의견을 말하면서 가지는 주관적 확신에는 시스템 1과 시스템 2가 구성해 낸 이야기의 일관성이 반영된다. 증거의 양과 질은 그리 중요하지 않다. 왜냐하면 증거가 빈약하면 매우 좋은 이야기를 만들어 낼 수 있기 때문이다. 우리가 더없이 소중하게 간직하고 있는 믿음들 가운

데에는 우리가 사랑하고 신뢰하는 사람들이 그런 믿음을 가지고 있다는 것 말고는 아예 증거가 하나도 없는 것도 있다. 우리가 아는 바가 얼마나 적은지 생각해 보면, 우리가 품은 믿음에 확신을 가진다는 것은 터무니가 없다—그리고 그것이 본질이기도 하다.[12]

대니얼 카너먼, 《생각에 관한 생각》

패턴을 쫓는 인간의 뇌

마이클 셔머는 잡지 〈스켑틱〉의 설립자이자 편집자이며 〈사이언티픽 아메리칸〉의 칼럼니스트이다. 파스칼 보이어Pascal Boyer[13] 등이 제안한 진화심리학 가설들을 토대로, 셔머는 널리 사람들이 종교적 믿음과 마법적 · 미신적 믿음의 경향을 가지게 된 데 중요한 역할을 하는 두 가지 특정 형태의 직관적 인지 편향성을 다음과 같이 서술했다.

1. 우리 인간의 뇌는 패턴과 인과관계를 과도하게 식별하는 강한 경향을 가지고 있어서, 종종 의미 없는 '잡음'에 의미 있는 패턴을 자리매기는 잘못을 저지르곤 한다.[14]
2. 우리는 생명이 없는 물체와 무작위적으로 일어난 자연의 사건들에 행위성agency(의식적이고 의도적인 작용)을 과도하게 귀속시킨다. 이로 인해 사람들은 눈에 보이지 않는 행위자가 세계를 통제한다고 믿게 될 수 있다.[15]

마이클 셔머, 〈행위자 보기〉

이는 귀속의 편향성attribution bias*에 속하는 형태들인데, 동기를 편향되게 해석하거나 원인에 대해 잘못된 가정을 한 탓에 행동이나 사건의 이유를 잘못 귀속시키는 것을 말한다. 이런 종류의 인지적 오류를 저지르는 경향은 아마 패턴을 인식해서 위험을 경계하는 적응적 생존 기술과 진화가 선호한 핵심적인 사교술social skill이 낳은 한 부산물일 수 있다. 셔머는 이렇게 설명한다. "우리가 가진 뇌는 믿음 엔진이다. 곧, 점들을 잇고 우리가 자연에서 본다고 생각하는 패턴들로부터 의미를 만들어 내는 진화된 패턴 인식 기계이다."[16] 뇌가 하는 이 일은 연상 학습의 일부이며, 이는 모든 동물의 행동에 근본이 되고 생존을 위해 적응성을 주는 과정이다. 우리 조상 중에서 가장 훌륭하게 패턴 인식을 해낸 이들이 생존해서 번식할 가능성을 더 가졌을 테고, 따라서 그 인식 능력이 잘 발달된 형질을 갖춘 자손을 더 많이 남겼을 것이다. 바로 우리가 그 후손들이고 말이다. 셔머는 패턴이 진짜인지 의심하는 경향보다 어떻게든 패턴을 짚어 내는 경향을 진화가 더 선호했다고 가정했다. 그 까닭은 잘못된 패턴을 진짜라고 믿는 대가가 진짜 패턴을 인식하는 데 실패한 대가보다 종종 덜할 것이기 때문이다. 예를 들어 셔머는 이런 시나리오를 생각했다. 아프리카 사바나 초원에 살던 구석기 시대의 사람과hominid 조상 가운데 한 명이 풀숲에서 부스럭거리는 소리를 들었다고 해 보자. 그 소리가 사실은 포식자가 낸 소리(말하자면 유의미한 패턴, 곧 신호)인데 그냥 바람이 내는 소리(말하자면 무의미하고

---

* 심리학에서 'attribution'은 종종 '귀인歸因'으로 옮기며 '원인을 무엇에 귀속시키다'는 뜻이다. 쓰이는 맥락을 적절하게 개념화한 번역어이고, 이 책에서도 주로 그런 뜻으로 쓰고 있지만, 비슷한 맥락임에도 불구하고 목적어가 '원인'이 아닌 경우가 있어서 도리 없이 '원인'의 뜻을 빼고 기본뜻인 '귀속'으로 옮겼다.

무작위적인 소리)라고 여겨 무시해 버렸을 때 치를 대가는 무엇이며, 사실은 그냥 바람이 내는 소리인데 포식자가 낸 소리라고 믿었을 때 치를 대가는 무엇이라고 생각하는가? 짐작이 갈 것이다. 유의미한 패턴을 과도하게 식별하는 경향을 가진 개체가 생존할 가능성이 더 높았을 것이고, 따라서 그런 형질을 물려받은 자손을 남길 가능성이 더 컸을 것이다. 진화가 선호하는 이 패턴 찾아내기 성향을 셔머는 '패턴 보기patternicity'라고 일컬었다.[17] 그는 이렇게 지적한다. "불행히도 우리는 뇌 속에 진짜 패턴과 가짜 패턴을 구분하는 헛소리 검출망을 진화시키지 못했다." 왜냐하면 거짓 패턴을 많이 찾아냈을 때 치러야 할 대가가 진짜 패턴을 덜 찾아냈을 때 치러야 할 대가보다 적기 때문이다. 그래서 "이상하지 않은 것들을 믿어야 할 필요가 진화했기 때문에 사람들은 이상한 것들을 믿는다."[18]

셔머는 행위성을 과도하게 귀속시키려는 강한 경향도 부각했다. "발달된 겉질과 마음 이론—우리 자신은 물론이고 타인에게도 욕망이나 의도 같은 마음 상태들이 있음을 자각하는 능력—을 갖춘 큰 뇌를 가진 사람과의 일원인 우리는 우리가 관찰하는 패턴들의 배후에 무언가 작용하는 것이 있을 것이라고 추론하는데, 이는 내가 '행위자 보기agenticity'라고 부르는 것을 실행한 것이다. 곧, 눈에는 보이지 않지만 어떤 의도를 가진 행위자들이 세계를 통제한다고 믿는 경향을 말한다."[19] 달리 말해서, 사회적 동물인 우리는 포식자나 피식자뿐만 아니라 타인들에게서도 목적과 의도를 가진 행위를 워낙 능숙하게 인식하도록 진화했기 때문에, 자연에서 일어나는 일이나 인생의 무작위적 사건들에도 의도와 목적을 부여하는 잘못을 저지르기 쉽다는 것이다. 이 형질 또한 아마 생존 문제에서 가치를 가지기 때문에 자연 선택이 선호했을 것이다.

우리 사람은 거의 모든 일을 동기와 목적을 가지고 하게끔 만들어졌다(생물 하나하나는 모두 목표 지향적이며, 생물 종도 저마다 기본적인 방식으로 목표 지향적이다). 그러나 동기가 무엇인지 항상 완전하게 자각하고 행동하는 것은 아닐 것이다. 동기가 무의식적이거나 감정적인 것일 수도 있고, 이 동기로 행동했다고 생각했으나 사실은 다른 동기에 의한 것일 수도 있다. 그러나 모든 경우에서 우리는 고도로 의도를 가지고 행위하는 자들이다. 우리는 목적에 이끌려 움직인다. 그리고 우리는 다른 사람들도 모두 그렇다고 가정한다.

우리는 애초부터 의도를 지각하도록 만들어졌기 때문에, 먼 옛날의 조상들처럼 오늘날의 우리도 다들 무작위적으로 일어난 사건들이 단순한 우연의 일치가 아니며 어떤 의도적인 이유가 있어서 일어났다는 생각에 매우 자주 빠진다. 우리는 자기중심적—어떤 의미에서 보면 모든 생물은 자기중심적이다—이기 때문에, 이 의도와 목적이 우리 자신을 향해 있다고 자연스럽게 가정한다. 예를 들어, 우리에게 시련이 닥치면 우리가 인생의 교훈을 배우게 하려고 그런 것이라고 생각하기도 한다. 또는 우리를 더욱 깊은 사람으로 만들려고, 인간관계를 단단히 다지게 하려고, 인생에서 진정으로 중요한 것이 무엇인지 알아보는 법을 배우게 하려고, 사소한 것들에 안달하는 것을 멈추게 하려고 시련이 닥쳤다고 생각할 수도 있다. 카린의 암 선고라는 위기를 맞고 눈앞이 캄캄했을 때 처음에 내가 막연하게 믿었던 것이 바로 이것이었다. 그와 동시에 나는 모든 일이 결국에는 다 잘 해결될 것이라는 신호를 필사적으로 보고 싶어 했다.

난 당신의 의도를 알고 있다

더욱 높은 힘이 있다는 믿음은 다른 사람의 마음 상태가 어떠한지 '이론'을 만드는 능력에서 비롯한 면도 있다. 그 이론으로 우리는 상대가 어떻게 생각하고 어떻게 느끼고 있을지 상상하거나 추론할 수 있다. 이것을 일컬어 '마음 이론theory of mind'이라고 한다. 가장 기초적인 수준에서 보면, 마음 이론은 나처럼 타인도 독립적인 마음을 가지고 있다는 것, 다시 말해서 타인도 독자적으로 생각하고 느낀다는 것을 이해하는 능력과 관련된다. 마음 이론은 타인의 관점이 무엇인지 상상하고 타인의 행동에 담긴 의도가 무엇인지 추론할 수 있는 능력이 필요하다. 정상인의 경우에 마음 이론을 형성하는 능력은 대개 어렸을 때 잘 발달되며, 타인에 대해 공감을 경험하는 능력의 기초가 된다.

진화심리학자 제시 베링Jesse Bering은 초자연적 믿음을 형성하는 데 마음 이론 능력이 어떤 역할을 할 수 있을지, 다음과 같이 자세히 살폈다.

> 인간의 사회적 뇌가 진화한 한 가지 직접적인 결과이기도 하고 그 과정에서 마음 이론 기술에 부여된 선택적 중요성의 무게 때문이기도 해서, 우리는 우리가 지각하는 생리적인 상태를 만들어 낼 만한 신경계가 터럭만큼도 없는 것들에서조차 의도, 욕망, 믿음이 있다고 볼 수밖에 없을 때가 있다. ……특히 생명이 없는 물체들이 예상치 못한 일을 할 때, 우리는 이상한 행동—또는 잘못된 행동—을 하는 사람들에게 하듯이, 그것들에 대해서도 같은 식으로 추리할 때가 있다. 고장이 나서 '믿음이 안 가는' 차의 옆면을 발로 차 보았거나, 컴

퓨터에게 '무능한 녀석'이라고 욕을 퍼부은 적이 있는 사람은 결코 적지 않을 것이다. 우리 대부분은 그 물체들이 진짜로 마음 상태를 가지고 있다고 믿는 데까지는 나아가지 않는다. 사실 말이지, 그것들이 우리에게 악의를 가졌다고 정말로 믿는다면, 우리는 아마 정신병원으로 실려 갈 것이다. 그러나 그런 물체들을 향해 우리가 느끼는 감정이나 하는 행동은 우리가 가진 원시적이고 무의식적인 사고를 거스르는 것처럼 보인다. 왜냐하면 우리는 그것들이 자기 행동에 도덕적으로 책임이 있다는 듯이 굴기 때문이다.[20]

제시 베링, 《종교 본능》

베링은 계속해서 이렇게 말한다.

그래서 우리 조상들이 타인의 행동을 설명하거나 예측할 때 마음 이론을 가지는 쪽이 워낙 크게 쓸모가 있었기에 우리의 진화된 사회적 뇌가 마음 이론에 완전히 잠겨 버린 것으로 보일 것이다. 그 한 결과, 오늘날 우리는 실제로는 마음이 단 한 점도 없는 것들에게 우리가 가진 것 같은 마음 상태를 귀속시키는 잘못을 저지른다. 그리고 이 모두는 매우 중요한 다음의 물음을 던지게 하는데, 거의 불가피한 물음이라고 할 수 있다. 곧, 신의 마음 상태라는 것도 모두 당신의 마음속에 있는 것이라고 말한다면 어떻게 될까? 각막 가장자리에 떠다니는 미세한 알갱이가 눈동자를 굴릴 때마다 흐릿하고 손에 잡히지 않는 구체가 따라다니는 듯한 이미지를 만들어 내는 것처럼, 그 신이라는 것도 사실은 심리적인 착시, 곧 당신 뇌의 핵심에 자리한 인지적 기질substrate에 진화를 통해 새겨진 일종의 얼룩 같은 것이라면? 저기 어디에 무언가 더욱 웅대한 것이 있어서……〔우리를〕 지켜보고 인식하고 보살피고, 그리고 아마 심판까지 하는 것 같은 느낌이 들 수도 있다. 그러나 사실 그것은 그저 당신의 마음 이론이 과도하게 활동을 한 것일 뿐이다. 실제로 있는 것은 당신이 호흡하는 공기뿐이다.[21]

제시 베링, 《종교 본능》

다른 사람이 어떤 생각을 하는지 추론하는 능력은 여타 사회적 기술들이 그렇듯이 사람마다 천차만별이다. 자폐증 범주에 드는 사람들처럼 마음 이론 능력이 덜 발달된 이들은 신을 상상할 때 사람처럼 의도를 가지고 행동하는 초자연적인 행위자로 여기기보다는 비인격적인 자연의 힘으로 생각할 가능성이 더 크다.[22] 사람마다 종교적이거나 영적인 믿음을 좋아하는 정도가 다르도록 만드는 식별 가능한 인지적·성격적 형질들은 여러 가지가 있다. 그리고 물론 개개인의 문화적 환경과 가정 교육도 그 사람이 앞으로 가지게 될 믿음이 빚어지는 데에서 중추적인 구실을 한다.[23]

패스트푸드 같은 종교의 심리학

이제까지 우리는 종교적인 믿음, 마법적인 것 또는 초자연적인 것에 대한 믿음으로 쏠리는 성향은 생존 여부에서 가치를 가지는 심리적인 소인素因들이 자리 잡으면서 나온 한 부산물로 이해할 수 있음을 보았다. 정신과 의사인 앤더슨 톰슨 2세J. Anderson Thomsom Jr.는 바로 이런 진화심리학 모델을 기초로 삼아, 이 현상을 우리가 패스트푸드를 갈구하는 것에 빗댔다. 패스트푸드는 진화에 의해 우리가 가지게 된 지방과 당에 대한 갈구를 만족시키기 위해 문화적으로 만들어 낸 것이다. 이런 갈구가 진화한 까닭은 구석기 시대 조상들의 생존에 지방과 당이 가치를 가졌기 때문이다. 다시 말해서, 우리 조상들은 쉽게 구할 수 없는 고기(지방)와 과일(당)이 손에 들어올 때마다 그것들을 최대한 많이 먹었을 것이다. 톰슨은 이렇게 적었다. "패스트푸드를 갈구하는 심리를 이해한다면, 종교를 가지는 심리도 충분히 납득할 수 있을 것이다."[24] 진화생물학자인 제리 코인Jerry Coyne은 다른 진화 현상을 서술하는 용어를 하나 빌려 와서 이렇게 말한다. "종교는 스티븐 제이 굴드Stephen Jay Gould와 엘리자베스 버르바Elisabeth Vrba가 굴절 적응exaptation이라고 부르는 것일 가능성이 있다. 굴절 적응이란, 때에 따라 쓸모가 있기는 해도 그 자체가 자연 선택의 대상은 아니었고 다른 이유로 진화한 특징들에 편승한 특징을 가리킨다."[25]

우리는 이미 편향되어 있다

목적을 기초로 한 추리를 '목적론적 추리teleological reasoning'라고 하며, 사람의 사고는 이런 추리에 편향되어 있다.[26] 목적론적 설명은 무엇이 존재하거나 무슨 일이 일어나는 데에는 어떤 목적 또는 미리 착상된 설계가 있다고 가정한다. 보스턴 대학교의 심리학자 데보라 켈레멘Deborah Kelemen은 사람을 '막무가내 목적론자promiscuous teleologist'라고 부른다. 이런 모습은 특히 아이들에게서 분명하게 나타난다. 데보라 켈레멘이 일곱 살배기와 여덟 살배기 아이들에게 왜 바위가 뾰족할까 물었더니, 아이들은 "크립토클리두스 같은 동물들이 가려운 곳이 있을 때 긁을 수 있도록" 같은 답들을 골랐다.[27] 또한 그녀는 대학생들도 목적론적 추리를 쓴다는 것을 알아냈다. 곧, 대학생들이 "지구에 오존층이 있는 까닭은 자외선으로부터 생명을 보호하기 위해서이다"처럼 지구가 생명을 위해 설계되었다는 뜻이 함축된 답을 고르는 경향을 보였던 것이다.[28] 예일 대학교의 심리학 교수인 폴 블룸Paul Bloom과 동료들도 이와 비슷한 것을 알아냈다. 곧, 사람이 이런 식으로 사고하는 습관이 워낙 만연해 있어서 무신론자라 할지라도 무슨 일이 일어난 데에는 운명적인 이유가 있다고 가정하는 이들이 많았던 것이다. 그 연구에 기초해서 그들은 이렇게 결론을 내렸다. "대다수 무신론자들은 운명—인생의 사건들은 어떤 이유가 있어서 일어나며 사건들이 어떻게 펼쳐질 것인지 결정하는 순서가 인생에 깔려 있다는 시각으로 정의한 운명—을 믿는다고 말했다."[29] 블룸과 동료들은 다음과 같은 점도 알아냈다. "나이 어린 아이들조차 인생의 사건들은 어떤 이유가 있어서 일어난다고 믿는 편향성을 보인다. 말하자면 '어떤 신호를 보내기 위해서' 또는 '교훈을 가르치기 위해서'라고 보는 것이다. 가정에서 종교에 노출된 정도와는 상관없이 아이들에게는 이런 믿음이 존재한다. 설령 종교에 전혀 노출되지 않은 아이들에게도 말이다."[30]

목적론적으로 추리하는 직관으로부터 우리는 결코 벗어나지 못하는 것 같다. 그래서 이런 식의 직관을 극복하기 위해서는 대학 학부교육이 제공하는 것보다도 더 엄격하게 비판적 사고와 과학적 추리를 연습해야 하는 것으로 보인다. 켈레멘은 미국의 상위권 대학들 출신의 물리과학자들조차 한정된 시간 내에 참-거짓 결정을 해야 할 때에는 앞서 오존층에 대해 대학생들이 고른 것 같은 답들을 선택한다는 것을 알아냈다. 그 과학자들은 대학 학부생과 대학원생들보다는 잘했지만, 인문학 교수들보다 나을 것은 전혀 없었다.[31] 이 모두는, 자연현상의 배후에 의미가 있다는 기본적인 믿음이 설명의 선호도 면에서 초기 발달 단계부터 유지되어 온 초깃값일 수도 있음을 암시한다. 켈레멘은 이렇게 평했다. "비록 고등한 과학적 훈련을 하면 과학적으로 부정확한 목적론적 설명의 수용을 줄일 수 있기는 하지만, 일찍부터 떠오른 인간의 집요한 경향, 곧 자연에서 목적을 발견하고자 하는 경향을 지우지는 못한다. 자연적으로 우리 마음은 과학보다는 종교에 더 맞춰져 있지 않나 하는 생각이 든다."[32]

지금까지 나는 놀랄 만큼 많은 환자들에게서 이를 확실히 관찰했다. 예를 들어 보자. 한 젊은이가 중등도 우울과 불안 때문에 나를 찾아왔는데, 자신은 단호한 무신론자라고 단언하면서도 인생사는 "미리 예정되어 있다"고 항상 믿는다고 말했다. 특히 어머니가 자기를 임신했을 때 낙태하려고 마음먹었다가 생각을 바꾸었던 사실이 그렇다고 말했다. 그 젊은이는 아버지가 누구인지는 전혀 모르지만, 어머니와는 친밀하고 다정한 관계를 맺고 있었다. 그가 십대였을 때, 어머니는 하룻밤 관계를 통해 뜻하지 않게 그를 임신하게 되었으며, 처음에는 아이를 지우려 했었노라고 털어놓았다. 그가 상처를 덜 받게 할 생각이었을 수도 있고, 그 당시 자신이 느꼈던 진짜 느낌을 돌아보고 하는 말이었을 수도 있는데, 어쨌든 어머니는 아이를 지우지 않기로 막판에 결정했던 것이 이제까지 자기에게 일어난 일 가운데 가장 좋은 일이었다고 그에게 말했다. 젊은이는 대단히 감동적인 이 이야기를 내면화해서 세계관으로 삼고는 깊이 천착하게 되었다.

수많은 환자들이 인생 문제에 대처하고 인생에서 의미를 만들기 위한 노력의 일환으로 그와 똑같은 추리—만사는 미리 예정되어 있다는 것—를 적용하곤 한다. 특히 큰 시련을 만나면 더 그렇다. 지금 당하고 있는 고통에 궁극적으로 어떤 뜻이 있다고 느끼면 위로가 된다. 설령 보다 높은 이 목적이란 것이 유한한 인간의 마음으로는 도저히 헤아릴 수가 없다는 점을 필히 받아들일 수밖에 없을지라도 말이다. 그런 높은 목적이 있음을 부정하면 허무하다고 느끼는 사람들이 많다.

허무주의를 반대하는 목소리

우주가 임의적이고 무심할지도 모른다는 생각을 하면 많은 사람들이 겁을 집어먹는다. 생명에는 본래 목적이 없다고 보면 소외감, 무의미, 부질없음, 인생의 가치를 보살필 필요가 일반적으로 없어지는 등, 허무주의에 이르게 될 것이라고 두려워하는 사람들이 많다.

임상 현장에서 나는 신앙심 깊은 공동체에 속한 이들의 경우, 우주에 목적이 있다는 기존의 믿음을 잃게 되면 더욱 심각한 실존적 위기에 봉착하는 경향이 있음을 목도해 왔다. 목적이 없는 삶이란 무의미하다는 생각을 그 공동체가 심어 놓았기 때문이다.

늦은 19세기, 그 자신이 무신론자이기도 했던 철학자 프리드리히 니체Friedrich Nietzsche는 '신이 죽었다'는 것을 사회가 점차 깨닫게 되면 허무주의에 빠지게 될지도 모른다는 우려를 표명했다.[33] 다른 철학자들도 이와 비슷한 우려를 나타냈다.[34] 더 최근에 이르러서는, 우주에 본래 목적이 있느냐 없느냐를 놓고 믿음들이 서로 충돌하는 양상이 일종의 문화 전쟁 같은 모습을 띠었다. 1995년부터 1999년까지 미국 하원의 의장이었고 2012년 공화당 대통령 후보 경선에 출마했던 뉴트 깅리치Newt Gingrich는 2011년 12월의 지역 유세에서 이 문제를 자신의 관점에서 다음과 같이 요약했다. "생명이 무작위적이며 생명에는 아무런 도덕적 의미가 없다고 믿는 세속적 엘리트와 우리는 문화적인 싸움을 치르고 있습니다."[35] 이렇듯 사람들은 흔히 무신론자를 도덕의 나침반이 결여된 이로 보는 경향이 있다.[36]

복음주의 기독교 목사인 릭 워렌Rick Warren의 2002년 책 《목적이 이끄는 삶》은 지금까지 수천만 부가 팔렸고, 〈뉴욕타임스〉 베스트셀러 목록에 역사상 가장 오랜 기간 오른 책 가운데 하나이다.[37] 그 책에서 워렌은 하나님께서 우리를 이곳 지구에 놓아 두신 목적이 있다는 것(하나님을 경배하고 그리스도의 사도가 되기 위함)을 독자들에게 확신시켰다. 워렌은 독자들에게 자기중심적이 되지 말 것을 촉구했다. 이 책의 출발점이 되는 메시지는 "당신에 관한 것이 아니다"(하나님에 관한 것이다)는 것이니까 말이다. 그러나 또 한편으로 워렌은 하나님께서 우주를 창조하시고 모든 사건들을 일어나게 하신 까닭은 우리가 태어나서 그분을 경배하게 하고, 우리를 당신의 자식들로 여기고 사랑하시는 즐거움을 얻기 위해서라고 논하기도 한다. "우리의 목표는 우리 자신이 아니라 하나님께 즐거움을 드리는 것이다. ……우리의 동기는 우리 창조주께 영광과 즐거움을 드리고자 하는 것이다."[38] 워렌은 힘주어 이렇게 말한다. "하나님이 안 계시면 삶에는 목적이 없으며, 목적이 없으면 삶은 아무 의미가 없다. 의미가 없으면 삶에는 아무 의의도 희망도 없다."[39]

워렌은 우리가 어떤 사람이 될 것인지 하나님께서 자잘한 것까지 모두 계획하셨기에 어떤 것도 무작위적이지 않으며, 우리가 이를 아는 까닭은 성경이 말해 주기 때문이라고 독자들에게 확신을 준다. 또한 워렌은 지구상에서의 삶은 우리의 영원한 삶에서 극히 작은 일부분에 지나지 않으며, 이 지상에서의 삶을 하나님께서 힘들고 실망스럽게 만드신 까닭은 우리가 그 삶에 지나치게 집착하지 않도록 하기 위함이라고 말한다. 하늘나라야말로 우리의 참된 집이라는 것이다. 그 책이 어마어마한 성공을 거두었다는 사실로 판단하건대, 워렌이 전하는 메시지가 엄청나게 많은 사람들이 진정으로 듣고 싶어 하는 것임을 알 수 있다.

우주에 목적이 있다는 워렌의 메시지와 이어져 있는 것이 바로 도덕과 의미는 오로지 그런 우주 안에서만 가능하다는 믿음이다. 이 계열에 서 있는 남아프리카 최고 라비이며 널리 그 지성을 존중받고 있는 워렌 골드스타인Warren Goldstein이 바로 이런 믿음, 곧 인격을 가지고 (개개인에게 관심을 갖고) 간섭하는 하느님께서 이 세상과 우리에 대해 어떤 목적을 가지고 계신다는 믿음을 똑똑히 대변하는 인물이다. 이런 식의 유일신교적 관점은 수많은 기독교, 이슬람교, 유대교 교파들의 신앙에서 중심이 된다.[40] 골드스타인의 설명은 릭 워렌과 비슷한 방식으로 진행되지만, 그 종교적 세계관을 과학의 무작위적 진화의 관점과 대비시키고도 있는데, 골드스타인은 과학의 이런 관점을 허무주의적이고 냉소주의적인 것으로 여기고 있다.

> 신성함이란 이 세계에 무언가 특별한 것이 있다는 뜻이기에 무작위성과는 정반대되는 개념이다. 무작위적인 진화를 말하는 이론은 완벽하기 그지없는 이 훌륭한 세계가 무작위적으로 생겨났을 뿐이라

고 주장하면서, 세계 창조에서 하느님을 빼 버리려고 한다. 그러나 그 이론은 그보다 훨씬 이상의 것을 말한다. 곧, 그 이론은 생명이 무의미하다고 말하는 철학인 것이다. 생명이 단순히 우연으로 생겨났다면, 우리가 모두 이곳에 존재하는 까닭이 어떤 큰 우연 때문이라면, 삶이란 실로 무의미할 것이며, 우리가 무슨 짓을 하든, 우리가 착한 사람이든 나쁜 사람이든, 우리가 좋은 생을 살든 나쁜 생을 살든 아무 차이가 없을 것이다. 진화를 말하는 이론의 관점에서 보면, 우리가 하는 일 어떤 것도 중요하지 않다. 왜냐하면 세계 전체는 물론이고 그 안에서 살아가는 우리 자신의 존재도 단순한 우연에 불과하기 때문이다. 이는 궁극의 냉소주의이다.[41]

워렌 골드스타인 〈부림절: 냉소주의 대 신성함〉

골드스타인은 계속해서 친숙한 유신론적 논증을 펼친다. 곧, 자연적이고 무작위적인 진화의 세계는 '무얼 해도 상관없는' 무도덕의 세계일 것이라고 논하는 것이다. 고통의 문제에 대해서는 이렇게 덧붙인다. "비록 우리가 곤경과 고통을 겪으면서 더욱 큰 그림을 보지 못한다 할지라도, 완벽한 신앙심을 가지고 우리는 그 분께서 계시며 우리 운명을 인도하신다고 믿는다." 마지막에 골드스타인은 이렇게 긍정하면서 결론을 내린다. "우리가 삶을 어떻게 사느냐는 하느님이 보시기에 너무나 중요하고 소중하며, 우리가 그것을 깨달을 때 궁극의 기쁨을 얻게 된다. 곧, 우리 삶에 목적이 있고, 의미가 있고, 영원 불멸의 의의가 있음을 아는 것만큼 기쁜 것은 없다."[42]

이런 시각에는 다른 무엇보다도 진화가 전적으로 무작위적인 과정이라고 보는 통상적인 오해가 반영되어 있다. 5장에서 살펴보겠지만, 자연 선택은 정말로 아무 인도함 없이 일어나지만, 무작위적인 과정은 아니다. 이런 오해에 힘입어, 만일 도덕이 진화했다면 도덕 또한 심하게 무작위적이고 임의적일 것이라는 생각도 하게 된다. 나중에 이 책에서 우리는 본래 목적, 도덕, 의미가 없었던 우주에서 어떻게 목적, 도덕, 의미가 떠올라 상당히 일관된 흐름으로 진화할 수 있었는지 살펴볼 것이다. 지금 당장은, 목적도 없고 신도 없는 우주란 존재의 허무함을 함축한다는 널리 퍼진 가정에만 집중하기로 하자.

불가지론에서 무신론으로 가다

카린이 암 선고를 받고 크나큰 불확실성의 시기를 살아내면서 카린과 나는 만사가 어떤 목적이 있어서 일어난다는 믿음을 가져도 되었을 것이다. 그러나 우리는 그냥 그럴 수가 없었다. 사건을 보고 과도하게 목적을 식별하는 인간의 성향에 관해 이번 장에서 살펴본 연구들을 당시 우리는 모두 알고 있지는 못했지만, 우리 둘 다 다른 사람들이 가진 부정 메커니즘과 방어 메커니즘을 다룬 경험이 있었다. 우리가 너무나 운 좋게도 당시 가능했던 최선의 진단과 치료법을 적시에 받을 수 있었다는 생각이 들었을 때 느껴진 우주적인 인도함이 있다는 섬뜩한 느낌을 불신할 만한 충분한 지식을 나는 가지고 있었다. 설사 우리 일이 긍정적인 결과를 '선사받는' 것으로 끝난다 할지라도, 우리와는 다른 결과를 맞이할 이들이 틀림없이 많을 거라는 사실을 우리는 무시할 수 없었다. 우리에게 그런 운명이 허락되도록 우주적으로 결정되었다거나 연유는 몰라도 우리가 남들과는 다른 사람이기 때문에 남들보다 더 긍정적인 결과를 얻을 자격이 있다는 생각을 우리는 받아들일 수 없었다.

암이라고 처음 진단받고 나서, 우리는 최악의 상황을 염두에 두었다. 이런 유형의 암은 대단히 빠르게 자란다는 것, 그리고 종양이 이미 커진 상태라는 말을 들었다. 지금 당장 카린의 부모님을 남아프리카에서 모셔 와야 하느냐고 종양과 의사에게 묻기도 했다. 그러나 그 비보를 접한 첫 시점이 지난 이후로 유예의 시간이 몇 차례 단속적으로 찾아왔다. 한 번에 하나씩 검사 결과가 나올 때마다 그 유예의 시간이 찾아왔으며, 그렇게 한 주일을 몹시 조마조마하게 보냈다. 간: 이상 무. 폐: 이상 무. 뼈: 이상 무. 뇌: 이상 무(안도의 한숨). 심장: 심장 독성이 있는 화학 요법을 진행해도 될 만큼 건강함.

세계 일류의 우리 치료진은 화학 요법을 먼저 하고 수술을 나중에 할 것을 권했다. 이렇게 공격적이고 반직관적인 접근법으로 치료에 임하는 것은 위험 부담이 더 큰 전략이었지만, 전이를 막기 위해서는 이렇게 하는 수밖에 없다고 보았던 것이다. 화학 요법의 첫 반응 결과는 고무적이었다. 종양의 크기가 줄어들고 있었다. 그러나 카린의 유방을 절제한 뒤의 병리 보고서를 보고는 정신이 번쩍 들었다. 암의 크기가 비록 많이 줄어들기는 했어도, 완전히 뿌리 뽑히지는 않았으며, 이미 많은 림프절에 침윤된 상태에서 멀리 퍼져 나가고 있었던 것이다. 잠을 못 이루는 밤이 더 이어졌다. 치료진은 새로 나온 실험적인 약인 헤르셉틴Herceptin을 써 보면 카린이 50 대 50보다는 나은 기회를 가질 수 있을지도 모른다는 말을 했다. 이 약은 당시 아주 최근에야 승인되었던 터라, 카린이 한 달만 더 일찍 암 진단을 받았다면 써 볼 수 없었을 약이었다. 긍정적이고 영적인 마음을 가진 일부 친척들과 친구들은 이것이 미리 예정된 행운이며 우주적으로 인도하는 손길이 있다는 증거로 보았다. 그러나 그렇다면 이 약이 나오기 전에 죽은 여성들은 다 뭐란 말인가? 이 약에 반응을 보이지 않은 약 50퍼센트의 환자들은 또 뭐란 말인가? 카린이 그 환자군에 속할 가능성이 얼마든지 있음을 우리는 알고 있었다.

병과 싸우는 동안 죽음과 마주하면서 카린은 인생과 사람들에 대해 일종의 성마른 직설성을 내면에 키워 나갔다. 카린은 불손한 솔직함을 익혔다. 말하자면 '개소리'를 참아 낼 수 없었던 것이다. 카린은 비합리적인 헛소리, 소원 빌기식 또는 마법적 사고, 고지식함, 허튼 믿음 따위를 상대할 시간이 자기 생에 더는 없다고 느꼈다. 이렇게 저렇게 찾아온 지인들과 타인들로부터 증명되지도 않은 온갖 형태의 대체요법을 써 보라느니 생활 방식을 바꿔 보라느니, 청하지도 않았는데 계속해서 들어야 하는 그 모든 충고에 카린은 넌더리를 냈다. 물론 온갖 종교적 충고와 압박도 있었다. 그들이 애매하게 말끝을 얼버무리는 것도 카린을 짜증 나게 했다.

카린에게서 영감을 받은 나는 이 모두를 그녀의 눈을 통해 보면서 내 생각의 모순된 면모들을 인식하기 시작했다. 말하자면 모순된 믿음들에서 비롯한 인지 부조화를 인식하기 시작했다는 것이다.

나는 남아프리카에서 규모가 꽤 크고 사이가 끈끈한 한 유대인 공동체에서 성장했으며, 상당히 자유주의적이면서도 전통적인 사립 유대인 학교에서 고등학교 과정까지 교육을 받았다. 나는 제도 종교들, 특히 성경에 기초한 믿음 체계들에 오랫동안 회의적 입장을 가졌으나, 종교적 전통에 대해서는 가깝게 느꼈다. 그 전통들은 해당 문화의 비옥함, 유산, 역사적 뿌리를 위해서도 소중한 것이라고 느꼈고, 지금도 그렇게 느낀다.[43] 나는 또한 많은 종교적 가르침들에는 (폐기되거나 적어도 근본에서부터 재해석되어야 마땅한 문젯거리 내용들과 뒤섞인 모습으로) 철학적·심리학적 지혜가 담겨 있다고도 느낀다. 오래전부터 나는 종교적 가르침을 무슨 신의 말씀이 아니라 인간 마음의 산물로 여겼다. 그럼에도 불구하고 여전히 고대 경전과 조직 종교는 인간의 발명품으로서의 가치만큼은 가질 수 있다고 생각한다.

그러나 수많은 불가지론자들처럼, 나 또한 큰 철학적 물음들에서는 입장을 확실히 정하지 못했다. 초월적인 '무엇'이 있을 가능성에 대해서 일종의 열린 마음을 유지하는 것이 내겐 미덕처럼 보였다. 나는 하느님이라고 부르는 것이 실제로는 자연의 법칙들이지만, 어쩌면 일종의 **지향성**intentionality이라던가 그와 비슷한 것까지 포괄하고 있지는 않을까 하고 상상하기를 좋아했다. 이런 생각을 내가 처음 한 것도 아니고, 생각을 별로 명확히 하지도 못했지만, 어쨌든 나는 이런 추상적인 신 관념의 정당성을 입증하는 것도 반증하는 것도 원리적으로는 결코 불가능하다고 가정했다.

그러다가 정신과 의사로 일하면서 철학적인 물음들에 더욱 예리하게 초점을 맞추게 되었다. 큰 시련을 맞아 고군분투하는 환자들을 대할 때마다 인생의 목적과 의미에 관한 실존적 문제들이 거듭해서 새로이 부각되었다. 저마다 가진 철학적 세계관이 그 싸움에 대처하는 방식에 얼마나 크게 영향을 주고, 그 싸움에 의해 세계관이 어떻게 형성되는지 나는 보았다. 나는 종교적인 믿음이든 아니든 (특히 그 믿음과 모순되는 증거 앞에서도 믿음을 강하게 붙들고 있을 때) 사람들이 어떻게 해서 그 믿음에 이르게 되는지 그 인지 과정들과 추리 단계들을 더욱 깊이 생각하기 시작했다.

그러나 이 철학적 물음들을 진정 내 현실의 문제로 와닿게 만든 것은 바로 카린의 암이라는 위기와 그 예후에 대해 불확실한 상태로 보낸 세월이었다. 카린은 어떠했냐면, 언제나 반항아이자 약간 충동적이었던 그녀는 사람들이 자기 앞에서 말을 얼버무리면서 감상적이 되는 것을 전에 없이 못 견뎌 하며 아예 스스로를 무신론자로 정의하기 시작했다. 카린은 여러 면에서 자신이 언제나 무신론자였다고 느꼈다. 반면에 나는 확신을 못한 채 갈등하고 있었고, 여전히 무신론자보다는 불가지론자라는 말을 더 선호했다. 무신론이라는 말은 내가 불가능하다고 생각했던 어떤 확실성을 함축하는 것처럼 보였다. 나는 먼저 엄밀하고 방법론적으로 논증을 실증해야지 설득될 수 있다고 생각했다. 그러나 이 물음들에 점점 더 빠져들어 더욱 신중하고 체계적으로 검토해 나가면서, 나는 점점 더 마틴 가드너Martin Gardner 같은 느낌이 들기 시작했다. 마틴 가드너는 유명한 회의주의자였지만, 뭐라고 정의하기 힘든 형태의 더욱 높은 힘이 있음을 믿는다고 멋쩍게 토로하기도 했다. 비록 가드너는 평생 이 믿음을 견지했으나, (철학자 미겔 데 우나무노Miguel de Unamuno의 말을 인용하면서) 이렇게 시인했다. "무신론자들의 논증이 더 훌륭하다!"[44]

'종교적 믿음을 모두 잃게 되면 전통, 문화적 뿌리, 가치가 공허해지지 않을까' 하고 나는 걱정이 되었다. 또한 나는 지성이 뛰어나면서도 믿음이 독실한 이들을 많이 알고 있었다. 개중에는 비종교적이라고 할 수 있는 배경 출신이지만, 어른이 되어서는 정통 유대교 믿음을 받아들인 이들도 있었다. 그런 사람들은 과연 광범위하게 종교 공부를 해야지만 파악할 수 있는 어떤 심오한 이해를 발견했던 것일까? 종교—특히 정통파 유대교—를 가진 가족이나 친구들과 논쟁을 벌이다가 흔히 대화를 끝내 버리는 말이 하나 있는데, 바로 이런 것이다. "건방지게 그 가르침을 비판하기 전에 넌 먼저 그 가르침을 오랫동안 공부하면서 거기 담긴 지혜를 음미할 필요가 있어." 전통적 종교의 믿음 체계에서 부조리하게 보이는 것들을 마침내 앞뒤가 맞아떨어지고 합리적으로 만들어 줄 결정적이고 미묘한 것들을 내가 이해하는 데 실패한 것일까? 내가 아는 최고의 과학자들 중 독실한 믿음을 가진 이들의 경우는 어떨까? 그토록 지성이 높은 사람들도 잘못 생각할 수 있을까?

이런 물음들을 따라가면서 나는 직관적 추리와 감정적 인자들—이 가운데 몇 개는 이번 장에서 살펴보았다—이 지성과 합리성을 허물어뜨리는 수많은 메커니즘들을 서서히 이해하게 되었다. 이어지는 장들에서 나는 사고를 왜곡시키는 다른 편향성들도 살펴볼 것이며, 그와 더불어 우주가 설계되었고 목적이 있다는 믿음을 지지하거나 반대하는 주요 이성적 논증들도 살펴볼 것이다. 생각 깊고 교양 있는 수많은 사람들이 우주의 근본적인 수수께기 몇 가지로 인해 꽤 최근까지도 쩔쩔맸던 이유는 무엇이고, 그 수수께끼들이 초자연적인 믿음을 뒷받침하고 이성적 설명에 도전하는 듯 보였던 이유는 무엇인지 점차 분명해질 것이다.

지나고 보니 알게 된 것이 있다. 당시 내가 불가지론에서 무신론으로 넘어간 것은, 서양 사회의 지성계와 과학계에서 일어나고 있던 큰 추이의 일부였다는 것이다. 그 시기는 세계 무역 센터에 9·11 사태가 일어난 뒤, 거리낌 없는 신무신론자들New Atheists—샘 해리스Sam Harris, 리처드 도킨스, 대니얼 데닛Daniel Dennett, 크리스토퍼 히친스Christopher Hitchens, 빅터 스텐저Victor Stenger 등—이 종교적 근본주의에 대한 반감의 파고를 타던 10년기였다.[45] 신무신론자 운동은 미국의 정치와 교육 체계에 복음주의 기독교가 점점 깊게 침투하는 것에 대한 반발이기도 했다. 과학을 부정하는 것에 대한 대응이었고, 창조 과학과 그 사이비 과학 후계자인 지적 설계론를 학교에서 진화와 함께 '균형 있게' 가르치자는 종교계의 로비 시도에 대한 대응이었다. 나는 이 목소리 큰 무신론자들의 말에 다 동의하지는 않았다. 다른 많은 독자들처럼 나 또한 그들이 모든 종교와 신학을 근본주의로 뭉뚱그려 색칠해 버리고 있다는 느낌을 받았다.[46] 더 미묘하고 진보적인 신학들을 그들이 제대로 다루지 못했다고 느꼈으며, 심지어 그 신학들을 온전히 이해하고나 있는지 의심스러웠다. 그럼에도 불구하고 이 인상적인 사상가들은 당시 내 안에서 구체화되어 가고 있던 생각 가운데 많은 것들을 명료하게 풀어내 주었다. 2000년대에 들어서, 이전까지는 불가지론적 입장을 취했던 사람들 중 상당수가 단호하고 확신에 찬 무신론 쪽으로 대거 이동한 것으로 보인다. 이들 중에는 저명한 공적 지식인들도 대단히 많다.

이 책은 과학적 정보를 갖춘 세속적 휴머니스트의 세계관을 하나 종합해 내고자 하는 책이다. 나는 이것이 가장 일관되고 삶을 긍정하는 세계관이라고 생각한다. 이 세계관은 처음부터 내가 다 만든 것이 아니라, 나보다 훨씬 위대한 인물들이 펼쳤던 생각들을 통합하고 다시 정형화해서 내놓은 것이다. 나는 평균적인 교양을 갖춘 독자—나는 나 자신이 이렇다고 여긴다—라면 충분히 이해할 수 있겠다고 생각한 방식으로 그 세계관을 풀어 갔다. 이렇게 얘기를 해 나가다가 관련이 있거나 도움이 되겠구나 생각될 때마다 나는 인간의 조건을 이해하고자 고군분투하는 정신과 의사로서의 내 관점, 나 자신의 인생 경험을 통해 피부로 와닿았던 그 관점을 합쳐 넣었다.

돌아보면 카린의 암과 관련해서 지금까지 우리 두 사람은 극도로 운이 좋았다. 최근 몇 년 사이에 크게 겁을 집어먹었던 적이 몇 차례 있었고, 치료 때문에 심각한 합병증이 생긴 경우도 몇 번 있었다는 점을 제외하면, 이 책을 쓰고 있는 지금까지 카린은 처음 암 선고를 받고 치료에 들어간 뒤로 10년 넘게 잘 지내고 있고 병세에도 차도를 보이고 있다.

2 생각나는 대로 다 믿지 말라

주관적 지각은 패턴과 목적을 분간하지 못한다

등골이 오싹한 우연의 일치

내 환자 중에 글로리아가 있다. 차 앞 유리 와이퍼 밑에서 냅킨 한 장을 발견한 글로리아는 같이 일하는 동료들이 자기를 괴롭혀서 울리겠다는 (눈물을 닦으려면 냅킨이 있어야 할 테니까) 메시지를 보낸 것으로 해석했다. 다음 날 아침에 현관문 밖에서 조간 신문 옆에 냅킨 한 장이 놓인 것을 보고도 글로리아는 똑같이 추론했다. 누가 봐도 그 냅킨은 길거리에서 바람에 날려 온 쓰레기였지만, 글로리아는 전날 들었던 의혹을 그게 확증해 준다고 여겼다. 그녀는 몇 달 전에 집 밖에 쌓인 눈에 '실패자loser'라고 적힌 것도 보았었는데, 이제 보니 그것도 틀림없이 동료들이 자기를 두고 쓴 말이었음을 깨달았다. 전에 이웃집 밖의 눈에도 같은 말이 적힌 것을 보았다고 글로리아는 말했다. 그리고는 동료들이 모든 이웃들에게 자기에 대해 말하고 있다고 여겼다. 글로리아의 남편은, 날마다 고등학생 수백 명이 걸어서 집 앞을 지나가느니만큼 그 글은 아마 애들이 장난친 것에 불과할 것이라고 말했다. 글로리아는 이웃집들에 '아파트 임대 안내' 전단지들이 너무 많이 붙어 있으며, 그것들이 모두 개인적으로 자기를 향해 있다고 생각했다. 말인즉슨, 너를 괴롭힐 생각이라고, 그러니 얼른 이사를 가야 할 것이라는 메시지가 담겼다는 것이다. 그러다가 글로리아는 이웃집 벽에 적힌 그림 낙서graffiti도 자기를 향해 쓴 것이라고 생각하기 시작했고, 벽에 그려진 글자와 선에서 개인적인 메시지를 읽을 수 있다고 생각했다. 그리고는 도시 전체에 적힌 그림 낙서가 모두 자기에 대해 말하고 있다고 믿기 시작했다.

이번 장에서는 사건들에서 패턴을 과도하게 찾아내고 의도를 과도하게 부여하는 정상적인 경향성에 어떻게 인지적 오류들이 영향을 줄 수 있는지 깊이 살펴볼 것이다. 우리로 하여금 사건들에 목적이 내재해 있다고 잘못 해석하게끔 하는 것이 바로 이 경향성이다. 정신증, 조증, 강박 장애를 가진 환자들에게선 이 경향이 터무니없을 만큼 증폭될 수 있다. 정신적으로 건강한 사람들조차 무작위적인 점들을 이어 의미가 있는 듯 보이는 패턴을 찾아내는 경향이 있기 때문에, 등골 오싹한 우연의 일치처럼 보이는 것들을 보고 동시성synchronicity에 관한 믿음을 가지게 될 수도 있다. 이런 것들이 우주에 목적이 내재한다는 믿음을 강화해 주는 것이다. 앞으로 보게 되겠지만, 실재의 참된 본성을 추론하는 수단으로서 주관적 지각은 미덥지 못하다.

누구나 비합리성에 쉽게 빠진다

대부분의 정신 장애는 정상적인 경향성의 연속선의 한쪽 말단에서 일어나는 것으로 이해할 수 있다. 어떤 인자들—유전적인 인자들이 많다—은 일부 사람들을 정신병에 걸리기 쉬운 소인을 가지게 한다. 이런 소인을 가진 사람들에게 스트레스 같은 환경적 인자들이 작용하면 증상 발작을 유발해 기능을 손상시킬 수 있다. 불안이나 우울 같은 흔한 상태에서는 정신 장애를 이런 식으로 이해하는 것이 어렵지 않다. 불안이나 우울은 우리가 다들 이따금 낮은 정도로 경험하는 증상이기 때문에 우리는 얼마든지 우리 자신의 문제로 볼 수 있다. 이보다는 덜 다가오겠지만, 정신증의 경우도 마찬가지라고 할 수 있다. 정신증은 사람이 현실 감각을 잃어버린 비정상적인 정신 상태를 말하는데, 그 때문에 일부 사고와 지각이 왜곡된 결과 이상하게 행동하는 경향을 보인다.

우리는 누구 할 것 없이 인지적 오류와 비합리성에 쉽게 빠질 수 있다. 비합리성은 흔히들 믿곤 하는 비합리적 원인 귀속('일이 일어난 데는 이유가 있다')에서부터 임상적으로 극단적인 편집증적 정신증에 이르기까지 범위가 넓다.[1] 많은 면에서 보았을 때, 정신증은 과장된 형태의 귀속 편향attribution bias(동기를 편향되게 해석한다든가 원인에 대해 잘못된 가정을 한 탓에 행동이나 사건에 이유를 잘못 귀속시키는 것)과 확증 편향confirmation bias(자기가 가진 믿음이나 미리 생각해 둔 바를 확실히 해 주는 것들에 더 주목하는 경향)이며, 심각한 정신 질환으로 인해 인지 능력이 결핍되면—이러면 현실 분간reality-testing 능력이 손상된다—더욱 극단적이고 괴상한 모습을 띨 수 있다. 정신증 상태에서 이런 조건들에 처하게 되면, 현실을 확인하고 안팎의 균형을 유지하는 뇌의 인지적 기능이 제대로 작동하지 못한다.

예를 들어 정신증을 앓는 환자는 자신의 병을 들여다보는 능력에 손상을 입어서 항정신병 처방약을 복용하고 싶어 하지 않을 수 있다. 정신과 의사로부터 약을 처방받은 뒤에 가족이 환자를 차에 태워 집으로 돌아가고 있다고 상상해 보자. 환자는 먹어야 하나 말아야 하나 결정을 못 내린 상태로 약을 쳐다보고 있다. 그런데 바로 그 순간, 차가 정지 신호를 받고 멈춘다. 그러자 이것은 바로 이 유독하고 불필요한 약의 복용을 멈춰야 한다는 신호임이 즉각 분명해진다. 그게 아니라면 왜 딱 그 순간에 정지 신호가 나타났겠는가? 신 또는 우주가 촌각을 다투는 이 개인적인 메시지를 황급히 내게 전하려고 한 것이 틀림없다.

다른 예를 보자. 저스틴은 이제 막 고등학교를 졸업했는데, 점점 신경질적이 되고 경계심이 과도해지는 데다가, 사람 만나는 것을 피하고 행동도 이상해지고 법을 어긴 것 같다는 식의 괴상한 말을 하는 것이 걱정된 부모가 아이를 데리고 나를 찾아왔다. 저스틴에게는 정신병력이 전혀 없었다. 그는 자기 주변에서 일어나는 일과 사건들이 자신과 개인적으로 관련이 되어 있으며, 은밀한 신호나 메시지를 자기에게 전달하고 있다는 것을 최근에 눈치 채게 되었다는 말을 털어놓았다. "사건들이 계속 어떤 특별한 이유 때문에 일어나고 있어요." 저스틴은 이렇게 주장했다. "물건들도 내게 무슨 말을 하거나 내가 무슨 행동을 하게 하려고 그 자리에 놓여 있어요. 주의 깊게 보지 않으면 남들은 이

것들이 단순한 우연의 일치라고 보겠지만, 이 모든 사건들을 무작위적이라고 보기에는 너무 개연성이 떨어져요. 그것들에 의도가 있는 것이 분명해요."

시작은 대수롭지 않았다고 한다. 어디를 보나 14라는 숫자가 거듭해서 눈에 들어왔다는 것이다. 시계를 봐도, 텔레비전 광고를 봐도, 도로 안내판을 봐도, 자동차 번호판을 봐도 말이다. 그러다가 남들이 하는 대화를 어쩌다 엿듣게 되어도 그 대화 속에 숫자 14가 계속 등장했다고 한다. 하루는 가게에서 어떤 사람이 십대들에 대해 말하다가 미성년자들의 섹스 얘기를 하는 것을 듣게 되었는데, 자기가 지나갈 때 그 사람이 자기를 쳐다보더라는 것이다. 그 바로 전에 저스틴은 여자친구를 생각하고 있던 참이었다. 여자친구가 열네 살 때(2년 전인데) '나랑' 섹스를 하기 시작했다는 것을 이 낯선 사람이 어찌 알았을까? 최근에 저스틴은 성교 동의 연령age of consent에 대해 지방 정부가 새로 제정한 법률의 가능한 법 해석에 대해 집착하고 있었다. 말하자면 미성년자와 섹스를 한 것 때문에 기소되지나 않을까 걱정했던 것이다(사실은 그렇지 않다. 그 법률은 '가까운 나이 차 면제close in age'* 조항을 포함하기 때문이다). 그 대화를 엿들은 직후, 저스틴은 어느 신문에서 바로 그 법률을 거론하는 헤드라인을 보았다. 가게를 나오자 바깥에 순찰차 한 대가 주차한 것이 보였고, 경찰이 무전으로 '열넷'이라는 숫자가 들어간 무슨 말을 하는 것을 들었다. 겁에 질린 저스틴은 자기 차에 얼른

* 성년이 성교 동의 연령에 도달하지 못한 상대와 합의 하에 성교를 했다 하더라도, 법에서 허용하는 나이 차 안에 들면 위법이 아니라는 것을 말한다. 이를테면 네 살 위의 상대까지 허용한다고 정해져 있다면, 14세의 미성년자와 18세의 성년이 합의 하에 성교를 해도 위법하지 않다는 뜻이다.

올라타 도시를 빠져나가 가족 소유의 호반 오두막으로 향했다. 그런데 공포스럽게도 '도로 폐쇄. 다음 14킬로미터는 우회로를 따라가시오'라고 적힌 표지판을 만났다. 지난 주말까지만 해도 없던 표지판이었다. 이 모든 게 우연의 일치일 확률이 얼마나 될까? 저스틴은 마음을 진정시키기 위해 라디오를 켜자, 디제이가 방금 들으신 노래는 음악 순위 14위까지 올랐다고 말하는 소리가 들렸다. 거기다가 마지막에 디제이는 그 여성 가수가 믿기지 않을 만큼 **어리다**는 언급도 했다. 그냥 말한 것이 아니라, '어리다'는 말을 길게 늘여 발음한 다음에 청취자가 그 뜻을 음미할 수 있도록 잠깐 끊기까지 했다. 저스틴은 주먹으로 라디오를 후려쳤다. 바로 그때 저스틴은 저기 앞 고속도로 갓길에 고속도로 순찰차가 서 있는 것을 보았다. 자기를 고통에 빠뜨려 덫에 걸려들게 하려고 당국에서 이 모든 일을 계획했음을 깨달은 저스틴은 황급히 차를 세웠다가 유턴을 해서 집까지 내달렸다.

그로부터 며칠 뒤, 정신과 상담을 하려고 저스틴을 만났을 때, 부모는 그날 가게에 간다고 나갔던 저스틴이 납득이 안 될 만큼 매우 늦게 귀가했는데, 눈에 띄게 몸을 떨고 있었고, 자수하는 게 좋겠다는 둥 종잡을 수 없는 말을 주절거렸다고 내게 말해 주었다. 결국 이것이 저스틴에게 있어 첫 번째 정신증 발작이었다. 그 뒤로 여러 차례 발작이 더 있었고, 아무것도 아닌 사건을 보고 일으킨 망상의 특징은 그때그때 매번 달랐다.

1장에서 언급했다시피, (자기)지시 망상은 정신증에서 가장 흔한 증상에 속한다. 어떤 것이 나 자신과 관련되었을 경우, 그것에 더 주목하는 경향이 우리 모두에게 있다. 이를테면 현재 임신 중이거나 아이를 가지려고 애쓰는 여성은 텔레비전에서 유아용품 광고는 물론이고 발길 돌리는 곳 어디에나 아기, 출산, 임신에 대한 언급이 갑작스럽게 증가한 것 같다는 경험을 할 수도 있다. 정신적으로 건강한 우리 대부분의 경우에는 현실 분간 능력이 자동으로 작동해, 방송국의 누군가가 나를 위해 그런 광고를 집어넣었다고 믿는 데까지 나아가지는 않는다. 하지만 어떤 사람들은 그것이 '위'에서 내려온 어떤 징조—이를테면 지금 받은 인공 수정 시술이 곧 성공할 것이라는 '신호'—라고 믿을 수도 있다.

연속선상의 어디에 망상을 위치시키느냐 판정할 때 우리가 기준으로 삼는 것은 얼마만큼 괴상하거나 말이 안 되느냐이다. 망상이 경미할수록 정상적이고 흔한 비합리적 믿음들과 구분하기가 힘들어질 수 있다. 망상이 괴상하고 말이 안 될수록 비정상적임이 분명해서 정신증의 징후라고 진단하기가 더욱 수월해진다. 그런데 이렇게 보게 되면 정신증이라는 것이 정상인의 사고와는 전혀 연속되지 못한 완전히 '다른' 정신 상태라는 인상(내가 보기에는 잘못된 인상)을 줄 수 있다.

승강기나 지하철처럼 사람이 북적이는 공공장소에서 주변의 모든 이들이 나를 쳐다보고 있다는 믿음이 경미한 지시 망상의 한 예가 된다. 이런 종류의 망상은 단순한 불안이나 소심증—사람들에게 훨씬 흔하고 비교적 정상적인 형질이다—과 구별하기가 힘들다. 야단스럽고 괴상하고 말이 안 되는 망상은 자기 지시적 사고의 연속선상에서 멀리 떨어져 자리하는 것이라고 쉽게 인식할 수 있다. 예를 들면, 내 환자 중에는 자기를 괴롭히고 겁을 주려고 제트 여객기들이 항로를 일부러 자기 집(환자의 집은 비행기가 많이 오고 가는 어느 대도시에 있었다) 바로 위를 지나도록 정했다고 믿는 환자가 있었다. 모든 사람들이 기를 쓰고 나를 방해하려고 한다는 믿음, 다시 말해서 나와 관계하는 모든 이들이 고의적인 악의를 가지고 있다는 믿음은 자기 지시적 사고의 연속선상에서 중간 즈음에 자리할 것이다. 내 환자 중에는 모든 인간관계 또는 무작위적으로 일어나는 모든 행운에서 **선의**가 고의적으로 깔려 있다고 지각하는 이들도 있다. 양극성 장애를 가진 어느 환자는 조증 상태일 경우, 정류장에 선 버스들을 보고는 나를 기다리고 있었구나 확신하기도 한다. 그뿐만 아니라 그 환자는 자신의 훌륭함이 널리 알려졌기 때문에 모든 이들이 자기를 쳐다본다고 확신하기도 한다. 그러나 울증 상태에 빠지면, 그 환자는 자기 가족과 친구들이 당하는 문제들의 대부분을 일으킨 원인이 바로 자기라고 확신한다.

망상은 비합리적인 논리로 자기를 강화하고 합리화한다. 내 환자 중에 과학 쪽에 학위를 가진 총명한 젊은 여성이 있었는데, 머릿속에서 어떤 목소리가 들린다고 주장하면서 자기를 조종하는 어떤 강력한 인격을 그 목소리에 귀속시켰다. 수많은 환자들이 그러하듯이, 그녀도 그 목소리가 진짜임을 내게 확신시키려고 다양한 증거를 사용했다. "전 그 목소리가 제 생각에서 비롯한 것이 아니라는 걸 알아요. 제 생각을 제 자신으로부터 숨길 수는 없잖아요. 그 사람('조종자')은 제가 모르는 것들을 말해 줘요." 나는 그녀의 정신증을 꿈에 빗댈 수 있을 것이라고 말해 주었다. 말하자면 꿈에서 상상한 인물들이 '말해 주는' 우리가 몰랐다고 생각한 것들은 사실 우리 자신의 무의식적 생각이 투사된 것들이라는 것이다. 꿈을 꾸는 동안, 우리는 꿈속의 인물들이 하는 얘기가 우리 자신의 머릿속에서 나온 것임을 인식하지 못한다. 안타깝게도 그 환자는 대개들 그렇듯이 자신의 망상을 결코 놓지 않았다.

내 의식적 마음을 조종하는 것이 내 무의식적인 마음이라는 생각은 터무니없다고 생각해요. 그 사람은 저보다 똑똑하면서, 밥맛없는 녀석이기도 해요. 그는 자기가 하고 싶은 것은 뭐든지 할 수 있어요. 그 사람은 선생님도 조종해요. 자기가 선생님이 방금 하신 말씀을 하도록 조종했다고 지금 제게 말하네요. 그게 증거예요. 그 사람은 심지어 제 개까지도 조종한답니다. 제 개가 딱딱 끊어 가며 짖으면, 거기에 딱 맞는 단어들이 머릿속에서 퍼뜩 떠오르면서 '너는 조종되고 있다' 같은 메시지를 제게 전해 주어요. 그 사람은 다른 사람들이 어떤 행동을 하도록 하는 것으로 그걸 거듭해서 증명한답니다. 그 사람은 수많은 방식으로 그걸 증명해요. 이게 제겐 결정적인 증거랍니다. 목소리들은 그 조종자가 만들어 낸 것인데 제 마음의 청각 부분과 기억 연상에 영향을 주지요. 약을 먹어도 그 목소리들은 사라지지 않을 거랍니다. 남들은 제 마음에 어떤 조종자가 있다는 걸 믿을 수 없겠지만, 저는 그게 사실이라는 걸 알아요. 그 조종자가 내 심장을 멈추게 할 수 있다고 말한 다음에 〔환자가 지각하기로〕 실제로 맥박이 한동안 멈추더니 혈액 순환을 못한 탓에 제 왼팔이 마비된 것을 달리 어떻게 설명하겠어요? 그것 말고도 그 사람이 할 수 있는 일은 수도 없이 많아요. 아무도 제 말을 안 믿지만, 전 제가 옳다는 것을 절대적으로 확신해요. 자기가 모든 면에서 선생님을 조종한다고 하루 스물네 시간 내내 누가 말하는 소리를 듣는다면, 선생님도 그걸 믿을 겁니다.

망상을 가진 환자와 그 망상에 대해 이성적으로 대화하려는 것은 대개 별 의미가 없다. 약을 써서 그 망상의 위력을 적어도 부분적으로나마 약하게 만들지 않는 한은 말이다.

게다가 머릿속에서 만들어진 생각을 자기 머리에서 나온 것으로 뇌가 인식하지 못하는 현상은 그리 놀랄 게 못 된다. 꿈의 예뿐만 아니라, 뇌졸중 같은 물리적 뇌 손상 장애로 인한 신경계 증후군들도 이와 비슷하게 자기 팔다리를 자기 것으로 더는 인식하지 못하는 것 같은 현상을 보이기도 한다. 이를테면 자기 몸뚱이의 절반을 몽땅 무시해 버리는 사람들도 있고('반쪽 무시hemineglect'라고 하는 잘 알려진 신경계 증후군) 심지어 '외계인'의 팔다리가 당혹스럽게도 자기에게 붙어 있다고 느껴 (자기 것으로 여기지도 않고 원치도 않는 그 팔다리를 여전히 정상적으로 사용하고—이를테면 그 다리로 걷고—있는데도) 그 팔다리를 절단해 달라고 요청하는 사람들까지 있는 것으로 알려져 있다. 대부분의 정신 장애의 경우와는 다르게, 이런 기괴한 장애의 뇌 병리는 잘 이해되어 있고 뇌 스캔으로 확인할 수 있다.[2]

우리는 자신이 믿는 대로 본다

눈에 보여야 믿는다고들 말하지만, 실제로는 믿어야 보인다. 우리는 거기 있다고 믿는 것—착각해서 감각을 잘못 해석한 것—을 보는 경우가 종종 있다. 더군다나 우리가 가진 감각들은 이따금 완전한 환각에 빠져서, 아무것도 없는데도 무엇이 있다는 지각을 만들어 내곤 한다. 실재하지 않는 것들을 진짜로 있는 다른 것들과 구분하지 못하는 식으로 지각하는 경험을 할 때, 사람들은 자기 뇌가 오작동해서 그렇게 지각되었다는—자기 마음이 자신을 속이고 있다는—것을 결코 믿으려고도 안 하고, 믿을 수도 없어 한다. 사람들은 자신의 신체적 감각을 신뢰하고, 아무리 괴상해도 자기 뇌가 그렇다고 말해 주면 그대로 믿는 경향이 있다. 그리고 실재와 지각의 모순을 없애려고 그 지각을 설명하고 그 설명을 설명하고 또 그 설명을 설명해 나간다. 우리는 주관적 경험을 지나치게 신임한다. 우리는 오로지 감각을 통해서 외부 세계를 경험하기 때문에, 이 지각들이 때때로 주관적이라는 것, 그리고 객관적 실재를 반드시 미덥게 경험하는 것은 아니라는 것을 받아들이기 어려워한다. 따지고 보면, 감각 말고 우리가 달리 의존할 수 있는 것이 뭐가 있겠는가?

정신과 의사로서 나는 온갖 종류의 기이한 지각 경험에 대해 듣는 것이 일상이지만, 반드시 정신증 환자에게서만 듣는 것은 아니다. 지각을 왜곡시킬 수 있는 조건들은 정신의학적, 신경학적, 여타 의학적으로 널리 다양하다. 이 가운데에는 뇌에 영향을 주는 장애 상태나 질환 상태와 관련된 조건들도 있고, 일시적인 조건들도 있고, 다른 면에서는 건강하고 정상적인 사람들에게서 나타나는 조건들—이를테면 혼수 상태 비슷한 해리解離 상태, 저혈당증 및 수면 박탈과 연관된 지각 왜곡 같은 인자들이 대표적이다—도 있다.[3] 왜곡된 지각 가운데에는 전적으로 정상적이지만 대부분의 사람들이 살면서 흔히 하는 경험의 범위에서는 벗어나 있는 것들도 있다. 또한 단순하지만 막강한 위력을 가진 암시도 있고, 사람들이 경험을 해석하고 돌아보는 방식에 영향을 주는 무수히 많은 종류의 인지적 편향도 있다.

미국의 저술가이자 정치 활동가인 바버라 에런라이크Barbara Ehren-reich가 진지하게 써 내려갔던 기이한 주관적 지각 경험이 훌륭한 예가 되어 준다. 에런라이크는 대단히 지성적이고 비판적인 정신을 가진 사람으로서, 실재에 기초한 사고를 할 것을 설득력 있게 논해 온 인물이다. 바로 그렇기에, 그녀가 자신의 주관성에 대해서 그처럼 무비판적이 되곤 했음은 얄궂은 일이다. 에런라이크는 그 특별한 경험을 하고 수십 년이 지난 뒤에 그 일을 글로 적었다. 그 일은 그녀가 열일곱 살이던 1959년, 스키 여행을 하던 중 어느 아침에 일어났다.[4] 그녀는 당시 여행 계획을 형편없이 짰고 가진 돈도 충분치 않았기에 잠을 제대로 못 잤으며, 캘리포니아 주 로운파인Lone Pine의 거리에 혼자 들어섰을 때에는 아마도 저혈당 상태였을 것이라고 인정한다. 바로 그때, 그녀는 "세상—산과 하늘과 점점이 흩어진 낮은 건물들—이 갑자기 생명으로 불타오르는 모습을 보았다. ……사방이 이 불길뿐이었다. 무언가가 내 안으로 쏟아져 들어왔고 나는 그것 안으로 빨려 들어갔다. ……그것은 한 번에 모든 것을 통해 내게로 다가오는 어떤 살아 있는 실체와의 광포한 만남이었고, 그대로 붙잡고 있기에는 너무나 광대하고 사나웠으며, 그냥 놓아주기에는 가슴이 터질 만큼 너무나 아름다웠다." 그녀는 생명이 있는 것이든 없는 것이든 자연의 모든 것과 하나 됨을 느꼈다. 모든 것은 "그 불꽃 속으로 합쳐져 들어가서 나머지 불길과 구분이 되지 않았다." 그녀는 무아경을 느꼈고 어떤 식으로인가 완전해졌다는 느낌만이 아니라 산산이 부서진 것 같은 느낌도 들었다.[5]

그 일이 있기 전에도 에런라이크는 기이하지만 그보다 강도는 덜한 경험들을 한 적이 있었고, 해리성 장애(흔히 지각적 착각 및 현실로부터 유리되거나 꿈속 같은 상태에 빠진 느낌과 연관되어 있다)가 있다는 의학적 진단을 받은 바 있었다. 또한 힘들고 불행했던 어린 시절에는 자기만의 생각과 내면의 세계에 습관적으로 많은 시간을 빠져 지내는 유형의 아이이기도 했다. 어린 시절부터 무신론자임을 공언했던 에런라이크는 당시 자신의 그 경험을 유신론적 관점으로 설명하기를 거부했으나, 그 오랜 세월이 흐른 지금은 어렴풋하고 신비로운 어떤 '타자Otherness' 또는 물활론적 에너지—아직 정체가 확인되지는 못했지만 널리 퍼져 자연 구석구석까지 침투해 있으며, 의식을 가졌을 수도 있고 그 위력이 대단히 클 수도 있는 어떤 생명체—가 우주에 충만해 있을지도 모른다는 생각에 마음을 열어 놓고 있다. 그녀는 '신비 경험은 모종의 만남을 표상하며' 우리로 하여금 '어떤 존재자일 수도 있을 다른 꼴의 의식을 감질나게 일별할 수 있게' 해 준다고 여겼다. 그녀는 우주가 '일종의 생명으로 맥동'하는 것은 아닌가, 그래서 자기가 보았다고 생각한 그 불길처럼 우리가 순간적으로 경험할 수도 있을 '무언가로 터져 나올 수 있지' 않았겠느냐는 생각을 던졌다. 나아가 과학은 신비 경험을 마음에서 일어난 현상으로 치부해서는 안 되고 이 경험들이 정말로 우주의 어떤 생명과 의식의 힘을 가진 미지의 존재와의 일종의 '만남'을 표상할 가능성을 진지하게 고려해야 한다는 생각을 내놓았다. 그리고 우리에게는 '더 많은 주관적 설명'이 필요하다고 제안했다.[6]

다른 글들에서 에런라이크가 현실에 기초하고 편향되지 않는 사고가 필요함을 역설했다는 점을 감안하면, 그녀가 자신의 주관적 지각들을 객관적 실재의 본성을 알아낼 증거를 얻을 수 있는 미더운 원천으로 간주한다는 것이 더없는 충격으로 다가온다. 그녀의 이야기는 주관적 지각이 얼마나 위력적이 될 수 있는지 보여 줄 뿐이다. 말하자면 에런라이크의 그 경험들이 **그녀에게** 놀랍고 인상적인 것이 되게 만드는 유일한 것은 바로 그 경험들이 **그녀의 것**이라는 것뿐이라는 말이다.

본능이 앞장서고 지성은 따라갈 뿐

설명이 안 되고 신비롭게 보이는 '만남'에 대한 주관적인 경험과 더불어 섬뜩한 우연의 일치에 대한 경험도 사람들이 종교적 또는 영적인 믿음에 쉽사리 마음이 기울게 되는 가장 위력적인 이유 가운데 하나이다. '미국 심리학의 아버지'이자 유력한 철학자이기도 한 윌리엄 제임스William James는 주관적으로 큰 힘을 발휘하는 신비 경험과 계시에 대해 모든 사회계층의 사람들이 직접 들려준 매우 다양한 이야기들을 수집해서 출간했다.[7] 으레 그 경험들은 강력하고 오래 지속되는—심지어 평생 가는—종교적 확신으로 귀결되었다. 왜냐하면 그 경험들은 대개 어떤 신성하고 우주적인 질서가 있다는 믿음을 강화해 주었기 때문이다. 제임스는 이렇게 적었다. "〔신성한 것에 대한〕 이런 감각을 강하게 지닌 사람이라면 누구나 세상에서 제아무리 미미한 것이라 해도 눈에 보이지 않는 어떤 신성한 질서와의 관계로부터 무한한 의미를 얻게 된다는 생각을 자연스럽게 하게 된다."[8] 다른 말로 하면, 모든 것은 이유가 있어서 일어난다는 뜻이다. 제임스는 불가항력적인 설득력을 가지는 이런 주관적인 지각들을 논리적인 사고로 뒤엎는 일이 얼마나 어려운지 다음과 같이 적었다.

> 실재에 대한 이런 느낌들이 얼마나 설득력을 발휘하는지 이야기했는데, 이것을 조금 더 다루어야겠다. 당사자에게 그 느낌들은 여느 직접적인 감각 경험만큼이나 설득력을 가지며, 단순히 논리로만 정립한 그 어떤 결과보다도 훨씬 큰 설득력을 가지는 게 일반적이다. ……만일 여러분이 그 느낌들을 가지고 있다면, 그것도 아주 강하게

> 가지고 있다면, 여러분은 그 느낌들이 순수하게 진실을 지각한 것, 아무리 말로 대답할 수 없다 할지라도 무슨 반론으로도 여러분이 가진 믿음으로부터 내쫓을 수 없는 어떤 실재가 계시된 것이라고 여기지 않을 수 없을 것이다.[9]
>
> 윌리엄 제임스, 《다종다양한 종교 경험》

제임스에 따르면, 사람들이 이성적으로 구축한 지성적 철학들은 종종 그들의 비합리적이고 주관적이고 직관적인 경험들을 합리화할 방도로서 형성된 것들이다. 일단 이런 식으로 형성되면, 이 믿음들은 이성적 반론에 쉽사리 흔들리지 않는다.

> 진실이 무엇이냐면, 형이상학과 종교의 영역에서 정연한articulate 근거들이 우리에게 설득력을 발휘하는 때는 실재에 대해 우리가 가지고 있는 비정연한inarticulate 느낌들이 그와 동일한 결론 쪽으로 이미 각인되어 있을 때뿐이라는 것이다. 그때에는 실로 우리의 직관과 이성이 함께 간다. ……이성을 거치지 않은 즉각적인 확신은 우리 안에 깊이 자리한 것이고, 이성을 거친 논증은 그저 거죽에 걸친 것에 지나지 않는다. 본능이 앞장서고, 지성은 뒤를 따를 뿐이다. 내가 예를 들면서 보여 준 방식에 따라, 누군가 어떤 살아 있는 신이 현존한다는 느낌을 가진다면, 그 느낌에 대해 여러분의 비판적 논증들은 결코 우위를 점하지 못할 것이며, 아무리 그 사람의 믿음을 바꾸려고 애를 써도 헛되기만 할 것이다.[10]
>
> 윌리엄 제임스, 《다종다양한 종교 경험》

분명 우리는 우리의 주관적 지각들이 마음을 사로잡을 만큼 강력하다고 여기며, 우리 마음을 의심하기보다는 물리 법칙들을 더 의심하려고 할 것이다. 사람들은 우리 뇌가 저만의 설득력 있는 실재들을 만들어 내는 힘을 과소평가한다. 사람들은 해리성 경험, 환각, 여타 잘 알려진 정신적 및 신경적 오지각misperceptions이 얼마나 강한 현실감을 가질 수 있는지 과소평가한다. 일주일만 내 사무실에 앉아서, 누가 봐도 말이 안 되는 지각이나 믿음을 열성적으로 (심지어 이성적으로 보일 정도로) 논하는 사람들의 말을 들어 보라. 그런 뒤에 어느 쪽 설명이 더 말이 되는지, 곧 그들이 들려주는 괴상한 경험들이 진짜라는 설명이 말이 되는지, 아니면 그런 이상한 것들을 믿도록 뇌가 쉽게 우리를 우롱할 수 있다는 설명이 말이 되는지 스스로 판단해 보라.

무엇이 인지적 오류가 되는가

사건들은 의도적으로 일어나고 눈에 보이지 않는 초자연적인 행위자가 우리 인생을 다스린다는 믿음과 가정을 강화시키는 것들로는 선택적 주목, 확증 편향, 사후 예지 편향hindsight bias(사건이 일어난 뒤에 그 사건에 의미가 있었다거나 예측 가능한 것이었다고 보는 경향)이 있다.

일어날 수 없을 것 같은 우연의 일치를 경험한다고 우리가 종종 생각하게 되는 것도 이와 똑같은 인지적 오류 때문이다. 설사 통계적으로 보면 그런 우연의 일치가 우리가 실감하는 것보다 훨씬 자주 일어난다고 해도 말이다. 대니얼 카너먼이 말한 것처럼, "우리 마음은 인과적 설명 쪽으로 강하게 편향되어 있으며, '단순 통계mere statistics'를 제대로 다루지 못한다."[11] 우리의 자기중심적이고 자기 지시적인 관점에서 보면, 우연의 일치, 특히 '섬뜩한' 또는 '등골이 서늘한' 느낌을 불어넣어 감정적인 울림을 주는 우연의 일치에 우리는 개인적인 의의와 우주적인 의도를 부여하는 경향을 가진다.

우연의 일치가 실제보다 더 의미가 있다고 생각할 때, 우리는 한 가지 잘못된 가정을 한다. 곧, 그 사건이 일어날 확률을 사전에 명확히 예측해서 평가하는 것이 아니라 사후에 그 확률을 평가하는 것이다. 더군다나 우리가 고려하는 확률은 특정 시간에 특정 우연의 일치가 일어날 확률이지 **아무** 시간에 **아무** 가능한 우연의 일치가 일어날 확률(그것이 일어날 가능한 시나리오들의 범위에서 따진 확률)이 아니다. 이를 보여 주는 친숙한 예로는, 누군가를 생각하고 있었는데 그 사람으로부터 전화가 온 경우, 보통은 생각지도 못할 것이지만 방금 어쩌다 생각이 난 것에 대해 누가 말을 하는 경우가 있다. 그러나 우리가 우연의 일치로 인해 받는 인상은 정당화할 수 없는 것이다. 나는 내가 일하는 병원의 블로그에 이렇게 쓴 적이 있다.

> 우연의 일치가 진정 놀라운 우연의 일치가 되려면, 이 특정 사건이 이 특정 시간에 일어나리라고 **사전에** 우리가 예측했어야 할 것이다(팁: 예측을 하나 할 때마다 적어 놓은 다음에 그 예측이 맞았는지 틀렸는지 꼼꼼하게 기록해 보라). 그렇지 않으면 우리는 **이** 특정 우연의 일치가 일어날 확률에 대해 아무것도 결론을 내릴 수 없다. 우리는 그저 주관적으로 울림을 주는 **아무** 우연의 일치가 **아무** 시간에 일어날(아무 날이든, 결혼 축가를 생각한 직후에 라디오에서 그 노래가 흘러나오는 날이 있을 수 있다) 확률을 관찰한 것에 지나지 않는다.[12]

랠프 루이스, 〈생각나는 대로 다 믿지 말라〉

그뿐만 아니라, 사건이 일어날 가능성을 더 높여 주었을 만한 조건들이 무엇인지 미리 알아 둠으로써 우리가 무의식적으로 편향되어 있지 않았음을, 그리고 그 일이 일어날 가능성에 우리가 무심코 영향을 주지 않았음을 신중을 기해서 확실히 해야 한다. 물론 신중하게 제어해서 과학 실험을 할 때가 아니라면, 우리는 결코 그런 규칙을 고수하지는 않는다.

아무 시간 동안 다른 생각할 수 있는 우연의 일치가 얼마나 많이 일어날 수 있었으나 일어나지 않았는지('무사건nonevents') 상상해 보면, 대부분의 우연의 일치가 실제로는 생각보다 별로 인상적이지 않음을 볼 수 있다. 말하자면 지금이든 나중이든 개인적으로 울림을 주는 무언가는 필히 일어날 수밖에 없다는 것이다. 얼른 보면 깜짝 놀랄 만한 우연의 일치가 지금이든 나중이든 적어도 하나 일어날 통계적 확률은 높다—우연의 일치가 **우리**에게 감정적 울림을 주는 까닭은 우리가 자기중심적이고 자기 지시적인 세계관을 가졌기 때문이다. 사람들은 영적인 믿음의 기초로 이런 종류의 '소름 돋는' 우연의 일치를 종종 거론하곤 한다.

정신과 의사이자 저술가인 버나드 바이트만Bernard Beitman은 자신의 웹사이트에서 이렇게 말했다. "우연의 일치 연구의 역사는, 살면서 눈에 띄었던 우연의 일치 유형들에 대해 개념어를 만들었던 네 사람의 이야기를 통해 들을 수 있다. 그중 가장 유명한 사람과 개념어가 카를 융Carl Jung과 동시성synchronicity이다."[13] 융은 동시성을 '무인과적으로 연결하는 (함께 함) 원리' 또는 '의미로운 우연의 일치'로 정의했으며, 일어날 법하지 않지만 의미로워 보이는 우연의 일치를 가리키는 말로 썼다. 양자 역학이라는 새로운 과학과 거기에서 펼치는 낯선 관념들—이후에 양자 얽힘quantum entanglement으로 알려진 현상 같은 것—에 인상을 받은 융은 우주에서 일어나는 사건들 사이의 어떤 새로운 형태의 관계를 자기가 짚어 냈다고 생각했다. 융은 이런 현상들을 우주에 어떤 영적인 질서와 목적이 깔려 있다는 증거로 여겼다.[14]

융이 제시한 가장 유명한 동시성의 사례가 있다. 이 사례를 들면서 융은 지나치게 진지하고 교육 수준이 높은 한 젊은 여성을 치료하면서 어떻게 돌파구를 찾아냈는지 서술했다. 융은 이 여성에게 감정적으로 접근하기가 불가능하다는 느낌을 받았으나, 이성적 설명을 거스르는 것 같은 우연의 일치를 하나 그녀에게 보여 주어서 그녀의 견고한 이성의 방어벽을 뚫을 수 있었다. 융은 창문으로 날아 들어온 풍뎅이를 한 마리 잡아 그녀에게 건넸는데, 마침 그때 그녀는 누군가 자신에게 값비싼 보석 한 점—금풍뎅이—을 주는 장면이 나오는 꿈을 하나 융에게 묘사하고 있었다.[15]

바이트만은 우연의 일치 이론에 혁혁한 공헌을 한 네 번째 인물이 바로 자신이라고 생각한다. 그는 우연의 일치 유형을 분류하는 일에 초점을 두고 있다. 바이트만은 많은 우연의 일치들이 통계적 또는 심리적 인자들에서 기인하는 것으로 적절하게 분류했으며, 개개인이 가진 형질이 심리적 인자들에 영향을 준다는 점도 주목했다. 하지만 바이트만은 설명이 안 되는 우연의 일치가 많이 있으며, "눈에 훤히 보이는 것 속에 신비로운 것이 숨어 있음을 알려 주는" 것들이라고 생각하기도 한다. 바이트만은 이렇게 물었다. "당신은 우주가 무작위적이라고 생각하는 사람인가? 아니면 우리가 더 주목해야 할 무언가가 여기에서 진행되고 있다고 믿는 사람인가?"[16] 바이트만이 우연의 일치에 관심을 가지게 된 것은 여덟 살인가 아홉 살 때 집으로 가는 길을 잘못 들었다가 전에 잃어버린 개를 찾았던 어릴 적의 경험에서 자극을 받은 면도 있다. 그리고 어른이 되고 나서 그보다 감정적으로 훨씬 위력적인 경험을 한 적이 있었다고 한다.

> 1973년 2월 26일 샌프란시스코, 세면대 앞에 서 있던 저는 손을 쓸 수 없을 만큼 숨 막힘을 느꼈습니다. ……제가 알기로 목구멍에는 아무것도 없었죠. ……샌프란시스코 시각으로 11시 무렵이었어요. 다음 날 제 형제가 전화를 해서는 델라웨어 주 윌밍턴 시각으로 새벽 2시에 아버지께서 기도에 찬 피에 질식해서 돌아가셨다고 전했습니다. 그 시각이면 샌프란시스코 시각으로는 11시였죠. 제겐 극적인 경험이었습니다. 그래서 다른 사람들도 이런 경험을 했는지 찾아보기 시작했는데, 이런 경험을 한 사람이 많았습니다.[17]
>
> 줄리 벡, 〈우연의 일치들, 그리고 삶의 의미〉

또한 바이트만은 우주적인 우연의 일치에 의해 생명이 나올 수 있게끔 우리 우주가 믿기지 않을 정도로 미세 조정되어 있다는 이론에 감명을 받았다.[18] 5장에서 나는 이 이론을 비판할 것이다.

소름 돋는 주관적 경험에 대하여

이번 절에서 살펴볼 마이클 셔머는 오늘날 이 세상에 살고 있는 거의 어느 누구보다도 앞선 합리적 회의주의를 가진 사람으로서, 다달이 〈사이언티픽 아메리칸〉에 쓰는 칼럼에서 아주 개인적인 경험을 하나 용기 있게 털어놓았다. 그는 설명할 수 없는 무언가를 만난 적이 있느냐는 질문을 자주 받는다는 말로 이야기의 운을 떼었다. 사람들은 대개 그 '설명할 수 없는 무언가'라는 말을 정상을 벗어나고 자연을 벗어나는 현상이 있음을 암시하는 비정상적이고 신비적인 사건이라는 뜻으로 쓰면서 자신에게 묻는 것이라며, 셔머는 이렇게 적었다. "내 대답은: 예, 그런 적이 있죠."[19]

그 사건이 일어난 때는 2014년에 아내 예니퍼와 결혼식을 올리던 날이었다고 한다. 독일에서 컸던 예니퍼에게 할아버지인 발터는 아버지에 가장 가까운 인물이었다. 그러나 할아버지는 그녀가 열여섯 살 때 세상을 떠났다. 결혼식을 올리기 전에 예니퍼는 개인 물건들을 독일에서 캘리포니아의 마이클네 집으로 보냈는데, 운송 과정에서 대부분의 상자들이 파손되고 소중한 가보도 여러 개 분실되었다. 다만 할아버지 발터가 사용했던 1978년식 트랜지스터 라디오는 무사히 도착했다. 그 라디오는 작동이 안 된 지 이미 수십 년이지만, 예니퍼의 마음에는 크나큰 가치를 지닌 것이었다. 마이클은 건전지를 새로 끼워 넣고 라디오를 작동시켜 보려고 했지만 허사였다. 그래서 두 사람의 침실에 있는 탁자의 서랍 속에 치워 두었다. 그로부터 석 달 뒤, 법원에 가서 결혼 허가서에 서명을 한 두 사람은 집으로 돌아와 마이클의 가족이 보는 앞에서 서로 혼인 서약을 하고 반지를 교환했다. 독일에 두고 온 가족과 친구들로부터 너무나 멀리 떨어져 있었기 때문에 예니퍼는 외로움을 느꼈고, 할아버지 발터가 여기 있어서 자신과 함께 입장했으면 좋겠다는 생각을 했다. 바로 그때, 마이클과 예니퍼는 침실에서 음악이 흘러나오는 소리를 들었다. 몹시 어리둥절한 두 사람은 그 음악이 대체 어디에서 흘러나오는지 찾다가, 믿기지 않게도 바로 발터의 라디오에서 나오는 소리임을 알아챘다. 예니퍼가 탁자 서랍에서 그 라디오를 꺼냈을 때, 라디오에서는 낭만적인 사랑의 노래가 흘러나왔다. 몇 분 동안 두 사람은 아무 말도 못하고 우두커니 앉아 있었다. "할아버지가 여기 우리와 함께 계세요." 예니퍼가 눈물을 터뜨리며 말했다. "난 혼자가 아니예요."

이런 이야기를 하면서 마이클은 자신의 회의주의가 '거의' 무너질 뻔했다는 말을 조심스럽게 적었다.[21] 그렇다고 '죽은 자가 죽은 이후에도 존재한다거나 전자 제품을 통해 우리와 소통할 수 있다'고 믿는 자가 되려는 것은 아니었다.[22] 그럼에도 불구하고 그는 이렇게 시인했다. '그 일이 나를 경악케 했으며 내 회의주의를 뿌리까지 흔들어 놓았음을 인정해야겠다.' 그 사건이 감정을 너무나 '깊게 자극했기' 때문에, 그는 '설명하기보다는 그 경험을 음미'했으며, '증거가 결정적이지 못하거나 수수께끼가 풀리지 않았을 때……그 신비에 경탄'해도 된다는 생각을 내놓았다.

나는 그 칼럼을 읽고 마이클에게 내 생각을 적어서 보냈다. 그 무렵에 독자들이 이미 그 글에 집중 포화를 퍼붓고 있었지만, 문제의 핵심을 알아본 사람은 아무도 없었고, 그 대신 작동하지 않는 라디오를 최근에 만지작거렸다가 건전지를 끼워 두고 스위치를 켜 둔 채 서랍 속에 넣어둔 뒤 나중에 어떻게 해서 무작위적으로 작동할 수 있었을지 기술적으로 설명하는 것에 초점을 맞추는 모습을 보였다. 나는 마이클이 허심탄회하게 그 이야기를 한 것에 찬사를 보낸 다음, 마이클 자신이 예전 글들에서 설득력 있게 제시했던 점들을 몇 가지 고려해 볼 것을 제안했다. 나는 이렇게 적었다.

첫째, 그 사건이 입증하는 것은 어느 누구도 주관성이 발휘하는 막대한 힘을 피해 갈 수 없다는 것, 그리고 사건을 자기 지시적으로 해석하는 것이 인간의 보편적인 성향이라는 것뿐입니다. 마음에 감정이 충만한 상태에서는 더더욱 그렇습니다. 선생님은 이것이 터럭만큼도 신비로운 것이 아님을 곧바로 알아보실 것입니다.

둘째, 다른 곳들에서 선생님은, 사후에 고려하고 나서 사건이 일어날 확률이 얼마나 적게 보이느냐면서 감명을 받지 말아야 하는 수많은 이유를 집중 조명하는 논증들을 펼치셨습니다. 우리가 감명을 받고 인과적이라고 볼 만한 의미를 부여해야만 하는 것은 사전에 아주 명시적으로 예측했던 사건이 일어날 때뿐입니다. 사건이 얼마나 등골이 서늘하고 소름 돋는 느낌이 드느냐와는 상관없이 그렇습니다. 사실 등골이 서늘하다는 느낌이 들면 들수록, 우리 자신의 감정적 추리emotional reasoning에 더욱 의심을 가져야 합니다.

셋째, 상상력만 발휘하면, 그 날을 비롯해서 아무 날에나 선생님에게 일어날 수 있었을 수없이 많은 등골 서늘한 우연의 일치들을 얼마든지 추려서 쉽게 나열할 수 있을 것입니다—가능한 사건의 수는 틀림없이 어마어마하게 많을 것입니다. 그 가능한 우연의 일치 가운데에는, 실제로 일어난다면 당사자에게 깊은 울림을 주고 신비롭고 생각도 못했던 신호—(그때 당사자의 기분에 따라) 긍정적이거나 부정적인 느낌을 주는—로 해석할 만한 것이 굉장히 많을 것입니다. 감정과 의미가 고조되었을 때 그런 사건이 일어나면, 특히나 강력하게 도드라지는 느낌이 그 사건에 불어넣어질 것이라고 예상할 것입니다.

사전 예측이 없을 경우, 선생님이 관찰한 것은 그 특수한 우연의 일치가 바로 그때 일어날 확률이 아니라, 주관적으로 깊은 울림을 주는 아무 우연의 일치가 아무 때에나 일어날 확률일 뿐입니다.

경험을 신비화하는 것을 보고 흥을 깨트려야만 하는 이유가 바로 여기에 있습니다. 곧, 선생님이 아주 잘 아시다시피, 개인의 역사(와 사회의 역사)는 사람들이 자신이 했던 결정이나 행동들—끔찍한 것들이 많이 있겠죠—을 '신호' 해석을 통해 정당화하는 무수히 많은 사례들로 가득합니다. 정신과 환자들에게서 저는 인간의 이런 흔한 습관이 크게 증폭된 모습을 날마다 관찰하는데, 그들을 보면 그것을 매개하는 인지 과정들이 더욱더 명백하게 드러납니다.

선생님과 예니퍼가 서로를 찾아낸 것이 저는 진심으로 기쁩니다. 이 글에서 선생님이 서술한 그 사건에 선생님과 예니퍼가 각자와 관련된 의미를 긍정적으로 귀속시켰다는 것은 두 분의 주관적 상태와 결정적으로 관련이 있는 무언가를 선생님에게 말해 주고 있습니다. 곧, 두 분이 지금 함께한다는 것이 두 분에게 깊이 중요하다는 것 말입니다. 선생님이 말했듯이 '정상에서 벗어난 그런 사건들을 감정적으로 해석하게 되면, 그것을 인과적으로 어떻게 설명하느냐와는 상관없이 그 사건들에 의미를 부여하게' 됩니다. 두 분 모두 언제까지나 행복하시기를 바랍니다.

마이클은 답장을 보내와 내가 지적한 점들에 모두 동의한다며 이렇게 적었다. "그때에도 그랬고 그 뒤로도 그 모든 점들을 다 헤아렸습니다." 그러나 이해할 만한 일이지만, 그는 그 주관적 경험이 감정적으로 깊은 울림을 주는 것이 너무나 즐거워서 그저 그 신비감을 음미하고 싶을 뿐이었다고 했다.

마이클에겐 인생에서 몹시 의미 있고 울림을 주는 순간이었기에 주관성이 선사하는 그 막간극을 즐길 자격이 있다. 이 예의 요점은 그처럼 명민한 과학적 정신을 갖춘 회의주의자도 불가능해 보이는 동시성을 경험하면 거부할 길 없는 소름 돋고 등골 서늘한 느낌에 압도당할 수 있다는 것이다. 그러할진대 나머지 우리 같은 사람들은 감정과 자기 지시적인 주관성이 비판적 사고를 얼마나 강하게 비틀 수 있는지 그 힘을 얕보지 말고 경계해야 할 것이다.[23]

다른 것도 아닌 바로 그 힘, 곧 주관적 직관이 사고를 왜곡하는 힘이 매우 강하기 때문에 과학적 방법이 개발되었다. 과학적 방법은 더욱 객관적인 방법들에 의지해서 현상을 탐구하는데, 여기에는 (다른 무엇보다도) 앞서 말한 사전a priori 가설, 숨은 편향성을 배제하기 위한 엄격한 방법론, 그리고 (이게 아마 가장 중요할 텐데) 제3자로서 감정적으로 휩쓸리지 않는다는 막대한 장점을 가진 다른 연구자들의 검토를 거치는 동료 심사가 들어 있다.

실재를 이해하기 위하여

초기 이오니아 학파부터 후대 소크라테스 시대 그리스 철학자들을 비롯한 고대의 학자들은 우리가 실재를 보는 시각이 인간의 감각과 가정에 의해 왜곡되기 때문에 실재의 바탕에 깔린 본성에 다가가기 위해서는 그것보다 더 나은 방법이 필요함을 깨달았다. 과학적 방법은 시간을 두고 서서히 발달해 왔다. 과학적 방법은 우리가 가진 편향성, 가정, 그르칠 가능성이 있는 직관을 통제해서 더 객관적이고 정밀하게 실재를 이해할 수 있도록 도와준다. 과학적 방법은 가정을 증명하기보다는 반증하는 것에 더 기초를 두고 있다. 20세기의 과학철학자 칼 포퍼Karl Popper가 매우 단순한 용어로 설명했던 것을 예로 들어 보자. 우리는 모든 백조는 희다는 가정(가설)을 만들 수 있을 것이다. 그런 다음에 밖으로 나가 백조를 찾아다니며 이 가설을 시험할 수 있을 것이다. 우리가 찾은 백조들이 모두 희다면, 그 가설이 옳다는 확신을 높여 줄 수 있을 것이다. 그러나 이 모든 증거에도 불구하고, 우리는 결코 그 가설의 올바름을 증명하지는 못할 것이다. 가설을 뒷받침하는 증거가 있으면 가설을 튼튼히 해 줄 수는 있지만, 가설이 참임을 결코 명확하게 증명해 줄 수는 없다. 반면, 만일 우리가 검은 백조를 단 한 마리라도 찾아낸다면, 그 가설을 확실하게 반박(반증)하게 될 것이다. 따라서 가설이 과학적으로 유효하려면, 가설이 반증될 가능성이 가설 자체에 내재하도록 구성해야만 한다. 달리 말하면, 시험을 해서 거짓임을 증명할 가능성을 열어 두어야 한다는 것이다. '모든 백조는 희다'는 가설은 희지 않은 백조를 찾아내면 반증할 수 있다. 이와는 달리 '녹색 백조가 존재한다'는 가설은 반증이 불가능하다. 곧, 녹색이 아닌 백조를 우리가 아무리 많이 찾아낸들 결코 확실하게 논박할 수 없게끔 짜여 있기 때문에, 증거를 가지고 무너뜨릴 수 없는 가설이라는 말이다.

초자연적 믿음과 미신적 믿음은 거의 예외 없이 반증 불가능한 가설들로 구성되어 있다. '신이 존재한다'는 녹색 백조 가설이다. 정신의학적 망상들도 종종 이런 식으로 구성된다. 곧, 망상을 가진 사람은 망상과 모순되는 증거를 만나면 설명을 켜켜이 덧붙여 망상을 확장하고 다듬는 방법으로 그 증거를 피해 간다. 예를 들어 환자를 향한 편집증적 음모가 불가능하다는 것을 의사가 지적하면, 의사도 틀림없이 음모자의 한 사람이라고 보는 것이다. 대개 망상은 이성적으로 논파할 수 없다.

옥스퍼드 대학교의 물리학자 데이비드 도이치David Deutsch는 '좋은 설명'이란 (임의로) 수정하기 어려운 설명이라고 정의했다.*[24] 좋은 설명이란 따로 단서를 달 필요 없이도 데이터/증거에 빈틈없이 우아하게 들어맞는 모형이다. 이를테면 코페르니쿠스의 태양 중심 태양계 모형(지구가 태양 둘레를 돈다는 것)은, 행성 궤도의 변칙성을 설명하기 위해 원 궤도 위에 또 원 궤도를 둔(주전원epicycles**) 프톨레마이오스의 지구 중심 모형(인간의 자기 지시적 사고를 전형적으로 보여 주는 예이다)보다 더 좋은 설명이다. 갈릴레오는 이 코페르니쿠스의 모형을 증거로 보강했다. 과학사에서 다른 수많은 사례들과 더불어 이 예 또한, 좋은 설명을 받아들이기 위해서는 소중히 간직했던 믿음을 포기하고 정서적으로 마음이 가는 가정을 내버려야만 할 수도 있음을 보여 준다. 우리가 가진 편향성을 비롯해 사고에 끼어들 수 있는 수많은 변수와 무작위 인자들을 인식하는 데 실패할 가능성을 최소화하고 스스로 교정하기 위해 과학적 방법론은 필히 강박적일 만큼 엄격할 수밖에 없다.

---

* 더 부연해서 인용하면 다음과 같다. "그게 좋은 설명이다. 곧, 수정하기 어렵다는 것이다. 왜냐하면 그 설명을 세세하게 이루는 모든 것들이 저마다 구실을 하기 때문이다."

** 다른 원의 둘레에 중심을 둔 원.

왠지 좋아진 것처럼 보인다

초자연적 믿음이라는 주제에서 잠시 벗어나 의료 평가evaluation of medical treatments라는 다른 분야를 살펴보며 주관적 지각이 얼마나 미덥지 못하고 과학적 방법이 얼마나 중요한지 보도록 하자. 의료 평가는 주관성을 신뢰하지 않고 편향성을 일으킬 만한 원천을 제거하는 것이 절대적으로 중요한 영역이다. 일반 대중은 널리 과학눈scientific literacy이 부족하기 때문에 '대체alternative' 의료에 대해 매우 근거 없는 믿음에 빠지곤 한다. 대체 의학·자연 의학·심신 합일 의학 산업이 돈을 박박 긁어모아 수조, 수십조 원 규모로 성장할 수 있게 한 크나큰 원천이 바로 이런 믿음이다. 기본적으로 이 믿음은 주관적 지각에 심각한 한계가 있음을 알아보거나 원인·결과 관계를 잘못 지각하기가 얼마나 쉬운지 이해하지 못한 데에서 비롯한다. 마음이 덜 끌리기는 해도 증거에 기초하고 있는 정식 의약품을 쓰면 자기가 앓는 병을 치료하거나 제어할 수 있음에도 불구하고, 심신이 취약한 사람이 이런 믿음에 빠지면 종종 비극적인 결과로 이어지곤 한다.

암 치료 같은 분야에서는 이런 일이 너무나 자주 일어난다. 나는 환자의 비합리적 치료 결정에 영향을 주는 인자들을 평가할 때 종양 전문의 동료들에게 종종 자문을 구하곤 한다. 전형적으로 이 인자들은 화학 요법처럼 목숨을 구해 줄 수도 있을 치료법을 그 독성에 대한 두려움 때문에 거부하고 돌팔이의 꽥꽥거림보다 나을 게 없는 번드르르한 증언들로 지탱되는 대체 요법을 선호하는 것과 관련이 있다. 그런 환자들에게 지금 얼마나 중대한 결정을 하고 있는지 아느냐며 (최대한 환자의 심정을 헤아려 주면서) 통감케 하려다 보면 복장이 터질 수도 있다. 근거 없는 낙관주의의 위험성을 다룰 3장에서 내 환자인 미셸의 사례를 들며 이 문제를 살펴볼 생각이다.

정식 의료를 거부하는 일은 정신 장애를 치료할 때 훨씬 자주 일어난다. 이 경우에는 위약 효과placebo effects가 더 높아지고 표준 의료에 대한 반응률은 더 낮아진다.[25]

의료는 관찰한 효과가 정말로 치료의 효과인지 확실히 하기 위해 극도로 엄격하고 철저하게 통제된 방법론을 사용해서 시험해야 한다. 우리가 관찰한 효과가 무작위적으로 나타난 것이 아니고, 인식하지 못한 인자들로 인한 것도 아니며, 성공적인 결과를 얻으려고 감정이나 자금을 쏟아부었으니 제발 우리가 보았으면 했던 결과만을 보는 것에 불과하지는 않다는 것을 최대한 확실히 해야 할 필요가 있다. 이 과정은 보통 사람들이 상상하는 것보다 훨씬 어렵다. 감정이나 투자 자금에 덜 얽매인 다른 연구자들이 엄격하게 비판적으로 행하는 동료 심사는 극도로 모질 수 있지만, 과학적 방법에서는 빠져서는 안 되는 결정적인 부분이다. 왜냐하면 우리는 다들 남들의 왜곡된 지각, 편향, 논리적 결함을 우리 자신의 것보다 더 잘 알아보기 때문이다.

아주 드물게 예외가 있기는 해도, 대체 요법의 효과를 입증한다고 하는 것들은 대개 설득력 있게 들리는 일화적 증거나 좀더 엄밀한 과학으로 대우받으려고 애쓰는 사이비 과학이다. 다른 것들은 다 차치하고, 대체 요법의 방법론은 으레 동료 심사를 통해 톺아보기를 당하지 않는다. 사람들이 개인적인 이야기에 인상을 받는 것은 자연스러운 일이지만, 일화 열 개가 모인들 일화 한 개보다 더 미더울 것도 없고, 일화 백 개가 모인들 일화 열 개보다 더 미더울 게 없다는 것을 그들은 이해하지 못한다.[26]

대체 요법이 종종 효과가 있는 것처럼 보이는 까닭은 증상이 상상 속에서 호전되거나 **정말로** 호전되는 모습을 본 사람이 많이 있기 때문이다. 그들은 이것이 바로 그 치료법이 효과가 있다는 증거이며 명확한 원인·결과 관계가 있음을 증명한 것이라고 여긴다. 영적인 치료법, 이를테면 일부 전통 문화나 종교 집단에서 정신증의 치료법—악령에 들렸거나 주문에 걸린 것이 원인이라고 믿어서—으로 사용하는 엑소시즘의 경우에도 똑같이 말할 수 있다. (믿기지 않겠지만, 현대 정신의학자 중에서도 종교적 신념 때문에 이런 믿음에 동조하는 이를 아직도 간간이 찾아볼 수 있다.[27]) 엑소시즘을 받고 나서 좋아진 것처럼 **보이는** 사람들이 많지 않았다면, 그리고 **정말로** 좋아진 사람이 단 한 사람도 없었다면, 그 행위는 존속하지 못했을 것이다. 뇌 질환에 대해 일반적인 지식을 가진 사람이라면 누구나 그런 행위에 코웃음을 치겠지만, 현대 사회에도 그것 못지않게 비합리적인 수많은 형태의 대체 요법들이 인기를 얻고 있으며, 그것이 기초하는 것은 사실상 신앙과 다를 게 없다.

신앙은 증거 없이 믿음에 기초하는 반면, 과학은 믿음 없이 증거에 기초한다.

불확실성을 견디는 법

인지적 편향성과 미덥지 못한 주관적 지각 말고도, 종교적 믿음의 소인이 되는 중요한 인자들은 많이 있다. 우리가 자연스럽게 가지고 있는 의례 행위 성향이 그중 하나이다. 의례 행위는 통제 불가능하고 불확실한 세계에 사는 우리가 질서 감각, 통제 감각, 앞일을 예측할 수 있다는 감각을 정립할 수 있게 해준다. 의례 행위는 집단의 결속력을 높여 주기도 한다. 또한 의례 행위는 종교의 토대이다. 수많은 고대인들은 우주의 질서를 유지하려면 어떤 종교 의례가 반드시 필요하다고 믿었다. 이를테면 그들은 내일 아침에도 해가 뜨고 절기가 멈추지 않고 진행될 것임을 보증하기 위한 방법으로 의례를 이용했다. 오늘날에는 그런 것을 믿는 사람이 많지 않지만, 안전과 건강을 지키고 일이 번창하거나 아기를 가지고 재난이나 불운을 모면하기 위해서는 종교 의례나 기도가 필요하다고 믿는 사람은 아직도 많다. 예상했던 시간 안에 원했던 결과를 이루지 못하거나 나쁜 일이 일어나면, 으레 그들은 의례를 불충분하게 수행했거나 완벽하게 마치지 못한 결과라고 여기곤 한다. 말하자면 의례를 더 많이 행하고 세부적인 측면에 더 세심하게 주의를 기울여야 한다고 보는 것이다. 종교 의례와 기도의 효과를 의심하는 사람들조차 '혹시 몰라서' 그런 행위에 참여하기도 한다.

의례 행위, 질서, 통제, 예측 가능성에 대한 욕구가 임상적으로 극단적 모습을 띤 형태는 강박 장애obsessive-compulsive disorder(OCD)와 불안장애 같은 정신 장애에서 볼 수 있다. OCD의 주요 특징은 다양한 종류의 의례를 과도하게 행하는 것으로서, 주변 환경이나 사건을 통제하는 것과 관련된 마법적 믿음들과 연관된 경우가 흔하다. OCD를 정의하는 한 가지 특징은 '불안이나 고뇌를 방지하거나 줄이는 것, 또는 우려하던 사건이나 상황이 일어나지 않도록 방지하는 것을 목표로 하는' 의례들을 행한다는 것인데, 이 의례들은 '애초에 무력화하거나 방지해야 한다는 것들과 현실적으로 연결되어 있지 않다.'[28] 예를 들면, 내 환자 중에 여러 종류의 강박 사고obsessions와 강박 행위compulsions를 가졌던 어느 젊은 성인 여성은 특정 매니큐어를 바른 날은 부모님이 꼭 서로 싸우게 된다고 느꼈다. 우리가 그 문제를 상의할 때면, 다른 많은 OCD 환자들이 그러는 것처럼 그녀도 그것이 비합리적인 생각임을 인정할 수 있었고, 그것 때문에 당혹해 했지만, 그 마법적 사고에 기초해서 매니큐어를 선택하는 것을 그만두기 무서워했다(이유가 무엇인지 짐작할 수 있을 것이다. '혹시 몰라서'이다).[29]

OCD는 질서를 유지하기 위해 의례를 행하고자 하는 인간의 욕구를 (터무니없을 정도로 증폭된 모습으로) 반영하는 것은 물론, 지나치게 많은 점들을 이은 나머지 인과관계가 없는데도 인과관계를 추론하는—이것 또한 주관적 지각의 미덥지 못함을 보여 준다—인간의 경향성도 반영하고 있다. OCD 증상들과 흔히 보는 미신들은 서로 겹치기도 한다(이를테면 '금을 밟으면 엄마의 등이 부러진다'*). '정상인'과 OCD 환자가 하는 의례 행위나 마법적 사고의 다른 점은 OCD의 의례 행위는 '사회 활동이나 직업 활동, 또는 다른 중요한 활동 영역에서 임상적으로 유의미한 곤란함이나 손상을 유발한다'는 것이다.[30] 내 환자 중에는 밤마다 잠자리에 들면서 특정 문구를('나는 잘못한 일 없고 다 좋아') 일흔 번씩 속삭여야만 하는 환자가 있었는데, 밤사이에 자기와 가족이 안전할 것이라는 느낌을 갖기 위해서라고 했다. 그 속삭임을 다른 사람이 엿듣지나 않을까 저어해서 10대에는 여름 야외 캠프도 안 갔고 대학 시절에는 룸메이트도 없이 지냈다.

청결과 순결에 대한 강박 사고 및 그와 연관해서 더러움을 없애려는 강박 행위 또한 흔히 초점이 되는 OCD 증상이다. 이 경우도 역

* 길을 가다가 금을 밟기라도 하면 불행한 일이 찾아온다는 미신으로, 강박 장애를 가진 사람이 보도블록의 금을 밟지 않으려 하는 강박 행동과 연관될 수도 있음을 보여 주는 예이다.

시, 인간 일반이 흔히들 신경 쓰고 수많은 종교 규칙과 의례에서 초점이 되는 성향이 증폭된 모습을 보여 준다.[31]

의례 행위가 어떤 사람의 정상적인 일상에서 빠질 수 없는 일부라고 생각되거나 정통 유대교처럼 의례를 엄수하는 종교 집단에 소속된 구성원의 경우처럼 사회 활동이나 인간관계에서 근본이 되는 부분이라면, 의례 행위가 그들의 기능 수행을 심각하게 방해한다고 여기지 않는다. 그런 의례 행위는 원치 않은데 할 수밖에 없거나 많은 시간을 소모하는 일로 경험되는 것이 아니기 때문에, 그 행위에 참여하는 사람을 정신 장애가 있다고 진단할 수는 없다. 설사 그들이 행하는 의례가 OCD의 고전적인 정의에 들어맞는다 할지라도 말이다.[32]

이보다 일반적인 '불안'은 인간이 보편적으로 시달리는 것으로서, 전체 인구에서 상당 규모의 소수는 심리 상담이나 정신과 치료를 받아야 할 만큼 불안이 정신을 손상시킬 수 있다. 불안은 대개 불확실성에 대한 강렬한 두려움과 연관되며, 불안에 시달리는 사람들은 불안을 가라앉히고 통제와 예측을 할 수 있다는 감각을 확보하기 위해 (종종 비현실적이거나 비합리적인) 다양한 시도를 할 수도 있다. 우리는 모두 불확실성을 견뎌 내기 어려워하며, 그 정도도 다양하다. 아마 종교를 진화시킨 첫 번째 원동력을 이것으로 보아도 될 것이다. 인간의 조건을 한정하는 것이 바로 이 불확실성이며, 내가 하는 일의 많은 부분은 사람들이 이 불확실성을 견뎌 내는 법을 익히도록 도와주는 것과 관련되어 있다. 사실상 불안에 기초하고 있는 모든 장애가 비록 생물학적인 면에서 이미 갖추어진 소인이기는 해도, 그 핵심에는 바로 불확실성을 견디기 어려워한다는 것이 자리하고 있다.

신경성 식욕 부진anorexia nervosa의 빌미가 되는 것도 마찬가지로 불확실성을 견디기 어려움(과 아울러 복잡성을 견디기 어려움)인 경우가 흔하다. 신경성 식욕 부진을 가진 사람들은 전형적으로 걱정투성이 완벽주의자들로서, 자기가 통제권을 쥐고 있다고 느끼고 싶은 강한 욕구와 절대적 흑백의 관점에서 사고하는 경향을 가지고 있다. 전형적으로 그들은 불안을 유발하는 주변 세계의 복잡성과 자존감의 불확실성을 단순하고 정량화할 수 있고 객관적인 잣대가 되는 열량과 몸무게로 치환해서 그걸 줄이는 것에 모든 노력을 집중한다. 그리고 날씬함을 개인적 매력과 사회적 성취의 잣대로 여기는 사회적 강박 관념이 이를 강화한다. 신경성 식욕 부진을 가진 사람들은 의례 행위를 통해 통제력과 자존감의 이 상징적 대리물을 철저하게 통제해서 완벽함에 이르려고 한다. 신경성 식욕 부진은 깜짝 놀랄 정도로 종교를 상기시키는 방식으로 질서, 통제, 예측 가능성, 의례 행위에 대한 욕구를 만족시켜 준다. 통제와 완벽함을 이루고자 하는 이런 욕구는 널리 퍼져 있기는 해도, 인구 전체에서 보면 극단성은 덜하다. 그리고 이 욕구 또한 사람을 종교적 믿음으로 기울게 하는 한 가지 중요한 인자이다.

우리는 이야기를 하는 종이다

종교적 믿음의 소인이 되고 주관적 편향성에 기초를 둔 또 한 가지 인자는 이야기(나아가 신화)를 구성하려는 강한 성향이다. 이야기는 사건, 인생, 세계에 구조를 부여해서 납득할 만한 것으로 만든다. 이것이 바로 심리 상담이 많은 사람들에게 도움이 되는 한 가지 이유이다. 우리는 이야기를 하는 종이다. 이야기에는 대개 목적이 있으며, 이야기

속의 모든 사건들은 으레 이 목적을 위해 일어나며, 각 사건은 이 목적이 함축되어 있음을 알려 준다. 일반적으로 보면, 이야기 속에는 완전히 무작위적인 것도 없고 결과와 전혀 무관한 것도 없다. 이와 마찬가지로, 우리는 인생을 돌아볼 때, 이제까지 일어났던 모든 사건들이 개인적인 이야기의 일부이며, 돌이켜보니 사건마다 의미로운 '점'이 있었구나, 하고 보는 경향이 있다. 말하자면 우리는 사건이 일어난 다음에 사건에 목적과 의미를 부여하며, 무작위성의 관점보다는 목적을 가진 원인과 결과의 관점에서 세계를 설명하는 이야기를 우리가 선호한다는 것이다. 대니얼 카너먼이 제시했던 두 가지 유형의 사고 모형을 상기해 보자. 시스템 1은 빠르고 자동적인 직관이고, 시스템 2는 느리고 의식적이며 이성적인 사고라고 했다. 카너먼이 논했듯이, 과거에 대해 이야기를 지어내는 마음은 의미를 만들어 내는 기관이다.

> 시스템 1의 의미 제조 기관은 우리가 세계를 실제 모습보다 더 정돈되고 단순하고 예측 가능하고 일관성 있는 모습으로 보게 만든다. 과거를 이해했다는 착각은 미래까지 예측하고 통제할 수 있다는 착각의 자양분이 된다. 이 착각들은 마음을 편하게 해 준다. 존재의 불확실성을 온전히 받아들였을 때 우리가 경험하게 될 불안을 이 착각들이 줄여 준다.[33]
>
> 대니얼 카너먼, 《생각에 관한 생각》

인간이 이야기를 유난히 좋아하는 것은 새로운 문제 풀이 전략을 배우는 데 도움이 된다는 것과도 관련이 있을 것 같다. 이야기는 등장인물이 문제를 극복해 나가는 것과 종종 관련되기 때문에, 이야기를 듣는 것 자체가 일종의 가상 현실에서 문제를 풀어 나가는 격이 될 수 있다. 이야기뿐만 아니라 아마 상상과 계획도 이런 가상의 문제 풀이에 도움이 될 것이다. 이야기, 상상, 계획은 모두 어떤 행위를 현실에서 시도하기 전에 마음속으로 먼저 해 보도록 해서 그 행위가 유발할 수 있는 위험을 줄여 주는 이점을 가지고 있다. 미국의 문학자인 조너선 가철Jonathan Gottschall에 따르면 '가장 기본적인 말로 하면, 문제 풀이를 들려주는 것, 그게 바로 이야기라는 것이다.'[34] 우리는 특히나 다른 사람들 또는 의인화를 통해 사람의 성격이 부여된 인물들에 관한 이야기 듣기를 좋아한다. 우리 조상들은 세계를 설명하기 위해 자연의 힘들에 사람의 성격이나 형상을 입혀서 자연의 힘들이 인간들처럼 서로 싸우는 웅대한 전투에 관한 이야기들을 지어냈다. 사람처럼 의도를 가지고 움직이는 행위성을 자연의 힘들에 부여하면 고대인들에게는 그 힘들이 한결 일관성 있는 모습으로 다가왔을 것이다. 그래서 모든 창조 신화와 인류 기원 신화에는 이런 요소들이 강하게 들어 있다. 유대-기독교의 세계관 전체도 예외가 아니다. 이 세계관이 기초로 하는 것 또한 우주에 목적이 있으며 사람의 형상을 하고 의도를 가진 존재가 우주를 창조했다는 이야기, 선과 악의 웅대한 전투가 담긴 이야기인 것이다.

우리는 스스로를 속이기 쉽다

우리는 이번 장에서 우리가 종교적 믿음의 소인을 가지게 되는 다양한 방식을 살펴보았다. 그것은 특히 우리가 주관적 경험에 거의 전적으로 의존해서 현실을 이해하려는 것에서 기인한다. 실재의 참된 본성에 관해 추론을 형성하는 수단으로서 주관적 지각이 얼마나 미덥지 못한지 분명해졌을 것이라고 생각한다.[35] 또한 우리는 패턴을 과도하게 식별하고 의도와 의미를 사건에 과도하게 부여하는 정상적인 인지적 편향성이 정신 장애에서 얼마나 크게 증폭되는지 살펴보았다. 이는 정상인에게서 미미하게 나타나는 형질들을 검사하는 돋보기로 쓸 수 있다. 가장 명민한 사람들조차 너무나 쉽게 주관에 기초해서 잘못된 가정을 할 수 있다. 종교적 · 영적 믿음들이 널리 호소력을 가지는 중요한 이유가 바로 인지적 편향성 때문인 것으로 보인다. 여기에 더해 개인적인 울림을 주는 '소름 돋는' 주관적 경험까지 하게 되면 특히나 막강한 믿음의 원동력이 되어 준다. 의례를 행하고자 하는 우리의 성향과 이야기에 대한 우리의 사랑 또한 종교적 믿음의 소인이 되는 인자들이다. 종교적 믿음이 호소력을 가지게 하는 다른 중요한 이유들은 이어지는 장들에서 살펴볼 것이다.

우리 자신이 가지고 있는 믿음과 주관적 지각에 대해 우리는 방심하지 않고 부단히 회의적이 되어야 한다. 저명한 노벨상 수상자인 물리학자 리처드 파인먼Richard Feynman은 이렇게 말했다. "제일 원리는 여러분이 자기 자신을 속이지 말아야 한다는 것입니다. 여러분은 속이기 가장 쉬운 사람입니다."[36] 우리가 스스로를 속이기가 쉽다는 것은 다음 장에서 살펴볼 소원 빌기식 사고와 큰 관련이 있다.

3 환상에 가까운 낙관에 대하여

우주에는 목적이 없지만 우리에게는 있다

근거 없는 희망과 소원 빌기

가슴의 멍울이 암이라는 말을 담당의에게 들은 순간부터 미셸은 결코 암에게 지지 않겠노라고 다짐했다. 스물아홉 살의 싱글인 미셸은 긍정적이고 똑 부러진 성격에 전통적인 가톨릭 신앙도 강했다. 그래서 그녀는 하느님께서 모든 일이 다 잘되게 해 주실 것이라고 자신했다. 암은 자신의 믿음을 시험하는 것이었기에, 미셸은 조금도 흔들리지 않을 생각이었다. 부정적인 결과가 나올 가능성을 생각하는 것만으로도 하느님을 의심하는 것이 될 터였다. 미셸은 정성을 다해 주마다 교회

예배에 참석했고 날마다 때맞춰 기도를 올렸다. 그녀는 하느님께 간청하는 것 못지않게 하느님께 감사할 계획이었다.

미셸은 대체 요법에도 강한 믿음을 가지고 있었다. 그녀는 독성 화학 물질이 핏줄 속으로 주입되는 것을 허락치 않으려 했고, 화학 요법의 수많은 해로운 부작용 가운데에서도 특히 그것이 실제로 암을 유발할 수도 있다는 위험을 무릅쓰고 싶지 않았다. 게다가 미셸은 대단히 매력적인 여성이었고 길게 치렁치렁 흘러내린 머리는 종종 찬사를 받았기에, 그것을 잃고 싶지 않았다. 그녀는 단골인 자연 요법가와 가까운 신뢰 관계에 있었지만, 담당 종양 전문의와는 그 같은 공감을 경험하지 못했다. 미셸은 베이킹소다가 어떻게 암을 치료해 주었는지 경험자들의 증언이 올라온 웹사이트들을 주기적으로 방문했다. 말인즉슨, 베이킹 소다가 몸의 pH 불균형을 복구시켜 주는데, pH 불균형은 곰팡이가 암을 일으키는 토대가 된다는 것이었다. 그녀는 또한 대마유cannabis oil의 항암 효과를 증언하는 유튜브 동영상을 보고 감명을 받았고, 침술로 암을 치료한 사람들이 있다는 얘기도 들었다. 미셸의 가족도 미셸처럼 이런 심신 합일적holistic 접근법에 확신을 가졌다. 말하자면 가족들도 결국 다 잘될 것이라고 확신했던 것이다.

미셸이 처음 암 진단을 받았을 때에는 림프절 병발은 있었어도 암이 멀리 퍼졌다는 표시는 없었다. 그런데 처음 미셸이 내게 보내졌을 무렵에는 스캔 결과 폐에서 전이 종양이 발견된 상황이었다. 그녀의 상태는 위급했고, 자살하고 있는 것이나 다를 바가 없었다.

다른 많은 사람들에 비해 미셸이 미심쩍은 치료법에 대해 품은 낙관주의, 증거에 기초하고 있는 정식 치료법에 대한 불신, 하느님에 대한 신앙이 크긴 하지만, 근거 없는 낙관과 맹목적인 신앙의 힘—그리고 위험—이 얼마나 큰지 보여 주기 위해 미셸의 (아직 해결되지 않은) 이야기를 여기에 넣었다. 우리는 누구 할 것 없이 희망으로 인해 판단이 쉽게 왜곡될 수 있으며, 사람마다 그 정도는 다양하다. 인생과 우주 전체에 어떤 목적이 내재해 있다고 믿으려 하는 성향은 공정함에 대한 기대, 낙관으로 쏠리는 편향, 내 인생이 중요하다고 느끼고 싶은 욕구에도 뿌리를 두고 있다. 비현실적 낙관주의로 기우는 경향성의 근저에는 소원 빌기식 사고가 깔려 있다. 비현실적 낙관주의에 상처를 내고 기운을 꺾으려 하면 모질고 우울하다는 느낌이 들기도 하겠지만, 그렇게 하는 것은 반드시 필요하고 중요한 일이다. 비현실적이라고 할 만큼 긍정적으로 세계를 보면, 의도치 않게 수많은 부정적인—심지어 위험하기까지 한—결과를 낳을 수 있다.

기존의 세계관을 버리고 그보다 더 일관되고 현실에 기초한 세계관—궁극적으로 더 현실적인 낙관적 세계관—을 세울 수 있으려면 먼저 현실의 모짊을 받아들이는 것이 중요하다. 이번 장에서 나는 임상 사례들—암 환자 상담과 청소년 정신과 진료 경험에서 끌어온 사례들—을 들어서 비현실적인 낙관주의의 몇 가지 위험 요소들을 조명해 볼 생각이다. 이 무심한 세상에서 현실이 얼마나 고달플 수 있는지 받아들이는 법을 배워 나가다 보면, 사람 사이의 보살핌human caring이 얼마나 강한 진정 효과를 발휘하는지 알아보기 시작할 것이며, 앞으로 이 책을 통해 더욱 깊이 펼쳐 나갈 한 가지 주제가 바로 그것이다. 또한 우리가 삶을 강렬히 욕망하고 동기 부여를 통해 목적 감각을 가지는 것은 진화를 통해 자연스럽게 도달한 상태이며, 목적에 이끌리는 우리의 본성은 우주에는 목적이 있고 그 안에서 우리는 특별한 목적을 가진다는 믿음보다는 우리가 가진 생물학적 건강에 의해 결정되는 바가 훨씬 크다는 것을 보기 시작할 것이다.

쾌활함으로 감추는 것

암이라는 진단을 받으면 어느 정도 분노의 느낌이 치밀기 마련이다. **이건 부당해! 내게 이럴 수는 없어. 나는 착한 사람이야. 건강하기 위해 노력했다고.** 전체 인구의 상당 비율이 암에 걸린다는 것을 앎에도 불구하고, 본인이 암에 걸린 것에 어느 정도 우연이 연루되어 있음을 수긍하는 사람은 별로 없다. 흡연, 건강을 심각하게 해치는 다이어트, 과도한 햇빛 노출, 또는 주변 환경이나 직업상에서 접하는 특수한 주요 발암 물질들처럼 이미 알려진 위험 인자들과 분명하게 연결되는 암의 경우는 소수이다. 반면 대다수의 암은 원인을 알지 못하며, 극도로 복잡하고 대단히 무작위적인 DNA 돌연변이의 변칙성과 관련되었을 가능성이 크다.[1]

종교를 가진 환자들은 신께서 왜 자기에게 암을 주셨는지 흔히들 의아해 한다. 내가 뭘 잘못한 것일까? 신께서 의도하신 가르침이 대체 무엇일까? 종교가 없는 환자들은, 건강한 생활 습관을 가지려고 노력했는데 대체 어디에서 실패한 것인지 의아해 할 수도 있다. 건강한 생활 습관을 꼼꼼하게 지키며 살아온 사람들은 건강에 전혀 신경 쓰지 않고 사는 사람들을 너무나 많이 보았는데, 그들은 멀쩡한 반면 자기는 암에 걸렸다는 것이 부당하다고 종종 여기곤 한다.

암 선고를 받고 처음의 충격에서 회복되기 시작하면 곧바로 대부분의 사람들은 희망을 가져야 할 이유와 마음을 안정시킬 통제 감각을 재건할 방도를 모색하기 시작한다. 그런 위기에 대처할 때 많은 사람들에게 긍정과 낙관이 도움이 된다는 것은 부정할 수 없다. 그런 꿋꿋한 희망이 없었다면 결코 암을 견뎌내지 못했을 것이라고 단언하는 사람들이 많으며, 이들 중 또 많은 사람들의 경우에 그 희망은 자기를 인도해 주는 손길이 있고 우주는 자애롭고 목적이 있다는 종교적 또는 영적인 신앙에 기초하고 있다.

우리 대부분은 비현실적이게 낙관에 편향적인 경향이 있으며, 이는 비관보다 훨씬 흔한 인간의 경향성이다.[2] 이는 종교 신자들에게만 해당되는 것이 아니다. 종교적 신앙은 그저 이 경향성을 활용해서 강화한 것에 지나지 않는다. 종교가 없는 비신자들 역시 행운이 자기편일 것이라고 믿고, 자기 인생을 통제하는 능력이나 결과에 자기가 미칠 영향력을 과대평가하는 경향이 있다.

우리가 가진 낙관 편향optimism bias은 자연 선택이 선호한 결과일 가능성이 높다. 왜냐하면 이 편향은 더 위험을 무릅쓰거나 모험하기, 창의성, 끈기, 탄력성과 연결되어 있어서 더 큰 성공을 거두는 결과와 종종 연관이 되기 때문이다.[3] 하지만 낙관의 정도는 균형을 유지해 온 것 같다. 왜냐하면 낙관이 지나치면 위험을 과도하게 무릅쓰고 충분히 조심하지 못하는 탓에 생존에 성공적이지 못한 형질이 될 것이기 때문이다. 낙관 편향은 우리 자신에게 좋은 일이 일어날지 나쁜 일이 일어날지 그 가능성을 가늠할 때 주로 작동한다.

인지신경과학자 탈리 샤롯Tali Sharot은 그동안 해 온 낙관 편향 연구를 TED 강연에서 다음과 같이 간추렸다. "우리는 대부분 인생에서 좋은 사건을 경험할 가능성은 과대평가하고 나쁜 사건을 경험할 가능성은 과소평가하는 경향이 있습니다. 우리는 현실적이기보다는 낙관적인 사람들이죠. 그러나 우리는 그 사실을 알아차리지 못합니다."[4] 그런데 우리는 타인 및 타인의 앞날을 평가할 때에는 상대적으로 더 현실적이 되는 경향이 있다. 그렇기는 해도, 우리는 우리가 가진 편향성을 이해하는 법을 배울 수 있고, 우리 자신을 위해 계획을 세우고 규칙을 만듦으로써 비현실적 낙관의 위험으로부터 의식적으로 자기를 지키는 법을 배울 수 있다고 샤롯은 논한다. 흥미롭게도 샤롯의 연구는, 설사 자신이 낙관 쪽으로 편향되어 있음을 안다고 해도, 사실이 가리키는 것보다 일이 더 잘 풀릴 것이라는 착각을 충분히 박살 낼 정도는 되지 못한다는 것을 시사하고 있다. 낙관 편향은 인류의 보편적인 현상으로 보이지만, 서양 문화, 특히 미국 문화에서는 그 편향성이 더욱 강화되는 경향이 있다.

낙관을 강요하는 사람들

암을 극복한 사람들은 암이 가르쳐준 바가 너무나 많기 때문에 암에 걸렸던 것이 기쁘다는 말을 종종 한다. 암 투병 경험으로부터 자신이 **몸소 얻은** 것이고, 그런 개인의 성장이 암의 '의도된' 목적은 아니라는 것, 긍정적인 결과가 처음부터 확실히 보장된 것은 아니었다는 것을 이해하고서 한 말이라면, 이는 훌륭한 말이다. 대부분의 암 환자들은 이 행복하고 성공적인 생존자들, 지난날을 돌아보며 그 투병 경험으로 인생이 더 나아졌다고 말할 수 있는 생존자들 사이에 자기도 낄 수 있기를 더없이 바랄 것이다. 그러나 암 선고를 받은 사람들이 맞게 될 침울한 현실은 그들 중 상당 비율이 그 암으로 죽게 될 것이라는 점이다.

의료 사회학자이자 《분홍리본 블루스: 어떻게 유방암 문화가 여성의 건강을 갉아먹는가》의 저자인 게일 술릭Gayle Sulik은 이렇게 말한다. "낙관에 대한 강요는 승전한 생존자, 곧 그 병을 무찌르면서 기운차게 살아내는 사람에 대한 지배적인 이미지를 만들어 낸다. 그러나 본래 이는 생존하지 못한 사람들은 충분히 낙관적이지 못했던 사람들이라는 암시를 담고 있다."[5]

'신화 파괴자myth buster'인 바바라 에런라이크[6]는 긍정적 사고의 대중 문화를 집중 조명한 책에서 이 심리 상태가 암의 맥락에 미치는 효과를 다음과 같이 서술했다.

> 가장 극단적으로 유방암의 성격을 규정하는 관점에서 보면, 유방암은 전혀 문제될 것도 없고 심지어 골칫거리도 아니다. 유방암은 진심을 다해 감사하는 마음으로 받아야 하는 '선물'이다. 한 유방암 생존자는 책 《암의 선물: 깨어나라는 부름》에서 이렇게 적고 있다. "암은 여러분의 진짜 인생으로 가는 표이다. 암은 여러분이 진정으로 살도록 예정되어 있는 인생으로 가는 여권이다." ……이 모든 긍정적 사고의 효과는 유방암을 하나의 통과 의례로 탈바꿈시키는 것이다. 곧, 유방암은 저주해야 할 불공평이나 비극이 아니라 폐경이나 할머니되기처럼 인생 주기의 정상적인 한 지표라는 것이다. 유방암의 주류 문화에 속한 모든 것은 (틀림없이 고의는 아니겠지만) 그 병을 길들이고 정상적인 것으로 만드는 일에 소용되고 있다. ……자기를 개선하게 해 줄 기회는 무궁무진하다. 유방암도 창조적으로 자신을 탈바꿈할 수 있는 기회이다. 곧, 사실상 자기 자신을 새 단장할 기회라는 것이다.[7]

에런라이크는 유방암 문화 내에 널리 퍼진 믿음이 또 하나 있다고 말한다. 암에서 회복하려면 긍정적인 태도가 필수적이라는 믿음으로, 스트레스 호르몬들이 면역계에 미치는 효과를 통해 매개된다고들 말한다. 긍정적인 태도—또는 경우를 한정해서 보면 심리 치료—가 암의 진행 결과에 어떻게든 유의미한 효과를 준다는 의학적 증거가 없음에도 불구하고, 이 믿음은 아직도 사라지지 않고 있다.[8] 스트레스가 면역계에 미치는 효과를 통해 심리적 인자들이 매개되어 일부 암의 생리에 어떤 영향을 줄 수도 있다고 보지 못할 까닭은 없다. 그러나 정말 그렇다면, 그 효과는 아직까지도 신뢰성 있게 측정될 만큼 충분히 강하지는 못하다고 보아야 할 것이다. 조금이라도 있긴 하다면, 그 효과는 순수한 생물학적 인자들과 무작위적 변이에 의해 축소될 가능성이 있다. 그리고 어느 경우가 되었든, 실제로 있을지 없을지는 모르지만 설사 있다 하더라도 암의 성장에 아마 꽤 미미하게만 끼칠 무슨 효과를 얻기 위해 애타는 마음으로 스트레스를 줄이려고 하다 보면 그 과정에서 다시 스트레스(그 노력에 기울이는 시간과 돈은 말할 것도 없고)를 받게 된다. 심리적 근심 걱정을 줄이면(이는 결코 간단한 일이 아니다) 정신 건강에 이롭기는 하겠지만, 생존 확률을 유의미하게 높여 줄 것 같지는 않다. 긍정적으로 사고하려고 했는데도 불구하고 상황이 안 좋게 흘러가면 자책감에 빠진다는 것 또한 긍정적 사고의 단점이다. 부정적 감정을 부정하면 심리적으로 해로운 결과를 가져올 수 있다. 에런라이크는 이를 다음과 같이 조목조목 설명했다.

암을 달콤하게 포장하면, 감정적으로 힘이 되어 주기는커녕 무시무시한 대가를 치러야 할 수도 있다. 먼저, 누구나 느끼게 마련일 분노와 공포의 감정을 부정하고, 쾌활함으로 표정을 치장해서 그 감정들을 모두 감춰야 한다. 이렇게 하면 의료 종사자들은 물론이고 환자의 친구들도 마음이 매우 편하다. 환자에게서 불평불만을 듣는 것보다는 거짓 쾌활함을 보는 쪽이 더 좋을 테니까 말이다. 그러나 환자에게는 그게 그리 쉬운 일이 아니다. ……그런데 암 환자 돌봄 사업 쪽에 있는 이들이 누군가 거론했던 '긍정적 사고의 독재'에 반대하는 목소리를 내기 시작했다. …… 긍정적 사고가 '실패'해서 암이 퍼지거나 치료가 듣지 않게 되면 문제가 생긴다. 이렇게 되면 환자가 탓할 수 있는 사람은 자기 자신밖에 없다. 곧, 자기가 충분히 긍정적이지 못했다고 탓하는 것이다. 어쩌면 애초에 이 병을 얻게 된 것도 자신의 부정적 태도 때문이었는지도 모른다고 말이다. ……이젠 말할 수 있다. 유방암은 나를 더 예쁘게 해 주지도, 강하게 해 주지도, 더 여성답게 해 주지도, 더 영적이 되게 해 주지도 않았다고 말이다. 유방암이 내게 준 것—만일 여러분이 이것을 '선물'이라고 부르고 싶다면—은 전에는 결코 알아차리지 못했던 미국 문화, 곧 현실을 부정하고 불운에 쾌활하게 무릎을 꿇고 우리가 맞은 운명에 오로지 우리 자신만을 탓하라고 부추기는 미국 문화가 가진 이념적 힘과의 대단히 개인적이고 고통스러운 만남이었다.[9]

바버라 에런라이크, 《긍정의 배신》

몸소 유방암을 겪으면서 쾌활한 낙관적 태도를 가지라는 문화적 압박을 받아보았던 에런라이크는 미국 사회에서 긍정적 사고가 전달하는 거짓 약속에 대해 더욱 폭넓게 연구하고 저술을 해 나갔다.[10] 수많은 예들 가운데에서 에런라이크는 당시 광범위한 주택담보대출 채무 불이행으로 촉발되었던 2008년 경제 위기를 불러온 데에서 과도하고 비현실적인 낙관주의와 그에 수반된 무제한의 위험 무릅쓰기가 어떤 역할을 했는지 지적했다. 그녀는 현실주의적 태도가 비현실적인 낙관주의를 대체해야만 한다고 논했다.

심신 합일적 건강에 대해 대중 매체에서 쏟아 낸 과대 광고의 영향을 받아, 자신이 불안한 것에 **대해** 극도로 불안해 하는—앞에서 거론한 '긍정적 사고의 독재'가 낳은 부산물이다—암 환자들을 나는 수없이 만났다. 그런 광고를 본 환자들은 '마음과 몸의 연결'이 매우 강하기 때문에 자기들이 느끼는 불안의 생리적 효과들이 암 치료에 대한 반응을 망치고 말 것이라는 확신을 가지게 되었다. 어떤 환자들은 인생의 일부를 심신 부조화 상태로 보냈다고 느꼈기 때문에 그것이 바로 암에 걸린 원인이 아닐까 하여 죄책감과 자책감에 시달리기도 했다.

클레어리스가 바로 그런 사례였다. 두 아이를 두고 행복한 결혼생활을 하고 있던 중년의 클레어리스는 나를 찾아와 최근에 암 진단을 받은 것과 관련하여 '몇 가지 심리적인 문제들'을 해결해 달라고 도움을 청했다. 그녀의 암은 예후가 괜찮을 것 같았지만 아직 확실치는 않았다. 자세히 면담을 나눈 결과, 그녀가 주요 불안증이나 우울증, 또는 기타 정신 장애를 앓고 있지는 않은 것으로 드러났다. 사실 그녀는 시종일관 긍정적이고 의욕적이었으며, 모든 상황을 감안하면 대체로 제구실을 잘 하고 있었다. 나는 궁금했다. 그렇다면 왜 그녀는 정신과 의사를 만나 보기를 청했던 것일까? 나는 그녀에게 상당히 강박적인 완벽주의자의 성격 형질들이 있고, 자기가 통제하고 있다고 느끼고 싶은 강한 욕구가 있음을 알아차렸다. 그런 성격에 걸맞게 클레어리스는 자기 병의 의학적 측면들에 대해 많은 지식을 쌓아 두고 있었다. 정보와 기록 들을 체계적으로 잘 정리해 철해 놓은 큼직한 바인더를 들고 다녔으며, 나와 면담하는 동안에도 많은 메모를 했다.

그녀가 걱정하는 것들을 좀더 깊게 파고들자, 오랫동안 지속되었던 어떤 심리적 갈등이 암을 유발했을지도 모른다고 클레어리스가 강하게 믿고 있음이 드러났다. 그녀는 '마음과 몸의 연결'과 '심신 합일적 건강'을 매우 강하게 믿는다고 털어놓았다. 그녀는 또한 '뉴에이지 New Age' 영성도 믿고 있었다. 클레어리스는 암을 '무찌를' 최선의 기회를 잡으려면 반드시 '감정의 부조화emotional dissonance'를 해결해야 한다고 확신했다. 그녀가 느끼는 부조화의 중심에는 아직 해결하지 못한 몇 가지 성적 지향의 문제들(이성과 동성에 모두 끌림)과 먼 과거에 젊은 혈기에 성적으로 무분별하게 저질렀던 몇몇 행위가 자리하고 있었다. 그녀는 그저 '〔자기 자신과〕 화해'를 해야 한다고 느꼈고, 그렇지 않으면 화학 요법에 좋게 반응할 기회를 망치게 될 것이라고 느꼈다. 그녀는 암을 이기려면 화학 요법만큼이나 심리 요법도 중요하다고 여겼다. 나는 그녀가 가진 심리적인 문제들이 (a) 정상이고 (b) 암을 이기는 데 아무 위협도 되지 않는다고 안심시키려 했고, 그 말을 들은 그녀는 깜짝 놀라며 믿을 수 없어 했다. 나는 심리 요법이 당신에게 다른 이로움을 줄 수는 있지만, 사실 암을 이기기 위해 꼭 필요한 것은 아니라고 그녀를 설득하느라 애를 먹었다.

빅터의 경우는 더 유감스러웠다. 대단히 지적이고 평상시에는 제 구실을 매우 잘 해내던 빅터에게는 심각한 재발성 우울증 발작 병력이 있었다. 그가 걸린 암은 치유가 가능한 암이었지만, 치료 과정이 어려웠고 스트레스를 많이 주었다. 빅터는 오랜 세월 우울증의 징후와 싸워 오며 '충분히 강하지 못한' 자신을 탓하고 '마땅히 남들이 다 하는 방식대로 우울증을 저지해야 한다'는 느낌을 가졌다. 암 진단을 받은 뒤, 종양과 간호사가 병원이 제휴한 '치유 여행 프로그램Healing Journey Program'에 등록할 것을 빅터에게 제안했다. 그 프로그램은 부분적으로 《여러분의 치유 여행에 영성을 초대하기》《마음이 암을 치유할 수 있는가?》《기적의 과정》 같은 제목의 책들을 기초로 했다. 그 프로그램에 참석하고 나서 빅터가 얻은 메시지는 자기 영혼의 불균형이 암을 유발했을 수도 있다는 것이었다. 이번에도 자신이 충분히 강하지 못했거나 건강을 확실히 할 만큼 심신이 튼튼하지 못했다는 것이었다. 나중에 그때를 돌아보면서, 빅터는 그 프로그램의 취지는 좋았으나 나는 실패자라는 느낌을 불러일으켰고, 그것이 심각한 우울증 재발에 큰 역할을 했음을 깨달았다. 그 우울증에 시달리는 동안 빅터는 위험천만하게도 자살할 뻔도 했다.

'긍정의 심리학'이니 '심신 합일론'이니 하는 것이 첫인상으로는 좋은 생각처럼 보일 수도 있고, '영적 치유'가 많은 사람들의 선천적 낙관 편향에 호소력을 가질 수도 있다. 그러나 긍정을 이상화하고 영성(그리고 자유 의지)의 영향력을 과대평가하게 되면 많은 사람들을 자책감에 빠지게 하고 쓰디쓴 실망감을 안겨 줄 수 있다.

과도한 낙관이 치르는 대가

정말로 암에서 회복한 사람들에게는 자신만만한 낙관주의가 해

될 게 전혀 없겠지만, 그러지 못한 사람들에게는 끔찍이도 괴로운 것이다. 병에 결국 굴복하고 말았다는 생각이 들면, 처음에 가졌던 신앙이나 낙관이 무너져서 세상이 정의롭지 못하다는 느낌, 신에게서 버림받았다는 느낌, 또는 자신이 무가치하다는 느낌에 사로잡힐 수도 있다. 말기 질환의 경우, 비현실적인 낙관에 빠진 환자는 재정 문제에 신경 쓰고, 상실감을 수습하고, 지난 생을 돌아보고, 사랑하는 사람들에게 의미로운 감정을 표현하고, 그리고 아마 작별 인사를 할 기회까지도 만들지 못할 수 있다. 비현실적인 낙관과 현대 의학에 대한 비현실적인 기대감이 합쳐지면 종종 환자는 헛되게도 물불 가리지 않고 치료를 받으려고도 하는데, 이런 치료들은 궁극적으로 환자의 삶의 질을 해치고 (효과적인 완화 돌봄을 받아) '좋은 죽음'을 맞을 가능성을 환자에게서 빼앗아 버린다.[11] 완화 돌봄palliative care 또한 성공을 보장할 수는 없으나, 환자가 치유 목적의 접근법 대신 완화 목적의 접근법의 필요성을 받아들일 수 있다면, 훨씬 현실적으로 도움이 되는 선택지이다. 외과 의사인 아툴 가완디Atul Gawande는 과도한 낙관과 현대의 치유 목적의 의학curative medicine에 대한 비현실적인 기대감이 치러야 하는 대가에 대해 다음과 같이 경고했다.

> 기술 사회에서는 학자들이 '임종 역할dying role'이라고 부르는 역할과 생의 마지막에 다가가는 사람들에게 이 역할이 얼마나 중요한지 이제까지 잊고 있었다. 사람들은 추억을 나누고, 지혜와 기념할 만한 물건들을 전하고, 그간의 관계들을 정리하고, 뒤에 남길 것들을 정하고, 신과 화해하고, 뒤에 남을 사람들이 잘 살 것인지 확실히 해두길 원한다. 사람들은 저마다 자기 식으로 자기 이야기를 끝맺길

원한다. 지켜본 자들은, 이 역할이야말로 죽어 가는 자에게나 남는 자들에게나 인생에서 가장 중요한 역할에 해당한다고 논한다. 만일 그렇다면, 무감정과 무관심으로 인해 사람들이 이 역할을 하지 못하게 하는 모습은 두고두고 수치가 될 것이다. 의료계에 있는 우리들은 매번 거듭해서 사람들 인생의 마지막에 깊숙이 상처를 내고도 그게 어떤 해를 끼쳤는지 깨닫지 못한다.[12]

아툴 가완디, 《어떻게 죽을 것인가》

언젠가 일어날 최악의 일

암을 벗어나 논의의 범위를 넓혀 보자. 낙관이 얼마만큼이면 건강한 것일까? 과도한 비관이 정신 건강에 문제가 될 때는 언제일까? 일반적으로 보면, 가벼운 우울증을 가진 사람들이 정신적으로 건강한 사람들보다 미래를 보는 시각이 실제로 더 현실적임을 볼 수 있다. 반면에 중증 우울증을 가진 사람들에겐 비관 편향pessimistic bias이 있어서, 실제 되어 가는 상황보다 미래가 더 나빠질 것이라고 예상하곤 한다.

정신과 의사로서 내가 하는 일은 우울이나 불안, 또는 다른 정신 장애로 인해 시각이 왜곡되었는지 아닌지, 왜곡되었다면 그 정도는 얼마만큼인지 판정해서, 본격적으로 그 장애를 다루는 것이다. 하지만 경증 우울증이나 경증 불안증을 가진 환자들의 경우, 증거를 보면 자신이 가진 비관이나 우려가 아주 현실적인 것 같은데도 불구하고 자신의 부정적 시각이 왜곡된 것이라고 내가 재차 확인해 주기를 원하는 환자들 때문에 종종 궁지에 몰리곤 한다. 특히 불안증을 가진 사람들은 걱정할 것은 하나도 없으며 나쁜 일은 일어나지 않을 것임을 다른 사람들로부터 거듭거듭 확인을 받으려 하는 경향이 있다. 그렇게 재확인을 해 주면 잠깐은 그들의 기분을 좋아지게 하는 데 도움이 될 수는 있지만, 결국은 그들에게 거짓을 말한 셈이 될 것이다. 안타깝지만 어느 시점엔가는 끔찍한 일들이 일어날 가능성이 있고, 미리 그것을 걱정해 보았자 아무 도움도 되지 않을 것이며, 언젠가 일어나게 될 최악의 일은 아마 생각조차 하지 못했던 일일 것이다. 이는 우리 모두에게 해당된다.

비록 나로선 그들이 현실 왜곡을 바로잡을 수 있도록 도움을 주어야 하기는 하지만, 마음이 더 취약한 환자들의 경우에는 내가 현실을 얼마만큼 알려 줘야 하느냐 하는 문제에서 신중을 기해야 한다. 많은 경우, 나는 그들이 제구실을 할 수 있도록 도움을 주는 것이 내 임무이므로, 그들의 왜곡된 믿음(환자들에게 중요한 것이라면 종교적 믿음까지도)을 강화해 줄 필요가 있다. 이것이 내 일에서는 현실을 그들에게 주입하는 것보다 궁극적으로 더 중요한 목표이다.

다행스럽게도, 큰 시련과 맞닥뜨린 사람들 중에는 그 시련에 대처할 자신의 능력을 과소평가했으며 생각했던 것보다 자신이 더 탄력적resilient이라는 것을 발견하는 이들이 많다. 이는 꼭 큰 시련을 만나지 않아도 대부분의 사람들에게 해당되는 사실일 것이다. 그러나 불행히도 그리 탄력적이지 못한 사람들도 있다. 이건 그들의 탓이 아니다. 탄력성 부족은 체질상의 다양한 인자들에서 기인할 수도 있고, 나중에 감정적으로 취약한 상태로 살아가게 만든 인생 초기의 경험에서 기인할 수도 있다. 또는 현재의 상황이 그냥 당사자를 너무나 압도해 버린 때문일 수도 있다. '너를 죽이지 못한 것은 너를 더욱 강하게 만든다'는 상투적인 옛 격언은 틀렸다. 어떤 사람들은 삶의 모진 사건들을 만나면 회복할 길 없이 항구적으로 무너져 버릴 수도 있다. 그런 사람들은 나머지 사람들, 곧 그들보다 다행한 상황에 사는 사람들 또는 그저 운 좋게도 탄력성을 가진 사람들로부터 많은 도움을 받아야 하며, 그래야 마땅하다.

정신과 치료에 대한 높은 기대감

정신과 치료와 심리 치료에 대해 비현실적으로 낙관적인 기대를 품게 되면, 치료가 그 기대를 충족시키지 못했을 때 크나큰 실망감과 좌절감을 느끼게 될 수도 있으며, 그 결과 절망이 더욱 깊어질 수도 있다. 이렇게 된 데에는 내 직업 쪽에서 자신의 역할을 과대 선전한 탓이 크다. 캐나다의 일류 정신 건강 센터—대단한 기관임에는 틀림없다—에서 기금 모금을 위해 내건 표어는 '인생을 탈바꿈하기'라는 말이다. 기금은 덜 들어오겠지만 이보다 현실적인 표어라면 '인생을 조정하기' 정도가 될 것이다. 그러나 근본적으로 문제가 되는 것은 우리 사회가 가진 비현실적 낙관주의 가운데 하나인 '잘못된 것은 고치면 된다는 문화fix-it culture'이며, 이로 인해 현대 의학과 치료법에 높은 기대감을 가지게 된다는 것이다.

정신 장애는 본성상 명확하게 정의하기가 어렵다. 정신과의 도움을 찾는 가장 흔한 이유는 불안과 우울이다. 그러나 정신 장애 여부를 진단할 때 의존하는 인자들은 중증도, 관련 증상의 수, 기능 손상의 정도, 지속성 또는 재발 여부인데, 불안이나 우울 경험의 어느 시점부터 정신 장애로 생각해야 하느냐를 두고 일반 대중은 크게 혼란스러워 하고, 심지어 정신의학자들조차 확실히 정하지 못하는 경우가 많다. 불행히도 내 직업에서 쓰는 진단 분류 체계와 대중을 상대로 벌이는 정신건강 자각 캠페인 등은 정신병을 지나치게 일반화해서 정의해 왔다. 현재는 일상의 문제들을 병으로 여겨서 죄다 정신 장애 딱지를 붙이고 있는 추세이다.[13] 그래서 사람들은 정상적인 스펙트럼 안에 들어가는 불안과 우울까지도 지나치리만큼 병으로 여기게 되었다. 말하자면 정상인의 경험과는 확연하게 구분되는 모습으로 '어쩌다 일어나는' 병으로 본다는 것이다. 나를 찾아온 환자들 중 "내가 불안을 '가지고' 있는지 알고 싶어서" 온 사람들이 많다는 것이 이런 인식을 집약해서 보여 주고 있다. 대부분의 중증 형태에서는 이런 질병 모형이 어느 정도 타당성을 가질 수 있지만, 대부분의 불안과 우울은 (그리고 대부분의 다른 정신적 문제들도) 정상인의 형질과 경향성 스펙트럼(대개 종형 곡선bell curve을 이룬다)에서 단순히 한쪽 끝을 대표하는 것으로 여기는 쪽이 더 옳다.[14]

많은 사람들의 경우, 불안은 그저 체질상의 본성을 이루는 한 부분, 곧 좋든 싫든 그 사람의 기질이다. 말하자면 불안은 그 사람의 본모습과 됨됨이를 이룬다(이 기질에도 딸려 오는 장점이 있다. 불안증을 가진 사람들은 더 예민하고, 감정을 더 잘 헤아리며, 더 신중하다). 그들은 언제나 그런 모습이었지만, 그걸 온전하게 깨닫지 못했을 수도 있다. 왜냐하면 단 한 번도 '무사태평한' 사람이 되어 본 적이 없었기 때문이다. 그들이 전문가의 도움을 구하려는 까닭은 아마 삶의 스트레스를 받는 상황에서 불안이 눈에 띄게 높아지거나 증폭되어서 이젠 생활하는 데 큰 장애가 되었기 때문일 것이다.

우리 사회가 우울증과 불안증을 치료 가능한 장애로 여기게 되었다고는—정신과 의사들은 치료 성공에 대한 많은 압박과 기대를 마주한다—하지만, 불행하게도 평균 성공률은 대단치 않다. 치료를 받고 정말 기적 같은 반응을 맛보는 사람들도 있지만, 운이 훨씬 안 따르는 사람들도 있다. 대부분의 사람들은 부분적으로만 진전을 보이며, 그 정도도 각양각색이다. 여기서 내가 말하는 것은 비특이적 또는 무작위적인 인자들과 위약 효과를 통제해서 잘 설계한 약물 치료와 심리 요법 연구로부터 얻은 데이터이다. 위약 효과는 약물에 대한 반응을 높이지만, 약물에 대한 기대에 크게 의존한다. 우울증과 불안증에 효과적인 약물은 위약보다 단연 효능이 뛰어나지만, 전체 환자를 평균해서 보면 그 효과는 극적인 모습과는 거리가 멀다.

우리 정신과 의사들은 '치료'를 받으러 찾아온 사람들 모두를 최선을 다해 돕는다. 일반적으로 우리는 경미한 문제부터 중등도 문제까지는 심리 요법이나 상담을 시도하고 중등도 문제부터 중증 문제까지는 약물 치료를 시도한다.[15] 질환이라고 특정할 수 없는 문제들을 비롯해 단순히 사람 됨됨이의 일부를 이루는 형질들은 질환 특이적인 치료나 요법에 적합하지 않다. 반면에 심한 불안증 같은 중증 장애들, 다시 말해서 정신'병'이라고 말하는 게 정당하고 더욱 질환 특이적인 치료가 시급한 장애들은 치료하기가 어려울 수 있으며, 치료 자체가 불가능하다고 볼 만한 환자의 비율도 작지 않다. 우리 정신과 의사들이 할 수 있는 일이라곤 잘 갈고닦은 공감과 약간의 통찰과 관점을 제시해주는 것 말고는 아무것도 없을 때도 있다. 이럴 때 좌절감이 든다고 말하면 퍽 삼가서 하는 말이다. 그야말로 도저히 감당할 길 없는 인간 조건의 복잡함과 힘겨움을 마주한 환자들만큼이나 무력감을 느낄 때도 있으니까 말이다. 불행히도 인생의 문제들 가운데에는 정말이지 답을 쉽게 찾을 수 없는 문제들이 많다. 아예 해법이 없을 때도 있다. 그러나 이런 소리를 사람들이 듣고 싶어 할 리가 없다.

그러나 조금 더 희망 섞인 말을 해 보자면, 치료가 불가능해 보이는 심리적 및 정신병적 문제라 할지라도 예상치 못한 성과를 거둘 수 있다. 여러 치료를 시도해도 듣지 않아 실망이 길게 이어지다가, 그다음에 시도한 치료가 그냥 먹힐 때—심지어 극적이라고 할 만큼—가 가끔 있다. 그리고 치료와는 무관하게 상황의 흐름이 긍정적으로 방향을 트는 일도 드물지 않다. 처음에 정신과 치료나 심리 요법의 도움을 받지 않았던 사람들 중에는 혼자 힘으로 증상을 호전시키거나 우울증이나 불안증 등의 문제들에 적응하는 법을 익힌 이들도 있다. 사람들의 적응력과 임기응변은 대단히 뛰어나다. 자신들도 놀랄 정도일 것이다(그러나 모두가 그런 것은 아니고 그러지 못한 이들도 있는데, 앞에서 말했듯이 그건 그들 탓이 아니다). 세월이 흐르면서 스스로의 결단을 통해서든, 나이가 들어서든, 상황에 의해서든, 자기 인생을 긍정적인 방식으로 돌려 놓아 모든 이들을 놀라게 한 사람들을 나는 많이 알고 있다. 다들 잘 알다시피, 인생의 상황과 인간의 본성이란 좋은 쪽으로도 나쁜 쪽으로도 예측하기가 불가능한 법이다.

현실은 누구의 편도 아니다

현실은 누구의 편도 아니다. 사람들 대부분이 자기 눈으로 직시한 바를 굴절시켜 자기가 원하는 모습으로 일치시켜 주는 믿음의 프리즘을 통해 세계를 보는 것도 놀랄 일은 아니다. 우주는 자애롭고 더욱 높은 목적을 가지고 있다는 소원 빌기식 믿음이 없다면, 세계는 더없이 맥 빠지고 실망스럽고 부당한 곳처럼 보일 수 있다. 우리는 세계가 동화와 같기를 간절히 바라지만, 현실에서는 착한 사람들에게도 나쁜 일이 일어나는 법이다. 사람들은 아픈 병에 걸리고 상처를 입어 고통 속에 죽기도 하며, 존엄함과 정신을 빼앗기기도 한다. 자연재해는 무작위적인 '신의 행위' 단 한 번으로 수천수만의 목숨을 앗아가 버릴 수 있으며, 거기서 살아남았대도 사랑하는 모든 사람과 가진 모든 것을 잃은 처지가 될 수 있다. 다른 사람이 우발적으로, 충동적으로, 불안정한 상태로, 열정적으로, 복수심에 불타서, 또는 미혹에 빠져서 저지른 행동으로 말미암아 죄 없는 사람들이 불구가 되거나 죽임을 당하기도 한다. 미리 계획하고 계산해서 저지른 폭력 행위, 심지어 포식성 폭력 행위는 이보다 훨씬 나쁘다. 이념적 갈등이나 집단 사이의 갈등이 이런 행위를 일으키는 경우가 많지만, 사전에 계획을 짜서 저지른 폭력 중에는 단순히 기회주의적으로 저지른 것들도 있다. 말하자면 사사로운 이득을 얻기 위해, 심지어 푼돈 때문에 저지르기도 한다는 것이다. 이보다 더욱 마음을 어지럽히는 것은, 순전한 냉혹함이나 심지어 가학성 쾌락이 동기가 되어 폭력을 저지르기도 한다는 것이다.[16] 그게 바로 인간의 이야기이다. 자연은 모든 생물들이 살아남기 위해 벌이는 잔인한 투쟁이다. 느끼는 존재들이 모진 고통을 당하는 것은 에덴동산 어디에서나 표준이 되는 모습이다.

대부분의 사람들은 스스로를 다독이고 낙관적 시각을 지켜 내고 세계에는 나쁜 것보다 좋은 것이 훨씬 더 많다는 생각을 합리화하는 방법을 가지고 있다. 많은 이들은 모든 일들은 이유가 있어서 일어난다고, 나쁜 것에서도 언제나 좋은 무엇인가가 나온다고, 모든 것들은 '예정되어' 있지만 그 방식은 그냥 인간의 이해 능력을 넘어서 있다고 스스로를 확신시킨다. 그러나 때때로 우리의 방어력이 약해지면, 그 확신을 거스르고 무너뜨리는 정보가 보호 필터를 뚫고 들어오기도 한다. 그럴 때면 우리는 끔찍한 일이 얼마나 자주 일어나는지 똑똑히 보게 되고, 그 끔찍한 일들에 궁극적으로 어떤 긍정적 목적이 부여되어 있다는 기미조차도 상상하기가 어려워진다.

그토록 어마어마하게 혹독한 모습을 드러내는 인생의 잔인함은 흔히들 생각하는 것보다 더 많은 사람들의 믿음을 뒤흔든다. 시련을 겪는 와중에도 공개적으로 신앙 고백한 사람들 중에는 그 신앙에 의심을 품고 있음을 비공식적으로 상담 치료사나 성직자에게 털어놓는 이들이 실제로는 많이 있다.

그럼에도 불구하고 사실 우리 대부분에게는 현실의 가혹함을 수용하고 현실주의적인 세계관을 받아들일 수 있는 능력이 있다. 다행스럽게도, 우리 대부분은 퍽 탄력적이다. 희망을 못 찾고 절망에 빠져 삶에 대한 관심을 잃은 채 버려져 있기는커녕, 우리는 인생을 최대한 끝까지 살아내고자 하는 강렬한 욕망을 가지고 있으며, 심지어 우리가 차지하는 세계의 한 조각을 더 나은 곳으로 만들고자 하는 욕망까지 강하게 가지고 있다. 실제로 그렇게 해낸 사람은 많다. 이 책을 읽어 가면서 보게 되겠지만, 수많은 세대를 거치며 수없이 많은 사람들이 기울인 집단적인 노력을 통해 세계는 비틀비틀하면서도 꾸준히 더 나은 곳이 되어 왔다(이는 그냥 낙관 편향에서 나온 소리가 아니라, 엄밀한 데이터로 무수히 실증한 객관적 관찰이다. 이 말을 다음과 같이 바꿔 말하면 아마 더 믿음이 가는 소리로 들릴 것이다. 곧, 과거의 세계는 지금보다 훨씬 살기 무서운 곳이었다). 하지만 우리 중에는 소수이기는 하지만 비관 편향 경향을 가진 사람들이 상당수 있다. 그리고 그중에는 이 편향성이 특히나 심각한 사람들이 적게나마 있다.

음식을 억지로 먹는 것처럼

나는 우울증과 자살 성향을 가진 환자를 상대해 본 경험이 많다. 그들은 종종 수많은 인지적 왜곡 때문에 괴로워한다. 아마 그중에서 가장 치명적인 것은 자기가 가족과 친구들에게 짐만 될 뿐이라는 믿음일 것이다. 그들은 자기가 죽으면 가족과 친구들이 슬퍼하겠지만 곧 그것을 극복할 것이고, 궁극적으로는 자기가 없어서 더 잘 살아갈 것이라고 믿는다. 자살로 생을 마감한 이들의 가족들과 친구들을 상대해오면서 나는 이런 가정이 언제나 비극적인 오해임을 발견하곤 한다. 이것 말고도 새겨 보아야 할 또 하나 중요한 점은, 극심한 자살 성향을 가지게 된 사람들의 대다수가 자살을 시도했다가 살아났을 경우나 자살 시도가 사전에 저지되거나 시도 과정에서 방해를 받았을 경우, 자기 삶의 가치에 대해 이전과는 아주 다른 느낌을 가지게 된다는 것이다.

그렇지만 치료에 진정 아무 반응도 보이지 않는 만성적인 주요 우울증을 앓으며, 끊임없이 죽기를 원하지만 가족과 친구들을 위해 어쩔 수 없이 살아 있어야 한다는 의무에 갇혀 있다고 느끼는 사람을 이따금 만날 때가 있다. 죽을 권리와 조력 자살의 권리를 놓고 논쟁을 벌이는 현재의 사회적 맥락에서 보면, 이런 상황은 말기 질환의 경우나 신체적으로 난치성 통증을 앓는 경우와 비슷하다고 봐도 될 것 같다.

하지만 이런 경우는 극도로 조심해서 다가가야 한다. 환자와 의사 모두 우울증이란 진정 치료가 불가능하다는 잘못된 가정을 할 수도 있기 때문이다. 앞에서 말했다시피, 정신과 치료나 심리적 치료와는 무관하게 가끔은 깜짝 놀랄 만큼 우울증이 호전될 수도 있다.

죽고자 하는 바람이 합리적인지 아닌지 판정하기는 어려울 수 있다. 개인적으로 나는 이것을 내가 사랑한 할머니에게서 배웠다. 당시 할머니는 아흔두 살이셨고 그때까지도 대부분의 시간을 혼자 독립해서 살고 계셨다. 할머니의 건강은 계속 쇠해지고 있었는데, 그때에 이르러 빠르게 나빠져서 상당히 위중한 상태까지 갔다. 그러나 병원에 가는 것을 싫어하셨던 할머니는 자기를 또 병원에 데려가지는 말아 달라고 신신당부를 하셨다. 할머니는 그냥 집에 있고 싶다고, 죽음이 두렵지 않노라고, 기꺼이 죽음을 받아들이겠노라고 말씀하셨다. 당신께서는 인생을 즐기셨노라고 단언하셨다. 정말 할머니는 언제나 열정적으로 삶을 껴안으셨으며, 언제나 흥미를 잃지 않고 삶에 열중하셨다. 그러나 이젠 지치고 병이 들었다. 그래서 '갈 준비가 되었다'고 고집을 부리셨다. 이 말씀이 합리적으로 들렸기 때문에 가족들과 나는 할머니의 바람을 존중하여 집에서 그냥 편안하게 해 드리고 아무 의료 처치도 하지 않겠다는 쪽으로 생각이 기울었다. 그런데 할머니를 담당했던 대단히 경험 많은 가정의가 와서 살펴보고는 병원으로 모실 것을 강력하게 권고했다. 병원에서 뭘 어떻게 할 것인지 확실치는 않았어도, 그 의사는 그렇게 해야 옳다고 느꼈다. 앰뷸런스를 불러 할머니를 응급실로 모셨다. 할머니가 탈수 상태이고 의식이 약간 혼미한 상태임이 밝혀졌다. 며칠 동안 수분을 보충해 주면서 다른 몇 가지 의료 처치를 하고 나자, 할머니는 기운을 더욱 차리시고 더욱 활달해지셨다. 당신께서 죽고 싶다는 말씀을 하신 것은 아주 희미하게만 기억하실 뿐이었다. 할머니께서 퇴원하시자, 우리는 경치 좋은 연못을 조망할 수 있는 방이 딸린 근사한 은퇴자용 주택을 마련해 드렸다. 할머니는 그 집을 사랑하셨다. 할머니는 우리 곁에서 5년을 더 행복하게 사시면서 가족의 수많은 중요한 대소사를 목도하셨다. 할머니의 가장 어린 증손자들이었던 내 아이들은 할머니를 잘 알고 지내면서 오래 남을 추억들을 만들었다.

전반적으로 보면, 나는 살고 죽는 문제를 당사자가 결정하는 자율의 원리를 존중하지만, 할머니의 경우를 비롯해 많은 임상 경험을 통해 나는 자기 인생이 무의미하다거나 가망 없다는 당사자의 느낌을 곧이곧대로 받아들여서는 안 되며, 그 느낌을 당사자가 온전히 헤아릴 능력이 있다고 섣불리 가정해서도 안 된다는 것을 배웠다.

나는 삶에 대한 욕망이 음식에 대한 입맛과 비슷하다는 생각을 한다. 정상적인 상태라면, 우리는 그냥 삶을 욕망하며, 그것 자체가 보상을 준다. 왜 삶을 욕망하는지 설명할 수는 없다. 그냥 욕망할 따름이다. 그건 본능적인 욕망, 생존 본능이다. 나는 우울증이란 입맛을 잃는 것과 비슷하다고 생각한다. 병에 걸려 입맛을 잃었던 때를 돌아보라. 속이 메스껍거나 토할 것 같아서 음식을 못 먹는 게 아니라, 그냥 입맛이라는 것을 잃어버렸던 때를 말이다. 한동안 계속 입맛을 잃었다면, 아마 억지로라도 음식을 먹었을 것이다. 그래야만 한다는 것을 알고 있었을 테니까 말이다. 그러나 음식을 억지로 먹는 일은 힘은 많이 들면서 즐겁지도 않고 보상감도 없다. 임상적으로 우울증은 슬프고 침울한 기분보다는 '삶에 대한 입맛'의 상실—삶의 활동에 관심을 잃고 모든 게 무의미하다는 느낌—로 이해하는 쪽이 더 효과적일 수 있다.[17]

수많은 특수한 정신 장애 또는 뇌 장애가 삶에 대한 입맛을 잃게 하거나 목표 지향성에 손상을 입히며, 그 외 다른 의학적 장애들도 마찬가지 결과를 낳을 수 있다. 내 할머니께서 당신은 죽을 준비가 되었다고 고집을 피우셨던 것도 쇠약해진 노년의 뇌에 탈수증이 우울증 유발성 효과들을 일으켜 삶에 대한 입맛을 잃어버리게 한 때문임이 분명했다. 심리적·사회적 인자들도 우울증을 유발할 수 있어서, 남들로부터 인정을 못 받거나 거부당한다는 느낌에서 비롯할 수 있다. 원인이나 계기가 무엇이든 상관없이, 일단 우울증이 생기면 신경화학적으로 매개되는 신경 상관물들neural correlates을 가지게 된다. 우울증은 뇌에서 일어난다. 그래서 그 원인이 몸에 있든 마음에 있든 사회에 있든 궁극적으로 그 결과는 뇌 활동의 수준에서 표현될 것이다.

대학생인 로렌스는 오랫동안 우울증을 앓았는데, 최근 2~3년 동안 그 우울증으로 대학생활과 사회생활에 지장이 생겼기 때문에 나를 찾아왔다. 로렌스는 자기 자신에게 동기를 부여하기가 힘들다고 생각하던 차였다. 대단히 머리가 좋고 혼자 있기를 좋아하고 내성적인 젊은이인 로렌스는 지적이고 세속적인 가정에서 자랐고 학교 영재반에서 교육을 받았다. 그러다가 실존적인 물음들—우주, 생명, 자기 인생의 '목적'이 무엇이냐는 물음들—을 깊이 생각하기 시작했다. 그는 부모님이 가진 (상당히 자유주의적인) 종교적 세계관을 거부하고, 우주와 인간 존재는 무의미하다고 결론을 내렸다. 또한 인간 본성에 관해서도 암울한 결론에 도달하고 나서는 인간을 혐오하는 관점을 채택하기까지 했다. 로렌스는 언제나 사회적으로 약간은 어수룩하고 수줍음을 탔으며, 대학에 들어가서는 친한 친구를 전혀 만들지 못했다. 나와 상담하는 동안 로렌스는 쉽게 입을 열지 않고 묵묵히 듣기만 했다. 그는 내가 먼저 대화의 주제를 꺼내서 주도해 나가는 쪽을 선호했고, 대화의 흐름에 자발적으로는 거의 끼어들지 않았다. 그럼에도 불구하고 로렌스는 치료자인 나와의 상담 관계에 흥미를 느껴서 내 말을 귀담아들었다. 로렌스가 입을 열 때는, 모든 것을 신중하게 따져 보고 나서 말하는 것 같았다.

나는 로렌스의 상태가 어떤 실존적 위기로 인한 우울증이라고 보았다. 그래서 나는 일차적으로 실존적인 측면에 역점을 두는 심리 요법—내가 대단히 매력적이라고 생각하는 심리 요법 양식이다—을 써서 로렌스가 우울증에서 벗어날 수 있게 도우려고 했다. 그러나 불행하게도, 비록 우리가 나누는 대화를 로렌스가 대단히 흥미롭게 여기고, 내 도움을 받아 세계관을 하나 구성해 낼 수 있었고, 그 세계관이 일관성 있고 고무적이라고까지 여겼음에도 불구하고, 그의 우울증과 동기 상실은 나아지지 않았다. 여러 달이 지난 뒤, 우리는 항우울제를 써 보기로 결정했다. 처음에 내가 항우울제 처방을 망설였던 까닭은 로렌스가 앓는 중등도 우울증의 주원인이 그의 실존적 위기였기에 세계관을 재설정하면 나아질 것이라고 믿었기 때문이다. 항우울제를 복용하고 몇 주 사이에 로렌스의 기분은 밝아졌고 동기 부여도 증가했다. 심지어 사람들과 어울리면서 진정으로 좋아하는 친구까지 몇 명 찾아냈다. 세계와 인간을 보는 시각도 전보다 균형을 이루게 되었다. 여전히 실존적 물음들 및 일관성 있는 세계관을 만들어 가는 데 관심을 놓치지 않고 있었지만, 살고자 하는 의지와 생에 열중할 동기를 정의해 주는 주제로 여기기보다는 부수적인 지적 관심사에 더 가까워졌다.

그 이후로 나는 로렌스 같은 환자, 다시 말해서 어떤 실존적 위기에 빠져 우울증, 삶에 시들함, 삶이 무의미하다는 허무주의적 느낌을 가지게 된 것처럼 보이는 환자를 많이 만났다. 이 환자들은 합리적이고 철학적인 수준에서 실존적 물음들을 깊이 생각해 왔으며 그것 때문에 우울증을 앓게 되었노라고 내게 말하곤 했다. 그들은 우주에는 목적이 없기 때문에 인생 또한 무의미하다는 합리적이라고 생각되는 결론에 이르렀고, 그래서 일상생활을 영위하는 일에 관심과 의욕을 몽땅 잃어버렸다고 말했다. 당연히 나는 그 환자들이 그 허무주의적 가정들을 검토하고 이의를 제기해 보게 하려고 했다. 실존적 문제들에 관해 대화를 나누면서 눈이 확 떠지는 통찰의 순간들이 많이 있었음에도 불구하고, 몇 주가 지나고 몇 달이 지나도 그들의 우울증은 여전했기에, 결국에는 항우울제를 써 보기로 결정하게 되곤 했다. 항우울제를 써도 성공을 보장할 수는 없지만, 정말로 항우울제로 효과를 본 경우가 많았고, 환자 개인의 철학적 관심사는 희망도 없고 의미도 없다는 느낌에서 벗어나 단순한 지적 사색으로 바뀌었다. 말하자면 남는 시간에나 흥미로운 대화거리로 삼곤 했다는 것이다. 대개 그 환자들은 이전에 가졌던 관심사와 삶에 대한 일반적인 입맛을 다시 찾았으며, 철학적인 큰 물음들을 더는 붙들고 늘어지지 않았다.

이런 환자들에게서 보이는 임상적 우울증을 나는 점점 더 잘 인식하고 인정하게 되었으며, 약물 치료를 점점 덜 주저하게 되었다(그러나 그렇다고 약물 처방을 마구 남발하게 되었다는 말은 아니다).[18] 이제 나는 우울증과 허무주의적 사고의 원인을 지적인 실존적 문제라고 생각하는 쪽으로 쉽게 기울지 않으며, 환자 본인이 그렇게 생각한다고 해서 무비판적으로 무턱대고 동의하지도 않는다. 인생에 의미도 없고 목적도 없다는 느낌이 지적이고 철학적인 실존적 위기에서 순수하게 비롯될 가능성은 내가 예전에 가정했던 것보다 훨씬 낮다. 실존에 관한 철학적 물음들에 내가 부여하는 의미성을 감안하면, 이런 깨달음은 그동안 내게 자괴감을 느끼게 했다.

나는 삶을 보살피고 목적에 이끌리는 것이 인간의 자연스러운 경향이며, 그런 동기 부여의 상실은 건강이 좋지 않음을 나타내는 한 증상이라는 생각을 제시한다. 우리가 생물학적인 존재—그저 다른 생물보다 생존본능이 더 복잡하게 진화했을 뿐인 존재—라는 사실을 시야에 담아둔다면, 이는 결코 깜짝 놀랄 소리로 들리지 않을 것이다.

우리 중 정신이 건강할 만큼 (그리고 이성적 낙관을 가질 만큼) 운이 좋은 이들의 경우, 자연스러운 목적성과 삶에 대한 입맛은 삶 속에서 우리 자신을 위해 의미를 만들어 내는 강력한 경향성을 부여한다. 그 능력은 우주 자체에 미리 정해진 목적이 있느냐 없느냐와는 상관이 없다. 삶과 우주에 대한 추상적인 실존적 물음들은 대부분의 사람들에게는 그저 지적으로 흥미로운 생각거리와 논쟁거리에 지나지 않는다. 그러나 우리 중에 있는 비관주의자들(허심탄회하게 말하자면, 비록 나 자신은 낙관주의적인 성향을 가졌지만, 지적으로는 비관주의자들에게 더 끌린다)을 위해서 몇 가지를 더 언급할 생각이다.

삶의 투쟁에 전력을 다할 것

이렇게 묻는 이들이 있다. 우주에 보다 큰 목적이 없다면 무언가를 이루려고 하는 게 무슨 의미가 있는가? 죽고 나면 우리가 그냥 더는 존재하지 않는 것이라면, 무슨 의미가 있는가? 실존 철학자인 알베르 카뮈Albert Camus는 이렇게 적었다. "진정 진지한 철학적 문제는 단 하나로, 바로 자살이다. 인생이 살 만한 가치가 있느냐 없느냐를 판단하는 것이야말로 철학의 근본 물음에 답하는 것이다."[19] 비록 삶의 '부조리'라고 부르긴 했어도, 카뮈는 자살이 이 문제의 철학적 또는 개인적 결론임을 거부했다. 그는 인간 이성에 대한 욕망과 비이성적인 세계 사이의 모순을 받아들여야 한다고 논했다. 카뮈에 따르면, 우리는 거짓 희망을 품지 않은 채 부조리 감각을 받아들여야 하고, 더 나아가 껴안아야 한다. 하지만 우리는 체념하면서 부조리를 수동적으로 받아들여서는 안 되고, 결코 부조리를 전부 받아들여서도 안 된다. 부조리는 부단한 대결, 저항, 교전을 요구한다. 카뮈는 죽음에 불복한 벌로 영원토록 무의미한 임무를 반복해서 수행하는 형을 신들로부터 선고받은 고대 그리스의 신화적 인물인 시시포스Sisyphus를 새롭게 부활시켰다. 카뮈는 시시포스가 그 노동에서, 그 임무에 숙달되는 과정에서, 그리고 자신의 운명이 부조리함에도 불구하고 신들과 죽음에 끝없이 반항하는 것에서 의미를 찾고 심지어 행복까지 찾는 모습을 상상했다. "정상을 향해 가는 투쟁 자체가 충분히 사람의 가슴을 벅차게 해 준다. 시시포스가 행복한 모습을 상상하지 않을 수 없다."[20] 자기 삶을 사는 동안 카뮈는 삶을 소중한 것으로, 지킬 만한 가치가 있는 것으로 여겼다. 삶에 마음을 쏟는 것, 그것이 카뮈에게는 중요했다. 그는 프랑스 저항군에 들어가 나치에 맞서 싸웠다. 그는 삶을 부조리하다고 여겼지만, 결코 희망이 없다고 보지는 않았다.

대부분의 무신론자들은 카뮈보다 훨씬 긍정적으로 삶을 느끼지만, 타고난 기질이나 주어진 상황으로 인해 삶을 더 우울하게 보는 사람들도 있다. 아마 카뮈의 경우가 바로 그랬을 것이다. 그럼에도 불구하고 카뮈의 결전을 향한 각오는 결연했다. 곧, 삶의 투쟁에 전력을 다할 것.

우리는 목적에 이끌리게끔 만들어졌다

삶을 가장 암울하게 바라보거나 가장 의기소침하게 바라보는 사람들이라 해도 그 중에서 그것 말고는 정신적으로 건강하고 공감 능력과 인간애를 적당히 가지고 이기심과 유아론을 넘어설 능력을 조금이나마 갖춘 사람이라면 누구나 **다른** 사람들의 고통을 덜어 주고 행복을 늘려주기 위해 무엇이 되었든 하고자 하는 마음을 충분히 일으킬 수 있다. 타인의 고통과 행복은 우리 자신의 고통과 행복만큼이나 실재하는 것이며, 우리가 죽은 뒤에도 오래오래 계속될 것이다. 우리 자신의 존재가 중요한지 아닌지 의심할 수는 있을 것이다. 그러나 타인들은 계속 존재할 것이고, 그들이 죽은 뒤에도 타인들은 계속 존재할 것이다. 우리 모두는 살아 있는 동안 어떤 식으로든 타인들에게 영향을 줄 기회를 가지며, 그 영향은 우리가 세상을 떠난 뒤에도 오래오래 그 타인들에게 계속해서 중요한 의미를 가질 것이다.

많은 사람들이 알다시피, 타인들에게 마음을 쏟으면서 인생을 살면, 정말로 좋은 일들이 많이 일어난다. 그런 삶은 훨씬 만족스럽고, 풍요롭고, 의미로워진다. 타인들에게 마음을 쏟는 것보다 자기 삶을 더 중요하게 느낄 수 있는 길은 별로 없다.[21] 그리고 사람들은 대개 여러분의 보살핌과 헌신에 보답을 할 것이다.

그러나 이제까지 우리가 보아 왔듯이, 목적 감각을 가지고 인생을 사는 것이 단지 지성적이고 철학적인 결정에 따른 것만은 아니다. 우리는 목적에 이끌리게끔 만들어졌다. 목적은 진화의 산물이다. 그리고 비록 진화가 무심하고 의도를 가지고 있지는 않아도, 진화는 대상을 멋진 모습으로 다듬어 내는 방법을 가지고 있다.

근본적으로 보면, 목적에 이끌리는 인간의 행위들은 생존하고, 짝의 눈길을 끌고, 유전자의 자기 증식 매개물인 자식들을 낳고자 하는 욕구가 진화를 거치며 다듬어진 것들에 지나지 않는다. 목적에 이끌리는 인간의 행위들은 진화에 의해 터무니없이 화려하게 장식된 공작의 꼬리와 같다. 모든 생물은 가장 단순한 것조차 그 정의로 볼 때 목표 지향적이다—자손을 낳고자 하는 기본 욕망에서 어떤 형태로든 의식적인 의도성이 벋어 나왔든 안 나왔든 상관없이 말이다. 그래서 세균이나 식물까지도 목표 지향적이다. 이걸 깨달았다고 해서 풀이 죽을 필요는 없다. 공작 꼬리의 목적이 마음도 없고 '이기적인' 공작 유전자를 증식하는 것에 지나지 않는다는 것이 사실이라고 해서 공작 꼬리가 덜 아름다워지는 것은 아니기 때문이다. 우리는 그냥 우리 뇌의 고도로 진화한 동기 부여 회로와 보상 회로에 이끌려 목표를 지향하게끔 만들어져 있을 뿐이다. 목표 추구는 신경 화학적으로 강화되고, 목표를 성취하면 신경 화학적으로 보상의 느낌을 받게 된다. 음식과 성행위는 가장 명확한 보상을 제공한다. 더욱 복잡하고 창의적이고 목표 지향적인 행위들은 성취감이나 자아 실현감처럼 더욱 미묘한 형태의 보상을 제공한다. 그러나 이런 행위들도 음식을 먹는 것 및 성행위와 똑같은 기본적인 행동 강화 체계behavioral reinforcement system가 진화를 통해 더 복잡하게 다듬어진 것들일 뿐이다. 8장에서 우리는 인간의 목적 행위에 깔린 생물학적 기초를 더 깊이 살펴볼 것이다. 아울러 우리는 고도로 사회적인 영장류이기 때문에 그 행위의 사회적 차원도 살펴볼 것이다.

동물에게 동기 부여는 정상적이고 자연스러운 상태이며, 그 강도는 개체마다 다르다. 동기 부여는 외적인 보상이나 결과를 경험하도록 하는 행동 조건화behavioral conditioning를 통해 부분적으로 수정할 수도 있다. 무감정apathy 및 보상 느낌 경험 능력의 감소는 비정상적이고 예외적인 상태이다. 근본에서 보면 인간은 다른 동물들과 다를 바가 전혀 없다. 우리도 목적에 이끌리도록 진화해 왔으며, 우주에 목적이 있든 없든 우리에게 내재하는 동기 부여는 궁극적으로 별 차이가 없기 때문이다.

우주에는 목적이 없지만 우리에게는 있다

이번 장에서 우리는 낙관 편향이 어떻게 우리를 우주가 목적을 가지고 자애롭기를 바라는 소원 빌기식 사고로 기울게 하는지 살펴보았다. 우리는 우리가 부정하는 바를 뒤흔들고, 우리가 그토록 바람에도 불구하고 삶의 현실은 결국 가혹하다는 사실을 되새기는 불편한 걸음을 떼었다. 그러나 이런 깨달음이 허무주의나 무감정으로 귀결되지나 않을까 두려워할 필요는 없다. 왜냐하면 우주에 목적이 내재한다는 증거는 없지만, 우리 자신은 내면에 강하게 목적을 가지고 있기 때문이다. 그리고 비록 서로에게 끔찍한 행동을 할 능력이 우리에게 있는 것은 확실하지만, 우리는 또한 서로를 보살피는 경향성도 강하게 가지고 있다. 이어지는 장들에서 우리는 보살핌caring의 기초와 우리가 서로의 고통을 줄여 줄 수 있는 방법이 무엇인지 살펴볼 것이다. 그러나 그에 앞서, 서양 사회에서 종교적 신앙이 쇠퇴하고 있음에도 불구하고, 우주에 목적이 있다는 믿음이 왜 이토록 끈질기게 남아 있는지 이해하고 넘어가야 할 것이 더 있다.

4 종교의 쇠락과 끈질긴 믿음

우리는 서로의 고통을 줄여 줄 수 있는가

우주 한 귀퉁이의 우발적 부산물

서양 사회에서 종교는 지난 몇 세기에 걸쳐 서서히 쇠락해 왔고, 지난 수십 년 동안에는 그 과정이 가속되었으며, 최근 몇 년 사이에는 특히나 더 그랬다. 그러나 종교가 이렇게 쇠퇴했음에도 불구하고, 어떤 높은 힘과 높은 계획에 의해 우주에 목적이 있다는 유의 막연한 생각에 매달리는 사람은 아직도 많다.

나는 이런 모습을 수많은 환자들에게서 본다. 이를테면 리엄이 그런 예이다. 아내 앤지가 그 두 달 전에 전이성 유방암 진단을 받은 뒤로 힘들어 하던 리엄이 심적 지원을 받을 수 있도록 내게로 보내진 것이었다. 리엄은 앤지의 병을 고칠 방법을 마련하는 일에 막중한 책임감을 느꼈던 터라, 이로 인한 불안감에 시달리며 매일 밤을 꼬박 새워 대체 항암 요법과 영성 치유에 대해 조사하느라 녹초가 되어서 신경이 극도로 곤두선 상태였다. 게다가 이 때문에 리엄은 미취학 상태인 자식 둘에게 신경 쓸 기운조차 고갈된 상태였다. 처음에는 의욕과 낙관이 하늘을 찌를 기세였지만, 그 책임감이 급격하게 자신을 무겁게 짓누르는 짐이 되고 있음을 깨달았다. 그 상태를 바로잡는 것에 앤지의 목숨이 달려 있다고 리엄은 느꼈다.

디팩 초프라Deepak Chopra와 에크하르트 톨레Eckhart Tolle의 열렬한 팬이었던 리엄은 우리 유전자의 95퍼센트는 우리 의식을 통해 영향을 줄 수 있다는 초프라의 주장과 건강하고 행복한 인생을 이뤄 내기 위해서는 의식의 탈바꿈과 영적인 각성을 통해야 한다는 톨레의 권고를 가슴 깊이 새겨 두고 있었다. 리엄과 앤지는 그로부터 몇 년 전에 가톨릭 성당에 나가는 것을 그만둔 터였다. 가톨릭계에서 불거지던 성적 학대에 대한 추문에 환멸과 역겨움을 느낀 탓도 있었고, 어수룩한 고대 문화에서 전래한 구식 믿음 체계를 가지기에는 자신들이 이미 커 버렸다고 느꼈기 때문이기도 했다. 두 사람은 자신들이 영적인 사람들이지 종교적인 사람들은 아니라고 여기게 되었다. 말하자면 우주에 더욱 높은 목적과 힘이 있다고는 믿었지만, 성경에서 말하는 인격을 가진 하느님은 믿지 않는다는 것이었다. 두 사람이 생각하기에, 어떤 심오한 수준에서 우주는 의식으로 가득 찬 곳이었다. 그 의식이란 영원하고 범우주적인 의식으로서, 만물의 바탕에 깔린 제일 원동력, 만물을 존재하게 만든 힘이었다. 리엄은 우리가 살고 있는 곳은 '인간 우주human universe'

라는 초프라의 말에 감복했다. 인간 우주란 인간에 의존해서 존재하는 우주로서, 그곳에서 우리는 그저 광막하고 무심한 어느 우주의 한 외딴 귀퉁이에서 우발적으로 생겨난 부산물에 불과한 존재가 아니었다. 리엄은 전체로서의 우주뿐만 아니라 암을 일으키는 유전자 돌연변이에 이르기까지 모든 수준의 외적 실재는 우리 마음이 만들어 낸 것이라는 초프라의 이론에도 감명을 받았다.[1]

그래서 리엄은 영적인 건강을 다루는 웹사이트들을 찾아가 꼼꼼하게 읽으며 앤지에게 암을 유발한 영적 부조화가 어떤 것이었는지 찾아내려고 했다. 그는 앤지의 심신 에너지 장들—앤지의 차크라들—이 조화로운 공명 상태를 잃게 한 무언가가 있어야 한다고 추리했다. 어쩌면 과거에 감정적으로 해결되지 못한 어떤 일이 앤지에게 있었기 때문인지도 몰랐다. 그는 둘 사이에서 있었던 어떤 특정 사건이 앤지에게 암을 일으키지 않았나 강하게 의심했다. 나는 앤지가 암에 걸린 원인은 십중팔구 그 본질에서 보면 무작위적이라는 말을 리엄에게 차분하게 건넸다. 처음에 리엄은 이 말이 너무나 급진적으로 들려서 머릿속으로 받아들이지 못했다. 무작위는 무의미를 함축하고, 더 나쁘게는 무기력까지 함축한다며 리엄은 항변했다. "저는 종양과 의사가 선고한 확률에 가만히 앉아서 따를 수만은 없습니다. 앤지는 어떤 통계값이 아니에요. 제게 앤지는 세상에서 가장 특별한 인간 존재라고요. 선생님께서는 지금 이 모든 게 단순한 우연이라고 말씀하시는 겁니까? 앤지가 걸린 암뿐만 아니라 그녀의 존재까지, 나아가 우리 모두의 존재까지, 모든 것이요? 허참, 그 얼마나 허무주의적입니까? 그럼 앤지가 죽으면 그냥 끝이라는 얘기이겠군요. 앤지의 아름다운 영靈과 인생이 그냥 증발해 버린다는 것이지요? 그게 전부라고는 도저히 받아들일 수가 없네요."

앤지의 암이 무작위적으로 걸린 것임을 리엄에게 납득시키려 했던 이 첫 번째 시도는 때를 잘못 고른 것이었다. 그 위기의 초기 단계에서 리엄에게 필요했던 것은 그 상황을 통제할 수 있다는 감각을 얻는 것이었는데, 그런 그에게 이런 생각은 너무나 비관적으로 느껴졌던 것이다. 그러나 그때 나는 리엄이 걱정스러웠다. 앤지가 암에게 무릎 꿇고 말면 리엄에게 어떤 일이 벌어질 것인가? 앤지는 필히 그렇게 되고 말 텐데, 아무리 정식 치료법을 쓴대도 암을 잠시 동안만 통제할 수 있을 뿐일 텐데? 이 모든 일이 있기 이전부터 리엄에겐 극심한 자책감과 실패감에 시달린 이력이 있었음을 나는 알고 있었다. 그래서 나는 그가 앤지를 구하지 못했다는 것 때문에 심리적으로 무너질까 봐 두려웠다. 게다가 리엄은 영적인 치유법을 찾는 헛된 수고에 귀중한 시간과 기운을 허비하느라, 부부 사이—두 사람 사이는 앤지가 암에 걸리기 오래전부터 삐걱거리고 있었다—에서 시급하게 풀어야 할 일을 하지 못하고 있었다. 앤지에게 진정으로 필요했던 것은 실생활에서나 감정적으로나 리엄이 곁에 있어 주는 것이었다. 가장 중요한 것은, 앤지가 화학 요법으로 인한 피로 등의 부작용 때문에 몸을 가눌 수 없는 동안, 리엄이 어린 자식들과 함께 있어 주고 부모 구실을 해 주는 것이 절실히 필요했다는 것이다.

차츰차츰 리엄은 이 모든 것을 자기 눈으로 볼 수 있게 되었고, 앤지가 암에 걸린 것은 어떤 목적이 있는 우주 안에서 영적인 부조화가 발현된 때문이라는 믿음이 이미 자신에게 자책감과 실패감을 심어 주었음을 서서히 납득하게 되었다. 앤지가 병에 걸린 것이 무작위적임을 이해하고 받아들이면서 리엄은 느리지만 확실하게 자유로워졌고 기운도 차리게 되었다. 그는 현실적으로 중대한 우선권을 가진 일들, 곧 아내와의 관계를 바로 세우고 자식들을 보살피는 일에 더 많은 시간과 노력을 기울이기 시작했다.

리엄의 이야기는 서양에서 종교가 쇠락하며 수반된 '영적이지만 종교적은 아니라는' 믿음이 상당히 흔하게 존속되고 있음을 보여 준다. 그리고 이런 일이 일어나는 이유 몇 가지를 리엄의 이야기가 드러내 주고 있는데, 가장 흔한 이유는 영적인 것에 대한 믿음을 몽땅 버리고 우주가 무작위적이고 목적이 없음을 받아들이게 되면 삶은 무의미해지고 우리에게 무력감을 남길 것이라고 가정하기 때문일 것이다. 이것보다 분명하게 드러나지는 않지만, 리엄의 이야기는 죽으면 끝이라는 것에 대한 불안도 비치고 있다. 죽음에 대한 불안은 이번 장의 뒷부분에서 살펴볼 것이다.

우주에는 본래적으로 목적이 있다는 식의 생각과 관련되어 사람들의 마음을 끄는 탈종교적post-religious 믿음은 뉴에이지 영성New Age spirituality 말고도 많이 있다. 그 한 예가 바로 예전에 나 자신이 가졌던 생각(비종교적인 쪽으로 교육을 받은 많은 사람들 사이에 상당히 널리 퍼져 있으면서 느슨하게 붙들고 있는 생각)으로, 자연의 법칙들을 어떤 지향성이 떠받치고 있다는 믿음이다. 예전에 나는 인간의 형태를 하지 않는 어떤 추상적인 힘이 우주를 낳았고 우리가 아직 제대로 정의해 내지 못한 방식으로 그 힘이 우주를 계속해서 인도하고 있을 수도 있다고 어렴풋이 상상했었다.

이번 장에서는 서양에서 종교가 쇠락해 온 역사를 간단히 돌아본 뒤, 현대 사회에서 수많은 사람들이 점점 더 종교적 믿음의 근본 토대에 의심을 품게 되거나 이젠 그런 믿음을 가질 수 없다고 여기는 이유를 몇 가지 살펴볼 것이다. 그런 다음에 종교적 신앙이 쇠퇴했음에도 불구하고 우주에 목적이 있다는 믿음이 왜 끈질기게 남아 있는지 그 이유를 살펴볼 것이다. 그리고 들어가는 말에서 언급했고 뒤이은 장들에서 주제로 삼을 '큰 물음들'을 정의해 볼 것이다. 또한 죽음에 대한 불안도 살펴볼 것이다. 책의 나머지 부분에서는, 그 큰 물음들이 과학의 영역을 벗어나 있다는 가정 및 그와 관련되어 과학적 설명으로 환원될 수 있는 세계는 허무주의적 세계일 것이라는 가정을 집중 조명해서 살펴볼 것이다.

스러져 가는 신앙의 역사

18세기 유럽의 계몽주의는[2] 서양 사회에서 처음으로 종교적 신앙에 대해 진지하게 의문을 표했다. 그러나 교회의 절대적 권력과 권위는 이미 16세기에 신교 개혁Protestant Reformation이 일어나는 동안에 부분적으로 무너져 있던 터였다.[3] 모든 계몽주의 철학자들을 통틀어 영향력이 가장 컸다고 할 수 있을 이마누엘 칸트Immanuel Kant는 유럽의 계몽주의가 인류의 아동기와 성년기를 가르는 분기점이며, 성년이 되기 전에 인류가 권위에 의심을 품고 스스로 생각할 준비를 하는 단계라고 논했다. 칸트는 '종교적 미성년 상태'가 '유해하고' '치욕스럽다'고 느꼈다.[4] 1784년에 쓴 시론 〈계몽이란 무엇인가?〉에서 칸트는 이렇게 적었다.

> 계몽이란 인류가 스스로 빠져든 미성년 상태로부터 벗어나는 것

이다. ……마음만 먹으면 타인이 미성년 상태인 자들의 보호자가 되기는 너무나 쉽다. 미성년 상태로 있으면 얼마나 마음이 편한가! 나 대신 지성을 갖춘 책이 있다면, 나 대신 양심을 가진 목회자가 있다면, 나 대신 먹을 것 못 먹을 것을 판단해 줄 의사가 있다면, 나 대신 이런저런 일을 해 줄 사람이 있다면, 나 자신은 애써서 무얼 할 필요가 없을 것이다. 나는 생각할 필요조차 없다. 돈만 낼 수 있다면 말이다. 성가신 일은 돈만 주면 다른 사람들이 얼른 나 대신 해 줄 것이기 때문이다. 단연 더없이 많은 사람들(여기에는 여성 전체도 포함된다)은 성인이 되기 위해 걸음을 떼는 것이 귀찮기만 한 것이 아니라 매우 위험하다고도 여기는데, 그것은 그들을 관리 감독하는 일을 아주 흔쾌히 떠맡은 각각의 보호자들이 이미 그들이 그렇게 여기도록 신경 써 놓은 것이다. 보호자들은 집안에 가둔 가축들을 먼저 멍청하게 만들어 놓고, 보행기에 넣어 둔 다음, 이 말 없는 짐승들이 보행기 밖으로 단 한 발짝도 나가지 못하도록 주도면밀하게 대비하고 나서는, 보호자 없이 혼자 가고자 하면 어떤 위험이 닥칠 것인지 그 짐승들에게 보여 준다.[5]

이마누엘 칸트, 〈계몽이란 무엇인가?〉

칸트는 뒤이어 이 미성년 상태를 극복하기 위해서는 자유와 용기가 필요하고 모든 문제에서 공개적으로 이성을 사용해야 한다고 논한다. 의미로운 삶을 살기 위한 칸트의 좌우명은 이렇다. "알려고 덤벼라!"*6

계몽주의 시대를 비롯해 계몽주의가 안내했던 근대를 거치면서 서양의 학자들은 고대의 권위와 지혜에 의문을 제기했다. 학자들은 고대 근동Near East에 살았던 어수룩한 사람들이 쓴 글에 왜 그처럼 많은 권위를 주느냐는 물음을 던졌다. 세계에 대해서 그 고대인들이 알았던 바는 대단히 제한적이고 편협했는데 말이다. 19세기의 학문적 성서 비평은 당시 많은 사람들이 의심하기 시작하던 점들을 확실히 해 주는 증거를 내놓기 시작했다. 곧, 이제까지 사람들이 받들어 모셨던 성서는 하느님이 아니라 전적으로 사람들이 만든 것이며, 특수한 역사적 맥락 안에서 적힌 것들이라는 것이다(더 최근에는 이를 실증해 주는 명확한 증거들을 고고학에서 더 내놓았다).

계몽주의를 고취시킨 것은 바로 17세기에 시작된 과학혁명이었다. 과학이 발전해 가면서, 다양한 신앙 교리들은 조목조목 과학과 모순되거나 반박되었으며, 종교적 권위에 대한 신뢰도 무너져갔다. 이 과정은 지구가 태양의 둘레를 돈다는 코페르니쿠스의 가설을 갈릴레오가 증명하면서 시작되었다. 이 가설은 지구가 우주의 중심이라는 교회의 가르침과 모순되는 것이었다. 갈릴레오는 로마의 교회에서 이단죄로 재판을 받다가 결국 생각을 철회할 수밖에 없었다. 그로부터 당혹스러울 만큼 오랜 시간이 흐른 뒤인 1992년에 와서야 마침내 로마가톨릭교회는 갈릴레오가 옳았음을 공식적으로 인정했다.

근대 과학은 굉장한 성공을 거두어서, 실재의 본성에 대해 새로운 통찰을 얻었을 뿐만 아니라 유용한 기술들이 일상생활의 모든 측면에서 혁명을 일으키기도 했다. 삶과 건강의 질은 대폭 향상되었으며, 사람들은 적어도 영적이 아닌 문제들에 관해서만큼은 종교의 권위보다

---

* 라틴어로 '사페레 아우데Sapere aude'인 이 말은 '감히 알려고 하라'는 뜻으로 로마의 시인 호라티우스가 처음 사용했고, 칸트가 〈계몽이란 무엇인가?〉에서 계몽주의의 표어로 삼았다고 한다. 여기서는 살짝 바꿔서 옮겼다.

는 과학을 더 신뢰하기 시작했다. 초기의 과학자들은 꼭 스스로를 전통 종교에 적대적이라고 여길 필요는 없었다. 예를 들어 뉴턴은 하느님이 정하신 자연의 법칙들과 우주의 규칙성을 자신이 그려 내고 있다고 생각했다. 나중에 가서야 현대적인 과학적 자연주의가 초자연적인 과정 대신 자연적 과정만으로 세계를 설명하려고 했다. 이를 보여 주는 가장 극적인 예가 바로 다윈의 진화론으로, 생물학 분야에서 창조에 관한 전통 종교적 믿음의 토대를 심각하게 허물어 버렸다.

지난 몇 세기에 걸쳐 서양 사회에서 신앙이 꾸준히 침식되어 온 데에는 종교의 부정적 영향과 불가분적으로 관계된 성격이 짙은 여러 다른 인자들도 힘을 보탰다. 이 가운데에는 종교가 남긴 이율배반적인 유산을 사람들이 점점 크게 인식했다는 것도 들어간다. 특히 연민을 길러 주는 한편으로 불관용, 무자비함, 전쟁을 부추긴다는 점, 인간의 조건에 대해 통찰을 제공하는 한편으로 합리적이고 자유 사상적인 탐구를 방해한다는 점에서 그랬다. 나아가 제도 종교들이 사회적 통제와 가부장적 권력의 수단이 되고 있으며, 그럼으로써 쉽게 부패하고 악용될 수 있음을 깨닫게 되면서 제도 종교들에 점점 환멸을 느끼게 된 것도 있다.[7]

현대 서양 사회가 종교성으로부터 멀어져 가는 추세에는 그에 반동적인 역추세도 수반되고 있음을 주목하는 것이 중요하다. 그 가운데에서 가장 두드러지는 것이 바로 늦은 20세기에 미국에서 복음주의 기독교가 들고 일어선 것이다(지금은 쇠락하고 있다[8]). 그리고 이스라엘 등지에서는 소수이기는 해도 상당수의 유대인들이 정통 유대교 쪽으로 되돌아갔다. 이런 역추세들은 기독교와 유대교 내부에서 대대적으로 일어나고 있는 비종교화 추세를 배경으로 해서 일어나고 있다.

공개적 무신론자들의 증가

1장에서 살펴보았다시피, 21세기 초기에는 단순히 종교를 의심하는 것을 넘어서 터놓고 믿지 않는 사람들이 늘어났고, 현재는 수많은 서양인들이 자신이 무신론자임을 거리낌 없이 공개적으로 선언하고 있다. 이 과정은 9 · 11 테러 이후 근본주의 종교에 대한 대중의 반발 심리가 널리 퍼지면서 추진력을 얻었다. 나는 무신론(과 불가지론)을 확산시킨 중요한 한 가지 인자가 지난 몇 십 년 동안 새롭고 중추적인 과학적 통찰들이 빠르게 쏟아져 나온 것이라고 논할 것이다. 이 통찰들의 의미를 온전하게 이해한 사람들 사이에서 세계관의 급격한 변화가 일어났기 때문이다.

2014년도 퓨 리서치 센터Pew Research Center의 종교 지형 조사에서 '부정 응답자'(스스로를 무신론자나 불가지론자로 여기거나 종교를 가졌다고 해도 그 종교가 '특별할 것은 없다'고 말한 사람들)는 미국 성인 인구의 대략 23퍼센트 정도를 차지하는 것으로 나타났다.[9] 2007년도 조사에서는 16퍼센트였던 것이 극적으로 증가한 것이다. 2014년도 조사에서 '부정 응답자'의 3분의 1은 무신론자였으며, '신이나 우주적인 정신이 있다고 믿습니까?'라는 물음에 '아니오'라고 응답했다. 젊을수록 종교적 소속이 없을 가능성은 훨씬 높았고, 무신론자일 가능성도 높았다. 이와 비슷하게 제너럴 소셜 서베이General Social Survey(GSS)에서 2012년에 벌인 조사에 따르면, 미국 내에서 대표성을 띤 집단의 20퍼센트가 종교적 기호가 없다고 응답했으며, 1990년에 그 비율이 불과 8퍼센트였던 것과 크게 비교된다.[10] GSS는 또한 젊을수록 종교적 기호가 없는 경향이 더 일반적임을 알아냈다. 서양의 다른 국가들에서 나온 통계를

보더라도 미국의 경우와 비슷하게 종교적 믿음이 사라지는 쪽으로 흘러가고 있음이 드러난다.[11]

더 높은 힘과 계획이 있다는 관념

이번 장을 시작하면서 소개했던 리엄의 경우처럼, 우주에 대해 어떤 계획이나 목적을 가진 높은 추상적인 힘이 존재한다는 기본 관념을 아직까지 붙들고 있는 사람들은 많다. 예를 들어 앞 절에서 거론한 2012년도 GSS 조사를 보면, 아무런 종교적 소속감이 없다는 응답자의 비율이 높다는 결과가 나왔음에도 불구하고, 스스로를 무신론자라고 밝힌 비율은 미국민의 3퍼센트에 지나지 않았으며, '나는 인격신을 믿지는 않지만 다른 종류의 높은 힘이 있다고는 믿는다'는 문항에 '예'라고 응답한 비율은 1991년에 6.6퍼센트였던 것이 2013년에는 11.6퍼센트로 증가했다.[12] 무신론자 비율이 높았다는('부정 응답자' 23퍼센트의 3분의 1) 결과를 보고했던 퓨 리서치 센터의 조사를 보더라도, 소속된 종교가 없다는 응답자 중에서 '신이나 우주적인 정신이 있다고 믿습니까?'라는 물음에 '예'라고 응답한 사람이 대부분이었다.

어떻게 살아야 할지 말해 주오

계몽주의 시대 이후로 서양인들은 이렇게 살아라 저렇게 살아라 말하는 종교 권위자들에게 점점 크게 반감을 느꼈다. 그렇지만 누구든 권위를 가졌다고 생각되는 사람에게서 지도 편달을 받고자 하는 인간의 기본 욕망을 아직도 많은 사람들이 그대로 간직하고 있다(바로 칸트가 경고했던 것처럼 말이다). 성직자나 라비나 신으로부터 등을 돌리는 많은 사람들이 그 구실을 떠맡아 줄 다른 권위들—이를테면 의사 같은 사람들—에게로 눈길을 돌리고 있다.

정신과 의사, 더 일반적으로 보면 의사로서 나는 내 의지와는 상관없이 그런 권위자의 역할을 해야 할 때가 꾸준히 있다. 이 역할을 안 맡으려고 하지만, 도리가 없을 때엔 매우 조심하면서 역할에 임한다. 정신 건강의 문제와 씨름하는 사람들뿐만 아니라 다른 많은 사람들도 어떻게 살아야 할지 말을 듣고 싶어 한다. 종교 교리의 구조와 의례 행위의 규칙을 따르는 것과 더불어 언제 어디에서나 성직자를 찾아가 조언과 지도를 구할 수 있다는 것은 많은 사람들이 크게 환영하는 바이고, 신앙을 잃은 사람들 중에는 이런 것을 몹시 그리워하는 이들도 있다.

아마 성격상의 어떤 형질 때문일 것 같은데, 지적이고 개인적인 자율성을 즐기는 사람들도 있다. 이런 사람들에게는 이렇게 살아라 말아라 하는 이야기를 들어야 한다는 것이 제도 종교를 거부하는 한 이유일 수도 있다.

우연히 탄생한 우리를 보라

더 높은 힘과 더 높은 계획이 있다는 믿음에 매달리는 합리적 근거를 들어 보라고 하면, 아마 많은 사람들이 다음과 같은 '큰 물음들'을 꼽을 것이다.

- 왜 없지 않고 있는가? 무無에서 어떻게 유有가 나올 수 있는가?
- 어떻게 무질서에서 질서가 나올 수 있는가?
- 의식을 가지고 자신을 자각하는 것은 차치하고, 어떻게 물질이 살아 있게 될 수 있으며, 누가 인도하지 않고서 자발적으로 이런 일이 어떻게 일어날 수 있는가?
- 나를 의식하는 자아가 일시적인 현상으로 잠시 형성되었다가 곧 완전한 비존재로 소멸해 버리는 일이 어떻게 가능한가?
- 더욱 높은 힘이 없이, 그리고 그 힘의 완전한 의도함이 없이, 인간의 목적, 도덕, 의미가 어떻게 생겨날 수 있는가?
- 더욱 높은 힘과 더욱 높은 계획에 대한 믿음을 잃으면 허무주의로 귀결되지 않겠는가?

다윈은 우주를 눈먼 우연의 결과로 이해하기란 지극히 어려운 일임을 토로하는 글을 쓰면서 이런 큰 물음들의 중심에 깔려 있는 딜레마를 명확히 풀어 보여 주었다. 그 글에서 다윈은 신이 있다는 사람들의 믿음에 깔린 인자들이 무엇인지 살폈다. 그러니 다윈의 글을 여기에 길게 인용해도 될 것이다.

> 하느님이 존재한다는 확신의 또 다른 근원, 곧 감정이 아니라 이성과 연결되어 있는 그 근원은 나를 훨씬 무겁게 내리누른다. 이 무게감은 먼 과거를 돌아보고 먼 미래를 내다볼 능력을 갖춘 인간을 비롯해서 이 광막하고 경이로운 우주가 눈먼 우연이나 필연의 결과라

고 이해하는 것이 극도로 어렵거나 아예 불가능하다는 데에서 따라 나온다. 그래서 돌아보건대, 나는 사람이 가진 마음에 어느 정도 빗댈 만한 지적인 마음을 가진 어떤 제일원인이 있기를 바라마지 않으면 안 된다는 느낌이 들고, 따라서 나를 유신론자라고 불러도 마땅할 것이다.

내가 기억하는 한, 《종의 기원》을 쓰던 무렵 내 마음에 강하게 자리한 것이 바로 이런 결론이었다. 그리고 그 시절 이후로 그 결론은 수없이 요동치면서 아주 서서히 약해져 갔다. 그러나 그러다가 의심이 일었다—사람의 마음, 내가 온 마음으로 믿기로, 가장 하등한 동물이 가진 것만큼이나 하등한 마음에서 발달해 온 사람의 마음이 그런 웅대한 결론을 끌어내다니, 그걸 신뢰할 수 있겠는가? 이 결론은 우리에게 필연적이라는 인상을 주는 원인과 결과가 서로 연결되어 나온 결과가 아니라, 어쩌면 유전된 경험에 단순히 의존해서 나온 것일 수도 있지 않을까? 또는 아이들의 마음에 쉬지 않고 하느님에 대한 믿음을 주입한 결과, 아직 완전히 발달하지 못한 아이들의 뇌에 어쩌면 유전된 것인지도 모를 너무나 강한 효과를 낳아서 원숭이가 뱀에 대한 본능적인 두려움과 미움을 털어 내지 못하는 것처럼 아이들도 하느님에 대한 믿음을 털어 내기가 어려워졌을 가능성도 간과해서는 안 될 것이다. 그런 난해한 문제들을 내가 최소한으로라도 규명했다고 여길 수는 없다. 만물이 어떻게 시작되었느냐는 수수께끼는 우리로서는 풀어낼 수 없는 것이다. 그래서 나로서는 불가지론자로 남아 있는 것에 만족할 수밖에 없다.[13]

찰스 다윈, 《나의 삶은 서서히 진화해왔다》

다음 장들에서 보게 되겠지만, 다윈의 시대 이후로 과학은 '이 광막하고 경이로운 우주가 눈먼 우연의 결과라고 이해하는 일'에 실로 매우 가까이 다가가고 있다.

그러나 먼저 우리는 오랜 근심, 곧 죽음에 대한 두려움을 살펴볼 필요가 있다.

언젠가는 죽게 되리라

> 자기 인식self-awareness은 최상의 선물이며, 생명만큼이나 귀한 보물이다. 우리를 인간으로 만들어 주는 것이 바로 이것이다. 그러나 비싼 대가를 치러야 한다. 곧, 죽음의 상처를 입어야 하는 것이다. 우리가 자라고, 꽃을 피우고, 그리고 피할 길 없이 쇠약해져 죽게 될 것이라는 앎이 우리 존재에 영원히 그늘을 드리운다.
>
> 어빈 얄롬, 《태양을 응시하며: 죽음의 공포 극복하기》[14]

죽음이 인기 있었던 적은 한 번도 없다. 특히 존재하기를 최종적으로 완전히 그치는 것으로 죽음을 보게 되면 더더욱 그렇다. 그러나 온갖 즐거움이 넘치는 천상의 낙원으로 가는 단순한 통과 의례라는 새로운 틀로 죽음을 보게 되면, 언젠가 죽게 되리라는 생각을 더 잘 견딜 수 있다. 이승에서 고통스럽고 불행한 삶을 사는 사람들에게는 더더욱 그렇다.

사람은 매우 자기중심적이어서, 세계의 틀을 나를 기준으로 짜는 것은 자연스러운 일이다. 나 없이 존재하는 세계를 상상하기란 결코 쉽지 않으며, 내가 완전히 존재하지 않는 상태를 상상하기란 버거운 일이다. 어떤 형태로든 죽음이란 존재의 완전한 중단이라고 생각하는 이들조차도 죽은 상태라는 것이 과연 어떤 **느낌**일지 상상해 보려 하는 경향이 있다. 죽은 뒤에도 삶이 이어진다는 믿음이 불가항력적으로 마음을 끌며, 역사 내내 다양한 형태로 이런 믿음이 떠올랐던 것은 조금도 놀라운 일이 아니다. 따지고 보면, 죽음의 부정이야말로 종교의 **존재 이유**일지도 모른다. 대부분의 종교에는 몸이 썩은 뒤에도 살아남는 어떤 영원한 본질이 있으며, 몸이란 영혼을 담는 그릇이나 영혼이 거치는 매개물에 지나지 않는다고 보는 믿음이 공통적으로 있다.

선사 시대 발달 단계의 아주 이른 시기부터 인류는 죽음을 의식하고 죽음에 사로잡혔던 것으로 보인다. 죽음에 대한 불안, 죽음에 대한 부정, 그리고 영원한 내세의 삶이 있으며 정령들이나 신들이 그곳에 거주하며 다스린다는 다양한 형태의 믿음들이 사실상 인류의 역사 시대와 선사 시대에 나왔던 모든 종교를 정의해 준다. 구석기 시대의 매장지에서는 사람과 함께 (네안데르탈인도 마찬가지로) 석기와 동물 뼈 같은 것들이 부장된 채로 발굴되곤 하는데, 고인이 내세에서 실제로 사용하도록 할 의도로 껴묻었음이 분명하다.

내세를 준비하는 일은 대부분의 고대 문명들에서 크게 몰두했던 바였고, 고대 이집트의 파라오들이 묻힌 거대한 피라미드 같은 지극히 위대한 기술과 건축의 걸작들을 탄생시킨 동기도 바로 그것이었다. 이 무덤들에는 내세에서 필요할 법한 온갖 물품들이 비축되어 있었고, 파라오를 비롯해 수많은 다른 대왕들의 경우에는 내세에서 그들을 돌보기 위해 일족이나 신하들을 함께 묻었다—많은 경우 자진해서 희생되었다.[15] 이와 마찬가지로 바이킹들은 대해의 다른 쪽 끝에 내세가 있다고 믿어서, 긴 항해에 필요한 물품들을 배에 싣고 그 안에 망자를 안치해서 띄워 보내자는 실용적인 생각을 했다.

내세가 있다는 믿음은 언제나 대중의 지지를 받았다. 개중에서도 사회 경제적으로 낮은 계층들과 불우하게 사는 이들 사이에서 특히 그랬다. 내세는 이승에서는 너무나도 찾아보기 힘든 궁극적인 보상과 공명 정대함을 약속하기 때문이다. 그런 믿음 체계들을 보통 사람들에 맞게 바꾸려고 했던 시도들은 결과가 좋지 못했다. 그 한 예가 고대 이집트의 파라오 아크나텐Akhenaten이 시도했으나 단명했던 종교 개혁이다. 아크나텐은 오직 파라오(그 자신이 바로 운명의 신이었다)와 왕족과 선택된 신하들만이 내세에 간다고 주장했다. 예상할 수 있다시피, 아크나텐의 새로운 종교는 인기가 없었고, 그가 이승을 떠난 뒤에는 오래 가지도 못했다.[16]

오늘날까지 살아남은 세계 종교들이 축의 시대Axial Age(약 800~200 BCE)라고 일컫는 시기에 최초의 꼴을 갖춰 가던 때에 죽음과 내세에 대한 추상적이고 숭고한 믿음들이 떠올랐다. 그리고 사회의 구조들이 바뀌어 가면서 개체성에 대한 감각도 점점 커져 갔다. 더욱 강해진 이 자아 감각이 아마 사람들로 하여금 자신의 개인적 운명에 더욱 신경을 쓰게 만들고, 자기 존재의 끝과 죽음에 대해 불안감을 키우게 했을 것이다.[17]

유대교에서는 영생하는 영혼, '다가올 세상', 궁극적인 보상이나 형벌에 대해 뚜렷이 형태를 갖춘 믿음들이 상당히 뒤늦게 발달했다. 기독교는 유대교에서 갈라져 나간 이후에 물리적인 실체로서의 천국과 지옥에 대한 믿음들을 생생한 모습으로 다듬어 냈다. 오늘날에는 영혼이 영생한다는 전통적인 유대-기독교적 믿음에 많은 사람들이 더 이상 공감하지 않지만, 그럼에도 자기 존재가 완전히 중단되는 것을 상상하기는 어려워한다. 왜냐하면 서양인들에게 깊이 뿌리내린 자아 감각과 개체 감각을 근본적으로 거스르기 때문이다.[18]

내세 관념과 더불어 전생 관념도 수많은 문화에서 두루 대중적으로 인기 있고 사람들의 마음을 끄는 믿음이다. 현재 존재하기 이전에 살았던 삶을 기억하고 있다고 말하는 이들이 내놓는 부정할 수 없을 것 같은 증거에 많은 사람들이 쉽게 감명을 받는다. 죽은 자의 영혼이 '현전함'을 느끼고 그들과 소통한다는 사람들에 대한 기사를 보고 쉽사리 감명을 받는 것과 꼭 같이 말이다.

불교에서는 자아를 영속적인 **존재자**라기보다는 비영속적인 **사건**으로 여기는 경향이 있음에도 불구하고, 불교도들조차 환생을 믿는다. 불교도들은 자아를 비롯해 세상에 있는 것들에 대한 집착을 버리는 법을 익힐 때까지 우리가 수없이 다시 태어난다고 믿는다. 우리가 마침내 그 집착을 버리면, 모호하게 정의된 이상향인 '열반'에 들게 된다.[19] 이 생각을 덜 글자 그대로 해석하는 불교도들이 있긴 하지만, 죽은 뒤에도 존재를 이어 간다는 생각은 분명 대부분의 사람들에게 울림을 주며, 따라서 사실상 모든 신앙에서 이를 찾아볼 수 있다.

죽음에 대한 부정은 문화와 종교보다 훨씬 깊은 곳에서 이루어진다. 곧, 인간의 뇌가 자기중심적이고 자기 지시적으로 작동하기 때문에 근본적으로 죽음을 부정할 수밖에 없는 것이다. 어떤 의미에서 보면, 모든 동물은 진화의 '설계'에 따라 자기중심적이다. 말하자면 모든 생물은 세계를 자신의 관점에서 지각하며, 모든 경험의 틀을 자신의 생물적 욕구를 기준으로 해서 맞춘다. 어떤 의미에서 보면, 복잡성이 큰 대부분의 포유 동물들은 적어도 기초적인 수준에서나마 자기를 인식한다. 사람은 반성적으로 자기를 인식하는 능력과 자기 중심성이 강하기 때문에, 우리는 우리 없이 존재하는 세계를 상상하기가 어렵다. 어빈 얄롬Irvin Yalom이 말했듯이, "우리 사람은 우리 자신의 존재를 문제 삼는 유일한 생물이다."[20]

진화심리학자 제시 베링에 따르면, '종교가 내세를 믿게 하는 원인은 아니다. 오히려 종교라는 문화적 힘은 마음이 영원히 산다고 믿으려 하는 우리 내면의 심리적 경향성을 드높이고 꾸며 준다.'[21] 그는 우리 조상들이 '마음이 불멸한다는 확고부동한 착각'에 시달리게 했을 가능성이 있는 진화적 인자들을 거론했다. 그리고 발달 심리학적 근거들도 제시했다.

> 여러분이 아직 기저귀를 차고 있을 때로 돌아가 보자. 누가 눈에 보이지 않는다고 해서 그 사람이 이 세상에 없는 것은 아님을 그때 여러분은 배웠다. 발달 심리학자들은 이 기본 개념을 표현하는 근사한 용어까지 가지고 있다. '사람의 존재 유지person permanence'가 그것이다. 타인이 없는 상태에서도 타인의 존재를 자각offline social awareness하게 되면, 우리가 아는 사람들이 **다른 어딘가**에서 **무언가**를 하고 있다고 암묵적으로 가정하게 된다. …… 우리는 누가 죽었다고 해서 '사람의 존재 유지' 사고를 그냥 꺼 버리지는 못한다. 우리와 가장 사이가 가까웠던 사람, 눈에 보이지 않을 때에도 갖가지 활동에 적극적으로 참여하는 모습을 수시로 상상했던 사람이 죽었을 때에는 특히나 그러지 못한다는 것은 두말할 필요도 없다.[22]
>
> 제시 베링, 〈끝이라고? 왜 많은 사람들은 죽은 뒤에도 마음이 계속 존재한다고 생각하는가〉

뇌와 마음을 이원론적으로 구분해 사고하는 우리의 타고난 성향 또한 내세가 있다는 믿음에 크게 힘을 보태는 인자이다. 이 맥락에서 보았을 때, 이원론이란 세상에 두 가지 다른 유형의 현상, 곧 '몸과 관련된 것'과 '마음과 관련된 것'이 있다는 생각을 말한다. 대부분의 사람들은 어떻게 마음이 뇌가 만들어 낸 것일 수 있는지, 어떻게 뇌에 불과한 것인지 납득하기 대단히 어려워한다. 말하자면 **마음이란 뇌가 하는 일**[23]임을 이해하기 어려워하는 것이다. 이렇게 개념을 잡기 어려워하는 것은 놀랄 일이 아니다. 과학조차 최근까지도 그 개념을 잡기 위해 고군분투했으며, 마음이 뇌에서 떠오르는 정확한 과정은 아직 모르기 때문이다. 하지만 우리에게는 이원론이라는 신화를 버릴 수 있을 만큼 충분한 실마리가 있다(이어지는 장들에서 이 주제를 다시 살펴볼 것이다).

폴 블룸은 유아들을 연구하면서 몸과 마음을 이원론적으로 생각하는 인간의 성향이 발생(과 진화)에 깊이 뿌리를 두고 있다고 결론을 내렸다. 그는 우리가 타고난 이원론자이며, 유아기의 발달 과정에서 뇌의 각각 다른 부분들이 각각 다른 단계에서 켜지게 되는데, 뇌의 이 서로 다른 부분들을 이용해 물리적 세계와 사회적 세계를 지각하도록 진화해 왔다고 논했다. 다시 말해서 우리가 가진 사회 지각 체계social perception system—진화를 통해 비교적 최근에 적응한 것으로서 어떤 면에서는 유일하게 사람만 가지고 있다고 볼 수 있다—는 물리 지각 체계physical perception system보다 다소 나중에 떠오른다는 것이다.

> 이 두 체계 모두 물체나 사람을 상대할 때 몹시 필요한 우위를 선점할 수 있도록 생물적으로 적응한 것들이다. 그러나 이 두 체계는 두 가지 중요한 방식으로 잘못될 수 있으며, 이것이 바로 종교의 토대

가 된다. 첫째, 우리는 물체들의 세계와 마음들의 세계를 본질적으로 별개의 세계로 지각한다는 것이다. 이것 때문에 우리는 영혼 없는 몸, 몸 없는 영혼을 상상할 수 있다. 우리가 왜 신을 믿고 내세를 믿는지 그 이유를 설명하는 데 이것이 도움이 된다. 둘째……사회를 이해하는 체계가 과도하게 작동해서 목적과 욕망이 없는 곳에서도 목적과 욕망이 있다고 추론하게 된다. 이것이 우리를 물활론자와 창조론자로 만든다.[24]

폴 블룸, 〈신은 우연인가?〉

그렇다면 너무나 많은 사람들이 아직까지도 자아의 본질이 영원히 존재할 것이라는 막연한 믿음들—더욱 높은 힘이 있다는 믿음과 가까이 연관되어 있다—을 간직하고 있다는 것이 놀라운 일이겠는가? 그러나 과학적 관점에서 보면, 곧 사람의 직관이나 감정적 추리, 또는 소원 빌기식 사고를 털어낸 관점에서 보면, 우리가 죽으면 무슨 일이 벌어질까에 대해서는 수수께끼라고 할 만한 것이 사실상 전무하다.

심오한 척하는 헛소리에 감명받기

리엄과 앤지처럼 전통적인 제도 종교가 비합리적이거나 부패했다며 거부하는 많은 서양인들은 초자연적인 것을 믿고자 하는 욕구를 만족시키기 위해 종교의 대안이 되는 다양한 형태의 뉴에이지 영성을 포용한다. 하지만 그 많고 많은 뉴에이지 믿음들은 전통적인 종교들보다 증거에 기초한 믿음이 결코 아니다. 오히려 뉴에이지 믿음들은 전통적인 종교들에 비해 지적인 내용과 윤리적인 내용이 더 적으며, 문화적 및 역사적 풍성함도 없다. 뉴에이지 영성에서 말하는 많은 소리가 '과학풍sciencey'으로 들리는데, 사람들에게 이 믿음들이 호소력을 가지는 이유의 하나일 것 같다. 많은 사람들이 과학눈을 충분히 키우지 못하고 엄밀한 비판적 사고를 익히지 못했기 때문에, 그들은 실로 과학과 사비이 과학을 분간하기 어려워한다. 그 결과, '심오한 척하는 개소리pseudo-profound bullshit'—인용 횟수가 대단히 많은 어느 심리학 연구 논문에서 뉴에이지 같은 사이비 과학을 이렇게 거칠게 칭했다[25]—에 많은 사람들이 쉽게 감명을 받는다.

앞에서 열거했던 '큰 물음들'은 인간 이성으로 해결할 수 없다고 오랫동안 가정해 왔다. 계몽주의로 인해 합리성에 대한 확신과 신앙에 대한 회의가 커져 가던 상황에서 인간 이성의 한계를 비판적으로 고찰했던 유명한 철학자가 바로 칸트이다. 칸트는 우리가 이성만으로 알 수 있는 것과 알 수 없는 것을 구분 지었고, 경험으로 나타나지 않는 것들, 이를테면 내 마음이나 영혼이 자연과는 독립적으로 존재하느냐, 그래서 불멸하느냐, 내게 자유 의지가 있느냐, 신은 존재하느냐 같은 것들은 우리가 알 수도 없고 과학이 탐구할 수도 없다고 논했다. 칸트에 따르면, 이성이 그런 것들을 알아 내려고 애쓰는 것은 피할 수 없겠지만, 그것들은 이성의 범위를 영원히 벗어나 있다. 그러나 칸트는 우리가 이런 것들을 논박할 수도 없기 때문에 우리는 얼마든지 아무 모순 없이 이것들을 믿을 수 있다고도 논했다. 또한 실천적인 이유 때문에 우리는 이것들을 참이라고 믿어야만 한다는 견해도 덧붙였다. 그러지 않으면 도덕적으로 행동하지 못하게 된다는 이유에서였다. 비록 종교가 가진 제도적인 권위를 비판하기는 했어도, 칸트는 우리가 도덕적으로 살기 위해서는 우리의 불멸하는 영혼을 신이 심판해서 상이나 벌을 준다는 믿음이 필요조건이라고 논했다. 칸트는《순수이성비판 Critique of Pure Reason》에서 이런 주석을 달았다. "나는 신앙이 들어설 자리를 마련하기 위해 지식을 제한해야 했다."[26]

라비인 데이비드 월피David Wolpe는 젊은 시절에 신앙을 거부하고 버트런드 러셀Bertrand Russell의 20세기 무신론을 수용하는 단계를 거쳤는데, 그는 큰 물음들이 인간의 이성과 과학의 범위를 넘어서 있다는 논증을 펼치면서 신앙이 왜 중요한지 다음과 같이 말했다.

> 여러분은 손에 잡히지 않는 실재가 있다고 믿는가? 우주의 한복판에 우리가 결코 완전하게는 이해할 수 없을, 다시 말해서 이해하려는 노력이 부족해서가 아니라 그것 자체가 이해될 수 있는 것이 아니기에 완전하게는 이해할 수 없는 어떤 수수께끼가 있다고 믿는가? ……종교를 가진 사람에게는 눈에 보이지 않는 질서, 손에 잡히지 않는 실재가 있다. 당연히 그런 질서는 측정할 수 있는 것이 아니다. 아무리 도구를 세밀하게 다듬어도 그 질서를 감지하는 것은 불가능하다.[27]
>
> 데이비드 월피, 〈왜 신앙이 중요한가〉

인생의 대부분을 나는 나 자신을 불가지론자로 여겼던 터라, 나는 이런 관점에 공감을 느낀다. 하지만 과학과 심리학을 더욱 깊이 파고들면서 그 불가지론은 도전을 받았다. 특히 도저히 뚫을 수 없을 것 같았던 장벽들을 과학이 최근 들어 예상치 못하게 돌파해 내서, 한때는 추상적이었던 철학적 물음들을 잠재적으로 시험이 가능한 과학적 가설로 바꿔 놓는 모습을 보면서 더욱 그랬다.

이 책의 1부에서는 사람이 목적을 바라보는 시각을 떠받치는 것이 무엇인지 명확히 풀어 보았다. 우리가 무작위적으로 일어나는 사건들에 어떻게 목적이 내재해 있다고 오인하는지 살펴보았다. 여기까지 읽었으면, 바로 우리가 가진 합목적적 성질들을 우주에 투사해서 우주도 우리 자신들처럼 의도가 주입되어 있다고 상상하고 있음이 분명해졌을 것이라고 생각한다. 우리가 살펴본 바에 따르면, 우리는 다른 생물들에게서 행위성을 지각하는 일에 지극히 뛰어나기 때문에 습관적으로 과도하게 행위성을 부여한다. 우리는 또한 우리가 가진 목적 감각이 우주에 목적이 내재한다는 데에서 유래한 것도 아니고 거기에 의존하는 것도 아님을 보기 시작했다. 사람을 비롯한 생물들에게 목적이란 것이 어째서 자연스럽게 진화한 성질—사람에게선 다른 생물들보다 훨씬 더 잘 꾸며져 있을 뿐이다—인지 이 책의 뒷부분(3부)에서 더 깊이 이해하게 될 것이다. 그리고 우리 사람은 왜 자신의 삶만이 아니라 타인들의 삶도 보살피는지—이것이 도덕의 기초이다—살펴볼 것이다.

그러나 그에 앞서 2부에서는 우리가 살고 있는 실제 세계가 우리 직관과는 다르게 무작위적인 세계라는 것을 과학이 어떻게 보여 주는지 살펴볼 것이다. 우주가 어떻게 해서 존재하게 되었으며, 생명은 어떻게 생겨나서 어떻게 진화했고, 우리 세계—의식을 포함해서—의 어마어마한 복잡성이 어떻게 해서 형성되었으며, 이 모두가 어떻게 아무 인도받음 없이 자발적으로 이루어졌는지 과학이 말해 줄 수 있는 바를 검토해 볼 것이다.

2

목적 없는 자발적인 우주

5

과학이 대답하는 것들

만물은 어떻게 존재하게 되었는가

도화선에 불을 당겨 우주를 돌아가게 하는 데 꼭 신을 불러낼 필요는 없다.

스티븐 호킹, 레너드 믈로디노프[1]

과학이 침범하는 영역

지난날에는 4장에서 열거한 '큰 물음들'이 과학의 영역에서 완전히 벗어나 있으며 신학이나 철학의 영역에 속한다고 생각했다. 그러나 우리는 과학이 이 영역을 침범하여 도리어 이 물음들을 던지는 놀라운 모습을 살펴보는 것으로 이번 장을 시작할 것이다. 앞장에서 열거했던 큰 물음들을 두 부분으로 나눠 포괄하는 물음으로 압축해 보자.

- 우리, 우리 세계, 그 세계 안에 담긴 모든 것들이 어떻게 자발적으로 아무 인도함 없이 존재할 수 있게 되었을까? 설령 어떻게 해서인가 그게 가능했다 하더라도, 그렇다면 우리와 우리 세계는 어떻게 목적, 도덕성, 의미를 가지게 되겠는가?

2부에서는 이 물음의 첫 번째 부분에 대해 과학이 어떻게 답하는지 살펴볼 것이다. 이 첫 번째 부분은 다음과 같은 틀로 바꿔 물을 수도 있다. '질서와 어마어마한 복잡성이 어떻게 혼돈 또는 완전한 무無에서 생겨나는가?' 3부와 4부는 이 물음의 두 번째 부분, 곧 목적, 도덕, 의미에 대한 물음을 다뤄 볼 것이다.

과학은 실재의 본성에 대한 모든 물음들에 답할 수 있다고 주장하지도 않거니와, 그럴 필요도 없다. 수수께끼와 불확실성이 계속 이어지는 상황은 과학에 아무런 문제가 되지 않는다. 수수께끼와 불확실성은 무엇보다도 과학의 동기가 되어 주는 것들이며, 인간의 호기심을 이끄는 동인이기도 하다. 어쩌면 사람으로선 영영 닿을 길이 없는 통찰이 있을지도 모르겠지만, 옛날에는 초자연적이거나 마법적이라고 생각했던 수없이 많은 현상들을 과학적으로 성공적으로 설명해 내는 현재의 추세를 감안하면, 아직은 해결하지 못한 수수께끼라 할지라도 아마 그 또한 자연적으로 설명할 길이 있을 가능성은 더더욱 높다고 볼 수 있다. 아직까지 수수께끼로 남아 있는 수많은 문제들에 대해 가당성을 가진 가설들이 계속 개발되고 있다는 사실이 이런 생각을 더욱 든든하게 뒷받침해 준다.

오늘날에 우리가 당연하게 여기는 모든 과학적 통찰과 그 결과로 나온 기술은 우리의 먼 조상들에게는 상상도 못할 것이었다. 사실 말이지, 우리가 가진 지혜와 힘을 그 조상들이 보았다면 아마 현대인은 그들에게 신처럼 보였을 것이다. 과학혁명이 일어나기 전, 유럽인들은 인류와 관련된 것들은 모두 이미 알려져 있으며, 가장 중요한 사실들은 이미 고대의 종교 경전들에 이미 계시되어 있다고 일반적으로 가정했다. 그러나 초자연적인 것에 호소하는 이런 전통적인 이야기들은 오늘날의 우리 눈으로 보면 기가 찰 정도로 뭘 모르는 소리로 들린다. 그러나 비록 지난 몇 세기 동안 대대적으로 과학적 발견들이 이루어졌음에도 불구하고, 세계가 어떤 인도를 받고, 계획되고, 목적을 가지고 있는 것처럼 보인다는 직관을 완강하게 고집하는 사람들은 아직도 대단히 많다.

결국 물음을 바꿔야 한다

과학은 이렇게 묻지 않는다. '왜 우리가 여기 있는가? 우리의 궁극적인 목적은 무엇인가?' 대신 과학은 이렇게 묻는다. '우주와 지구상의 생명은 어떤 목적과 의도적인 계획이 있다는 증거를 보여 주는가? 그 증거는 계획이라는 관념과 양립할 수 있는가?' 과학자들은 세계가 오늘날 우리가 보는 모습으로 진화해 오기 위해 어떤 사전a priori 목적이 꼭 있어야 한다고 가정하지 않는다. 우주의 목적이 무엇이냐는 물음이 우리 자신에게서 진화한 목적 감각과 의지 감각에 기초한 가정을 반영하고 투사하고 있을 뿐이라면, 그 물음은 아예 앞뒤 순서가 맞는 물음coherent question조차 되지 못할 것이다.

우리 사람은 목적을 가지고 복잡한 것들을 만들며, 따라서 그런 것들은 그냥 혼자 스스로 만들어지지는 못할 것이다. 직관적으로 보면, 우리 사람의 눈에는 세계가 말도 못할 만큼 복잡하게 보이기 때문에 어떤 목적을 가지고 설계된 것이 아니라면 말도 안 되는 것처럼 보인다. 우리는 그 설계자가 우리처럼 의도를 가지고 행동하는 성질을 가진—그러나 상상도 못할 만큼 더 강하고 지적인—존재자일 것이라고 가정한다.

그렇지만 몇 세기에 걸쳐 과학적 탐구가 이루어진 결과, 우리 사는 세계의 복잡성, 나아가 우리 자아의 복잡성까지도 놀랍게도 과학적으로 설명 가능하며, 인도하는 손길이 없는 기본적인 자연의 과정들로 환원 가능함을 알게 되었다. 자연의 과정들과 산물들에는 마땅히 목적이 있어야 할 것이라는 기대와 실제 자연이 꼭 일치할 필요는 없다는 것을 우리는 느릿느릿 이해하고 받아들여 가고 있다. 리처드 도킨스의 말마따나, 우리는 산이 있는 목적을 묻지 않는다.[2] 우리는 산이 그냥 '있다'고 이해할 뿐이다. 어떤 지질 과정을 거쳐 산이 생겨났느냐는 의미에서 우리는 산이 어떻게 왜 존재하게 되었는지 이해할 수 있다. 산의 장관에 감탄할 수 있고, 산이 만들어 내는 산세와 산이 제공하는 자원의 측면에서 산이 우리에게 어떤 쓸모가 있을지 찾아낼 수 있다. 그러나 그 산이 어떤 특별한 목적을 염두에 두고 만들어졌다고 상상할 필요는 없다—하물며 우리에게 이로움을 주기 위해 만들어졌다고 상상할 필요는 확실히 없다. 또한 오늘날 교육을 받은 사람들의 대부분은 자연재해가 우리를 파멸시킬 목적으로 일어나는 것이라고, 다시 말해 신들이 분노를 담아 내리는 벌이라고 생각하지 않는다.

사물의 본성에 대해 지식과 이해를 쌓아 나가며, 사람으로서 우리는 모든 일은 이유가 있어서 일어나고 그 이유들은 모두 우리와 관련되어 있다고 생각하는 자연스러운 자기중심적 경향을 천천히 극복해 나가고 있다. 지금 보는 모습대로 우리 세계를 만들어 낸 과정과 그 세계 안에 깃든 생명의 다양성을 깊이 이해하면 할수록, 우리는 그것들을 지배하는 것이 자기 충족적인 과정들임을 보게 된다. 다시 말해서 사전에 계획하거나 인도하는 손길 없이도 자기 조직적이고 자발적인 과정들이 펼쳐질 수 있었다는 것이다.

우주와 우리 자신의 기원

다음에 열거할 것들은 이제까지 과학이 우리 손에 쥐어 준 설득력 있는 설명들로서, 모두 인도함이 없는 기본적인 자연의 과정들로 환원될 수 있다(우주와 생명의 진화 순서에 따라 대강만을 나열했다).[3]

- 우주 전체는 극도로 작고 극도로 조밀한 미분화 상태의 순수한 에너지로부터 (그 에너지가 크게 폭발하고big bang 10^{-43}초라는 극미한 순간이 지난 이후에) 진화했다.
- 시간과 공간(또는 둘을 합친 시공간), 소립자들과 기본 마당〔장場〕들, 그것들 사이의 상호 작용을 지배하는 힘들의 속성들은 순수한 에너지가 폭발한 뒤에 이어진 매우 이른 단계들에서 형성되었다.

- 우주의 초창기에 가장 기본이 되는 입자들로부터 단순하고 가벼운 원자 성분들이 형성되었다.
- 중력과 원자적 상호 작용들의 작용을 받아 물질 구름에서 은하계, 별, 행성이 형성되었다.
- 첫 세대를 비롯해 뒤이은 세대의 별들에서 무거운 원자 성분들이 생성되어 분산되었다. 우리 행성의 대부분을 비롯해 우리 사람들을 구성하는 것들이 바로 이 원자들이다. 전자기 힘들은 원자들을 묶어서 큰 분자들을 만들어 냈다.
- 우리 지구가 지질적으로 진화했다.
- 분자들, 특히 지구상 생명의 밑감인 탄소 기반의 (유기) 분자들끼리 상호 작용하는 메커니즘과 그 분자들이 자발적으로 더욱 복잡한 구조를 형성해 내는 메커니즘.
- 분자 수준(분자 '기계')부터 계 수준까지 생명의 화학과 생물학. 생명의 복잡한 자기 조직적 '장치들machinery'은 지금 굉장히 세세하게 이해되어 있다.
- 지구상 생명이 어마어마하게 다양하고 복잡한 생물들을 낳게 된 생물적 진화의 자세한 과정들. 현재 과학은 이 과정들을 유기체와 종 수준뿐만 아니라 분자적인 유전자 수준까지 복잡하게 얽히고설킨 세부의 윤곽을 선명하게 그려 내고 있다.
- 사람 뇌의 진화와 기능, 그리고 뇌가 가진 놀라운 정보 처리 능력들을 본격적으로 이해하기 시작했다.
- 사람의 뇌와 뇌, 뇌와 주변 환경이 어떻게 상호 작용해서 사회적, 문화적, 기술적, 경제적, 정치적으로 복잡한 인간 사회를 만들어 내는지 정교하게 이해하게 되었다.

이 가운데에는 이미 많은 증거들로 잘 실증된 것들이 많다. 이론 쪽에 더 가까운 것들도 있지만, 그래도 더할 나위 없이 가당한 모형들이다. 이 과정들을 '인도하는 손길' 같은 것이 있다고 상상하는 것이야 자유이지만, 이 과정들 중 무엇을 설명하든 그런 상상은 불필요하며, 그것과 양립조차 되지 않는 과정도 많이 있다.

질서와 복잡성이 증가해 가는 자연적 과정들에 '인도함'이나 '계획됨' 같은 것이 있을 필요가 없음은 우주를 전체로서 보았을 때 분명히 드러나지만, 지구상 생명의 진화를 살펴보면 특히나 명백하게 드러난다. 자, 그러니 목적을 가진 높은 힘이 있다고 믿고 싶어 하는 사람들에게 진화가 왜 그토록 많은 문제를 일으키는지 살펴보도록 하자.

진화 과학과 목적론적 사고

전체로서의 우주의 기원과 진화를 연구하는 우주론에 비해 진화 생물학은 현재 훨씬 많이 진전되고 이론에 덜 치우치는 발달 단계에 있다. 다윈의 시대 이후로 진화 과학은 어마어마하게 발전했으며, 특히 유전학과 분자생물학이 도래한 최근 몇 십 년 동안에 크게 발전했다. 현재 진화를 뒷받침하는 증거는 너무나 압도적이기 때문에, 이젠 더 이상 진화를 부정하면서도 진지한 대접을 받는 게 가능하지 않다. 그렇게 하면 지구가 평평하다고 고집하는 것이나 다를 게 없을 테니까 말이다.

영국의 철학자이면서 기독교 변증론자였던 윌리엄 페일리William Paley는 1802년(다윈 이전 시기)에 이런 논증을 펼쳤다. 곧, 바닥에 놓인 회중시계를 발견한 사람은 그 시계가 자연의 힘들에 의해 무작위적으로 조립된 것이 아니라 시계공, 곧 지능을 가진 설계자가 만들었다고 가정해야만 논리적이라는 것이다. 이것이 바로 1장에서 살펴보았던 목적론적 논증이며, 설계 논증argument from design이라고도 한다. 다시 말해서 자연에 질서와 방향성이 있음은 자연에 목적이 있음을 보여 주며, 따라서 자연을 '창조한 존재'가 있음을 증명한다는 말이다.

사람에게는 목적론적으로 사고하고 사건들에 의도를 가진 행위자의 속성을 과도하게 부여하는 편향성이 있기 때문에 지적 설계라는 관념이 직관적으로 호소력을 가지지만, 진화 과정에 대해 다윈 이후 한 세기 반이 넘게 이어져 온 연구는 생물학적 계들의 설계와 목적에 대한 우리의 이해를 근본적으로 바꿔 놓았다. 현재 생물학의 지식 상태는 대부분의 사람들이 실감하는 것보다 더 복잡하며, 그중 세포생물학, 분자생물학, 유전학 분야는 특히나 복잡하다. 높은 교육을 받았어도 이 주제에 대해서는 부분적인 이해만 가지고 있는 사람들이 많으며, 이 가운데에는 세포와 분자생물학적 과정들의 복잡하게 뒤얽힌 작용들에 대한 새로운 발견이 전하는 메시지를 오독해서는 이 얼마나 '영리한가' 감탄해마지 않고 이 발견들이야말로 지적 설계가 있다는 증거가 확실하다고 단언하는 이들도 있다.[4]

오늘날의 신학자들 및 종교 쪽으로 기울어 있는 철학자들의 대부분은 진화를 받아들이고는 있지만, 어떤 궁극적인 목적을 위해 신이 어떤 식으로인가 진화를 인도하거나 살짝살짝 진화의 방향을 잡아 준다고 여기는 이들이 아직도 많다. 그런 관점에서 보면, 진화는 신이 생물들을 창조하실 때 쓰는 과정인 셈이다. 〈타임Time〉지가 '미국의 선도적인 정통 개신교 하나님의 철학자'라고 묘사했던 앨빈 플랜팅가Alvin

Plantinga는 이렇게 적었다.

> 기독교 믿음과 어울리지 못하는 것은 진화와 다윈주의가 인도를 받지 않는다—이 말을 나는 계획과 의도가 없다는 뜻을 함축하는 말로 여길 것이다—는 주장이다. 기독교 믿음과 어울리지 못하는 것은 그 어떤 인격적인 행위자도, 심지어 하나님도, 이 전체 과정을 인도하거나 계획하거나 의도하거나 감독하거나 편성하거나 빚어 내지 않았다는 주장이다.[5]
>
> 대니얼 데닛, 앨빈 플랜팅가, 《과학과 종교, 양립할 수 있는가》

그러나 진화를 단순히 무작위적 과정으로 보는 것은 환경이 비무작위적으로 자연 선택의 압력을 행사하는 과정을 근본적으로 오해한 것이다. 그리고 복잡한 구조들과 그 구조들이 지닌 정교한 '목적들'이 처음부터 현재의 완성된 상태를 향해 곧바로 직선적으로 자발적이고 비개연적으로 진화했다고 보는 것 또한 진화를 근본적으로 오해한 것이다.

진화는 종종 과도기적인 전적응preadaptation을 거치며 진행된다. 무슨 말이냐면, 종은 이미 있는 구조나 형질을 이용하도록 진화한다는 말이다. 그 구조나 형질이 조상들에게서 수행했던 기능이 자손에게선 그와는 다른 기능, 심지어 전혀 무관할 수도 있는 기능을 하게끔 적응하는 식으로 진화가 종종 이루어진다는 것이다. 이러면 그 최종 결과가 마치 처음부터 그 마지막 목표를 향해 세심하고 정교하게 계획적으로 진화한 것처럼 보일 수 있다. 그러나 세균의 편모나 사람의 눈(지적 설계를 신봉하는 자들이 이 두 예를 종종 거론한다) 같은 복잡한 기관들의 겉보기 불가능성과 '설계'조차 그 신비는 철저하게 벗겨졌으며, 지금은 이 두 기관의 진화를 매우 잘 이해하고 있다.

진화의 과정들에는 비무작위적인 자연 선택[6]과 성 선택[7]의 압력을 받아 작용하는 무작위적인 사건들(개개 유기체에서 일어나는 유전자 돌연변이)도 포함된다. 진화는 점진적이지만 강력한 과정으로서, 충분한 시간이 주어지면 환경에 대한 적응을 연속적으로 누적해 나가면서 도도하게 진행된다. 진행 중인 모든 무작위적 돌연변이 가운데에서 적응성을 지닌 소수의 유리한 돌연변이들만 자연 선택이나 성 선택에 의해 강화된다. 그리고 시간이 흐르면서 그 선택압이 강화하는 힘은 어마어마해진다. 이런 선택 과정들이 비무작위적으로 빚어 내는 효과가 바로, 복잡하다는 이유로 직관적으로는 불가능하게 보이는 것이 사실은 충분한 시간이 주어지면 상당히 가능하고 불가피한 면도 실로 상당하다는 것을 이해할 수 있게 해 줄 열쇠가 된다.[8]

생물의 꼴과 기능에서 일어나는 변화들이 종의 생존을 증진시켰을 경우에는 성공적인 변화로 여긴다.[9] 이 변화들은 대개 복잡성을 증가시킨다. 물론 성공보다는 실패가 더 많으며, 실패한 경우에는 개체가 일찍 죽게 되는 결과를 낳고, 그 실패한 형질들은 세월이 흐르면서 발현 빈도가 낮아지고, 종종 종 전체의 멸종으로 이어지기도 한다. 진화의 실패는 흔히 일어나는 무자비한 현상이며, 심각하게 불완전한 형질들도 무수히 많은 세대를 거치면서 종 전체에 널리 퍼질 수 있다. 이는 생명이 실제로는 지적 설계의 패턴과 일치하지 않음을 분명하게 보여 준다. 사실 **지적이지 못한** 설계라고밖에 부를 수 없는 예는 무수히 많다. 리처드 도킨스는 이 흔한 현상을 보여 주는 한 가지 예로 기린의 되돌이 후두 신경이 보여 주는 바보같이 구불구불하고 괴상하게 돌아

나가는 해부 구조를 들면서, 그것을 진화론에 입각해 구체적으로 설명한다.[10] 사실 말이지, 만일 우리의 생물적 구조에서 보이는 그 모든 '설계의 결함들'이 아니었다면, 정신과 의사를 비롯해 의사들이 할 일이 훨씬 줄었을 것이다. 진화의 과정을 거치면서도 이 결함들은 다양한 이유 때문에 도태되지 않고 남아 있다.

따라서 진화를 더욱 철저하게 이해하게 되면, 생명의 조직성과 복잡성은 생명이 인도함도 없고 계획도 없이 자발적인 임시변통 방식으로 적응하면서 진화했다고 볼 때 정확히 예상할 만한 모습을 하고 있다는 결론에 이를 수밖에 없다. 진화를 보여 주는 사실들, 그리고 인도하고 계획하는 신, 이 둘을 어울리게 하는 것은 전혀 불가능하다. 진화생물학을 깊이 있게 이해할 기회를 가지지 못했다 할지라도, 자연이 똑똑히 보여 주는 현실이 어떤 모습인지 알아볼 수는 있다. 얼프리드 테니슨Alfred Tennyson의 말마따나 "자연은 이빨과 발톱에 피칠갑을 했다. ……생명 하나하나에 그토록 무심하다."[11] 진화를 이용해서 생물을 창조하는 신이 있다면, 그 신은 무능하고 서투르고 어설픈 것은 말할 것도 없고 더할 나위 없이 잔인하거나 무심한 신일 수밖에 없다.

진화와 '인도하는 손길' 관념이 양립할 수 없다는 것은 이제까지 과학과 종교 사이에서 이루어져 왔던 마음은 편하지만 위태위태한 타협을 깨트려 버린다. 오랜 세월, 자유주의적이고 과학적 정신을 갖췄지만 종교적이기도 한 사람들은 이 타협 덕분에 진화를 뒷받침하는 압도적인 증거를 받아들이면서도 그 전체 과정이 어떤 높은 힘의 인도를 받았다고 변함없이 믿을 수 있었다. 그러나 진화가 함축하는 의미를 완전하게 고려하지 않는 한에서만 이 타협을 계속 붙들 수 있는 것으로 보였다. 왜냐하면 그 의미를 모두 고려하면, 진화를 학교에서 가르치는 일을 반대했던 더욱 보수적이고 성경축자주의적 정신을 가진 창조론자들의 말이 줄곧 맞았다는 결론을 내릴 수밖에 없기 때문이다. 리처드 도킨스마저도 이런 점에서는 창조론자들과 생각이 같았다. 곧, 진화를 가르치면 종교적 신앙이 깊이 부식된다는 것이다.[12]

어떤 수수께끼도 풀 수 있다면

종교적 믿음에 합리적 기초가 있다는 쪽에 서서 논증하는 이들은 과학적 지식에 근본적인 빈틈들이 있다는 점을 지적한다. 이 빈틈들 중에는 기원에 대한 큰 물음들—우주 전체의 기원, 생명의 기원, 의식의 기원—과 관련된 것들이 많다. 가장 중요한 빈틈들은 다음과 같다.[13]

- 빅뱅 자체의 '원인' 또는 '기원': 빅뱅 '이전에' 무엇이 있었느냐는 물음, 또는 빅뱅이 무엇 '안에서' 일어났느냐는 물음이 의미가 있을까? 빅뱅이 모든 시공간 자체의 기원이라면, 이는 무의미한 물음이다. 또는 아닐지도 모른다.
- 지구상 생명의 (첫) 기원
- 극도로 복잡하고 불가해한 인간 의식의 현상

이 물음들과 관련해서, 이 책을 쓰고 있는 지금 현재의 과학적 지식과 가설의 상태를 이번 장과 6~7장에서 대강 윤곽을 그려 볼 생각이다. 이렇게 하는 목적은 이 심오한 물음들에 명확한 답을 제시하고

자 함이 아니다. 일부 이론들에 대해서는 과학계에서 많은 논쟁이 벌어지고 있다. 지금 시점에서 불과 몇 년 뒤만 되어도, 이 책을 읽는 독자는 이 이론들이 크게 경신되었거나 대폭 수정되었거나 논박되었거나 해서 이미 이 책보다 더 지식의 우위를 점하게 될 수도 있다. 이 책에 그 가설들을 포함시킨 목적은, 아무리 깊은 수수께끼라고 할지라도 완전히 자연적으로 가당성 있게 설명해 낼 방도를 생각해 낼 수 있다는 것을 보여 주기 위함이다.

그 뒤에 이번 장의 남은 부분에서는 우주론의 빈틈들과 난제들에 초점을 맞춰 볼 것이다. 그리고 생명의 첫 기원에 대한 과학계의 현재 지식 상태도 짤막하게 돌아볼 생각이다.

다음 장에서는 복잡한 계들이 어떻게 아무 인도도 받지 않고 자발적으로 생겨나는지, 그 계들이 어떻게 스스로 조직되는지, 그런 계들에서 어떻게 전에 없던 새로운 성질들—계를 이루는 단순 성분들과는 전혀 다른 성질들—이 떠오르는지 더 깊이 파고들 것이다. 그리고 이런 식으로 이해할 수 있는 자연 현상들이 얼마나 다양한지 감을 잡아 볼 것이며, 자연을 환원주의적으로 이해하려는 과학의 전통적인 접근법들을 복잡성 이론이 얼마나 근사하게 보완해 주는지도 살펴볼 것이다. 이렇게 하면 우리가 아는 것 가운데 가장 복잡한 계인 사람의 뇌, 그리고 뇌에서 떠올라 자기 자신을 인식하는 마음을 이해하기 위한 첫 걸음을 뗄 무대가 마련될 것이다. 이 현상—인간 의식의 기원 및 뇌에서 마음이 진화한 수수께끼—은 7장에서 살펴볼 것이다. 또한 7장에서 만나 볼 앙투아네트는 사람의 행동과 성격이 어떻게 물리적인 뇌화학에 전적으로 의존하는지, 그 몇 가지 방식을 우리에게 보여 줄 것이다.

그러나 먼저 우리 우주의 기원과 지구상 생명의 기원에 대해서 이야기를 해 보자.

빅뱅 이전에는 무엇이 있었는가

본질적으로 두 가지 중심 이론을 다양하게 변주한 여러 과학적 가설들이 이 물음을 놓고 현재 서로 경쟁하고 있다. 나는 그 수많은 이론들을 정제해서 이 복잡한 분야를 터무니없이 단순하게 제시하려고 하는데, 물리학자들과 우주론자들에게 양해를 구한다. 이렇게 단순화한 것을 나는 모형A와 모형B로 지칭할 것이다.

A 빅뱅은 공간과 시간 모두의 기원이며, 138억 년 전에 일어났다.

B 우리 우주는 아마 무한히 많은 우주 가운데 하나에 불과할 수 있으며, 영원할 수도 있고 무한히 클 수도 있을 '다중 우주multiverse' 안에서 (빅뱅을 거쳐) 생겨났을 수 있다.

1920년대에 에드윈 허블Edwin Hubble의 발견이 있기 전까지는 우리 은하수은하계가 우주의 전부라고들 생각했었다. 그러나 지금 우리가 아는 바에 따르면, 은하수은하계에는 우리 태양을 포함해서 별이 적어도 2천억 개가 있으며, 그 은하수은하계는 우리에게 알려진 우주에 있는 수천 억 개의 은하계 가운데 하나에 지나지 않는다. 다중 우주 관념은 여기서 한 걸음 더 나아간다. 평행 우주 또는 다중 우주에 대한 이론들은 여러 개가 있지만,[14] 편의성과 단순성을 위해 나는 그 이론들을 하나로 묶어서 모형B라고 지칭했다. 이 이론들 말고도 순환 우주cyclical universes에 대한 상당히 설득력 있는 이론들도 몇 가지 있으며, 그 이론들에서는 다중 우주를 꼭 불러낼 필요가 없다.[15]

이제까지 대부분의 물리학자들과 우주론자들에게 우세했던 것은 모형A였고 아직도 많은 이들이 좋아하고 있지만, 21세기의 첫 십년 기 이후로 저명한 과학자들 사이에서 모형B가 급속히 견인력을 얻어 가고 있다. 모형B가 온전하게 시험이 가능한 과학적 가설로 정형화될 수 있을지 아직 확신을 못하기 때문에 마음의 결정을 내리지 못하는 전문가들도 있다. 하지만 모형B는 우주론의 근본적인 난제 몇 가지를 모형A보다 더 효과적으로 풀어낼 가능성을 가지고 있다.

우주론의 난제: 미세 조정

우주론 분야를 파고 들면 깊은 수수께끼를 하나 처음에 만나게 된다. 우주가 지적으로 설계되어 있다는 목적론적 가정을 확증해 주는 것처럼 보일 만한 수수께끼이다. 곧, 우리 우주를 다스리는 물리 법칙들(규칙성들)을[16] 비롯해서 그 법칙들과 연관된 자연의 물리 상수들(이를테면 전자의 질량)은 왜 절묘하게 미세 조정된 것 같은 모습을 띠고 있을까? 말하자면 조직된 물질의 진화를 비롯해 궁극적으로는 복잡한 생명의 진화가 가능하게끔 딱 맞춰서 미세 조정된 것처럼 보인다는 것이다. 그 물리 상수 중 어떤 값이든 현재의 값보다 아주 약간만 달랐어도 우리가 아는 모습의 우주는 발생되지 못했을 것이다. 2010년의 책 《위대한 설계The Grand Design》에서 스티븐 호킹과 레너드 믈로디노프는 이렇게 적었다.

> 물리 법칙에는 현재 우리가 아는 모습의 생명이 발생할 가능성을 무너뜨리지 않고서 변경할 수 있는 것이 거의 없다. 물리 법칙의 세밀한 면면에서 기막힌 우연의 일치들이 이어지지 않았다면, 사람을 비롯해 사람과 비슷한 생명꼴들은 결코 태어나지 못했을 것 같다. ……이 우연의 일치들로 우리는 무엇을 만들 수 있을까? ……우리 우주와 우주의 법칙들은 우리를 뒷받침하도록 맞춤복처럼 꼭 맞춰져 있기도 하고 우리가 존재하려면 그것을 다르게 손볼 여지가 거의 없기도 한 어떤 설계가 있는 것처럼 보인다.[17]

두 사람은 계속해서 이렇게 적는다. "그처럼 많은 자연법칙들이 극도로 미세하게 조정되어 있다는 비교적 최근의 발견으로 인해 적어도 일부 사람들은 이 웅대한 설계가 어떤 웅대한 설계자의 작품이라는 오랜 생각으로 다시 돌아갈 수도 있을 것이다."[18] 하지만 뒤이어 두 저자들은 M이론이라고 하는 더욱 포괄적인 이론 안에서 모형B의 한 변형 이론을 불러와 이 겉보기 우연의 일치들을 설명해 나간다.[19]

만일 우주의 수가 대단히 많다면—심지어 무한히 많을 수도 있다면—, 우주 하나하나는 저마다 무작위적으로 물리 법칙들을 가지고 있을 수도 있다. 생명은커녕 복잡한 물질은 하나도 만들어 내지 못할 법칙들을 가진 우주가 대부분이겠으나, 우주의 수가 무한한 만큼, 법칙들이 얼마나 말도 안 되게 미세 조정되어 있느냐와는 상관없이, 어떤 유형이든 가능하기만 한 것이 아니라 필히 존재할 수밖에 없는 우주가 얼마든지 있을 것이다. 이런 관점에서 보면, 우리가 사는 우주의 물리 법칙들은 결코 다른 모습으로 있을 수 없을 것이라는 생각을 자연스럽게 하게 된다. 달리 말하면, 지능을 가진 관찰자는 자신이 존재할 수 있도록 맞추어진 우주에 살고 있다는 생각을 할 수밖에 없다는 말이다. 그런 관찰자는, 도저히 불가능하게 보이지만 우주가 명백히 생명이 진화할 수 있게끔 미세 조정되어 있는 것 같은 우연의 일치에 자연스럽게 매료될 것이다.

17세기의 위대한 천문학자 요하네스 케플러Johannes Kepler는 지구가 태양으로부터 너무 가깝지도 너무 멀지도 않은 딱 그만큼의 거리(평균 약 1억 5천만 킬로미터)—오늘날에는 생명에 딱 맞춤한 '골디락스권 Goldilocks zone'*이라고도 부른다—에 있는 까닭이 무엇이냐는 부질없는 물음에 답하는 일에 몰두했다. 그러나 이유는 없다. 그냥 무작위로 그렇게 된 것이다. 그러나 우리가 진화해서 그런 물음을 던지게 되었기에, 우리 태양계에서 (그러나 우주에 수없이 많은 태양계 중 하나에서) 생명이 진화하기에 최적의 권역에 있는 유일한 행성에 우리가 살고 있다는 생각을 할 수밖에 되는 것이다. 우주가 미세 조정이 된 것 같은 모습을 이렇게 그 우주에 사는 관찰자의 관점에서 이해한 것을 '인간을 중심에 둔 원리anthropic principle'라고 한다. 말하자면 관찰자로서 인류가 자리한 위치와 거기에서 보는 관점만을 나타내고 있다는 것이다.

다중 우주이론이란 것이 우주가 미세 조정되어 있는 것처럼 보이

* 곰 세 마리가 사는 숲속에 들어간 어린 소녀 골디락스가, 곰들이 죽을 끓여 각자의 그릇에 담아 놓고 식을 때까지 잠깐 산책하러 나간 사이에 곰들의 집에 들어가 멋대로 죽을 먹고 잠을 자다가 곰들이 돌아오자 서둘러 도망쳤다는 19세기 영국의 동화에서 따온 말로, 아직 식지 않아 뜨거운 죽과 적당히 식어 먹기 딱 좋은 죽과 너무 식어 차가운 죽 가운데에서 적당히 식은 죽을 골디락스가 골라 먹은 것에 빗댄 것이다.

는 이유를 풀어야 하는 난제를 피해 가기 위해 물리학자들과 우주론자들이 임의로 상상해 만들어 낸 임시방편적인 설명이 아닐까 의심하는 사람도 있을 것이다. 바티칸은 수십 년에 걸쳐 조금씩 빅뱅이론을 좋아하게 되었는데, 성경에서 말하는 창조의 '순간'과 양립할 수 있다고 생각했기 때문이다. 그런 바티칸은 '목적과 설계가 있음을 뒷받침하는 압도적인 증거를 피해 가기 위해 만들어 낸 것'이라고 논하면서 다중 우주 이론을 비판했다.[20] 하지만 다중 우주 이론이 개발된 배경에 그런 동기는 없다. 오히려 많은 측면에서 보았을 때, 다중 우주 관념은 우리가 아는 기본 물리로부터 외삽해서 얻은 피할 수 없는 결론이다. 이 이론에는 적어도 부분적으로나마 시험이 가능하거나 중요한 면에서 반증이 가능할 수도 있는 측면들까지 있다. 아직은 사변의 단계에 머물러 있고 과학적 논박에 열려 있기는 하지만, 이 이론은 복잡하고 정교하며 수학적으로 견고하고 이론적으로도 자기모순이 없다.

우주에 '미세 조정'이 있는 것처럼 보인다는 주장을 설득력 있게 반박하는 논증 가운데에는 자연의 물리 상수에 대한 보다 깊은 이해에 기초하고 있으며 다중 우주 모형을 불러올 필요조차 없는 논증도 있다. 예를 들어 철학, 물리학, 천문학 교수인 빅터 스텐저Victor Stenger는 표준 물리학과 수학을 이용해서 자연의 주요 물리 상수들이 미세 조정되어 있다는 주장에 대해 가당성 있는 반론을 제시했다. 그는 이렇게 결론을 내렸다.

> 간단히 말해서, 미세 조정에 대한 가장 중요한 다섯 가지 주장*은 미세 조정이 있음을 전혀 보여 주지 못한다. 설계를 가장 훌륭하게 뒷받침하는 증거를 제시하고자 하는 신학자들과 과학자들이 대부분

고려하는 다섯 가지 매개 변수들은 모두 가당성 있게 설명해 낼 수 있는 것들이다. 세 가지는 그냥 보존의 원리에서 따라 나오는 것들로서, 무슨 기적에 의해 우주가 창조되었음을 뒷받침하기는커녕 오히려 반박하는 것들이다. 이것들을 돌려놓으면 하느님의 존재를 뒷받침하는 것이 아니라 반박하는 논증으로 만들어 낼 수 있다. …… 얼른 보면 미세하게 조정된 것처럼 보이는 다른 매개 변수들의 모음에 대해서도 똑같이 말할 수 있다. 가장 이름 높은 과학자들 중에서도, 다른 매개 변수들은 그대로 두고 하나만 바꾸면 어떤 일이 일어날 것이냐는 물음만 던지고는 그 매개 변수가 '미세하게 조정되었다'고 단언하는 실수를 저질렀던 이들이 있다.[21]

빅터 스텐저, 《신무신론: 과학과 이성을 옹호하며》

스텐저가 제시한 예들 중에는 물리학자가 아니어도 이해할 수 있는 더 간단한 예가 있다.

중성미자(소립자의 하나)의 질량이 미세 조정되어 있다고들 하는 까닭은 그 질량이 지금의 질량과 달랐다면 그 질량의 중력 효과가 너무 크거나 너무 작았을 것이며, 그러면 별과 은하계의 형성에 불리하게 작용했을 것이라는 이유 때문이다. 그러나 이 주장은 우주에 있는 중성미자의 수가 고정되어 있다고 가정하지만, 사실은 그렇지 않다. 중성미자의 수는 중성미자의 질량에 의해 결정된다. 질량이

* 전자 대 양성자 비율, 전자기력 대 중력 비율, 우주의 팽창 속도, 우주의 질량 밀도, 우주 상수

> 무거우면 수는 더 적을 것이다. 질량이 가벼우면 수는 더 많을 것이다. 질량과는 상관없이, 중성미자의 중력 효과는 똑같을 것이다.[22]
>
> 빅터 스텐저, 《신무신론: 과학과 이성을 옹호하며》

데이비드 도이치David Deutsch, 로저 펜로즈Roger Penrose, 폴 스타인하르트Paul Steinhardt, 닐 투록 같은 물리학자들도 우주가 미세 조정되어 있는 것처럼 보이는 것에 대해 과학적인 가설적 설명을 제공하는 이론들을 내놓았다. 이 이론들 모두 초자연적인 설명에 의존하지 않는 합리적이고 과학적인 모형들이다.

다중 우주 이론으로 다시 돌아가자. 이 이론은 미세 조정 수수께끼에 대한 유일한 반론은 아니지만, 설득력 있는 반론의 하나이다. 다중 우주 이론이 전반적으로 함축하는 바는 다음과 같다.

> 다중 우주 이론은 우리 태양계가 수많은 태양계 가운데 하나이듯이, 우리가 거주하는 우주—현재 관찰 가능한 우주 전체—도 수많은 우주 가운데 하나임을 뜻한다. 이는 우리 태양계 같은 태양계가 수십 수백억 개가 있음을 깨달으면 우리 태양계 환경의 우연의 일치들이 놀랄 만한 것이 되지 못하는 것처럼, 자연법칙이 미세 조정되어 있다는 것도 우주가 수없이 많이 존재한다는 것으로 설명할 수 있다. 오랜 세월 동안 수많은 사람들은 저마다 살았던 시대에 과학적으로 설명할 수 없는 것처럼 보이는 자연의 아름다움과 복잡함의 원인을 신에게 귀속시켰다. 그러나 기적에 의해 설계된 것처럼 보였던 생명의 꼴들이 어떻게 드높은 존재의 간섭 없이도 등장할 수 있었는지 다윈과 월리스가 설명해 냈던 것처럼, 다중 우주 개념도 어떤 자애

로운 창조주가 우리를 위해 우주를 만들었다고 말하지 않고도 물리 법칙의 미세 조정을 설명해 낼 수 있다.[23]

스티븐 호킹과 레너드 믈로디노프, 《위대한 설계》

그러면 누가 또는 무엇이 다중 우주를 '창조했을까?' (다중 우주가 영원하다면 창조한 존재는 없을 것이다.) 그리고 다중 우주의 메타 법칙들metalaws—다중 우주 안에서 개개의 우주가 '태어나고' '죽는' 방식을 다스린다고 생각되는 '법칙' 같은 것—은 어디에서 왔을까? 물리학자 폴 데이비스Paul Davies가 바로 이 '법칙의 기원' 문제를 제기했다.[24] 그의 동료 물리학자들 가운데에는 그가 물음의 기초로 삼은 가정에 동의하지 않는 이들이 많지만, 그는 그 물음의 답이 초자연적인 영역에 있다고 말하는 것이 아니었다. 그런 물음들에 대한 답을 찾다 보면, 우리는 '기원' '원인' 시간의 본성에 대해 사람이 으레 하는 가정들에 갇혀 버릴 수 있다. 데이비스는 꼭 다중 우주를 불러올 필요 없이 '제작자의 낙관落款처럼 바깥에서 우주에 찍힌 법칙보다는 우주와 함께 떠오른 법칙 관념'을 제안했다.[25] 달리 말해서, 우주의 처음에는 '혼탁한 상태'였던 자연법칙들이 우주의 초기 단계들을 거치며 우주와 함께 공진화했을지도 모른다는 말이다.[26]

우주론의 난제: 엔트로피

빅뱅과 우리 우주의 본성을 더욱 깊이 이해하게 되면 또 하나의 난제와 만나게 된다. 특히 그 난제는 아무 수정도 가하지 않은 모형

A 안에 있다. 곧, 어떻게 그리고 왜 우리 우주는 그처럼 낮은 엔트로피 상태에서 시작했을까? (우리 목적에 맞추면, 엔트로피를 간단히 무질서라고 정의할 수 있다.) 빅뱅 '순간'의 우주는 엔트로피가 극도로 낮았던(다시 말해서 무질서가 극도로 낮았던) 것으로 생각된다. 지나치게 단순하고 불완전하지만 유비를 하나 적용하면, 폭발 이전의 수류탄을 상상해 보면 된다. 그때 수류탄의 퍼텐셜 에너지와 입자들은 모두 작은 공간 안에 꽉꽉 꾸려져 있다. 처음에는 낮은 무질서 또는 낮은 엔트로피 상태에 있다. 그러다가 수류탄이 폭발하면, 에너지가 급작스럽게 팽창하면서 안의 내용물이 멀리 넓게 흩뿌려져 처음보다 훨씬 높은 무질서 또는 엔트로피 상태에 있게 된다.[27]

우주가 처음의 순수하고 아직 분화되지 않았던 에너지 상태에 비해 더 질서 있는 상태를 향해 진행되었다는 생각이 들 수도 있을 것이다. 초기 우주에서 갖가지 종류의 입자들이 형성되고 서로 다른 규칙들에 따라 상호 작용하면서 점차 복잡한 물질이 형성되어 왔던 방식을 고려하면 특히나 그렇게 보인다. 하지만 팽창하는 우주에서 가능한 모든 방향으로 모든 에너지가 흩어지는 (에너지의 일부는 물질 입자들로 꼴을 바꿨다) 상태와 비교했을 때, 정말로 무질서 또는 엔트로피가 가장 낮았던 상태는 바로 미분화 상태의 매끄럽고 조밀하고 미세했던 처음의 우주였다. 따라서 우주 전체는 엔트로피가 높아지는—무질서가 증가하는—쪽으로 나아가고 있다. 이는 열역학 제2법칙과 일치한다. 이 법칙은 고립된 계(다른 계와 에너지를 교환할 수 없는 계)는 엔트로피 수준이 높아지는 쪽으로 진행한다고 말한다. 우리 우주는 고립된 계이다. 우주를 거품 하나로 생각하면 된다. 종교 신자들은 종종 이 열역학 제2법칙을 거론하면서 우리 행성에서 질서는 자발적으로 형성될 수 없었을 것이라고 논하곤 한다. 그러나 지구와 태양계는 고립된 계들이 아니다. 지구는 외부에 태양이라는 에너지원을 가지고 있으며, 태양은 '일'을 할 수 있는 에너지를 지구에 공급함으로써 쉬지 않고 지구상의 엔트로피 방향을 역전시키고 (엔트로피를 줄이고) 있다.

수십억 년에 걸쳐 우주가 팽창하면서 에너지·물질의 밀도가 높은 구역들에서는 중력을 받아 에너지·물질이 합쳐져 은하계를 형성했고, 은하계 안에서 에너지·물질의 밀도가 높은 구역들에서는 별들이 형성되었다. 별들에서 에너지가 크게 농축된 까닭은 물질이 크게 농축된 때문이며, 따라서 별 주변에 있는 것이라면 무엇이나—이를테면 행성—에너지 기울기energy gradient(별에 가까울수록 에너지가 높아지고 멀수록 에너지가 낮아지는 것)를 이루게 된다. 그런 에너지 기울기가 있는 곳이라면 어디나 '일'이 이루어질 가능성이 있다. 이것이 바로 증기 기관의 기본 원리이며, 이 원리를 기초로 해서 열역학 분야 전체가 성립되었다.

에너지 기울기가 있으면, 흥미로운 일들이 자발적으로 일어날 수 있다. 다음 장에서 살펴보겠지만, 마지막에 별이 다 타 버려 에너지기울기가 허물어질 때—이때가 되면 만물은 매끄럽고 단조로운 평형 상태로 되돌아갈 것이다—까지 복잡한 것들이 형성될 수 있고, 복잡성은 계속 증가할 수 있다. 현재 지구는 평형 상태와는 먼 상태에 있다. 말하자면 태양 덕분에 에너지 기울기의 영향을 받아 맹렬한 속도로 복잡성이 계속해서 증가하고 있다는 말이다. 그러므로 별들은 국지적으로 고립된 섬들의 복잡성을 증가시킬 수 있다. 단, 수십억 년 동안 일시적으로만 말이다. 태양계가 잠시 동안 국지적으로 엔트로피가 낮아지는 (무질서가 감소하는) 흐름을 타고 있는 반면, 우주 전체는 엔트로피가

높아지는 (무질서가 증가하는) 상태를 향해 진행되고 있음을 염두에 두기 바란다.[28]

션 캐럴Sean M. Carroll은 책《빅 픽처The Big Picture》에서 계속 무질서가 증가하는 우주에서 국지적으로 복잡성이 증가하는 이런 일시적 위상을 한 잔의 커피에 크림을 첨가하는 것에 비유했다. 처음에는 커피와 크림이 분리되어 있기 때문에 엔트로피와 복잡성 모두 낮은 상태에 있다. 그러다가 크림이 커피와 섞이기 시작하면, 엔트로피가 증가하면서 복잡성도 함께 증가한다. 말하자면 크림의 가지손들tendrils이 커피 속을 파고들면서 군데군데 재미있고 복잡한 무늬들이 자발적으로 형성되는 것이다. 엔트로피가 계속 증가해 가다가 마침내 크림이 커피에 균일하게 섞여들고, 그러면 계의 복잡성도 낮아진다. 우리 태양계 안에서 우리는 현재 일시적으로 복잡성이 증가하는 국지적 상태에 있는 반면, 우주 전체는 엔트로피가 증가하는 쪽으로 꾸준히 나아가고 있다. 끝에 가서는 결국 이 일시적인 복잡성은 사라지게 될 것이고, 우주가 한없이 팽창한 결과 모든 입자들이 분산되면서 우리 우주의 모든 곳들이 균일하게 엔트로피가 높은 상태에 도달하게 될 것이다.

우주가 어떻게 왜 낮은 엔트로피 상태에서 시작되었느냐는 물음에 아직 답을 찾지는 못했지만, 최근 들어 로저 펜로즈 경 같은 대단히 이름 높은 일부 물리학자들은 이 물음 때문에 빅뱅을 시공간의 시작으로 보는 시각을 바꾸게 되었다. 펜로즈와 캐럴을 비롯한 많은 물리학자들은 이 난제를 집중적으로 다루는 매우 우아하고 가당성 높은 가설들을 제시했으며, 이 가설들에서는 기존과 다른 형태의 다중 우주 모형과 시간 주기를 불러내고 있다.[29]

우주론의 난제: 무에서 유

초자연적 설명으로만 다룰 수 있다고 종교 쪽에서 주장하는 큰 물음 가운데 하나는 어떻게 무無에서 유有가 나올 수 있느냐, 곧 우주가 어떻게 무에서ex nihilo 탄생할 수 있느냐는 것이다. 우리 우주 외부에 다중 우주가 있다는 이론에서는 시작이란 없으며 우리 우주는 다중 우주 안에서 생겨났다고 가정하지만, 외부의 힘이나 에너지가 필요없이 우리 우주가 '무'에서 자발적으로 형성되는 것도 실제로 가능한 일이다.

우주에 관한 흥미로운 사실이 하나 최근에 발견되었는데, 바로 우주의 총 알짜 에너지는 0이라는 것이다. 말하자면 종류가 서로 다른 에너지들(또는 물질과 에너지는 교환 가능하므로 물질-에너지)끼리 서로를 상쇄한다는 말이다. 최근에 있었던 두 가지 핵심적인 우주론적 발견의 영향을 받아 물리학자들은 이 놀라운 계산을 해낼 수 있었다. 첫 번째 발견은, 우주의 기하 구조를 풀어 본 결과 이른바 평면 우주flat universe('열린' 우주나 '닫힌' 우주 같은 가능성들과 대조되는 우주) 모형과 어울린다는 것이다. 두 번째 발견은, 우주에서 우점하는 형태의 에너지가 깃들어 있는 곳은 기존에 가정해 왔던 바와는 다르게 물질이 아니라는 (또는 아직 이해가 덜하지만, 우리 눈에는 보이지 않아도 보통 물질과 약하게 상호 작용하는 암흑 물질dark matter 안에도 있지 않다는) 것이다. 오히려 우주에 있는 에너지의 대부분은 현재 제대로 이해하지 못하고 있는 에너지 꼴인 '암흑 에너지dark energy' 안에 들어 있다는 것이다. 암흑 물질과 암흑 에너지를 혼동해서는 안 된다. 눈으로 직접 관찰할 수 없기 때문에 '암흑'이라고 이름했지만, 둘이 미치는 효과는 간접적으로 관찰할 수 있다.

암흑 에너지는 본질적으로 빈 공간의 에너지 또는 진공의 에너지로서 공간 자체의 한 특성이다. 아직은 제대로 이해하지 못하고 있지만, 무엇이 암흑 에너지를 만들어 냈는지(이를테면 양자 요동quantum fluctuation) 설명하는 다양한 이론들이 있다. 암흑 에너지는 빈 공간에 약하게 팽창 효과를 주지만, 그 에너지량이 어마어마하기 때문에, 공간의 팽창을 지속시키고 가속시키는 원인이 암흑 에너지에 있다고들 믿고 있다. 암흑 에너지가 미치는 효과의 규모를 예전에는 인식하지 못했다. 과학자들은 우주에 존재하는 물질과 암흑 물질의 총량에 의거하여, 모든 물질에서 나오는 중력이 궁극적으로는 처음의 빅뱅 이후로 계속 작용 중인 팽창력을 넘어설 것이라고 예상했었다. 말하자면 지금쯤이면 팽창이 느려지거나 역전되어서 어느 시점에 이르면 우주가 다시 수축해야 하고, 아마 지금으로부터 아득히 먼 미래에 '대수축big crunch'을 함으로써 유종의 미를 거둘 것임을 뜻했다. 그런데 1998년에 두 연구진이 각각 따로 우주의 팽창이 실제로는 가속되고 있다는 예상치 못한 발견을 해냈다. 이 관측은 우주에서 가장 밝은 천체이면서 아득히 멀리 떨어져 있는 퀘이사들quasars을 새롭게 측정한 결과에 기초했다. 이 측정값들 덕분에 이를 수밖에 없었던 결론은, 빅뱅으로 시작되었고 암흑에너지에 의해 가속되고 있는 것으로 보이는 우주의 팽창력이 보통 물질과 이른바 암흑 물질의 중력을 능가한다는 것이었다. 이는 우주의 팽창이 아마 무한정 계속될 것임을 뜻한다. 이 발견으로 두 연구진의 과학자들은 2011년에 노벨물리학상을 받았다.

물리학자 로렌스 크라우스Lawrence Krauss가 (호킹과 믈로디노프도[30]) 지적했다시피, 우주의 총에너지가 0이라는 발견은 아무것도 없었던 상태에서 우주가 생겨날 수 있었다는 생각과 일치한다.[31] 우주가 번쩍 생겨날 수 있었던 메커니즘은 바로 양자 요동이라는 양자 역학적 현상이다. 총에너지가 0인 한, 양자 수준(가장 미세한 물질 수준으로서 원자 수준보다 훨씬 작다)의 입자들은 진공에서 무작위적이고 자발적으로 형성될 수 있다. 그 입자들은 대부분 거의 순간적으로 다시 사라지지만, 그 입자들 가운데 하나가 어쩌다가 살아남아 급작스럽게 우주 규모로 팽창하는 것은 이론적으로 가능한 일이고, 아마 불가피한 일이라고도 할 수 있다. 대부분의 사람들에겐 이런 소리가 아마 괴상하게 들리겠지만, 그것이 바로 표준 물리학이다. 놀랍게도 이 우주 급팽창cosmic inflation 이론은 지금까지 우주 마이크로파 배경복사—본질적으로 빅뱅의 잔광이며 아직까지 하늘 전역에서 검출할 수 있다—를 대상으로 한 측정값들과 일치하며, 심지어 측정값을 예측까지 해 내고 있다.

간단히 말해서, 완전한 무에서 우주가 자발적으로 형성되는 것이 사실상 가능한 일임을 우리가 발견했다는 것이다. 그럼에도 불구하고 양자 컴퓨팅의 선구자인 데이비드 도이치—무신론자임을 자신하는 인물이다—가 말했다시피, 입자를 만들어 낼 수 있는 양자 진공quantum vacuum이란 의미의 '무'는 "철학적인 의미의 무가 아니다."[32] (철학적 의미의 '무'를 정확히 어떻게 정의하느냐는 것은 애매하고 상당히 무의미할 수도 있는 물음이지만, 그것이 무슨 의미라도 있다 치면, 결국에는 과학이 그 의미의 '무'를 다뤄 보려고 할 것이라고 내기해도 된다.[33]) 크라우스는 한 걸음 더 나아간다. 곧, 진공에서 물질이 나올 수 있을 뿐만 아니라, 중력에 대한 양자 이론들은 이전에는 아무것도 없는 상태에서 공간 자체가 창조되는 것도 허용한다는 것이다(아직 증명되지는 않았어도 가당성은 있다). 크라우스는 "왜 없지 않고 있느냐?"는 큰 물음에 대해, 양자 역학과 양자 중력의 관점에서 보면 '무'가 불안정한 상태라는 것에 그 답의 일부가 있다는 생각을 제시했다. '유'는 '무'보다 더 안정되고 불가피한 상태일 수 있다. 크라우스에 따르면, "이것이 가르쳐주는 바는 분명하다. 곧, 무—이 경우에는 공간과 시간이 없음을 뜻한다고 강조하겠다—에서 우주들이 창조되는 것을 양자 중력이 허용하는 것처럼 보일 뿐만 아니라, 반드시 창조되어야 하는 것일 수도 있다는 것이다. '무'—여기서는 공간도 시간도 아무것도 없는 상태!—는 불안정하다."[34] 그리고 이렇게 덧붙였다. "놀랍게도……물리 법칙들마저도 필연적이지 않거나 있을 필요가 없을 수 있다."[35] 이 후자의 견해를 크라우스는 무작위적인 물리 법칙들이 무한히 많다는 다중 우주 가설에 기초해서 펼치고 있다. 이런 우주에서 우리는 우리가 거주하는 우주에만 특별히 있는 물리 법칙들이 우리가 존재할 수 있도록 해 주었다는 생각을 할 수밖에 없게 된다. "자연의 법칙들을 지금 있는 모습대로 고치기 위한 어떤 메커니즘도 어떤 존재자도 있을 필요가 없다."[36]

생명은 자발적으로 만들어졌다

20세기 중반 이후로 우리는 생물학적 계(생물)를 다스리는 화학의 규칙들이 생명이 없는 물질들을 다스리는 화학의 규칙들과 똑같음을 이해하게 되었다. 한때 사람들은 생명을 가진 것들에겐 고유한 '생명력'élan vital이 있다고 가정했으나, 그런 것은 없다. 생체계living system를 보편적으로 어떻게 정의하느냐는 문제는 아직도 논쟁 중이다. 말하자면 생명을 가진 행위자와 생명이 없는 행위자—이를테면 바이러스—의 경계는 뚜렷하게 그을 수 없다. 그러나 본질에서 보았을 때 둘의 차이는 복잡성, 생화학적 계가 가지는 자기 조직성과 자기 복제성의 정도, 그리고 그 계가 에너지를 변환하여 활용할 수 있는 능력에서 비롯한다고 말할 수 있을 것이다.

외계 생명의 신호를 찾는 일에 흥미를 가진 NASA는 생명을 다음과 같이 대략적으로 정의한다.

> 산 것들은 복잡하고 고도로 조직적인 경향을 보인다. 산 것들은 주변 환경으로부터 에너지를 섭취해서 성장과 번식에 쓸 수 있도록 에너지를 변환시키는 능력을 가지고 있다. 유기체들은 항상성homeostasis을 향해 가는 경향이 있다. 곧, 유기체 내부의 환경을 정의하는 매개변수들의 평형 상태를 이루려고 한다. 생물은 반응을 한다. 생물을 자극하면 반응성 움직임과 움츠러듦을 보이지만, 고등한 꼴들에서는 학습을 하게 만든다. 생명은 번식을 한다. 개체군의 돌연변이와 자연 선택을 통해 진화가 자리를 잡기 위해서는 일종의 복사 과정이 필요하기 때문이다. 성장하고 발달하기 위해서 산 것들은 무엇보다도 소비자가 되어야 한다. 왜냐하면 성장에는 생체 질량biomass에 변화를 주고 새로운 개체를 만들어 내고 노폐물을 내보내는 일이 포함되기 때문이다. 산 것이라고 말하기 위해서는 이 기준들을 모두 어느 정도씩 충족시켜야만 한다. ……'생명임이 명확한 범위bright line'를 정의할 필요가 있지만, 경계선에 있는 경우들은 생명의 정의를 특히나 불분명하고 흐릿하게 만들어 버린다. 적어도 지구로만 제한해서 유효한 정의를 해 볼라치면, 알려진 유기체들은 모두 탄소 기반의 화학성을 공유하고, 물에 의존하며, 현재나 과거의 물질 대사를 확인하게 해 주는 탄소나 황 동위원소가 담긴 화석을 남기는 것

같다는 것이다.[37]

우리는 지구에서 (약 45억 년 전에 지구가 형성되고 불과 몇 억 년 뒤에) 처음으로 자기 복제하는 단순한 생명꼴이 출현한 이후 진행되어 온 생명의 진화에 대해서는 많은 것을 알고 있다. 그러나 그 첫 생명꼴들을 출현하게 한 메커니즘이 무엇인지는 아직 모르고 있다. 그래도 가까운 미래에—아마 몇 십 년 안에—이 문제가 풀릴 것이라고 상당히 자신하는 과학자들이 많이 있다. 생명의 첫 기원을 다루는 이론이라면 아마 다음에 열거할 가장 가능성 높은 과정들을 더욱 세밀하게 풀어내야 할 것이다. 이 과정들은 생명 외의 맥락에서 자발적으로 일어날 수 있다고 알려진 것들이다.

- 무기 화학 물질들이 자발적으로 유기 화학 물질로 변환되는 과정에 유리하게 작용했을 초기 지구의 환경(후보로 삼을 환경이 여러 가지 있다).
- 분자 수준의 자기 조립과 자가 촉매(화학 반응의 생성물이 해당 반응의 속도를 높일 수 있는 과정), 그리고 분자 수준의 복제와 관련된 과정들.
- 이 과정들을 거쳐 단순한 원시형 RNA와 DNA 분자들의 형성. RNA가 DNA보다 먼저 나왔다고 널리 생각되는데, 그렇게 생각할 만한 이유가 여러 가지 있다. 예를 들면, RNA는 자기 자신을 형성하는 과정을 촉매할 가능성도 가지고 있기 때문이다. 이를 일컬어 'RNA 세계 가설'이라고 한다.
- 분자 수준에서 일어나는 이 과정들이, 자발적으로 형성된 지질막

'거품들' 안에 담기면서 힘을 더욱 얻게 됨. 이것이 자기 복제하는 세포의 초창기 원시형이었다.

기초적인 수준의 생명꼴들이 태양계나 그 너머의 어딘가에서 지구로 왔을 가능성도 생각해 볼 수 있다. 그랬다면 아마 혜성이나 소행성이 그 생명꼴들을 지구로 실어 왔을 텐데, 지구상에 있는 물의 일부가 바로 이런 식으로 지구로 왔다고들 생각하고 있다. 정말 그렇다면, 이 생명꼴들은 아직도 어딘가에서 지구에서와 비슷한 화학적 과정에 의해 형성되어야 할 것이다(그러다가 나중에 그곳에서 멸종할 수도 있다). 그러나 이 각본에 따르자면, 그 생명꼴들이 자발적인 과정을 거쳐 떠오르기까지 지구 역사의 첫 몇 억 년보다 훨씬 오래 걸렸을 수 있다.

생명이 형성되는 일이 가능성이 대단히 낮은 무작위적인 사건인지 아니면 가능성이 대단히 높은 사건인지 이론가들마다 의견이 분분하다. 생명의 자발적 형성이 가능성이 높은 사건이라고 믿는 이들은 이 과정이 아마 우주의 대단히 많은 곳들에서 불가피하고 흔하게 일어날 것이라고 논한다. 설사 가능성이 낮은 사건이라고 해도, 우리 우주가 아득히 넓다는 것을 감안하면, 지구와 비슷하게 생명의 형성에 도움이 될 수 있는 조건을 갖춘 행성(또는 경우에 따라 행성의 위성)의 수 또한 지극히 많을 것이라고 생각할 수 있다. 하지만 이렇게 생명을 길러내는 행성들은 서로 아득히 멀리 떨어져 있을 것이기에, 지능을 가진 생명체들끼리 접촉할 가능성은 현실적으로 전혀 없을 것이다. 설사 아무리 발전된 기술을 가졌다 해도 말이다.[38]

우주를 움직이는 물리 법칙

이번 장에서는 우주와 생명이 인도함이 없이도 자발적으로 '무'에서 떠올라 진화할 수 있었음을 보여 주었다. 그리고 우리 우주를 비롯해 우리 우주를 다스리는 물리 법칙들의 기원 및 생명의 기원과 관련해서 과학적 지식에 있는 중요한 빈틈들과 난제들도 살펴보았다.

우주에서 생명이 떠오를 가능성에 대해서 우리가 물었던 물음은 의식이 떠오를 가능성에 대해서도 똑같이 물을 수 있다. 우리 의식, 곧 주관적 자아를 풀어내기 어렵다는 것이 바로, 어떤 영적인 본질이 없는 순수하게 물리적이고 무작위적인 우주를 사람들이 왜 그토록 상상하고 받아들이기 어려워하는지, 가장 강력하고 가장 완고한 한 가지 이유가 되어 준다. 사람들은 어떤 지성('마음')이 선행해서 물질을 만들어 내야지 그 반대가 되어서는 안 된다고 확신한다. 사람들은 의식처럼 비물리적이고 복잡한 것이 어떻게 물리적 물질에서 떠오를 수 있는지 상상하는 데 크나큰 어려움을 느낀다. 그러할진대 그 의식이 자발적으로 아무 인도 없이 떠오를 수 있다고 상상하기 어려워하는 것은 당연하다.

어떻게 이 일이 가능한지 어렴풋이 감이라도 잡으려면, 먼저 복잡성 이론과 떠오름 현상의 개념을 이해할 필요가 있을 것이다. 왜냐하면 이 문제는 기본적으로 원자들로 이루어졌을 뿐인 신경 세포들 사이의 복잡한 연결 관계로부터 어떻게 마음 같은 것이 떠오를 수 있었느냐는 문제이기 때문이다. 그래서 다음 장에서는 복잡성 이론과 떠오름에 초점을 맞출 것이다. 복잡계의 형성과 그 계에서 새로운 성질들이 떠오르는 현상을 이해하면, 생명을 가진 유기체를 비롯한 복잡한 현상들이 **어떻게** 우주에서 자발적으로 형성되는지 이번 장에서 간단히 암시만 하고 넘어갔던 다른 빈틈들을 메우는 데에도 도움이 될 것이다. 그렇게 되면 복잡한 뇌의 진화 및 마음이 뇌에서 떠오르는 현상을 살펴볼 더욱 좋은 입지에 서게 될 것이다. 그 문제는 7장에서 살펴볼 것이다.

6 우주의 자발성과 창조성

단순함에서 복잡함으로 떠오르다

우리를 만드는 재료와 입자

이번 장에서는 단순한 계에서 복잡한 계가 어떻게 자발적으로 생겨나고, 그 계를 구성하는 성분들에는 없거나 그 성분들을 가지고는 예측하지 못하는 새로운 성질들이 어떻게 나타나는지 살펴볼 것이다. 이렇게 하면 뇌가 어떻게 의식을 만들어 낼 수 있었는지, 다시 말해서 물리적인 뇌의 구성 성분들과는 질적으로 너무나 다른 성질들을 가졌으며 비물리적으로 보이는 현상인 의식이 어떻게 뇌에서 생겨날 수 있었는지 어느 정도 감을 잡을 수 있을 것이다.

참 대단한 생각이지 않은가? 우리 인류의 복잡성 전체가 우주의 나머지 부분들처럼 '그저' 입자 뭉치들이 상호 작용한 결과물일 뿐이라는 생각이? 이런 세계관이 허무하다고 생각하는가, 아니면 경외감을 준다고 생각하는가? 너무 성급하게 판정하지 말기를. 우리는 이제 겨우 이야기의 일부밖에 오지 않았으니.

비록 우리를 만드는 재료가 무작위적으로 상호 작용하는 생명 없는 입자들로 '환원될' 수 있다 하더라도, 자연으로부터 놀랍도록 복잡하고 조직적인 창조성이 생겨날 가능성이 배제되는 것은 아님을 볼 수 있어야 한다. 자연이 창조성을 발휘한 결과물에는 인간의 의식도 들어간다. 따라서 우리 인류라는 현상 전체도 그 결과물이다.

알다시피 이 책에서 내가 목표로 삼은 것 가운데 하나는 인간의 조건과 더 관련된 것들을 과학적으로 설명하는 것이다. 그러려면 전통적인 환원주의보다 더 폭넓게 과학적으로 접근할 필요가 있다. 환원주의란 가장 작은 성분이나 요소들을 식별하고 분석해서 복잡한 것을 이해하는 방법이다. 말하자면 복잡한 현상을 더 기본적인 수준으로 환원시켜 그 계를 이루는 부분들과 그 부분들 사이의 상호 작용을 보는 것이다. 환원주의에서는 복잡한 것들이란 그것을 이루는 부분들의 합에 **지나지 않는다**고 가정한다. 이런 관점에서 보면, 초점은 계속 아래로 향해 복잡한 계들을 해체하여 그것을 이루는 구성 단위들과 그 기초에 깔린 메커니즘을 드러내려고 한다. 이를테면, 사회란 사람들로 구성되고, 사람은 생체계들로 구성되고, 생체계는 세포들로 구성되고, 세포는 분자들로 구성되고, 분자는 원자들로 구성되고, 원자는 아원자 입자들로 구성되고, 아원자 입자들은 물리 법칙에 따라 상호 작용하며, 물리 법칙은 수학적 방정식들로 서술할 수 있다는 식이다.

과학적 환원주의는 세계를 이해하는 중요하고 우아한 접근법이지만, 어떤 사람들에게는 이 접근법이 몹시 무정하게 보일 수도 있다. 세상의 모든 것들이 궁극적으로 물리학과 수학으로 환원 가능하다면, 궁극적으로 모든 것은 의미도 목적도 없게 보일 수 있으니까 말이다. 그것뿐이란 말인가? 다른 것은 없다는 말인가? 그렇다면 우리 인간성은 어디에서 왔다는 말인가? 복잡한 주관성을 가진 우리가 그런 우주에서 설자리가 어디인지 우리는 이해할 필요가 있다. 물질적인 우주에서 어떻게 가치와 의미가 만들어지는가? 어떻게 왜 우리는 우리 자신과 타인들에게 마음을 쓰는가?

과학과 인문학 사이에 서다

과학과 인문학이 구분된다는 생각은 오랜 세월 이어져 왔다. 과학은 그 기반을 물리학에 두고 수학을 언어로 삼기 때문에, 합리적이고 무미건조하며 환원주의적으로 접근해서 실재의 본성을 이해하려 하는 것으로 보곤 한다. 인간 조건의 손에 잡히지 않는 감정적인 측면들과 과학은 별 관련이 없다. 이와는 반대로 인문학은 철학과 역사학 같은 학문을 통해 인간 조건에 접근하여, 표현할 길 없는 인간 조건을 문학, 음악, 시각 예술 같은 매체를 통해 표현하려고 한다. 이런 형태의 이해 및 표현과 아울러 인문학이 객관적 실재와 가지는 관계는 자연과학에 비해 일반적으로 간접적이고 추상적이고 종종 모호하다고들 생각한다.

사회과학은 인문학과 자연과학 사이 어딘가에 자리하지만, 인문학에 더 가까울 때가 흔하다.[1] 인간의 본성과 상호 작용을 다루는 분야들로 이루어진 사회과학은 자기 분야들이 객관적 타당성을 가지고 있음을 증명하기 위해 부단히 애를 쓰지만, 사회과학에서 일인칭의 주관적 설명은 필수불가결하다. 이른 20세기에 독일의 수리철학자이자 논리학자였던 에드문트 후설Edmund Husserl은 주관적 경험 현상이 타당함을 강조했다. 그는 내면에서 생생하게 겪는 경험은 세계에 대한 지식을 얻는 정당한 원천이며, 이런 지식은 경험적인 자연과학에서는 끌어낼 수 없는 지식이라고 그는 논했다. 후설은 의식 경험을 연구하는 현상학phenomenology이라는 철학적 운동의 기틀을 놓았다.[2] 비슷한 무렵에 지그문트 프로이트Sigmund Freud는 정신분석 분야의 기틀을 놓았다. 프로이트는 주관적 경험 연구와 관련된 과학을 하나 만들어 내는 것을 목표로 했다. 고전적인 프로이트주의 정신분석은 많은 비판을 받았으며, 그 영향력은 시들해졌다. 그러나 일반적인 정신적 과정이나 특수한 인지 기능에 대해 프로이트가 펼친 많은 사변은 옳지 못했지만, 우리의 무의식적인 마음이 행동에 강력한 영향력을 발휘한다는 프로이트의 생각은 옳았다. 사실 우리의 의식적인 생각, 감정, 행위 가운데에는 무의식적인 동기와 본능적인 욕망—이 욕망의 대부분은 우리가 자각하지 못한다—의 영향을 크게 받은 것들이 많다.

감정의 영향을 심하게 받는 주관적 경험의 가치, 그리고 실재의 참된 본성에 대한 이성적이고 경험적인 연구, 이 둘 사이의 긴장은 학계에서 오랫동안 이어지고 있다. 영국의 과학자이자 소설가인 C. P. 스노Snow는 1959년에 현대 사회의 '두 문화', 곧 과학과 인문학 사이의 소통 단절을 말한 것으로 유명하다. 스노가 언급했던 것은 당시 영국 학계에 만연해 있던 태도로서, 진정한 지성인들은 인문학자들이라는 것이었다. 그런 지성인들은 과학자들을 문맹인 취급했다. 그러나 더 최근에 와서는, 현대 과학의 발전을 따라잡지 못한다고 종종 조롱받는 쪽은 바로 인문학이다.

스티븐 호킹과 레너드 믈로디노프는 큰 물음들에 대한 학계의 접근법에 대해 다음과 같은 도발적인 진술을 시원하게 내질렀다. "전통적으로 이 큰 물음들은 철학의 물음들이었지만, 철학은 이제 죽었다. 철학은 과학, 특히 물리학에서 현대에 이루어진 발전을 따라잡지 못하고 있다. 앎을 찾아나서는 여정에서 이제 과학자들이 발견의 횃불을 든 자가 되었다."[3]

이렇게 두 문화가 양분된 현실에서 벗어나 '제3의 문화'(스노가 처음으로 만든 용어)를 만들어 내려는 운동이 있다. 그 문화는 "과학자들을 비롯해 경험적 세계에서 사유하는 이들로 이루어져 있다. 그들은 연구하고 그 연구를 설명하는 글을 씀으로써 전통적 의미의 지성인을 대체하여, 우리 인생의 더욱 깊은 의미를 가시화하고 우리가 누구이고 무엇인지 다시 새롭게 정의해 나가고 있다."[4]

두 문화를 통합하는 정신의학

나는 처음에 의학에 마음이 끌렸다가 나중에 정신의학으로 눈길을 돌렸다. 왜냐하면 과학과 인문학을 통합할 가능성을 정신의학이 제시했기 때문이다. 정신의학은 뇌와 행동, 또는 마음-뇌의 경계면에 관심을 가진다. 그래서 그 본성에서 볼 때 정신의학은 고도로 통합적인 분야이다. 정신과 의사로 일하면서, 나는 완전하게 통합된 복잡한 생물-심리-사회적 이해를 꾸준히 정형화해 나가고 그 이해를 인간 조건에 적용하려는 것이 얼마나 어려운 일인지 깨달았다. 인간 행동의 과학적 이해를 정형화하는 일에서 정신의학 분야가 부닥친 난관 몇 가지를 들어 보면, 인간 주관성의 자리를 정의하기가 얼마나 어려운지, 그리고 인간 조건을 연구할 때 지나친 과학적 환원주의를 왜 피해야 하는지 머리로 그려 보는 데에 도움이 될 것이다.

사람의 감정과 행동을 순수하게 생물학이나 기초 행동 이론의 관점에서만 설명하려고 하면, 인문적인 수준에서 사람을 이해하는 시각을 놓치기 십상이다. 반면에 불과 몇십 년 전까지만 해도 정신의학자들은 일반적으로 뇌의 생물학을 무시했고, 너무나 다루기 힘든 주제라고 여기거나 고차적인 심리적 및 사회적 현상과는 무관한 것으로 그냥 치부해 버렸다. 지금의 우리는 뇌의 신경 회로와 신경 화학에 대해 그때보다 훨씬 많이 알고 있고, 정신 장애에서 신경 회로와 신경 화학이 교란되는 방식에 대해서도 많이 알고 있다(나중에 몇 가지 예를 들며 이를 살펴볼 것이다). 그러나 정신 장애를 가진 환자들의 뇌 기능을 더욱 완전하게 이해한다고 한들, 우울증에 빠져 기능이 손상된 인간 존재와 그들의 주관적 경험에 대한 인문적 이해를 대신하게 될 것인지는 분명치 않다.

정신과 진단을 할 때에는 환자가 주관적으로 겪은 현상을 직접 보고하는 것과 환자의 행동을 임상의가 주관적으로 관찰하는 것에 의존하는 것이 현실이기 때문에, 그 진단 과정의 신뢰도를 높이기 위해 정신병 진단 체계에서는 장애들을 별개의 항목과 범주로 분류하려고 한다. 이것 또한 환원주의의 한 형태이며, 이 방법을 피해 가기는 대단히 어렵다. 이렇게 접근하면, 정신 건강 분야의 수많은 전문의들이 엄격하고 축자적이고 범주적인 사고를 지나치게 많이 적용하여 정신 장애들을 이 진단 '박스들'로 분류하려고 든다는 불행한 결과를 낳게 된다. 말하자면 정신 장애는 대단히 복잡한 인간 현상임에도 불구하고, 미리 정해 둔 범주들에 깔끔하게 맞아떨어져야 한다고 고집스럽게 기대하는 것이다. 이는 더 일반적으로 사람들이 세계를 서로 다른 대상들과 범주들의 집합으로 보려 하는, 다시 말해서 자연을 하나로 이어진 연속체로 보기보다는 쪼개서 보려고 하는 경향성을 반영하고 있다. 앞서 언급했듯이, 대부분의 정신 장애들은 정상적인 인간 형질과 경향성의 연속선에서 한쪽 끝을 대표하는 것들이며,[5] 진단의 기준선은 대개 '지속적으로 유의미한 우울증' 또는 '지속적으로 유의미한 기능 손상'으로 정의되곤 한다. 더군다나 정신 장애는 시간이 흐르면서 강해졌다가 약해졌다가 하기 때문에, 어떤 때는 장애라고 판정할 만큼 증상이 심각해지기도 하고, 또 어떤 때는 '정상' 범위를 유지하기도 한다. 다시 말해서 진단의 경계는 맥락이나 환경에 따라 바뀔 수도 있다는 말이다. 그래서 장애를 정의할 때 (환자와 임상의 양쪽 모두의) 주관성 요소를 피할 수가 없는 것이다.

가장 널리 쓰이는 진단 표준 체계는 미국 정신의학 연합American Psychiatric Association의 《정신 장애의 진단 및 통계 편람Diagnostic and Statistical Manual of Mental Disorders》(DSM)으로서,[6] 정신 장애를 깔끔한 범주들로 나누려고 하는 접근법에 기초하고 있다.[7] DSM의 범주들 중에는 정당성이 의심스러운 것들이 많다. 왜냐하면 현실에서는 그 범주들이 서로 겹치기도 하고, 장애를 뚜렷하게 구분해서 서술하기보다는 단순히 장애의 측면들만 서술하는 것처럼 보일 때가 종종 있기 때문이다. 그래서 환자가 다중적인 '진단 결과'를 얻게 되는 것은 예외가 아니라 규칙에 더 가깝고, 이는 상황 판단을 그르칠 수 있다. 정신의학적 진단은 병인학적病因學的 진단(이미 확인된 특수한 원인에 기초해서 진단한다)보다 서술성이 더 강하기 때문에, 장님들이 코끼리를 서술하는 우화와 똑같은 문제에 봉착하게 된다. 말하자면 코를 만진 사람은 코를 코끼리라고 서술하고, 다리를 만진 사람은 다리가 코끼리라고 서술하는 등, 저마다 다른 부위를 코끼리라고 서술하는 것이다. 그래서 자기들이 똑같은 동물을 말하고 있음을 누구도 깨닫지 못하는 것이다.

정신 건강 분야의 임상의들은 대개 축자적이고 엄격하게 DSM 진단 표준을 적용하는 것으로 경력을 시작한다. 그러나 경험이 쌓여 가면서 그 접근법에 회의적이 되기 마련이어서 점점 유연성 있게 진단하게 된다. 그러나 DSM에 한계가 있긴 해도, 우리가 쓸 수 있는 것 중에서 DSM은 아직까지 가장 실용적이고 신뢰성 있는 체계이다. 정신 장애를 정의할 기준으로 삼을 만한 널리 공인된 체계가 없었다면, 이 분야에서 진전을 이루기는 매우 어려웠을 것이다. 연구자들은 정신 장애를 분류하는 대안적인 방법을 제시해 왔다. 이를테면 더 복잡한 차원의 접근법을 적용해서 정상인의 형질이나 경향성의 연속선 위에 정신 장애의 자리를 매기는 분류 체계도 있다. 그러나 이런 종류의 접근법은 아마 DSM보다 더 타당성을 가지기는 하겠지만, 불행히도 실용적이고 신뢰성 있고 사용자 친화적인 체계로 바꿔 내기가 어렵다.[8]

지난 몇십 년에 걸쳐 정신의학 분야 및 그와 밀접한 심리학과 신경과학 분야들은 더욱 세밀하게 다듬어졌다. 현재 우리는 정신병 증상의 서로 겹치는 미묘한 차원들과 스펙트럼, 인간 행동의 미묘한 차이들, 주관적으로 경험한 현상과 객관적으로 관찰한 현상의 관계, 다중적인 수준에서 작용하여 정신 장애를 일으키고 촉발하는 다중적인 인자들을 이해하기 시작하고 있다. 우리는 인간 행동을 이해하는 일—이를테면 유전자와 환경의 상호 작용이 어떻게 인간 행동을 빚어 내는가 하는 문제—에서 생물학, 심리학, 사회학을 통합하는 복잡성 모형과 상호 작용 모형들을 포용하기 시작했다. 더욱 새로운 이 모형들은 환원주의를 넘어서서 더욱 복잡하고 세밀하고 통합적인 이해를 펼치려고 하고 있다.

캐나다의 철학 및 정신의학 교수인 이언 골드Ian Gold는 유비를 하나 써서 정신의학의 편협한 환원주의를 논박했다.

> 우리는 판구조론을 얘기하면 지진을 이해할 수 있고, 분자를 얘기하면 유전자를 이해할 수 있다. 지진의 분자이론이나 쿼크의 관점에서 유전자이론을 개발하는 것은 가능하지 않을 것이다. 유전자가 (그리고 지진도) 쿼크로 이루어져 있지 않기 때문이 아니다. 당연히 쿼크로 이루어져 있으니까 말이다. 그보다는 쿼크 말고 다른 개념들을 썼을 때 유전자와 지진을 가장 잘 이해할 수 있기 때문이라고 할 수 있다. 적어도 과학사의 지금 시점에서는 말이다.[9]
>
> 이언 골드, 〈정신의학의 환원주의〉

이언은 사람의 마음과 사회적 행동이 보이는 고도의 복잡성을 이해하려 할 때 특히나 그렇다고 논한다.

> 환원에 대해 회의를 품는다는 것에 함축된 바는 정신병의 이해와 치료가 오로지 생물학에서만 나올 것 같지는 않다는 것이다. 생물학만큼 신경과학도 정신의학에 얼마든지 필수가 될 수 있으며, 이와 마

찬가지로 심리학, 사회학, 인류학, 그리고 기타 학문의 다양한 갈래들도 얼마든지 생물학만큼 중요하거나 생물학보다 더 중요할 수 있다. 이는 김빠진 다원주의를 뜻하는 말이 아니다. 이 다른 학문들이 없다면, 누가 정신병에 걸렸을 때 뇌가 무슨 일을 하는지—또는 무슨 일을 못하는지—이해하기가 어려워질 것이다. 정신병을 생물학적으로 다룬 이론만 가지고는 완전한 이론 근처에도 가지 못할 것이다.[10]

맥락에서 독립해 혼자 따로 작동하는 생물학적 과정은 단 하나도 없다. 환경(유기체 내부의 환경뿐만 아니라 유기체와 유기체 사이의 환경도 포함하는 말이다) 또한 물리적 과정과 생물적 과정이 다중적으로 상호의존해 시간('역사')과 상호 작용하면서 만들어 낸 결과물이다. 복잡한 계를 포괄적으로 이해하려면 맥락과 역사를 반드시 포함시켜야 한다.

그런데 심리동역학과 사회동역학처럼 고차적인 복잡한 현상들이 생체계처럼 낮은 수준의 현상들에서 생겨나는 방식을 어떻게 설명할 수 있을까?

새로운 성질이 떠오른다는 것

이 물음과 씨름하기에 앞서, 당연한 사실부터 살펴보자. 문화, 경제, 정치의 고유한 동역학을 가진 사회는 (1) 개인과 개인의 상호 작용이 대량으로 이루어져온 역사의 산물이고, (2a) 사회가 물리적 환경(기후와 자원 같은 것)과 상호 작용해 온 역사의 산물이며, (2b) 사회가 다른 사회들과 상호 작용해 온 역사의 산물이다. 이것과 유비적으로, 우리는 고유한 정신적 및 행동적 형질(성향, 습관, 학습, 기억 등)을 가진 개인의 성격을 (1) 유전자와 유전자의 상호 작용이 대량으로 이루어져 온 역사의 산물이고, (2a) 개인이 물리적 환경과 상호 작용해 온(에너지 소비, 스트레스와 부상과 병원균과 독성 물질에 대한 노출, 환경이 유전자 발현에 미치는 다양한 생물학적 효과 같은 기본적인 생물학적 수준에서 일어나는 상호 작용까지 포함한다) 역사의 산물이며, (2b) 개인이 다른 사람들과 상호 작용해 온 역사의 산물이라고 넓은 원리에서 이해할 수 있다.

물론 가장 설명하기 힘든 고차적 현상은 바로 주관적 의식경험의 질감이다. 곧, 사람**이라는** 것이 어떤 **느낌**이냐는 것이다. 원자들의 상호 작용으로부터 어떻게 의식이 떠오를 수 있을까? 이 물음을 더욱 깊이 파고들 때, 마법이나 초자연주의(신, 영혼), 또는 이원론(세계에는 '물리적인 것'과 '정신적인 것'이라는 두 가지 서로 다른 유형의 현상이 있다는 생각)을 불러내는 낡은 설명에 기대고 싶은 유혹에 저항해야 한다. 이원론이 참이려면, 현재 우리가 아는 과학의 많은 부분이 틀려야 한다. 우주가 이원론적이지 않다면, 우주에 있는 모든 '것들', 그리고 마음의 과정과 사회적 현상을 비롯해 우주 안에서 일어나는 모든 현상들은 적어도 원리적으로는 이제까지 식별해 낸 가장 기본적인 소립자들로 환원될 수 있어야 할 것이다. 이를테면 쿼크, 전자, 광자 같은 소립자는 물론이거니와 전자기력이나 강한 핵력과 약한 핵력처럼 이 소립자들 사이의 상호 작용을 다스리는 기본 힘들로 환원될 수 있어야 한다는 말이다. 우주에 있는 모든 것들을 구성하는 입자들뿐만 아니라 근본적인 수준에서 이 입자들 사이의 상호 작용을 지배하는 법칙들을 우리가 실제로 식별해 낼 수 있다고 해도, 이런 식의 물리적인 이해로는 대단히 큰 입자뭉치들이 상호 작용할—사람과 사람이 상호 작용하는 것처럼 말이다—때 떠오르는 더욱 복잡한 현상들을 명확히 하지는 못할 것이다. 분자의 수준을 보아도, 입자물리학의 기본 힘들만으로는 서술할 수 없는 새로운 상호 작용 '법칙들'이 계속 떠오른다. 복잡계를 설명하려면, 계 전체가 새롭게 가진 성질들을 고려해야만 한다. 으레 이 새로운 성질들은 그 계를 이루는 부분들의 성질들을 가지고는 예측하거나 추론해 낼 수 없는 것들이다.

과학 이론들의 우아한 집합

지난 30년 남짓 동안에 여러 학문 분야를 아우르는 복잡성 이론이라는 새롭고 힘 있는 과학(복잡계에 대한 과학)이 발달해서, 단순한 구성 성분들의 상호 작용으로부터 복잡계의 성질들이 떠오르는 방식을 설명하는 모형들이 고안되었다. 떠오름emergence〔창발〕이란 복잡계가 계를 이루는 단순한 구성 성분들과 양적으로나 질적으로나 다른 성질들, 말하자면 구성 성분들에는 내재하지 않는 성질들 또는 구성 성분들로부터는 추론할 수 없는 성질들을 획득하는 방식을 가리키는 개념이다. 떠오름은 환원의 반대 개념이다.[11] 케이크 굽기를 생각해 보자. 케이크는 성분들로 환원될 수 있지만, 성분들이 가지는 성질들만으로는 케이크를 이해할 수 없다. 우리는 케이크를 굽는 순서 하나하나 체계적으로 전부 온전하게 이해해야만 한다. 곧, 성분들이 서로 상호 작용하면서 어떻게 꼴을 바꾸게 되는지, 열을 가하면 어떻게 원래의 구성 성분들과는 질적으로 다른 성질들을 가진 무언가가 만들어지는지 이해해야만 한다는 말이다. 그러나 이 케이크 비유는 완전한 비유가 되지는 못하고 복잡성의 진정한 모습을 대폭 단순화한 예에 지나지 않는다. 이를테면, 케이크는 케이크를 이루는 성분들에게 되먹임 효과feedback effects를 주지 못하며, 케이크계는 여느 복잡계와는 달리 주변 환경에서 일어나는 변화에 적응하지 못한다. 더군다나 복잡계는 '요리사'나 '요리법을 쓴 사람' 없이 자발적으로 생겨날 수 있다. 그럼에도 불구하고 케이크 비유는 한 가지 중요한 점만큼은 적절하게 그려 준다. 곧, 케이크를 이루는 성분들을 가지고 케이크를 이해하려는 것은 환원주의적 접근법이며, 복잡성 이론은 요리법은 물론이거니와 시간에 따라 성분 섞기와 열에 굽기가 일으키는 변화들까지 이해할 것을 요구한다는 것이다.

물은 응집하는 행동을 보이고 온도 감속moderate temperature 능력이 있고 얼면 팽창한다는 면에서 기본적인 떠오름 성질을 보여 주는 또 하나의 예가 되어 준다. 이보다 훨씬 간단한 예로는 물의 '촉촉함wetness'을 생각하면 된다. 수소 원자와 산소 원자는 개별적으로 이런 성질과 습성을 가지고 있지 않다. 말하자면 개별 원자의 성질에서 물의 성질을 예측하거나 추론할 수 없다는 뜻이다. 그 성질은 떠오른 것이다. 여기엔 어떤 '마법'도 관여하지 않으며, 그저 복잡한 물리적 상호작용만 있을 뿐이다. 떠오름은 자발적이고 아래에서 위로 향하는 복잡성 현상으로서, 외부의 원인은 전혀 필요치 않다.

사회학에서 찾아볼 수 있는 떠오름의 한 예는 군중 심리mob mentality이다. 곧, 군중의 일부가 되었을 때 보이는 개인의 행동은 군중의 일부가 아니었을 때 그 개인이 가진 심리 상태로는 설명할 수 없다는 것이다. 군중은 개인이라면 대부분 결코 하지 않을 일, 또는 꿈도 꾸지 않을 일—설령 개인이 군중이 가진 것만큼이나 파괴적인 힘(이를테면 강력한 무기)을 가졌을 때조차 생각지도 않을 일—을 하는 경향이 있다. 생물학에서 들 수 있는 떠오름의 한 예는 세포 상호 작용cell interactions이다. 곧, 한 생물이 전체로서 하는 행동은 그 생물을 이루는 세포 개개의 기능으로 설명할 수 없다는 것이다. 복잡계 가운데에는 환경에 적응하는 방법을 개발하는 계도 있으며, 이런 계를 복잡 적응계complex adaptive system라고 부른다. 어떤 의미에서 보면 복잡 적응계는 자기만의 '생명'을 발달시킨다. 그러나 복잡 적응계는 생명이 있는 계나 생명이 없는 계나 모두 서술할 수 있는 용어이다. 복잡 적응계의 예는 다양하게 들 수 있다. 이를테면 개개의 생물도 복잡 적응계이고, 면역계나 뇌처럼 생물 내부의 계, 벌떼나 새떼 같은 생물집단, 생태계 전체, 날씨계, 성장하는 금융 시장, 인터넷, 인간의 과학 탐구 활동 자체도 모두 복잡 적응계이다.

복잡성 이론의 기술적이고 수학적이고 계산적인 세부를 포괄적으로 논의하는 것은 이 책이 다룰 수 있는 범위를 넘어서는 것이지만, 복잡계, 특히 복잡 적응계를 완전하게 이해하기 위해서는 그런 여러 수준의 분석이 필요하다는 것을 염두에 두어야 한다.[12] 그리고 복잡성과 복잡계를 어떻게 정의하느냐는 문제도 아직까지 논쟁의 대상이 되고 있음을 유념하는 것도 중요하다.

전체적으로 보면, 복잡성 과학은 여러 과학 이론들이 모인 우아한 집합이며, 우리 세계의 복잡성을 설명하는 일에서 표준적인 접근법인 환원주의를 보완해 주는 과학이다. 복잡계는 엄청나게 뒤얽혀 있고 너무나 '영리하게' 보일 수 있기 때문에, 어떤 청사진이나 종합 계획에 따라 지적으로 설계되었으며 복잡계가 조립되는 과정 전체를 세심하게 인도하는 존재가 틀림없이 있었을 것이라는 생각을 갖게 만든다. 복잡성 과학은 바로 이 모든 일이 어떻게 자연적이고 자발적이고 자기 조직적인 과정을 거쳐 일어날 수 있는지 설명해 준다.

전체는 부분의 합보다 크다

과학적 환원주의와는 대조되게, 복잡성 이론은 복잡계에서 전체는 부분의 합보다 크다고 가정한다. 곧, "많아지면 달라진다more is different"는 말이다. 복잡계가 지닌 질적으로도 다르고 조직 면에서도 다른 새로운 성질들은 상호 작용, 조직, 계의 상승 작용synergy이 이루어진 결과로 떠오른 것들이다. 환경이나 맥락도 중요하고, 시간 또한 중요하다. 무작위성과 우연 인자들도 한 역할을 하며, 오랜 시간에 걸쳐 계가 발달할 때에는 이 두 인자들이 굉장히 중요해질 수 있다. 위에서 아래로 접근하는 하향식 환원주의와는 반대로, 복잡성 이론은 아래에서 위로 올라가는 상향식 설명을 한다. 따라서 복잡성 이론은 환원주의를 보완해 준다.

복잡성 수준이 더 높아지면 새로운 상호 작용 규칙들이 떠오르고, 새롭고 한층 복잡해진 계들의 상호 작용을 그 규칙들이 지배하게 된다. 이 새로운 계들은 복합 복잡계들composite complex systems로서, 더 한층 복잡한 계의 성분이 될 수 있다. 나아가 그 계가 전체로서 가지는 새로운 성질들은 계를 구성하는 부분들에게 다시 작용하여 되먹임 고리들을 만들어 낸다. 단일 계 안의 여러 수준에서 일어나는 상호 작용들 또는 계와 계 사이에서 일어나는 상호 작용들은 서로 영향을 주고받으며 역동적이기 때문에 종종 그 결과를 예측할 수 없다.[13] 이 역동성을 이해하면, 순수하게 환원주의적으로만 접근해서 복잡계를 이해하려 할 때 생기는 문제 몇 가지가 눈에 들어오게 된다. 부분들이 복잡하게 상호 작용하면 할수록 환원으로 설명할 수 있는 것은 점점 적어진다. 전체를 설명하기 위해 부분들을 설명하려면 반드시 전체를 시야에 두어야 한다. 계의 규모와 복잡성의 수준에 따라 과학의 다양한 분야들이 관여할 수밖에 없음은 분명하다. 그래서 복잡성 이론에는 물리학, 화학, 생물학, 심리학, 사회학 등은 물론이고 이 각 분야의 하위분야들도 수없이 많이 관여한다. 계의 수준이 높아질 때마다 복잡하고 새로운 성질을 더욱 많이 내보이는데, 그때마다 이 학문들은 복잡성과 의존성의 크고 작음을 기준으로 위계적인 서열을 이룬다. 이런 복잡성의 수준들이 우주의 실제 발달 과정과 일치함을 눈여겨볼 만하다. 곧, 우주의 발달을 보면 복잡성의 정도가 뒤로 갈수록 더욱 높아졌는데, 그 까닭은 복잡성이 시간에 의존하기 때문이다.[14]

새로운 규칙들이 떠오르다

복잡계의 한 가지 중심 특징은 바로 조직성organization이다. 복잡 적응계를 이루는 성분들의 상호 작용을 다스리는 규칙들은 대개 매우 기초적이며, 개개 성분들 사이의 국지적인 수준에서 작동한다. 복잡 적응계가 떠오르는 방식은, 이웃끼리 상호 작용이 이루어지다가 지역 수준에서 풀뿌리 정치 조직이 생겨나는 것과 흡사하다. 그 조직의 형성을 '책임지고 이끄는 자'는 아무도 없다. 그 형성 과정은 위에서 아래로가 아니라 아래에서 위로 일어나기 때문이다. 단순한 국지적 상호 작용 규칙들이 자기 조직self-organization을 해낼 수 있는 것이다.[15]

선도적인 복잡성 이론가인 스튜어트 카우프만Stuart Kauffman에 따르면, 계의 복잡성 수준이 높아질 때마다 떠오르는 새로운 규칙 또는 '법칙'(조직성과 상호 작용의 패턴)은 이전 수준의 조직성에서는 본래적으로 예측이 불가능하다.[16] 자연에서 볼 수 있는 서로 다른 수준의 조직성과 그 수준들을 다스리는 법칙의 예들로는, 물리학의 기본 법칙들로 서술되는 기본 입자들과 기본 힘들 사이의 상호 작용, 분자 수준에서 일어나는 상호 작용을 다스리는 화학적 과정들, 세포와 기관 수준에서 일어나는 생물학적 과정들, 동물과 동물 사이 또는 사람과 사람 사이의 상호 작용을 다스리는 행동의 동역학, 인간 사회의 사회학적 과정과 경제, 생태계와 생물권의 환경적 동역학 등이 있다.

예측 불가능성 대 결정론

카우프만은 생물학적 계와 유기체의 복잡성은 다윈주의적 자연 선택 못지않게 '평형으로부터 먼 상태의 동역학far-from-equilibrium dynamics'이라고 부르는 과정과 자기 조직이 낳은 결과일 수도 있다고 논했다. 다른 많은 복잡성 이론가들과 마찬가지로, 카우프만도 떠오름과 복잡성은 예측할 수 없으며 이 예측 불가능성은 겉으로만 그렇게 보이는 것이 아니라 자연에 내재하는 한 성질이라고 논했다. 달리 말해서, 설사 계를 이루는 성분들의 성질을 우리가 모두 안다고 해도, 그 성분들의 상호 작용으로부터 무엇이 떠오를 것인지, 그리고 그 떠오른 결과물 또는 현상이 어떤 성질을 획득하게 될 것인지 예측하기에는 충분치 못할 수 있다는 말이다. 이런 관점에서 보면, 우주는 본래 결정론적인 우주가 아니다.[17]

결정론determinism이란 우주에서 일어나는 모든 사건은 필연적이고 원리적으로 예측이 가능하며, 각 사건에 선행하는 모든 조건들에 의해 결정된다는 생각이다. 결정론은 사건은 오직 한 가지 특정한 길로만 펼쳐질 수 있다고 주장한다. 모든 사건들이 선행 조건들의 집합에 의해 완전하게 결정된다면, 그 논리적 외연에 따라, 모든 사건들은 우주의 초기 조건들에 의해 완전하게 결정되었을 것이다. 이는 여러분과 나, 그리고 바로 지금 이 순간 우리가 하는 생각과 행동을 비롯해서 우주에 있는 모든 것들은 원리적으로 볼 때 우주가 처음 시작되었을 때 예측할 수 있었던 것이며, 다른 어떤 모습도 아닌 지금 모습으로만 존재할 수 있었을 것임을 뜻한다. 18세기의 수학자이자 천문학자였던 피에르-시몽 라플라스Pierre-Simon Laplace는 시간상의 아무 순간이든 특정 순간의 우주의 상태—이를테면 우주를 구성하는 모든 입자들의 정확한 위치와 힘—를 정확히 알기만 하면 우주 전체의 미래(와 과거) 전체를 결정하는 것이 원리적으로 가능하다는 생각을 내놓았다. 이런 식의 사고가 결정론적 시각의 한 예가 되어 주며, 20세기에 양자역학이 도래하기 전까지 널리 인기를 끌었다.

양자역학은 결정론에 도전장을 던졌다. 왜냐하면 베르너 하이젠베르크Werner Heisenberg의 불확정성 원리는 전자 같은 기본 입자 하나의 정확한 위치와 운동량을 동시에 아는 것이 불가능하다고 말하기 때문이다. 양자역학은 '미시' 세계에서 기본이 되는 아원자 입자들의 행동과 힘들을 서술하며, 확률적이다. 무슨 말이냐면, 양자역학의 법칙들은 아원자 입자들이 상호 작용해서 낳은 결과를 확률의 관점에서만 예측할 수 있으며, 어느 특정 결과가 나올 것이라고 확정할 수 없다는 뜻이다. 아원자 입자들에 적용되는 양자역학의 확률적 본성을 사람 규모의 큰 물체들로 이루어진 '거시' 세계로 외삽하는 것이 가능한지는 아직 분명치 않다.

복잡계의 떠오름이란 본래적으로 예측할 수 없다는 것—이게 참이라면—또한 결정론을 거부할 근거가 되며, 이는 거시세계에도 분명하게 적용될 것이다. 이것이 바로 특히 우리 자신을 비롯한 복잡한 생물의 행동이 원리적으로조차 결정되거나 예측될 수 없는 까닭일 것이다. 설사 모든 변수들을 우리가 알고 있고 계산할 수 있다고 해도 말이다.

우리는 자기 조직하는 복잡 적응계다

5장에서 우리는 자연 선택과 성 선택의 어마어마하게 강력한 빚어 내는 힘sculpting forces을 살펴보았다. 카우프만을 비롯한 이들이 논한 것처럼, 복잡계의 자기 조직 과정은 생명의 복잡성을 이해하기 위한 또 하나의 퍼즐 조각이다. 생체계는 복잡 적응계의 특징인 자발적이고 상향식으로 이루어지는 자기 조직 과정을 집약해서 보여 준다. 자기 조직은 생체계가 에너지를 변환해서 자신의 성장과 증식과 번식을 지탱해 주는 복잡한 구조들의 모둠으로 만들어 내는 능력의 기초가 된다. 생체계가 정확히 어떻게 이런 일을 해내느냐가 바로 본질적으로 생물학의 전체 주제이다. 생물을 '짓는' 재료가 되는 놀라울 정도로 복잡한 단위인 세포의 작용들은 물론이고, 복잡하게 얽힌 세포 과정들을 제어하는 유전자 서열, 분자 수준에서 진화의 힘들이 유전자를 빚어 내는 메커니즘에 대해서도 두루두루 이해가 깊어지고 있다. 유전자-환경 상호 작용과 더불어, 생물학적 복잡성을 낳는 복잡하게 뒤얽힌 자기 조직 과정에 대해 지식의 세밀함을 더해 가고 있는 다른 중요한 영역들로는 단백체학proteomics(단백질의 구조와 기능)과 세포 신호 전달cell signaling(세포끼리의 통신)이 있다.

단백질은 세포계를 짓는 주요 밑감이면서 생명의 복잡성을 이해하는 열쇠이다. 단백질은 유전자 '명령어'에 따라서 조립된다. 단백질은 극도로 복잡한—DNA보다도 더 복잡한—분자가 될 수도 있다. 왜냐하면 긴 단백질 사슬이 자발적으로 복잡한 모양과 접힘 패턴을 띠며, 그것이 단백질의 기능에 영향을 주기 때문이다. 새로운 컴퓨터 모델링 시스템들은 이번 장에서 우리가 살펴보고 있는 것과 똑같은 원리들이 어떻게 단백질의 복잡성에도 적용되는지 보여 주었다.

세포 신호 전달(여기에서 단백질이 핵심적인 구실을 한다) 또한 생명의 복잡성을 이해하는 열쇠이다. 식물, 동물, 사람 할 것 없이 한 개체를 이루는 무수히 많은 세포들의 상호 작용과 역할 분담coordination을 다스리는 것이 바로 세포 신호 전달이다. 생물 하나가 어떻게 하나의 통일된 계로 기능하고 그 생물이 가진 다양한 기관들이 맨 처음에 어떻게 발생해 나갔는지 이해하는 데에서 이 세포 신호 전달을 이해하는 것이 중심이 된다. 또한 태아 단계와 초기 발달 단계에서 뇌가 복잡한 회로망을 형성해 나갈 때(이것을 연결체connectome라고 한다) 신경 세포들이 어디로 이동할지 어떻게 알고, 저마다 다른 기능들로 특화하는 법을 어떻게 알며, 어떤 신경 세포들과 연결을 형성할지 어떻게 아는지 이해하는 일에서도 세포 신호 전달이 열쇠가 된다. 그리고 암의 경우에서 볼 수 있다시피, 세포 신호 전달은 끔찍하게 잘못될 수도 있다.

이 모든 생물학적인 계들의 경우에도 계 내부의 요소들은 국지적 수준에서 이웃한 요소들과 상호 작용하며, 그 상호 작용은 매우 단순한 국지적 규칙들에 따라 이루어진다. 그러다가 복잡한 되먹임 고리들이 계에 확립되고, 생물의 경우에는 국지적 과정들을 유전자로 복잡하게 제어하며, 이는 자연 선택에 의해 빚어진다. 그러나 계 전체에 대한 청사진은 없다. 하향식 명령과 제어도 없다. 생물 개체를 구성하는 세포들과 기관들이 기능하는 모습은 군대보다는 개미 군체와 더 비슷하다. 신경 세포와 뇌의 경우도 이와 비슷한 모습을 보인다.[18]

이것이 어떻게 가능한지 이해하려면 무생물 세계와 생물 세계에 존재하는 다른 복잡계의 예들을 다양하게 살펴보면 되는데, 그 복잡계들에서도 많이들 자기 조직과 떠오름 현상을 내보인다. 동물에서 볼 수 있는 복잡하게 조직된 집단행동의 예를 몇 개 생각해 보라. 이를테면 곤충들의 떼 지어 날기, 새들의 떼 지어 모이기, 물고기들의 떼 지어 헤엄치기, 무리 이동 등을 생각해 보라. 어느 한 녀석 어느 무엇도 지휘하는 것은 분명 없다. 동물에서 이보다 훨씬 효율적으로 자기 조직된 적응계의 예로는 꿀벌 군체, 벌거숭이뻐드렁니쥐 군체, 떼 지어 먹이를 찾고 집단 사냥을 하는 많은 동물들이 보이는 협력적인 사회적 행동이 있다. 무생물계의 경우에도 떠오름 성질을 내보이는 복잡계라고 서술할 수 있는 예는 많다. 이를테면 결정의 형성, 모래언덕의 물결무늬, 허리케인 등이 그 예들이다. 생태계 전체도 본질적으로는 개개 유기체들이 서로서로 상호 작용하고 무생물 환경과 상호 작용하면서 형성된 자기조직하는 복잡계이다.[19]

우리가 알던 의식의 개념을 지우자

복잡성 이론은 언젠가 완성될 의식 이론이 어떤 형태를 띠게 될 것인지 과학자들에게 중요한 실마리를 제공한다. 현재 복잡성 이론은 뇌의 신경망에서 정보 처리와 회로 제어circular control가 어떤 식으로 작동하는지 이해하고자 하는 신경과학의 여정에서 떼려야 뗄 수 없는 것이다. 그 신경망들은 인공두뇌의 자동 제어 고리들cybernetic loops 같은 방식으로 작동하며, 제어를 총괄하는 단일 영역이란 없다. 완전한 의식 이론을 개발하기까지 과학이 가야 할 길은 아직도 한참은 멀지만, 언젠가는 그런 이론이 개발될 수 있을 것이다.[20]

이른 1990년대에 내가 정신의학 공부를 시작하던 당시, 우리는 마음과 뇌를 다소 서로 평행한 주제로 보고 공부했었다. 말하자면 어떻게 하면 둘을 완전하게 통합할지 확실치 않을 때가 자주 있었던 것이다. 그 뒤로 마음과 뇌의 관계를 연구하는 과학은 정교한 신경 영상neuroimaging 같은 새로운 기술들의 도움을 받아 엄청난 진전을 이루어 냈다. 곧, 지각, 사고과정, 심지어 주관적인 자아 감각까지, 이 모두가 수십억 개의 신경 세포들—신경 세포는 하나마다 수천 가지 연결을 가지면서 복잡한 망과 되먹임 고리들을 형성하는데, 이는 아무 인도함 없이 작용하는 자연 선택의 압력을 수억 년 동안 받으면서 빚어진 것이다—이 이루어 내는 어마어마하게 복잡한 상호 작용으로부터 어떻게 떠오르는지 그 비밀의 문을 신경과학자들이 꾸준히 열어 가고 있는 것이다.

내 분야 너머를 보면, 인공지능AI 분야—이 분야도 복잡성 이론의 혜택을 입고 있다—도 기가 찰 정도로 (일부 사람들에게는 경각심이 일 정도도) 빠르게 진화해 오고 있다. AI는 정보 처리와 인지적 계산과정에 대해 새로운 통찰들을 주었기에, 이제까지 우리가 의식의 본성에 대해 가졌던 기본 가정 가운데 많은 것들을 다시 개념화하지 않으면 안 될 정도이다.

의식을 달리 어떻게 설명하든 상관없이, 의식은 아마 떠오름 현상일 것이며, 그 현상은 물질의 **조직**이 낳은 산물일 것이고, 그 조직은 입자들 사이의 상호 작용과 시공간적 **관계**가 낳은 한 산물일 것이다.

다음 장에서 우리는 눈길을 마음과 뇌의 문제로 돌려, 정신의 '화학적 불균형'에 대한 고전적 사례를 하나 살피면서 그 문을 열어 볼 것이다.

7 뇌에서 나온 마음

물질에 불과한 우리는 어떻게 자신을 지각하는가

머릿속의 화학적 불균형

응급실에서 사람들이 다 보고 있는데도 목소리를 높여 다소 히스테릭하게 자기 엄마와 입씨름을 벌이고 있는 스무 살의 여성을 어디에선가 본 적이 있다는 생각이 들었다. 말을 들어 보니, 그녀의 행동이 평소의 그녀답지 않게 이상해서 걱정이 된다고 룸메이트가 엄마에게 전화를 했고, 몇 시간 뒤에 엄마가 대학에서 그녀를 데리고 나와 병원으로 온 듯 싶었다. 응급실에 온 지금은 자기를 강제로 병원으로 데려왔다고 엄마를 비난하면서, 자기에겐 아무 이상도 없다고 화난 목소리로 강변하는 중이었다. 그녀는 엄마가 '통제광'이라고 비난했다. 나는 전에 그녀를 본 적이 있다는 생각이 들었지만, 이 젊은 여성의 옷차림과 행동거지에는 어딘가 굉장히 낯선 구석이 있었다. 야한 스카프와 모자, 목이 깊이 파인 드레스와 밝은 색 립스틱, 그녀를 진정시키려고 애쓰는 남성 간호사를 대하는 경박한 태도가 매우 낯설었던 것이다. 남자를 유혹하려는 듯한 그 태도를 엄마가 조심스럽게 누그러뜨리려고 하자, 그녀는 엄마가 자기를 '허튼 여자 취급'하려 한다며 소리를 빽 질렀다.

전자 의료 기록을 확인해 본 나는 응급실의 그녀가 이름이 앙투아네트이며 정말로 내가 아는 사람임을 발견하고 깜짝 놀랐다. 그녀는 열일곱 살 때 엄마인 마가렛의 부탁으로 나를 찾아와 상담을 받은 적이 있었다. 대인 불안증social anxiety*이 장기간 계속되었을 뿐만 아니라 점점 심해지던 상황이었고, 우울증 발작도 가벼운 것부터 중간 것까지 겪었기 때문에 내게 보내졌던 것이다. 타고난 지능을 갖춘 소녀였던 앙투아네트는 성실하고 뛰어난 학생이었으나, 사람들과 어울리는 것을 불안해했다. 그녀는 항상 수줍음을 탔고 마음을 터놓지 않았으며 내성적이었다. 말하자면 천성이 내향적인 성격이었던 것이다. 엄마 마가렛이 앙투아네트를 정신과 의사에게 보여야 한다는 생각이 들었던 까닭은 그 불안증이 앙투아네트의 고등학교 생활에 점점 크게 지장을 주었기 때문이다. 마가렛 자신도 불안증을 가진 여성이었던 터라 앙투아네트가 감정적 및 사회적으로 취약하다는 것을 잘 이해했기에 딸을

* social anxiety를 '사회적 불안' 또는 '사회불안' 대신에 '사람과 어울리는 것에 불안을 느낀다'는 뜻으로 '대인불안(증)'으로 옮겨 보았다.

과잉보호하곤 했으며, 딸을 자기 뜻대로 통제하려는 지경까지 이르렀던 것이다.

당시 나는 약물 처방을 하지 않고 심리 요법 같은 보수적인 접근법을 권했고, 정신과 의사가 아닌 민간 상담 치료사를 찾아가면 된다고 말했다. 그리고 뛰어난 민간 심리학자를 만나서 2년 동안 심리 요법을 받고 앙투아네트의 상태가 나아졌다는 것을 이제 알게 되었다. 앙투아네트는 대학생이 되어 1학기를 보내고 있었으며 건축을 공부한다고 했다. 앙투아네트는 언제나 그랬듯이 성실하고 학구적이었기에 공부는 잘해 나갔다. 그러나 대학 공간의 사회적 환경은 매우 불만스러웠다. 앙투아네트는 파티를 벌이고 술 마시고 가볍게 관계하는 문화가 가하는 성적인 압박감이 싫었다. 앙투아네트는 젊고 매력적이었기 때문에 대학 공간에 있는 젊은 남성들로부터 원치 않은 주목의 대상이 될 때가 자주 있었다. 그녀는 남자들이 말을 걸어오려고 할 때마다 고개를 숙이고 책을 꼬옥 품고 걸음을 빨리해서 자리를 피했다.

대인 불안증이 앙투아네트에게 너무나 불편함과 괴로움을 안겨주었기 때문에, 급기야 공부에 대한 집중력까지 손상되기 시작했다. 그녀는 학교를 다닐 의욕을 잃어갔고, 늘 받았던 높은 학점도 떨어지기 시작했다. 그녀는 사람을 기피하게 되었고, 사람들과 섞이는 것을 피하려고 식사까지 거르기 시작했다. 그녀는 학내 보건소로 가서 도움을 청했다. 그곳의 의사는 앙투아네트가 우울증에 빠지고 있음을 우려하여 항우울제를 처방했다.

앙투아네트가 고등학생이었을 때 내가 약물 처방을 주저했던 까닭 중의 하나는 그녀에게 양극성 장애bipolar disorder(조울성 장애manic-depressive disorder라고도 한다) 가족력이 있었고, 불안증과 우울증을 치료할 때 처음에 선택하는 약물들은 감수성이 예민한 사람에게 조증mania을 유발할 위험이 약간 있기 때문이었다. 조증은 본질적으로 우울증의 반대이다. 곧, 비정상적으로 기분이 고양되어 전에 없이 기운과 욕망이 넘치고 생각이 달음질치고 자제력이 풀리고 수면 욕구가 확 줄어드는 증상을 보인다. 이런 조증 발작과 주요 우울증 발작 사이를 불규칙적으로 오가는 되돌이성 기분장애recurrent mood disorder가 바로 양극성 장애의 주된 특징이다.

아니나 다를까, 항우울제를 복용하고 일주일 내에 앙투아네트는 성마르고 들뜬 상태가 되기 시작했으며, 기분은 격앙 상태와 행복감 사이에서 출렁였다. 그녀는 생각하고 활동하는 데에서 '기운 백배함' '팽팽하게 당겨진 느낌' '치닫는 느낌' '속도감'을 느꼈다. 그녀는 극도로 목표 지향적이고 동기 부여된 상태가 되어서 지나치게 많은 일을 한꺼번에 하려고 들었다. 게다가 그녀는 잠을 잘 필요가 없었다. 어느 정도였냐면, 앙투아네트는 두 시간 정도만 자고 내리 사흘을 지냈으며, 그 뒤로는 일정치 않게 아주 드문드문 토막잠만 자면서 일주일을 보냈다. 앙투아네트 자신은 항우울제가 기적과도 같은 효과를 보이고 있다고 느꼈다. 말하자면 대인 불안증과 우울증을 치료해 주고 동기 부여를 크게 높여 주었던 것이다. 이제 앙투아네트는 갑자기 자신감이 극도로 넘쳐서, 남자들이 접근해도 저어감이나 당혹감을 더는 느끼지 않았다. 사실 말이지, 그녀는 대학 공간에 매력적인 남자들이 얼마나 많은지 느끼고는 그들에게 눈길이 가는 것을 멈출 수가 없었다. 그리고 평소의 그녀답지 않게 남자들의 구애에 응하게 되었다. 항우울제를 복용한 첫 주에만 그녀는 네 남자와 섹스를 했다. 그녀는 "모든 사람과 사랑에 빠진" 느낌이었고, "남자를 사로잡는 힘"을 새로이 획득한 느낌이었다.

나는 그 응급실에서 앙투아네트에게 말을 걸었으나, 상대방의 말을 끝까지 듣지 못하고 자꾸 말을 끊고 말을 너무 빨리 하고 주제를 자꾸 벗어나기 때문에 말을 집중해서 귀담아듣게 하기가 힘들었다. 나는 앙투아네트와 어머니에게 현재 앙투아네트가 조증 상태이며, 항우울제가 조증을 유발하기도 하고 양극성 장애 가족력 소인 때문이기도 하다고 설명한 뒤, 치료를 어떻게 해야 할지 함께 논의했다. 마가렛은 앙투아네트의 행동이 우려스럽고 다루기가 힘들고 때에 따라 위태롭기는 해도, 앙투아네트를 조속히 진정시켜 줄 만한 약으로 바꾸면 적어도 집에서만큼은 어떻게 해 볼 수 있을 것 같다는 생각이 들었다. 두 사람 다 앙투아네트가 입원 치료는 안 했으면 했고, 앙투아네트가 대학 학기를 놓치는 것도 원치 않았다. 앙투아네트는 항우울제가 자신을 "좀 심하게 들뜨게 했다"는 점을 (비록 부분적이고 피상적일지언정) 수긍할 만큼 충분한 통찰력과 판단력을 유지하고 있었다. 그녀는 기분을 안정시키는 약물로 바꿀 필요가 있다는 데에 동의했다.

나는 앙투아네트에게 리튬을 처방하고 집으로 돌려보냈다. 며칠에 걸쳐 단계적으로 복용량을 늘리도록 했으며, 수시로 상태를 추적할 수 있게끔 진료 일정을 잡았다. 앙투아네트는 집에 가 있는 동안 몇 가지 규칙을 따라야 한다는 데에 마지못해 동의를 했다. 이를테면 귀가 시간을 정해서 자발적으로 준수하고, 쉴 새 없이 SNS에 글을 올리던 것—이 글 중에는 지속적으로 그녀의 평판에 해를 입힐 만한 것들이 있었다—을 어느 정도 제한하기로 한 것이다.

다행히도 앙투아네트는 리튬에 더할 나위 없이 잘 반응을 했고 부작용도 매우 적었다. 수면 문제도 개선되었고, 의욕 과잉 상태도 진정이 되었으며, 생각하고 말하는 것도 정상 수준으로 느려지기 시작했다. 그녀는 덜 충동적이 되었고, 사람들과 대화를 할 때에도 전에 가졌던 '필터'를 되찾아가기 시작했다. 그 덕분에 부적절하고 경우 없게 구는 일이 줄었다. 앙투아네트는 리튬을 복용하고 한 주도 지나지 않아 다시 학교로 돌아갈 수 있었으며, 학교로 가서는 전과 별 다를 게 없을 만큼 다시 학업에 전념했다. 그러나 공부에 대한 집중력이 아직 손상된 상태이며 사람을 대하는 데에서 자제력이 아직 최선의 상태가 아니라는 징후들이 여전히 있었다.

앙투아네트는 주말이면 집으로 와서 금요일 오후마다 나를 찾아와 진료를 받았다. 사회생활에 대한 규제는 그녀가 안정을 찾아가는 정도에 맞춰 거듭해서 재조정해 나갔다. 그동안 계속해서 이 규칙들은 앙투아네트와 엄마가 신경전을 벌이는 빌미가 되었다. 나는 조금씩 앙투아네트가 자율성을 되찾도록 신경을 썼으며, 엄마 마가렛은 크게 불안해하면서 마지못해 딸의 자율성을 허락했다. 앙투아네트는 엄마가 "신경과민"이고 통제적이 되고 있다고 말했다. 그녀는 내게 이렇게 말했다. "엄마는 제가 더 이상 엄마의 수줍음 많은 어린 여자애가 아니라 성인이라는 것을 받아들이기를 어려워해요. 제가 조증 상태가 되었을 때 얼마나 안 좋았는지 알고 있어요. 멍청한 짓들을 했었죠. 그러나 지금은 더 이상 그때의 내가 아니거든요. 엄마는 아직도 저를 아픈 사람으로 보고 있어요."

응급실에서의 첫 발작이 있고 두어 달이 지나는 사이, 나로선 평상시의 자기로 돌아갔다는 앙투아네트의 말에 설득을 당해 가고 있던 시점이었는데, 엄마 마가렛이 내게 전화를 해서 앙투아네트가 잘못된 판단을 하고 평상시와 다른 사람이 되어 위험천만한 행동을 한다는 보고를 받았던 때가 한 번 이상 있었다. 한번은 앙투아네트가 나이트클럽에서 만난 두 남자의 집으로 아무에게도 말하지 않은 채 혼자 다시 찾아간 일이 있었다. 또한 그녀는 예전에는 가질 수 없었던 비싼 옷과 전자제품을 사느라 신용카드로 지나치게 많은 돈을 쓰고 있기도 했다.

앙투아네트는 리튬 복용량을 더 늘리는 데에 동의했다. 다시 몇 주가 흐르는 사이에 앙투아네트에게 남아 있던 충동성은 완전히 진정되었고, 엄마 마가렛조차도 앙투아네트가 정말로 예전으로 돌아갔다고 만족해했다. 그러나 이런 안정성을 되찾게 되자, 불행히도 앙투아네트는 새로 찾았던 자신감과 자기 자신에 대한 고평가를 잃어버렸고, 대인관계에 소심하고 불안해하는 모습으로 되돌아갔다. 우리는 리튬 복용량을 한 번 더 조절했다. 이번에는 그녀가 가진 억압감을 살짝만 '풀어 주기' 위해 복용량을 약간 줄이기로 했던 것이다. 이렇게 하자 다행스럽게도 앙투아네트의 자신감과 사교성 수준에서 최적의 균형이 이루어졌다.

이제 완전히 안정감을 찾은 앙투아네트는 자신을 더욱 성찰하면서 나와 이야기를 나눌 수 있게 되었다. 다음의 말에서 그녀는 참된 통찰과 더욱 깊은 수준의 자기 인식을 드러내 보였다.

> 그동안 엄마가 왜 그렇게 꼴 보기 싫게 굴었는지 이해가 가네요. 전 정말 다시는 조증에 빠지고 싶지 않아요. 조증은 제게서 자제력을 빼앗아가 버렸어요. 조증이 끝나자 전 너무 당혹스러웠어요. 머릿속의 화학적 불균형이 한 사람으로서 정체성의 본질, 그리고 그게 무엇인지 아는 능력까지도 그토록 철저하게 바꿔 버릴 수 있다는 것이 너무너무 이상하고 혼란스러워요. 리튬 같은 단순한 화학 원소 하나

가 이 모든 것의 균형을 되찾게 해 줄 수 있다니, 놀랍기도 하고 이상하기도 합니다. 마음, 성격, 의지, 도덕적 가치에 대해 우리가 생각하는 모든 것이 그렇게 철두철미하게 뇌의 화학성에 의해 결정된다는 것을 대부분의 사람들이 받아들일 수 있으리라고는 생각지 않아요. 이 모든 게 어떤 식으로 작동하는지 이해하고 싶어요. 너무나 무섭지만, 또 너무나 흥미가 당기기도 해요.

뇌가 하는 일이 바로 마음

의식은 정말로 불가해한 문제이다. 그러나 현대의 인지신경과학은 그동안 이 문제를 인상적으로 파고들었다. 이 진전은 불과 지난 몇십 년 사이에 일어났는데, 그 시기는 다른 '큰 물음들'처럼 의식의 연구 또한 순수하게 철학적인 물음으로 보기보다는 과학적으로 붙들어 볼 만한 흥미로운 (그리고 어떤 사람들은 훌륭하다고 말할 만한) 문제로 간주하게 된 시기였다. 마음과 뇌의 관계를 규명하는 일은 금방 과학의 가장 뜨거운 주제의 하나가 되었다. 뇌가 어떻게 마음을 낳느냐는 문제에 대해 현재 우리가 가진 지식 상태를 논하는 것은 워낙 방대한 주제이기 때문에, 이번 장에서 나는 간결함을 기하기 위해 몇 가지 도드라지는 점만 뽑아서 대폭 요약하는 방식으로 집중해서 살펴볼 생각이다. 이렇게만 해도 이 매력적인 주제에 대해 여러분의 흥미를 돋우기에 충분하고, 이 책의 중심 주제, 곧 고유하고 자기를 인식하며 강한 목적 감각과 보살피는 능력을 가진 인간 존재는 사실 무심하고 무작위적인 우주에서 자발적이고 인도함이 없는 진화의 과정을 거치며 진화할 수 있었다는 것을 뒷받침하기에 충분하기를 바란다.

앞장에서 우리는 겉보기에는 전혀 물리적이지 않은 현상, 곧 질적으로 물질과는 너무나 다르게 보이는 현상마저도 물질의 **조직**이 낳은 산물, 입자와 입자 사이의 상호 작용과 시공간적인 **관계**가 낳은 산물로서 떠오를 수 있다는 것을 보았다.[1] 그때 우리가 보았다시피, 복잡 적응계에서 예측할 수 없이 떠오른 성질들은 대개 그 계를 이루는 성분들에는 전혀 내재하지 않은 성질들이다. 말하자면 부분들의 합보다 전체가 더 클 수도 있다는 뜻이다. 떠오름만으로 의식을 완전하게 또는 충분히 만족스럽게 설명할 수는 없지만, 의식이라는 이 불가해한 현상을 이해하고자 하는 지금의 초기 단계에서는 '뇌에서 나온 마음' 문제에 떠오름이 빛을 던져 줄 수 있다.

여기서 확실히 하고 싶은 점은, 현재 우리가 의식을 과학적으로 설명하기 위해 가야 할 길이 아직은 대단히 멀다는 것이다. 정말이지 우리는 이제 막 걸음을 떼었으며, 우리가 앞으로 메워야 할 설명의 빈틈들은 크다. 이를테면 의식적 경험의 강렬한 주관적 질감—이것을 철학자들은 '감각질qualia'이라고 부른다—을 설명해 낼 방도가 아직 우리에게 없다고 논하는 이들이 있다. 이 문제는 때때로 '의식의 어려운 문제hard problem of consciousness'라고도 한다. 그러나 이에 대해서 과학계의 의견은 분분하며, 어떻게 정의하느냐에 많은 것이 달려 있다.

마음과 뇌는 서로 별개의 존재라는 직관적 감각을 털어 내기는 어렵다. 마음은 비물리적이고 하늘에 속하고 영적이고 플라톤적으로 보이는 반면, 뇌는 하나의 신체 기관, 곧 한 조각의 고기로 보기가 더 쉽다. 고대 그리스와 데카르트주의 철학에서 의식을 보는 시각이 바로 이런 이원론적인 시각에 동조하는 경향이 있다. 비육체적이고 영원한 영혼이나 환생에 대한 믿음을 주춧돌로 삼는 종교들은 일반적으로 이 마음과 뇌의 이원론을 더욱 강화한다.[2] 심지어 20세기 프랑스의 실존주의 철학자이자 무신론자였던 장 폴 사르트르Jean-Paul Sartre마저도 의식을 거의 데카르트 식으로 서술했다. 곧, 우주에 존재하는 다른 모든 것들과 전혀 다른 것, '사물 아님no-thing', 순수한 지향성으로 의식을 서술했던 것이다. 사르트르는 이렇게 의식은 다른 모든 것들로부터 독립해서 존재한다는 성질을 가지기 때문에 고유하고 완전한 자유가 주어진다고 느꼈다. 사르트르는 마음의 활동이 단순히 선행하는 원인들에 의해 결정될 수 있다고 믿지 않았다. 그는 자유의지를 믿었다. 사르트르에 따르면, 우리의 마음가짐이나 의식을 결정할 수 있는 것은 아무것도 없다. 우리에겐 이것들을 직접 결정할 수 있는 자유가 있다.[3]

현대 신경과학에서 우세한 시각은 이원론이 아니라 일원론이다. 곧, 마음이란 다름 아닌 뇌에서 떠오른 산물이라는 것이다. 이 관점에서 보면, 뇌는 몸과 함께 진화한 신체기관의 하나이고, 그 진화를 이끌어온 것 또한 다른 진화에서와 똑같은 형태로 작용하는 환경의 선택압이었다. 지금에 와서야 이해하기 시작한 이유들로 인해 사람의 뇌는 다른 동물보다 훨씬 복잡한 방식으로 진화해오긴 했지만, 분자 수준의 밑감, 조직 원리, 진화의 빚어 내는 힘은 서로 전혀 다를 게 없다. 생각이란 정보의 한 형태이며, 정보는 물리적인 것들 사이의 관계에서 비롯하고 구현된다는 점에서 근본적으로 물리적인 것으로 이해할 수 있다. 그러하기에 마음은 뇌의 위에서 떠다니거나 귀신처럼 뇌 속에 거주하거나 물리적인 뇌를 초월해 있는 어떤 우주적인 정신에 그 근원을 두고 있다거나 하는 무슨 천상의 것이 아니다.[4] 의식이 특별한 본질을 가지고 있으며 물질(고도로 복잡한 방식으로 상호 작용하는 조직된 물질)

에서 생겨날 수 없다는 고집스런 주장은 살아 있는 것들은 어떤 **생명력** élan vital*을 가지고 있다는 철저하게 논박된 주장과 매우 흡사하다.

의식의 기초가 물리적이라는 것은 현실에서 정신질환을 효율적으로 치료하는 수많은 훌륭한 치료법들의 바탕에 깔려 있는 한 가지 지도원리이다. 뇌기능에서 다양한 정도로 일어난 교란이 '마음' 또는 '성격'에 미미한 수준부터 극적인 수준까지 영향을 주는 모습을 나는 날마다 목도한다. 또한 물리성에 기초한 의학적 치료법이 환자의 인지와 감정과 행동에 이로운 효과를 주는 모습도 목도한다. 신경회로를 교란시키는 화학적 영향이나 신체적 질병으로부터 완전히 자유로운 마음, 성격, '자아', 또는 '의지'의 측면이란 없다. 앙투아네트의 예에서 보았다시피, 신경 전달에서 화학적으로 아주 미미한 불균형만 있어도 크나큰 영향을 줄 때가 있다는 것이 정신 장애에서 중추적인 역할을 하는 경우가 흔히 있다.

정신과 의사와 신경과 의사를 비롯한 의료계 전문가들은 사실상 다양한 상태로 뇌의 정상 회로가 교란되거나 무너지거나 안타깝게도 '해체된' 사람들을 다루는 것이 일상이다. 여러분 가까이에 서서히 치매가 진행되는 사람, 심각한 머리 손상을 입은 사람, 또는 다양한 형태의 뇌손상을 입었거나 중증 정신 장애를 가진 사람이 있었다면, 아마 여러분은 마음—그리고 사실상 '사람'—이 무너지거나 해체되는 모습을 목도했을 것이다. 8장 끄트머리에서 우리는 바로 그런 사례를 하나 보게 될 것이다. 거기서 우리는 체계적으로 마음이 해체되어 가는 해

* 보통 '생명의 약동'으로 옮기는 이 말은 프랑스의 철학자 앙리 베르그송Henri Bergson이 '창조적 진화'와 관련하여 도입한 개념이며, 이 책에서 쓰인 바처럼 흔히 '생명력'이라는 뜻으로 이해되곤 한다.

럴드와 그 상태를 견뎌 나가는 아내이자 간병인인 에스더를 만나게 될 것이다. 사람에게서 그런 변화가 일어나는 모습을 목도한 적이 있다면, 마음이란 것이 전적으로 물리적인 뇌의 산물이며 철저하게 뇌 자체의 신경회로에 의존하고 있음을 이해하고 받아들이기가 어렵지는 않을 것이다.[5] 뇌손상이 정신기능에 정확히 어떤 효과를 미칠지 정밀하게 예측하기는 아직 어려울 수 있다. 왜냐하면 뇌 기능의 얽히고설킨 복잡성에 대한 우리의 이해가 (비록 계속 나아지고는 있지만) 아직은 제한적이기 때문이다. 앙투아네트의 경우에서 보았다시피, 정신병을 치료할 때 약물을 완벽하게 쓰지 못하는 이유는 뇌에 대한 이해가 아직 제한적이어서 약물의 결과를 미리 정확히 예측하기가 어렵기 때문이다.

의식과 자기 인식에는 여러 수준이 있으며, 이는 신경 세포 복잡성의 정도 및 신경계의 기능적 완결성integrity의 정도와 상관성을 가진다. 이는 인간 초기 발달의 각기 다른 수준에서 도달하게 되는 모습, 뇌 기능이 서로 다른 수준에서 손상된 사람들, 진화적 복잡성 면에서 서로 다른 수준에 있는 동물들에서 뚜렷하게 볼 수 있다.

의식은 어떻게 진화했는가

주변 환경에 대한 '자각'과 반응을 만들어 내는 신경계가 어떻게 진화되어 왔는지는 상당히 잘 이해되어 있다. 진화의 생명 나무 아래에서 위로 갈수록 생물들은 감각적 지각과 신체적 운동의 신경순환neural cycles에서 보이는 복잡성이 차츰차츰 증가하는 모습을 보인다.[6] 가장 단순한 생물들은 기본에서 보았을 때 그저 생물학적 기계일 뿐으로, 신경계가 자극-반응 되먹임 고리로 작동한다. 반응에 있어서 기본 선택지는 다가가느냐 물러나느냐 하는 것이다(예를 들어 세균은 포도당 기울기를 따라 포도당 농도가 높은 쪽으로 헤엄치고, 달팽이는 먹을 만한 것에는 다가가고 찔리는 것이 있으면 물러난다). 단순한 생물이 자극에 반응하는 것은 분자적인 자동 메커니즘으로 작동한다. 이보다 고등한 동물들에서 진화한 뇌는 사실상 이런 자극-반응계가 더 복잡하게 다듬어진—수많은 중간단계들과 변경인자들modifiers*을 포함시켜가며—것에 지나지 않는다. 포식자가 먹잇감에 살금살금 다가가는 경우처럼, 고등한 동물들에겐 자극에 대해 반응을 늦출 수 있는 신경 메커니즘들이 있다. 고등한 동물의 뇌는 과거의 행동이 낳았던 결과들을 기초로 해서 행동의 가능한 결과가 무엇일지 계산할—같은 먹잇감을 잡으려 했던 과거의 경험을 토대로 문제 해결과 의사 결정을 할—수 있다. 사람은 자극에 반응하기까지의 시간을 수십 년까지 늘일 수 있어서, 초기 자극에 대해 최종 반응을 실행하기 전에 방대한 양의 데이터를 계산할 수 있다(예를 들면, 진로를 결정하고, 가족계획을 세우고, 은퇴계획을 세우는 것 등이 이에 해당된다). 사람에서 보이는 극도로 복잡한 뇌 기능은 생존 문제에 있어서 이제까지 굉장한 성공을 거두었다. 이 성공은 자연 선택에 의해 인지 기능의 복잡성이 증가되어 가는 진화적 과정이 폭주하는 결과를 낳았다(그러나 우리가 가진 커다란 뇌는 그만큼 큰 에너지 비용을 치러야 하고, 또한 큰 뇌를 담으려면 큰 머리가 있어야 하지만, 머리 크기는 산모의 골반을 거쳐 출산하는 과정 때문에 제약을 받는다).

---

* 조건에 맞춰 실행이나 적용의 범위를 제한해 주는 것을 말한다고 한다.

동물에서 보이는 의식의 기초적인 선행단계들의 진화와 의식의 복잡성이 점증해 온 모습에서 우리가 이제까지 알게 된 다른 예들을 몇 가지만 아래에 열거해 보았다.

- 가장 단순한 수준에서 '의식'을 구성하는 가장 기본적인 단위들은 아마 신경을 통해 몸을 뇌에 표상하는 것neural representations, 곧 몸의 지도그리기mapping, 그리고 몸에 대한 뇌의 항상성(평형) 메커니즘과 조절 메커니즘(이를테면 혈압과 호흡 조절)일 것이다. 그 다음 수준에서 원시의식을 구성하는 단위들은 주변에 있는 다른 물체를 지각하고 그 물체에 본능적으로 반응하는 것에서 떠오른다.
- 단순한 동물들에서 보이는 행동은 기계적이거나 본능적인 것으로서, 해당 종을 이루는 건강한 구성원들 모두에게 미리 프로그램이 되어 있는 행동이다. 대부분의 동물들에서 보이는 대부분의 행동은 대니얼 데닛이 "이해하지 않고 해 내는 능력competence without comprehension"이라고 불렀던 것으로 수행된다.[7] 사람에게서도 의식적으로 주목할 필요 없이 '좀비' 식으로 자동 수행되는 기능과 행동은 매우 많다. 잘 익히고 연습을 거친 작업들(이를테면 말하기, 걷기, 자전거 타기, 자동차 운전하기 같은 것)의 대부분은 자동화된 행동을 지정해놓은 대규모 레퍼토리로 옮겨진다.
- 진화의 관점에서 보면, 단순한 신경계는 단순한 자극-반응 고리에 불과하지만, 이보다 복잡한 뇌는 패턴을 감지하고, 자극을 예상하고, 그에 따라 반응을 계획한다—**이러면 이렇게 한다**. 그래서 복잡한 동물들의 뇌는 예측기계이다. 곧, 다음에 무엇이 일어날지 예상하고, 그 예상을 벗어나는 자극이 있으면 돋을표시salient를

하는(다른 것들에 비해 두드러지기 때문에 주의를 기울이고 기억해 둘 가치가 있다고 여기는) 것이다. 하지만 뇌가 특정 예상에 너무나 단단히 붙들린 나머지, 자극이 예상했던 패턴과 일치하지 않는데도 불구하고 그 패턴과 일치한다고 확신하는 일이 자주 있다. 그때 뇌는 보고 싶은 것을 보고, 경험하리라 예상한 것을 경험하는 것이다. 수많은 종류의 착각에서 기초가 되는 것이 바로 이것이고, 위약 효과 같은 피암시성suggestibility 현상을 아마 이것이 일부 설명해 줄 것이다.[8]

- 학습과 기억의 (구성단위들인) 분자적 메커니즘들은 고등한 사람이나 하등한 고둥sea snail이나 본질적으로 똑같다.[9] 어떤 면에서 보면, 사람의 뇌가 가진 어마어마하게 우월한 힘은 이런 단순한 분자적 메커니즘들을 진화가 계속 배열해 나가며 만들어 낸 조합적 복잡성combinatorial complexity의 결과이다.
- 포유류는 다른 동물들보다 더 복잡한 본능을 가지고 있다. 이를테면 두려움과 분노 같은 감정들, 성적 각성과 관련된 감정들, 엄마와 유아의 유대 관계 형성과 관련된 감정들이 그에 해당된다. 포유류에서 감정의 진화—더 단순한 동물들이 가진 더 기초적인 화학 반응들로부터 감정이 유래했다—, 그리고 무엇에 주목할지 방향을 정하고 동기를 끌고 가는 데에서 감정이 하는 역할에 대해서는 모두 상당히 잘 이해되어 있다. 감정은 대상에 '가치'(생존에 좋은 것이냐 나쁜 것이냐)를 불어넣기도 한다. 더욱 높은 수준에서 보면, 사람에게서 윤리적 원리들이 발달하는 데에 강하게 기여하는 것이 바로 감정이 불어넣은 이 가치들이다.

나에 대한 감각도 진화이다

이 사이 어디쯤에서 '나'에 대한 감각이 진화했다. 주관적인 자아 감각—뇌의 자아 표상과 집행부 기능executive functions—이라는 수수께끼 같은 착각을 잠시 살펴보도록 하자. '나'는 내 생각과 행동을 지휘하고, 내 주변 환경(그리고 거기에 있는 '타인들')과 관련해서 과거와 현재의 내가 동일하다는 감각을 가지고, 나만의 고유한 목적 감각을 가진 것이 바로 '나'라고 느낀다. 하지만 뇌에는 중심이 되는 집행부라든가 의지의 중심 같은 것은 존재하지 않는다. '자아'를 구성하는 단일한 실체도 없고, 전체적인 작동을 조종하고 명령하는 쪼끄마한 호문쿨루스homunculus* 같은 것도 없다. 그것은 복합적인 착각composite illusion이다. 통일된 자아가 있다는 감각은 다양한 장애들로 인해 무너질 수 있다. 예를 들면, 조현병schizophrenia을 앓는 환자들은 머릿속에서 목소리를 듣기도 하고, '누군가' 자기 마음에 살그머니 '주입한' 생각들을 경험할 때도 있다. 이 '다른 사람'은 환자가 전에는 전혀 알지 못했던 것들을 말해 준다. 나는 그것들 모두가 환자 본인의 생각—단지 '나'로부터 나온 것이라고 인식하지 못할 뿐—이며, 그 새로운 정보라는 것이 (꿈속의 대화처럼) 의식적으로 자각하지 못한 채 이미 환자가 가지고 있었던 것임을 설명해 주려고 한다. 그러나 안타깝게도 많은 환자들은 그냥 이렇게 대꾸하고 만다. "그럴 리가 없어요, 선생님. 제 목소리처럼 들리지도 않을 뿐더러, 제가 이전에 알지도 못했고 알 수도 없었을 것들을 그 사람이 제게 말해 준다니까요." 이밖에도 '자아'가 무너지고 부서져 가

* 연금술로 만들 수 있다는 인조인간.

는 예들은 많다. 이를테면 '뇌분리split brain' 환자들이 그런 예로, 매우 중증인 간질을 완화하기 위해 좌뇌와 우뇌를 연결하는 큰 섬유다발인 뇌들보corpus callosum를 수술로 잘라낸 경우이다.

뇌가 기능하는 것뿐만 아니라, 의식이 떠오르는 데에서, 그리고 통일되고 일관된 자아가 있다는 착각이 떠오르는 데에서 매우 중요하다고 할 만한 것이 바로 신경 세포들의 발화 시간 맞추기 관계들이다. 다시 말해서 뇌의 서로 다른 부분들에서 일어나는 활동들끼리 시간 조정temporal coordination을 하는 것이 지각, 정보 처리, 행동을 서로 결이 맞게 묶어 주는 데 핵심이 된다는 것이다. 이는 교향악단에 빗댈 수 있다. 각 악기를 언제 연주할지 시간을 맞추면 결이 맞는 선율을 가진 음악이 나오지만, 그게 없으면 불협화음이 만들어지는 것이다. 하지만 뇌와 교향악단 사이에는 큰 차이가 하나 있다. 앞에 서서 어느 신경 세포가 발화하고 언제 발화할지 지휘하는 책임 지휘자가 뇌에는 없기 때문이다. 뇌의 집행부 기능은 그것보다 더 복잡해서, 하부 기능들을 지휘하면서 동시에 그 기능들에 의존한다. 계 전체가 기능하는 방식은 순환적 인과관계 안에서 자체적인 되먹임 고리를 통해 스스로 조절하는 반향 회로reverberating circuit와 더 비슷하다. 이 모든 과정에서 주의력attention이 아마 중심 역할을 할 것이다. 곧 인지작용을 현재에 집중하는 것이다. 이런 '주의력 집중attentional spotlight'이 어쩌면 때와 장소가 바뀌어도 '나'라는 통일된 존재자가 있다는 느낌을 주는 것에 일조하는지도 모른다.

사람의 뇌는 자신이 지각한 것과 행동을 언어를 이용하여 자기 모순이 없는 이야기로 엮어서 설명하려고 하며, 일관된 자아 감각을 가지는 데에 이것이 크게 기여한다. 뇌에서 이런 언어적 해석verbal interpretation과 '즉석 해설running commentary'에 쓰이는 부위는 뇌의 다른 영역들에서 들어온 입력에 결함이 있으면 오류가 나기 십상이고, 그럴 때는 지어서 말하거나 없는 것을 믿게 된다.

정보는 물리적이며 우리는 정보이다

의식과 주관적 자아 감각에 다가갈 또 다른 단서들은 정보 처리와 정보 저장의 본성을 이해하는 것에서 이끌어 낼 수 있다. 기억과 지식—이것들 모두 정보이다—이 어떤 식으로 저장되고, 복잡하게 분산된 신경 세포 연결망에서 어떤 식으로 (물리적으로) 표상되는지 우리는 현재 상당히 많이 알고 있다. 지금은 '정보' 또한 근본적으로는 물리적인 것이라고 이해하고 있다. 정보는 한 매개물에서 다른 매개물로 꼴바꿈을 할 수 있으나, 반드시 언제나 물리적으로 구체적 표상이 되어야instantiated 한다. 한 예로, 천둥소리를 듣고는 화들짝 놀라 기억에 단단히 새겨 두었다고 상상해 보자(이런 예는 신호—정보—가 어떻게 지각과 기억 양쪽으로 꼴바꿈을 하게 되는지 예증하는 용도로 쓸 수 있다).

천둥소리는 공기 중의 특수한 음파 패턴이 귀에 들어간 다음, 그에 상응하는 진동 패턴으로 변환되어 고막과 가운데귀의 작은 뼈들을 거쳐 달팽이관으로 전달되고, 그다음에는 그에 상응하는 전기화학적 박동 패턴으로 변환되어 속귀 신경을 타고 가서, 청각겉질 및 그에 연관된 겉질의 신경 세포들에서 그에 상응하는 신호들로 변환된다. 그 신호는 편도amygdala를 통해 중개되어 공포 회로를 활성화하기도 한다. 그리고 아마 시각 회로까지 활성화해서 천둥소리를 들었던 순간에 본 광경을 기록할 것이다. 신경 세포들 사이에서 신호를 전달하는 것은 신경 전달 물질neurotransmitter이다. 넓게 분산된 신경망 전체가 이 자극을 받아 대뇌겉질 전역에서 활성을 띠는 것이 **바로** 그 순간에 대한 경험이다. 이 자극이 워낙 강한 탓에—'섬광 기억flashbulb memory'의 순간—, 이 특정 망의 연결패턴을 영구적으로 되살릴 수 있게 된다. 이런 일은 그 자극에 대한 반응에 참여하여 함께 발화한 모든 신경 세포들 사이를 연결하면서 막 단백질membrane proteins에 생기는 변화로 인해 일어난다. 말인즉슨 "함께 발화하는 신경 세포들은 함께 이어진다." 기억을 구성하는 것이 바로 이것이다. 곧, 해당 기억을 상기시키는 것이나 그것을 연상시키는 신호를 미래에 만나면 지금과 동일하게 서로 인접해 있는 망이 다시 활성을 띨 수 있는 것이다. 신경 세포들의 연결 패턴은 여러분이 지각한 정보 패턴에 대응하는 표상('지도')이다. 또한 그 표상은 여러분이 그 경험에서 연상하는 다른 느낌이나 기억의 표상들과 엮여 그 경험에 의미의 층위가 더해질 수도 있다.

고유한 한 인간으로서 여러분은 동역학적으로 서로 연결되어 있는 뇌의 복잡한 모든 망들의 합이다. 곧, 평생에 걸쳐 기억한 경험과 지식, 배워 익힌 모든 행동과 습관, 이런저런 방식으로 경험에 반응하도록 하는 기본적인 기질, 뇌가 내 몸과 내 모습에 대해서 하는 표상, 뇌가 표상하고, 그 표상에 대해 표상하고, 또 그 표상에 대해 표상한 것, 이 모두의 합이 바로 여러분이라는 말이다. 서로 연결된 전체 망 속에 물리적으로 구현된 그 모든 정보가 바로 여러분이다. 반향 회로의 고리를 이루며 스스로를 되풀이해서 반영하는 그 망의 전체성이 바로 여러분이다. 여러분은 조직된 물질이다.[10]

물리적인 마음에 자유의지는 있는가

기본적인 화학적 분자적 과정들로 작동하는 생물학적 기계라는 것과 어마어마한 양의 개체적 변이성이 있다는 것은 전적으로 서로 양립할 수 있다. 기질과 성격의 변이성은 뇌과학자들에게 크나큰 관심사이다.[11] 기질은 사람에게만 있는 것이 아니다. 사람 외의 고등한 동물들도 기질을 가지고 있으며, 하등한 동물들에겐 행동의 편향성behavioral biases이라고 부를 만한 것이 있다. 지능과 창의성에서 개체마다 차이를 보이는 것 또한 광범위하게 연구되었으며, 그 차이들이 물리적인 뇌와 어떤 식으로 대응되는지 알려 줄 수많은 단서들이 그 연구를 통해 나왔다.

어떻게 물리적인 뇌가 마음을 낳느냐는 문제에 대한 이 모든 통찰에 담긴 함의는 우리로 하여금 다음과 같은 물음을 피할 수 없게 한다. 곧, 우리에게 '자유의지'가 있는가 없는가? 있다면 어느 정도 있는가? 과학적으로 볼 때, 순수하게 원리적으로만 보면 아마 자유의지 같은 것은 있을 수가 없을 것이다. 그러나 인간의 사고와 행동을 결정하는 변수들의 복잡성이 어마어마하며 복잡한 떠오름계가 본래적으로 예측 불가능할 수 있음을 감안하면, 현실에서 '자유의지'라는 말을 사용해도 정당할 것이다.[12]

마음의 본성이 물리적임을 더욱 철저하게 이해하면, 대단히 많은 흥미롭고 신기한 정신현상들이 훨씬 잘 납득이 가기 시작한다. 물리적인 구속성과 시간적 제약성exigencies으로 인해 뇌가 보이는 온갖 기벽과 '설계의 흠들'을 모두 열거하자면 아마 책을 여러 권 써야 할 것이다. 사실 말이지, 앞 장들에서 우리가 살펴본 수많은 인지적 편향성들은 뇌가 에너지를 씀에 있어서 경제성과 효율성을 따져야 한다는 필요에서 비롯한 것들이다. 왜냐하면 에너지를 가장 많이 소비하는 신체 기관의 하나가 바로 뇌이기 때문이다(뇌를 비싼 기관이라고 말해도 될 것이다).

예를 들면, 2장에서 살펴보았다시피, 뇌는 패턴을 인식하고 예측하려고 할 때 에너지를 아낄 수 있는 지름길을 택하는 것으로 알려져 있다. 말하자면 빈틈이 있으면 메우려 들기 때문에 오류를 저지르기 쉬워서, 패턴이 없는 곳에서도 패턴을 보게 되는 것이다. 이 오류는 오류감지 메커니즘들이 식별해서 바로잡을 수도 있고 그러지 못할 수도 있다.

믿음 자체는 에너지 절약기이고 처리 단축기이며, 정보의 범주를 빠르게 분류해서 결론으로 뜀뛰기할 수 있도록 복잡한 정보를 정리해서 정제한다. 나는 병원 블로그에 올린 글에서 다음과 같이 설명했다.

> 믿음은 우리 뇌가 복잡한 세계를 이해하고 길을 찾는 방식이다. 우리 뇌는 이렇게 에너지를 절약하는 지름길에 의존해 우리가 처리해야 할 압도적인 양의 정보를 정리하고 평가해서 다음에 무슨 일이 일어날지 예측을 내린다. 이렇게 하면 학습이 더 효율적이 될 수 있고, 생존에 필수적일 때도 종종 있다. 우리가 형성하는 믿음들은 대개 실재를 꽤 미덥게 표상해 낸다. 그러나 이렇게 효율적인 길을 선택해 세계를 이해하려 할 때 치러야 하는 대가는 바로 우리 믿음들이 잘못될 때가 드물지 않다는 것이다.[13]
>
> 랠프 루이스, 〈생각나는 대로 다 믿지 말라〉

믿음은 어떤 인지적 평형 상태, 곧 항상성을 보존해 준다. 말하자면 쉽고 친숙하고 효율적인 방법으로 우리 세계에 관한 정보를 처리하는 것이다. 우리가 가진 믿음 체계가 교란되면 에너지를 더 소비하게 되고, 새로운 질서—이를테면 새로운 세계관—를 정립하려면 상당한 노력이 필요하다. 뇌는 그만한 투자를 할 수 없을 때가 종종 있다. 우리가 인지 부조화를 겪을 때, 우리가 현재 가진 믿음 체계를 더욱 고집스럽게 붙드는 방법으로—믿음 체계에 도전하고 믿음과 모순되는 정보를 무시하거나 얼버무림으로써—이 불편함을 해소하는 게 더 쉬운 까닭이 아마 이 때문일 것이다.[14]

신이 들어설 여지가 있는가

2부에서 우리는 우주를 비롯하여 우주 안에 있는 모든 것들—심지어 의식까지—이 어떻게 해서 자발적이고 인도함 없이 생겨날 수 있었는지 설득력 있고 가당성 있게 설명할 만한 모형들을 과학이 현재 가지고 있음을 보았다. 예전에는 우주에 관한 근본적인 물음들이 원리적으로는 자연과학으로 설명할 수 없는 것이고, 언제나 그럴 것이며, 그 빈틈들은 신이나 모종의 초자연적인 힘을 불러와 설명해야만 메울 수 있을 것이라고 단정하는 게 정당해 보였다. 그러나 신학자들조차도 이런 '빈틈을 메우는 신God of the Gaps' 논증에 위험 부담이 있음을 인식하게 된 이들이 많다.

과학적 지식과 가설은 계속 진보해 와서, 아마 지극히 추상적인 꼴로 말하는 것 말고는 신이 들어설 여지가 거의 남지 않은 지점까지와 있다. 리처드 도킨스가 말했다시피, "신이 할 일을 아무것도" 남겨두지 않은 것이다.[15] 비록 우리가 현재 알고 있거나 가설로 세운 과학적 과정들의 배후에서 어떤 우주적으로 '인도하는 손길'이 세계를 지금 모습대로 있게 만들었다고 상상하는 것이 얼마든지 가능하기는 해도, 그 과정을 하나라도 설명하는 데 있어서 그런 인도함을 불러올 필요는 전혀 없다. 더군다나 생물의 진화 같은 수많은 핵심 과정들을 보면, 이 과정들이 전개되는 방식과 이런 우주적인 인도함은 서로 명백히 양립할 수 없을 것이다. 마이클 셔머는 이렇게 적었다. "'초자연적'이니 '초정상적paranormal'이니 하는 말들을 불러오는 것은 우리가 자연적이고 정상적인 원인들을 찾아낼 때까지 언어적으로 자리를 맡아 두는 용도 정도밖에 안 된다."[16] 신이 그렇게 했다고 말하는 것은 아무것도 설명해 내지 못한다. 신이 있다는 가설은 수수께끼를 푸는 것이 아니라 그저 더 난해하게 만들 뿐이다.

이걸 기억해 두어야 한다. 과학에서 빈틈은 문제가 되지 않는다는 것을. 의문과 불확실함은 과학에서 화폐와도 같다는 것을. 비판적인 정신을 가진 사람들이 이성적인 노력을 기울여 헤아릴 수 없이 많은 초자연적이고 마법적인 설명들의 거짓됨을 밝히고 이전에는 답하는 것이 불가능하다고 여겼던 셀 수 없이 많은 물음들에 답을 해 나가면서 수수께끼와도 같은 지식의 빈틈들을 하나하나 차근차근 체계적으로 공략해 나갔음을 역사는 가르쳐 주었다. 고대에는 일식과 월식, 지진, 화산 같은 자연현상들이란 신들이 분노하고 복수심에 불타서 벌인 일들이며 의례 행위와 제물 바치기로 신들을 달랠 수 있다고 믿었다. 과학에서 이루어 낸 이론적인 돌파구들 가운데에는 반직관적으로 보이고 당대의 상식과는 완전히 모순되는 것처럼 보인 것들이 수없이 많았다. 그러나 역사 내내 과학적 통찰이 하나하나 이어지면서 한때는 자명하다고 여겼던 믿음들이 뒤집혀나갔다. 따라서 어떤 빈틈을 들어 말하든, 과학이 그것을 앞으로도 결코 해결할 수 없을 것이라고 함부로 가정해서는 안 된다.

우리 사는 우주에 무엇이 있는가

우리가 사는 우주에는 아마 신이 없을 것이라는 깨달음이 우리에게 남기는 것은 무엇일까? 우주의 바탕에 깔려 있거나 우주를 이끌어 가는 의식적인 의도라는 게 없다면, 분명 미리 정해진 목적이나 의미 같은 것도 전혀 없을 것이다. 그러면 사람의 생도 무의미하다는 뜻일까? 우주가 창조되었을 때 우주에 본래적인 가치와 윤리가 찍혀 있지 않았다면, 우리는 이 우주가 무도덕적이라고 결론을 내려야 하는 것일까?

의식을 가졌든 가지지 않았든 목숨을 가진 유기체가 어떻게 왜 생존 메커니즘과 본능—어떤 의미에서 보면 각자의 생존에 '마음 쓰기'—을 진화시켜 왔는지 우리는 상당히 잘 이해하고 있다. 그리고 고등하게 진화한 사회적 동물들이 어떻게 왜 타자들에게 마음을 쓰는지도 우리는 이해하고 있다. 그래서 3부에서는 사람이 보이는 고등한 꼴의 보살핌이 어떻게 생물학적 진화와 문화적 진화에 의해 빚어졌느냐는 문제로 눈길을 돌려보도록 하자. 우리는 목적과 도덕성의 완전한 자연적인 기초—신경적인 기초까지 포함해서—를 탐구해 볼 것이다. 이는 비물질적인 추상적 현상들(가치들)이 어떻게 물질에서 자연스럽게 떠오를 수 있었는냐는 문제를 더 파고드는 것과 다를 게 없을 것이다. 이 책에서 우리는 보살핌이 없는 우주에서 인간은 보살핌을 가지고 살 것이라고 예상할 만한 현실적인 근거들이 있느냐 없느냐를 아는 데에 초미의 관심을 두고 있다. 그다음 4부에서는 의미를 찾아 나가는 사람의 여정에서 이 모두가 어떤 함의를 가지는지 살펴볼 것이다. 먼저 8장에서는 사람이 동기를 가지게 하는 것이 무엇인지 이해해 보도록 하자.

3

우연히 생겨난 도덕성

8 목적의 떠오름

목표 지향성과 의지의 진화

주의 집중을 지속하는 능력

"빌어먹을, 이게 다 무슨 소용이야?" 10학년 기말고사에서 또 떨어진 마이클이 엄마에게 보낸 이 문자메시지가 마이클을 내게로 보낸 기폭제가 되었다. 마이클의 동기 부여 문제는 오래된 것이었다. 예전에 부모는 마이클을 심리학자에게 데려갔었으나, 그를 상담 치료에 끌어들이는 것조차 어려웠다. 고등학교에 들어가면서 마이클의 무감정 apathy과 좌절감은 더욱 심해졌다. 그래서 부모는 마이클이 만성 우울증을 앓는 것이 아닐까 하는 생각을 했었다. 마이클은 목표 지향성이 전

무한 듯 보였다. 소규모 초등학교에 다닐 적의 마이클은 머리도 좋고 교사들이 밀착 지도를 해 주었던 덕분에 수월하게 생활을 해 나갔지만, 대규모 공립 고등학교에 들어가서는 노력이란 것 자체를 아예 그쳐 버렸다.

마이클은 학교를 다니고 열심히 공부해야 한다는 필요를 인정했고 배운다는 생각을 좋아했지만, 쉽사리 금방 싫증을 느꼈고 단조로움과 반복된 일과에 염증을 느꼈다. 그는 당장의 보상을 기대할 수 없는 장기적인 목표에는 마음을 쏟지 못했다. 부모가 보기에 마이클에겐 자기 다스림과 의지력이 거의 없는 것처럼 보였다. 운동신경이 좋았기 때문에 마이클은 스포츠를 즐겼지만, 경기에 온전히 집중해서 제대로 하지는 못했다. 대인관계를 보더라도, 마이클은 친구들이 이렇게 저렇게 하자고 하기를 수동적으로 기다리는 편인데다가, 그마저도 그 계획대로 따라주기를 기대하기도 힘들었다. 마이클이 진정 동기를 가지고 열심히 하는 것은 비디오게임이 유일했으며, 날마다 여러 시간 동안 비디오게임을 했다. 마이클은 우울함을 느끼지는 않고 단지 동기가 없을 뿐이라고 말했다. 자신이 '무력증자slacker'임을 인정하기가 괴롭기는 해도, 낙오자가 될 것이라는 두려움은 그걸 바꾸어야 한다는 동기를 부여할 만큼 충분치 못했다.

나는 마이클의 동기 결핍이 주로 짧은 주의력 집중 시간short attention span의 결과라는 느낌이 들었다. 말하자면 주의력 결핍 장애attention deficit disorder(ADD) 같다는 것이었다. 마이클과 부모에게 질문을 더 던져본 결과, 마이클이 실로 항상 주의가 매우 산만했음이 확실해졌다. 그러나 마이클과 부모는 항상 그것이 관심과 동기 부여가 없는 결과라고 생각했지, 그 반대라고는 생각지 못했다. 그리고 학생에게 요구하는 것은 더 적으면서 학생 중심의 구조는 더 탄탄한 초등학교 환경에서는 이것이 문제가 되지 않는 것처럼 보였다. 나는 마이클에게 주의력 자극제를 처방해서, 집중하거나 동기를 부여받거나 생산적인 활동을 할 필요가 있는 날이면 암페타민 종류의 약물을 복용하도록 했다. 다행히도 마이클은 그 약에 더없이 훌륭하게 반응을 했고, 부작용도 전혀 없었다. 마이클은 그 약을 복용한 날의 자기 모습을 '일중독자'로 묘사했다. 학교생활이 전보다 훨씬 흥미롭고 매력적이라는 생각이 들기 시작했고, 공부에도 점점 더 오래 집중하게 되었다. 그 결과 학교성적이 대폭 올라갔다. 마이클은 공부할 필요가 없는 날에는 약을 복용하지 않았다. 그런 날에 약을 먹고 아무것도 안 하고 있으면 초조하고 불안해져서 무언가를 바쁘게 하지 않으면 안 될 것 같은 느낌이 들기 때문이었다. 마이클은 그 약이 어떤 느낌인지 다음과 같이 서술했다.

> 제가 비디오게임을 했을 때 느꼈던 즐거움, 그것과 똑같은 즐거움을 이젠 학교 공부 같은 걸 할 때에도 느껴요. 그게 가능하다는 걸 몰랐어요. 예전에는 의욕을 잃으면, 하는 걸 그냥 멈췄어요. 그런데 지금은 그냥 계속 하고 싶어져요. 하는 걸 멈추기만 해도 그냥 다시 하고 싶어져요. 웃기는 건, 학교 가는 게 진짜 그립다는 거예요. 이런 건 처음 느껴요. 학교에 대해서 이렇게 느껴본 적은 단 한 번도 없었거든요. 이상한 것 같아요.

마이클은 짬이 날 때마다 대단히 세밀하고 복잡한 비디오게임을 프로그램 하면서 컴퓨터 프로그래밍 직업에 큰 관심을 키워 갔다. 마이클은 자기 인생에 대해서 더는 목적 감각을 잃지 않았다.

마이클의 사례는 성격상의 결함이나 인생에 대한 목적 감각이 없는 탓으로 여겼을 만한 문제가, 뇌에 작용하는 화학 물질을 썼을 때 어떻게 바뀔 수 있는지 보여 주고 있다. 의식적인 주의 집중을 지속할 수 있는 능력은 동기 부여와 목표 지향성에 결정적인 요소이다. 우리가 '목적에 이끌리다'는 말을 할 때 보통 뜻하는 바가 바로 이것이다.[1] 의식적인 주의 집중을 지속하는 능력은 고도로 조직화된 현대 사회에서 특히나 중요하다. 앞장에서 우리는 의식의 본성이 철저하게 생물학적임을 보았기 때문에, 목적의식을 갖는 것 또한 물리적인 뇌 인자들에 전적으로 의존한다는 사실이 전혀 놀랍게 여겨지지 않을 것이다. 이번 장에서는 그 인자들 몇 가지만 검토해 볼 것이다. 먼저 ADD를 살펴보도록 하자.

도파민과 주의력이 만드는 것

ADD는 주의력 집중 시간이 매우 짧은 사람들에게 적용되는 진단명이다. 또한 ADD는 뇌의 집행부 기능에서 다른 측면들이 결핍된 것과도 관련이 있다. 일반 인구집단에서 주의력 집중 시간의 정도는 다양하게 나타나며, 어느 정도부터 ADD라고 진단하느냐는 짧은 주의력 집중 시간이 학업이나 직업, 사회 기능에 유의미한 손상을 입히느냐 아니냐의 여부에 달려 있다. 따라서 부분적으로 ADD 진단 기준점은 당사자가 소속되어 기능하게 될 사회적 맥락에서 필요한 주의력 요구량attentional demands이 얼마만큼이냐에 따라서도 달라진다. 이를테면 선진국의 학교에서는 주의력 문제가 있는 아이라 할지라도, 개발 도상국의 시골 환경에서는 기능 손상이 있는 아이라고 여기지 않을 것이다. 그러나 이 문제에 관한 한, 동일한 사회에 속해 있다 할지라도 학교마다 필요로 하는 주의력 요구량은 서로 다르며, 어른들의 경우도 직업에 따라 주의력 요구량은 서로 다르다. 경증 ADD는 매우 흔해서, 전체 인구의 5~10퍼센트 정도가 이에 해당한다. ADD를 정상성과 명확하게 구별되는 장애로 여기기보다는 종형 곡선의 한쪽 끝으로 생각해야 한다. 대부분의 정신 장애가 그렇듯이, ADD의 경우에도 장애와 정상을 구분하는 금은 유의미한 기능 손상을 야기하는 특정 개별 형질이나 여러 형질들을 기준으로 부정확하게 그어진다. ADD 프로필을 가진 사람들 중에는 과다활동을 하고 충동적인 이들이 있다. 곧, 한 가지 활동에 차분히 매달리기에는 집중력이 부족하고, 아무 활동을 하지 않을 때에는 지루함을 못 견뎌 안절부절못하며, 하는 일을 잠시 멈추고 자기가 한 행위가 어떤 결과를 초래할지 헤아리는 법이 없는 것이다. 우리는 이것을 주의력 결핍 과다 활동 장애attention deficit hyperactivity disorder(ADHD)라고 부르지만, ADD와 다른 별개의 조건은 아니고, 다만 다른 모습으로 발현될 뿐이다. 이외에도 ADD 프로필을 가진 사람들 중에는 조용한 몽상가나 해찰꾼도 있다. 이보다 ADD의 정도가 더 뚜렷해지면 잠재력을 발휘할 능력이 크게 손상되어 간접적으로 다른 심각한 문제들로 이어질 수 있다. ADD 형질들은 유전된 패턴을 보이는 경우가 종종 있다.

주의력과 동기 부여는 떼려야 뗄 수 없는 관계이며 상호의존적이다. 말하자면 주의력이 커질수록 동기 부여도 더욱 커지고, 동기 부여가 클수록 주의력도 더욱 커지며, 둘 다 보상에 의해 강화된다는 것이다. 보상을 받았다는 느낌은 신경 전달 물질인 도파민dopamine이 매개한다.[2] 도파민은 흔히 '보상 화학물질'이나 '좋은 느낌을 주는 화학 물질'로도 일컫지만, '보상'보다는 '강화'라고 말하는 쪽이 더 나을 것이다.[3] 뇌의 보상 및 강화 메커니즘은 학습한 정보(또는 관념)나 학습한 행동 가운데에서 개인에게 이로움을 주는 중요한 것들을 골라 강화하는 데에서 결정적인 구실을 한다. 특정 자극을 받았거나 행동을 했을 때 뇌에서 도파민이 활성을 띠면, 바로 그 무엇이 우리에게 중요한 것이거나 좋은 것이니 그 자극에 집중하거나 행동을 유지해야 한다고 자연이 말해 주는 것이다. 그렇게 해서 도파민 활성은 우리가 주의를 집중할 방향을 정해 주고 동기 부여를 강화해 주는 것이다. 적어도 일부 경우에 ADD는 도파민의 상대적인 저활동성과 이어져 있으며, 도파민 수송 유전자를 비롯해 다양한 유전자들이 이를 매개한다.

ADD 프로필을 가진 사람들의 뇌는 본질적으로 자극을 덜 받은 상태(어떤 의미에서 보면 마음이 더 풀려 있는 상태)라고 생각할 수 있으며, 따라서 끈기 있게 마음을 써야 하는 활동에 아무 흥미도 느끼지 못하고 지루해한다. 그래서 더욱 자극적이고 매력적이고 새로운 활동을 찾아다니는 경향이 있다. 그들은 또한 도파민 방출을 치솟게 하는 자극적인 마약에 유혹당해 중독될 가능성도 더 높다.[4]

인간 개체군들—아마 다른 영장류 개체군들도 마찬가지일 것이다—은 주의력 집중 시간을 비롯하여 그와 관련된 동기 부여, 끈기, 친숙한 일과에 대한 선호도 (또는 반대로 새로운 것에 대한 끊임없는 추구) 면에서 정상 수준의 다양성을 가지도록 진화했다. 이런 유전적 다양성은 종의 생존에 필수적이다. 왜냐하면 다양성 스펙트럼의 양끝에 자리한 형질들은 저마다 장점을 발휘할 환경이 있기 때문이다. 주변 환경의 조건들이 안정되지 않고 계속 바뀐다면, 그 전에는 생존과 번식에 불리했던 형질들이 이로움을 가지게 된다. ADHD 형질을 가진 개체들은 탐험과 모험에 딸린 위험을 기꺼이 무릅쓰는 이들이기 때문에 새로운 영토를 찾아 개척할 가능성이 더 높으며, 따라서 종의 생존에 결정적이 될 수 있을 것이다. 통계적으로 보면, 스펙트럼의 양끝에 자리한 극단성 높은 형질들을 물려받은 개체들은 모든 세대마다 어느 정도 있다.

현대 사회에는 주의력 집중 시간이 더 길고, 인내심이 더욱 크고, 더욱 신중하고, 반복적인 일과를 선호하는 사람들에게 유리한 비정상적으로 기울어진 환경(학교 및 세밀함을 요구하는 직업들)이 많이 있다. 그런 탓에 자신의 주의력 집중 시간이 비교적 짧은 것을 두고 기능에 손상을 주는 '장애'로 경험하는 사람들의 비율이 점점 높아지고 있다. 이런 과잉진단과 과잉처방에 대해 경종을 울리는 언론인들도 있다.[5] 비록 일부 아이들과 어른들에게 지나치게 섣부르게 '의학적 장애'를 가졌다고 '딱지를 붙이는' 것에 대한 우려가 정당하기는 하지만, 그들은 ADD/ADHD를 명확한 질환으로 오인하고 있다. 무슨 말이냐면, ADD/ADHD가 어떤 연속선상의 끝에 자리하며 ADD/ADHD의 기능적 손상이라는 것이 사회의 주의력 요구량에 따라 달라질 수 있는 것으로 보기보다는, 어떤 절대적인 기준으로 정의되는 뚜렷한 의학적 장애로 여긴다는 말이다.

미진단 상태의 ADD를 가진 사람은 본인은 물론이고 남들의 판단에도 '게으른 사람'으로 여겨지는 경우가 흔히 있다. 그런 사람들은 오로지 흥미가 크게 동하는 일 또는 상당한 외적 보상이나 결과를 얻을 수 있는 일을 완수하는 데에만 자진해서 노력을 기울이는 모습을 보인다. 새로운 것을 찾아다니는 이들이니만큼, 그들은 (충동성이 얼마나 강하냐에 따라) '아드레날린 쇄도adrenaline rush'(아드레날린과 도파민은

밀접하게 이어져 있다)를 얻으려 위험을 무릅쓰는 사람 또는 무모하게 덤비는 사람이 될 수 있다. 주의력 자극제를 처방하면 도파민 전달의 기준선baseline tone을 높여서 이런 행동을 개선할 수 있다. 말하자면, 저자극 상태의 뇌를 내적으로 더욱 자극시키는 한편으로 외적 자극에 대한 필요는 줄여줌으로써, 자극도가 낮은 일을 수행할 때에도 더욱 몰두할 수 있게 해 주는 것이다. 이 약물들은 충동적 행동에 대한 억제력, 곧 자제력—뇌가 자신을 지휘하는 능력—을 높여 주기도 한다. 도파민과 노르에피네프린norepinephrine에 미치는 효과의 세기는 덜하지만, 이런 약물들과 비슷하게 작용하는 것이 카페인으로, 정신을 더욱 또렷하게 해 주고 더 집중할 수 있게 해 줄 뿐만 아니라, 더욱 동기 부여된 상태로 만들고, 더욱 끈기를 가지게 하며, 심지어 하는 일을 더욱 재미있게 즐길 만한 것으로 만들어 주기도 한다.

내 환자 중에는 대학에서 그저 그런 성적을 받다가 앞서 말한 주의력 자극제를 복용하기 시작하고 모든 과목에서 A를 받게 된 사람이 있다. 그는 강의가 갑자기 모두 재미있어지고 매력적으로 느껴져서 강의가 안 끝났으면 한다고 했다. 이제 그는 공부를 다섯 시간 내리 할 수 있다고 했다. 그는 또한 "아무것도 안 하고 친구들과 그저 노닥거리며 시간을 허비하는 것"에 흥미를 잃었다. 이제 그런 일은 방해밖에 되지 않고 소중한 공부 시간을 빼앗는 것으로 다가왔다. 그는 친구들과 어울릴 때에는 얼른 교과서를 다시 들여다보고 싶어 좀이 쑤셔서 수시로 시계를 보곤 한다는 것을 깨닫게 되었다.

여기서 중요한 점은, 다른 모든 약물과 마찬가지로 주의력 자극제 또한 모두에게 다 듣지는 않으며, 사람에 따라 고만고만한 효과밖에 얻을 수 없다는 것을 유념해야 한다는 것이다. 어떤 이들에게는 부작용 때문에 주의력 자극제의 효능이 제대로 발휘되지 않을 수도 있다. 이 약물에도 위험성이 있으며, 게다가 병과 관련 없는 목적으로 이 약물을 남용하는 이들도 있다.

주의력 집중 시간의 종형 곡선에서 다른 쪽 끝에 있는 사람들도 있으며, 거기에는 나도 포함된다. 나는 선천적으로 주의력 집중 시간이 길어서, 지루함과 마음 흐트러짐이 느껴지는 기준선이 평균보다 높다. 그래서 상당히 평범한 일이라든가 내용이 어려운 비소설류 책 읽기에 오랜 시간 집중할 수 있다. 나는 세세한 것에 흥미가 당기고, 굉장한 끈기를 가졌다. 이게 불리하게 작용할 때도 있다. 말하자면 세세한 것들로 초점이 쏠리면 강박적이고 완벽주의적이 될 수도 있는 것이다. 나는 흥미로운데 다른 대부분의 사람들은 흥미를 못 느끼는 화제가 있음을 나는 알게 되었고, 상대방의 눈이 흐리멍텅해지기 전에 입을 다무는 법을 익혔다. 만일 이 책을 읽으면서도 그런 게 느껴졌다면 미안하게 생각한다.[6]

주의력과 그 화학적 '연료'(도파민)가 어떻게 동기 부여의 신경생물학적 기초를 이루는 중요한 성분이 되는지 보게 되었을 테지만, 거기서 그치지 않고 더욱 큰 요지가 그려졌기를 바란다. 곧, 우리가 추상적인 '목적'이라고 생각하는 것이 사실은 복잡 적응계(우리 뇌)가 가진 떠오름 성질의 하나이며, 근본적으로 '목적'은 인도함 없는 자연 선택의 압력에 의해 빚어진 물질적인 '것들'(신경 세포 회로의 화학적 신경 전달 물질들)이 만들어 낸 한 산물이라는 것이다.

목적 안의 신경생물학적 기초

목표 지향성 또는 목적성의 바탕에는 동기 부여가 자리하고 있다. 그것의 연료가 되는 것은 생존하고 번식하고자 하는 강력하고 근본적이고 선천적인 동물적 욕망들이다. 목숨을 가진 유기체들은 의식을 하든 안 하든, 자기 존재가 유전자를 퍼뜨리는 목표를 향해 있다는 의미에서 모두 목표 지향적이라고 간주할 수 있다.[7] 생명은 환경이 가하는 아무 인도함 없는 자연 선택에 의해 이렇게 진화적으로 빚어져 왔다. 생물들은 널리 다양한 적응성을 개발해서 효율적으로 성장하고 번식을 해 왔다. 느끼지 못하는nonsentient 가장 단순한 생명꼴들조차 기초적인 형태의 목적성을 가지고 있다고 여길 수 있다. 이를테면 세균은 포도당의 농도기울기가 높은 쪽으로 헤엄친다.[8]

더 복잡한 동물들에게는 동기 부여와 관련된 본능들이 더 있으며, 더욱 근본이 되는 생존 본능과 번식 본능에서 그 본능들이 유래했다. 예를 들어 포유동물은 새끼들에게 젖을 물리기 때문에, 생존하고 번성하려면 신체적으로 매우 가까운 유대 관계가 필수적이 된다. 그러므로 어미-아기 유대 관계를 시작으로, 포유류에서는 애착attachment이 동기를 부여하는 강력한 본능이자 욕구가 된다. 포유류에서는 모든 종류의 감정이 동기 부여를 일으키는 매우 막강한 동인이다. 또한 영장류처럼 사회성을 가진 포유동물들은 집단 결속력에 의존해서 생존하는 쪽으로 진화했기 때문에, 집단에서 받아들임, 사회적 역할, 집단 내에서의 평판이 생존에 중요하며, 따라서 그것들이 중요한 동기 부여자가 된다. 인간에게도 다른 영장류와 똑같이 기본적인 생물학적 생존, 번식, 사회적 욕구가 있다. 그러나 우리는 복잡한 인지능력을 가졌고 사회집단들이 동역학적 관계를 이루기 때문에, 동기 부여와 목적성을 더 다양한 양상으로 표현할 방법들을 개발했다. 사람을 비롯한 영장류에서는 사회적 성취를 이루는 것과 집단에게 인정받는다는 느낌이 동기 부여 면에서 크나큰 중요성을 가지곤 한다.

사람에게선 혁신을 이루어 내는 능력과 환경이 달라질 때마다 맞춰 적응할 수 있는 놀라운 능력들이 진화했다. 지난 몇십 만 년 사이에 기후 변화로 인해 우리 종이 거의 멸종될 뻔했던 일이 한 번 이상 있었기 때문에(15만 년 전과 7만 년 전에 이런 일이 있었다고 추정하기도 하며, 특히 7만 년 전에는 초화산 토바Toba 대폭발이 대기에 미친 효과 때문이었던 것으로 본다), 이런 능력들을 우리가 갖게 된 것은 호모 사피엔스*Homo sapiens*의 진화에 환경적 선택압이 작용한 결과인 면도 있다. 종 내에서 가장 혁신적인 구성원들만이 살아남아 번식해서 유전자를 전달할 수 있었고, 우리는 모두 바로 그 소규모 혁신자 집단의 자손들이다. 진화는 사람이 복잡한 인지 능력을 가지는 쪽을 선호했으며, 덕분에 생존에 강력한 이점을 갖게 되어 다른 종들보다 우세해질 수 있었다. 이런 복잡한 인지 능력의 예로는 지적인 호기심, 창의성, 추상적 사고, 자기 인식, 타인이 무엇을 생각하는지 상상하고 미래를 상상하는 능력, 미래에 받을 보상을 위해 지금 당장 만족하기를 포기하고 충동을 억누를 수 있는 능력 등이 있다.[9]

초기 사람과의 유인원들은 간단한 도구 같은 기초적인 기술을 썼으나, 인간의 문화와 그 결과로 나온 기술의 복잡함은 독보적이다. 왜냐하면 그것은 사회적 학습의 산물일 뿐만 아니라 지식과 요령을 확보해서 누적해 온 결과이기도 하며, 이는 언어를 비롯한 고등한 인지 기능을 우리가 가졌기에 가능했기 때문이다. 우리는 또한 인간만이 가지는 형태의 동기 부여와 목적 있는 삶—이를테면 뛰어나고 창의적인 성취를 이루기 위해 노력하며 사는 것—을 개발하기도 했다. 인간의 고등한 인지력과 문화는 이런 목적성을 방대하게 다듬고 꾸며왔다. 이것은 놀라울 만큼 교묘하고 창의적인 모습을 띠기 때문에, 일반적으로는 대단한 만족감을 주며, 나아가서는 '자기실현'의 느낌까지 준다. 이런 형태의 목적성과 성취는 이타적일 수도 있다. 에이브러햄 매슬로Abraham Maslow는 자기실현을 최고 형태의 동기 부여라고 했으며, 일단 기본적인 욕구가 충족되면 사람은 자기실현을 위해 노력할 것이라고 논했다.[10] 자기실현은 무언가를 성취하는 형태로 개인적인 뛰어남을 찾아가는 것, 곧 자신이 가진 능력으로 될 수 있는 모든 것이 되는 것으로 생각할 수도 있다.

고등한 형태의 동기 부여는 일차적인 생물학적 욕망들—특히 번식(짝의 눈에 들고 마음을 끌고자 하는 것)—과 사회적 역할과 명성을 높이고자(집단에게 높은 평가를 받고자) 하는 이차적인 욕망들에 간접적이고 무의식적으로 봉사한다고 이해할 수 있다. 말하자면 '자기실현'의 행동들은 그보다 기초적인 욕망들, 종종 의식적으로 자각되지 못하는 욕망들을 반영하는 것에 지나지 않을 수 있다는 것이다. 무의식적인 욕망들은 지위나 자원을 획득하고 짝이 될 만한 상대에게 더 매력을 발휘하는 것과 관련된 진화적 목표들에 봉사를 할 것이다. 이런 진화의 관점에서 보면, 예술적 창조성은 정교하게 다듬어진 '공작의 꼬리'에 비견되는 일종의 무의식적인 구애 행위, 곧 짝의 마음을 끌어서 번식의 성공을 높이고, 궁극적으로 자신이 가진 유전자의 번식을 촉진하는 행위라고 이해할 수 있다.[11] 번식 상대들이 어떤 특성들, 심지어 생존에 아무런 이점이 없어 보일 때에도 그 특성들을 좋아해서 선택하는 과정이 바로 성 선택이다. 짝들이 선호하는 특성은 생존에 방해가 될 수도 있다. 이를테면 터무니없이 화려한 공작의 꼬리는 포식자로부터 몸을 숨기거나 도망갈 때 걸림돌이 된다. 성 선택의 또 다른 예는 새끼를 기르거나 지키는 일에 수컷이 종종 참여하는 종들에서 볼 수 있다. 그런 종들에서는 더욱 큰 부성을 발휘할 능력이 있음을 암시하는 신호를 내보이는 수컷들이 암컷들에게 선택받게 될 만한 이점을 가지는 경향이 있다. 이것이 수컷의 친사회적 행동을 강화하고 선택한다.[12]

사람이 가지는 목적 감각이란 것이 그보다 기초적인 생물학적 기능이 다듬어진 것에 불과함을 깨달았다고 해서 의기소침해서는 안 된다. 3장에서 말했다시피, 공작의 꼬리가 사실 공작의 유전자를 퍼뜨리는 기능을 한다고 해서 공작의 꼬리가 가지는 아름다움이 덜해지는 것은 아니다. 우리가 목표를 지향하도록 만들어졌으며, 고도로 진화한 뇌의 동기 부여 회로와 보상 회로 덕분에 종종 기막히게 창의적인 방식으로 목표에 이끌려 간다는 것은 매우 좋은 일이다.

보상과 성취감을 얻는다는 것

목표를 지향한다는 것, 그리고 목표를 추구하고 이루는 데에서 '성취감'(보상을 받은 느낌)을 느낀다는 것은 모든 동물에서 정상적인 상태이다. 무감정은 비정상적이고 예외적인 상태이다. 그렇지만 모든 개체가 똑같이 동기를 가지는 것은 아니다. 이는 사람만이 아니라, 복잡한 동물들에게 일반적으로 해당되는 사실이다(여러분이 만나본 다양한 개들을 생각해 보라). 사람에게서는 일련의 정신적, 심리적, 사회적 조건들이 개개인의 동기 부여 대 무감정의 정도에 영향을 줄 수 있다. 동기 부여를 손상시키는 정신/뇌 장애로는 우울증, 조현병, 머리손상(특히 이마엽 부상), 치매, 그리고 기타 인지 기능 손상들이 있으며, 비교적 중증도의 ADD도 여기에 추가할 수 있다. 불안도 동기 부여에 영향을 미치지만, 그 메커니즘은 다르다. 이를테면 두려움은 더욱 열심히 목표를 위해 일할 동기를 주기도 하고, 그와 반대로 두려움이 느껴진 상황을 피하게 할 동기를 줄 수도 있으며, 자동차 전조등을 보고 몸이 굳는 사슴의 유명한 경우처럼 때에 따라 두려운 상황 앞에서 우리를 꼼짝달싹도 못하게 만들 수도 있다. 두려움이나 불안이 우리의 수행 능력을 높여 나가다가 언제 거꾸로 수행 능력에 손상을 주기 시작하는지, 그 기준선은 사람마다 모두 다르다. 반면 강박적 완벽주의와 신경성 식욕부진처럼 지나친 동기 부여가 (그리고 세세한 것에 집중하는 것이) 문제가 되는 장애들도 있다.

뇌에서 목표 지향성이 자리하는 곳

겉질cortex〔피질〕이라고 부르는 뇌의 겉면은 일반적으로 더 고등하고 더 의식적인 사고과정과 연관되어 있다. 이마엽과 이마엽 겉질은 행동을 만들어 낸다. 이마앞엽 겉질(이마엽의 앞부분으로서 여느 다른 동물들보다 사람에게서 더 발달되어 있다)은 행동을 계획하고 실행하고 평가하는 중심이다. 그래서 진화적으로 이마앞엽 겉질은 사람의 뇌에서 가장 고등한 부분으로서, 뇌의 '집행부' 기능이 자리하고 있으며, 동기를 가지고 목표 지향적이고 합목적적으로 행동하는 것은 물론, 통찰하고 판단하는 데에서도 큰 역할을 한다. 나중에 이번 장에서 보게 될 해럴드의 경우처럼, 중증 퇴행이나 이마엽 손상은 동기 부여를 잃고 사회적으로 부적절하게 행동하는 특성을 보이는 참담한 성격 변화로 이어질 수 있다.

그런데 이마엽 겉질에 뇌의 집행부 기능이 자리한다고 해서 이마엽 겉질을 독립적으로 결정을 하고 명령을 내리는 CEO라는 의미의 경영자로 오인하지 않는 것이 중요하다. 그보다는 지각과 행동 사이를 오가는 반향 회로의 일부로 보아야 한다. 앞서 우리가 알게 되었다시피, 진정으로 '책임자가 자리하는' 단일 영역, 하위 중심들에서 전달되는 입력이나 되먹임으로부터 독립된 단일 영역이 뇌에는 없다.

욕망을 상실하는 우울의 사이클

우울증은 생물적 원인과 심리적 원인들이 상호 작용하는 복잡하고 비균질적인 상태heterogeneous condition이다. 인생의 불운한 사건을 겪으면 우울증이 돌발할 수 있으며, 생물적으로나 심리적으로 우울증 성향을 타고난 사람이 특히 그렇다. 우울증을 일으키는 생물적 인자들은 종종 지극히 단순하게 '화학적 불균형chemical imbalance'이라고 일컫곤 한다. 그런 '불균형' 상태에 빠지는 경향성은 유전적으로 물려받은 면도 있다. 우울증은 정상적으로 동기를 가진 사람들에게서도 그 동기를 빼앗아버린다. 내 환자 중에는 우울증이 시작되기 전까지 대단히 동기 충만했던 청소년이 있는데, 그 아이는 우울증을 다음과 같이 묘사했다.

뭘 해야 할 동기를 못 느끼겠어요. 숙제를 해야 하는데, 그냥 숙제를 하고 싶다는 생각이 안 들어요. 예전의 저와는 너무나 대비되는 모습이에요. 숙제는 제가 해야 하는 것이니까 지금 하는 것일 뿐이에요. 예전에 저는 공부에 언제나 가치를 두었어요. 대학에 들어가려면 공부가 중요하다는 걸 이해는 하지만, 지금은 공부에서 아무런 만족감도 못 느껴요. 공부가 좋다는 느낌도 없어요. 이제까지 전 내내 성적이 좋았어요. 전 정말 그 성적을 계속 유지하고 싶고, 대학에 진학해야만 한다는 것도 알아요. 그런데 이젠 그게 아무 의미가 없어요. 지금 제가 공부를 하는 것은 그냥 늘 해 왔던 것이니까 할 뿐이지만, 최상의 상태에서 하는 건 아니에요. 예전에 공부를 했을 때에는 공부가 쉽게 되었어요. 즐기며 하던 것이었고, 기쁨까지 느꼈었죠. 그런데 지금은 공부에서 기쁨을 조금도 느끼지 못해요. 대부분의 것에 흥미도 잃고 만족감도 못 얻는 것 같아요. 그렇다고 제가 아무것도 안 하는 것도 아니고, TV에서 웃기는 것을 보고 웃지 않는다는 것도 아니에요. 다만 심드렁할 뿐이에요.

우울증은 동기를 가지고자 하는 욕망의 상실 및 정상적인 보상감과 쾌감의 상실과 관련되며, 그 결과 흥미를 잃게 만든다. 곧, 생에 대한 입맛을 전반적으로 잃는 것이다. 3장에서 우리는 이 입맛을 잃으면 어떻게 생 자체를 무가치하게 보게 될 수 있는지 살펴보았다. 많은 경우, 항우울제를 복용하면 상태가 좋아질 수 있는데, 이 약물은 기분과 동기 부여를 매개하는 뇌 회로의 신경 전달 물질을 활성화한다. 우울증은 전기 경련 요법electroconvulsive therapy으로 개선될 수 있으며, 때에 따라 극적인 효과를 보이기도 한다. 그리고 이보다 새로운 신경 조정 치료법들neuromodulatory treatments도 점점 많은 성과를 거두고 있다. 예를 들어 경두개 자기 자극transcranial magnetic stimulation은 이마앞엽 겉질에서 인지 기능 조절과 관련이 있는 부위들의 활동을 자극할 수 있고, 뇌 심부 자극deep brain stimulation은, 뇌 심부의 회로들이 과도하게 활동하면 어떤 의미에서 볼 때 (사색에 빠지게 해) 내면으로 주의력을 집중하는 상태에서 빠져 나오지 못하게 사람을 가둘 수도 있는데, 그러지 못하도록 저지할 수 있다.

동기 부여 회로를 장악하는 중독

나는 도파민(뇌의 '한 번 더 해 봐' 화학물질)과 뇌의 보상-강화 메커니즘을 ADD의 맥락에서 살펴보았다. 중독성 마약 가운데에는 극적인 방식으로—그러나 종종 위험하게—도파민 회로를 탈취할 수 있는 것들이 있다. 그런 약물들은 강렬한 보상감과 행복감을 유발하도록 설계되었고, 과도하게 들뜨고 속도감을 느끼는 상태에 빠져들게 하는 게 일반적이다. 많은 마약들이 직접적으로나 간접적으로 도파민을 자극하고, 종종 극적인 수준으로 도파민이 쇄도하게 만든다. 그 결과 뇌의 동기 부여 회로를 탈취해서 사람의 행동을 장악해 버린다. 그 마약들의 중독성에 크게 기여하는 것이 바로 이것이다. 도파민 쇄도dopamine surges의 동기 부여 효과와 그 효과가 일으키는 행동강화가 워낙 강하기 때문에, 마약중독자들은 무엇이든 마약과 연관된 것—이를테면 마약을 했던 장소—과 마약에 취한 경험을 강하게 연관시킨다. 설사 마약이 수중에 없는 상황이거나 심지어 마약을 끊은 지 오랜 시간이 흐른 뒤라 할지라도, 그 장소에 다시 노출되면 마약에 대한 강한 갈증을 유발할 수 있다.

실험쥐에 전극을 심어 전기자극을 주면, 손잡이를 눌러서 도파민을 스스로 자극하려는 강박적인 욕망을 발달시키게끔 유도할 수 있다. 설사 전기자극이 아무런 객관적 보상도 주지 않는다 해도 말이다. 어떤 쥐들은 먹이도 먹지 않고 손잡이를 강박적으로 누른 나머지 굶어죽는 지경까지 간다. 이는 뇌 화학물질이 매개하는 보상 메커니즘의 역할이 얼마나 강력한지 보여 준다. 또 한 가지 흥미롭게 눈여겨 볼 점은, 마약중독에 빠지면 그 약들이 더 이상 행복감이나 쾌감을 유발하지 않을 때조차 그 약을 계속 갈구하는 사람들이 많다는 것이다. 도박이나 음식중독에 빠진 사람들의 경우에도 똑같이 말할 수 있을 것이다.

동기 부여-보상 회로는 하얀 배경에 있는 빨간 점이나 느닷없이 들리는 큰 소음처럼 다른 것들에 비해 두드러지는 것으로 지각한 자극이나 활동에 중요성이나 돋을표시salience를 부여한다. 하지만 동기 부여-보상 회로와 주의력 집중 회로 체계는 마약중독뿐만 아니라 정신증에 의해서도 탈취당할 수 있다.

현실을 파악하는 능력과 정신증

2장에서 설명했다시피, 정신증psychosis은 정신기능이 유의미하게 교란된 상태로서, 이 상태에 빠지면 현실을 파악하는 능력이 손상된다. 정신증을 가진 사람은 자기가 속으로 생각한 것과 실제 외부 환경에서 들어온 자극을 미덥게 구분하는 능력을 상실한다. 그들은 환각(이를테면 실제 목소리가 아닌 목소리를 듣는 것)이나 망상을 경험할 수도 있다. 이런 것들은 편집증처럼 거짓되고 근거 없는 믿음들이다. 이런 사람은 매우 두서없이 사고하며, 말이 안 되는 말을 하기도 한다.

정신증을 일으키는 원인은 많다. 많은 마약들이 정신증을 유발할 수 있고, 조현병, 중증 우울증, 양극성 장애를 비롯해 뇌에 영향을 주는 다양한 의학적 조건들도 정신증의 원인이 될 수 있다. 정신증은 도파민 전달의 활성 과잉 상태와 관련된 것으로 알려져 있다. 일부 마약이 정신증을 유발할 수 있고, 도파민 전달을 차단하는 항정신병 약물이 상태를 호전시킬 수 있는 한 가지 중요한 이유가 바로 이것이다.

흔한 형태의 망상의 배후에서 작용하는 메커니즘은 도파민이 사건에 돋을표시를 부여하는 방식과 관련이 있을 수 있다. 2장에서 살펴보았다시피, 대단히 흔한 유형의 망상은 자기 지시 망상이다. 곧, 무작위적인 우연의 일치들에 의도가 있으며 그 의도는 개인적으로 자기 자신과 관련이 있다고 확신하는 것이다. 도파민 활성 과잉은 다른 때라면 서로 아무 관련도 없을 물체들이나 사건들을 서로 연관 짓는 것을 강화할 수 있다.[13] 달리 말하면, 중요하지도 않고 의미도 없는 임의적인 것들에 중요성과 의미가 주입되는 것이다. 도파민 전달에 문제가 생긴 사람은 중요한 자극인지 무관한 자극인지 결정하기 힘들어할 수도 있다.[14] 정신증을 가진 사람은 동일 모델의 자동차가 10분 사이에 두 번 지나가는 것을 보면 그것이 바로 자기가 감시당하고 있다는 증거라고 풀이하거나, 텔레비전 광고를 보고 그것이 일부러 자기를 겨냥하고 있다고 느낄 수도 있다. 말하자면 모든 일이 '이유가 있어서 일어난다'거나 '미리 예정된 일'이며, 그 모두가 '나에 관한 것'이라고 여긴다는 말이다.

정상적인 학습과 기억 과정의 분자 수준에서는 견제와 균형checks

and balances이 내장되어 작동한다. 이는 학습에 억제인자를 가함으로써 아마 정말로 중요하고 돋을표시가 된 경험들만 학습할 수 있도록 보장할 것이다.[15] 그런 메커니즘이 없다면, 우리는 모든 연관성을 중요한 것으로 잘못 간주할 것이며, 우리 뇌는 그 모든 것을 학습하고 기억해야 한다는 필요에 압도당하고 말 것이다. 그렇다 해도 우리 뇌는 필요하거나 쓸모가 될 만한 연관성만 기억하는 것이 아니라, 그보다 훨씬 많은 연관성을 기억한다. 이를테면, 나는 차를 몰고 출근하면서 오디오북이나 강의파일을 재생해서 듣곤 하는데, 그때 들었던 중요한 개념을 더 완전하게 이해하려고, 차를 몰고 귀가하는 동안에 해당 대목을 다시 재생해서 들을 때가 가끔 있다. 그렇게 다시 듣다가, 나는 그 날 아침 출근길에 그 대목을 들으며 지났던 길이 어디인지 정확히 기억이 날 때가 종종 있다. 그때 그 길을 의식적으로 주의해서 보지도 않았는데 말이다. 내 뇌는 관련 없는 시각적 자극을 중요한 청각적 자극과 그냥 연관시켰던 것이다. 말하자면 이 둘이 서로 연결되어야 하고 중요하다고 가정했다는 말이다. 경쟁자와 포식자를 경계하면서 수렵 채집을 하던 사람들에게서 진화한 뇌이니만큼, 이는 터무니없는 가정이 아니다.

특별한 유형의 지속성 정신증 장애인 조현병은 동기 부여의 상실, 조직적이고 목표 지향적인 활동성의 손상, 그리고 주의력과 작업 기억working memory을 비롯한 조직적 집행부 기능의 일반적인 손상과 관련이 있다. 조현병은 이마앞엽 겉질—특히 이 겉질의 해부학적 측면들—의 손상된 기능과 연관성이 있는 것으로 알려져 있다. 조현병에서 보이는 무감정과 집중력결핍은 이 고등한 뇌 영역에서 도파민 활성이 축소된 것과 관련되었을 가능성이 있다. 반면에 정신증은 중간뇌midbrain와 둘레계통limbic system〔변연계〕(포유류 뇌의 원시적인 심부 회로인 둘레계통은 감정과 본능적 반응을 만들어 낸다)을 잇는 하등한 뇌 경로에서 도파민이 과도하게 활성을 띠는 것과 관련되어 있다.

그래서 정신증과 조현병은 여러 가지 다른 방식으로 주의력과 동기 부여의 생물성을 더욱 깊이 밝혀준다.

동기 부여는 무엇의 영향을 받는가

이번 장에서 이제까지 우리는 동기 부여의 동력이 상당 부분 우리 내부에 이미 마련되어 있음을 보았다. 외부 인자들, 특히 사회적 인자들도 동기를 빚어 내고 강화하는 매우 중요한 구실을 함은 분명하다. 그러나 그 인자들 또한 근본적으로는 뇌의 물리적인 수준에서 작동한다. 사회학습이론들과 행동주의는 보상과 응보consequence—여기에는 사회적인 것과 물질적인 것이 모두 해당된다—로 행동에 동기를 부여하고 행동을 빚어낸다는 것을 강조한다. 보상과 응보는 육아, 교육체계, 경제, 법체계, 일상생활의 무수히 많은 측면들에서 중심적인 구실을 한다. 보상과 응보가 행동을 빚어 내고 학습에 미치는 효과는 뇌에서 일어나는 과정들을 거쳐 작동하며, 그 과정들은 대단한 성과를 거둔 환원주의 이론들로 명확히 밝혀졌다. 또한 모든 생물들에서 이 과정들은 매우 기본적인 수준에서 작동하며, 가장 기초적인 수준에서 보면 대단히 기계적이고 분자적인 과정들이다. 이 분야에서 큰 파장을 일으킨 한 연구는 바다고둥을 훈련시켜서 일정한 자극을 학습하여 반응하도록 했다.[16] 사람에서 보이는 행동 강화와 사회 학습은 단지 이것이 한층 높은 수준의 규모와 복잡도에서 작동하는 것일 따름이다.

우리는 우리 자신은 물론 서로에게 동기를 부여하기 위해 일상적으로 외적인 보상과 응보가 가진 힘을 활용한다. 우리가 마땅히 해야 하는 바가 무엇인지 대부분의 사람들은 알고는 있지만, 좋은 의도를 유지한 채 그것을 끝까지 해내거나 행동 계획을 끝까지 고수하기 힘들 때가 종종 있다. 그럴 때는 나에게 책임을 물어달라고 다른 사람에게 부탁하면 도움이 된다. 다이어트나 운동을 꾸준히 하고자 할 때, 주마다 체중검사를 하러 가거나, 운동을 하는 동안 동기를 부여받기 위해 개인 트레이너를 고용하는 사람들이 많다. 운동선수들은 코치나 트레이너가 자기들을 혹독하게 다루고 어떤 때는 고통스럽고 불쾌한 경험으로 내몰기까지 하도록 한다. 그렇게 해서 목표를 향해 끝까지 갈 수 있도록 도움을 받고자 하는 것이다. 우리는 대부분 다른 사람들의 기대감이나 마감일 같은 압박감을 마주할 때 일을 더 열심히 한다. 시험이 코앞에 닥쳤을 때 더 열심히 공부하고 더 많은 정보를 머릿속에 집어넣는 것처럼 말이다.

이번 장 앞부분에서 말했다시피, 동기 부여와 수행 능력을 향상시켜 주는 최적의 스트레스 수준이 있다. 그러나 어떤 한계점을 넘어서면 불안 때문에 수행 능력이 손상된다. 이 한계점은 사람마다 다르며, 정신과 의사로서 내가 하는 일의 많은 부분은 사람들이 각자 그 한계점을 결정해서 동기를 부여받되 압도당하지는 않도록 주변 환경과 주변 사람들과의 관계를 짜맞춰나갈 수 있게 돕는 것과 관련되어 있다. 필요하고 적절한 경우에 약물을 쓰면 그 한계점을 다르게 바꿀 수 있고, 그러면 여느 때 같으면 불안성 회피anxious avoidance에 빠져 기능정지 상태가 될 만한 상황에서도 훨씬 잘 기능하도록 해 줄 수 있다. 불행히도 많은 사람들이 술과 마약으로 자가 처방을 하곤 한다. 술을 마셔야지만 저어감을 줄여서 사람들과 어울릴 수 있는 대인 불안증을 가진 사람이나, 그저 하루를 살아내기 위해서 마리화나가 필요한 사람이 이를 가장 명확하게 보여 주는 예들이다.

동기 부여와 목적 감각이 근본적으로 뇌의 물리적인 과정들에 의해 결정된다면, 우리가 실제로 가진 자유의지는 어느 정도일까? 7장에서 우리는 뇌에서 일어나는 물리적 과정들에 의해 마음이 얼마나 철저하게 결정되는지 살펴보면서 잠깐 이 문제를 건드려보았었다(7장의 미주에서 더 자세히 거론했다). 그때 나는 순수하게 원리적으로 보면 아마 자유의지 같은 것은 없을 테지만, 현실적으로는 자유의지라는 말을 써도 괜찮을 것이라는 생각을 제시했다. 자유의지는 정도의 문제이다. 곧, 자유의지는 궁극적으로 우리 모두의 내면에 구속되어 있지만, 어떤 사람 또는 어떤 조건에서는 다른 사람 또는 다른 조건보다 더 구속되어 있다는 뜻이다. 이것이 현실에서 어떤 모습으로 나타나는지 보도록 하자.

자유의지에 대한 현실적 관점

그리스 신화 속의 영웅 오디세우스는 트로이 전쟁이 끝난 뒤에 여러 위기들을 아슬아슬하게 넘기며 집으로 가던 중, 세이렌들이 불가항력적인 유혹의 노래를 불러 뱃사람들을 홀려서는 배를 좌초시켜 죽게 하는 돌섬으로 배가 다가가고 있음을 알았다. 오디세우스는 어떻게 해서든 세이렌의 노래가 듣고 싶었지만, 그렇게 하면 자신의 의지가 제압당해 배를 암초 쪽으로 몰고 가게 될 것임을 알고 있었다. 그래서 오디세우스는 선원들에게 모두 밀랍으로 귀를 틀어막고 배를 항로에서 벗어나지 않도록 조종하라고 시켰다. 그러면 배 위에서 귀를 막지 않은 사람은 그 자신 혼자뿐일 것이었다. 오디세우스는 선원들을 시켜 자신을 돛대에 묶게 하고, 아무리 자기가 풀어달라고 애원하거나 명령을 해도 무사히 세이렌들을 지나갈 때까지는 절대 풀어 주지 말라고 일렀다.

앞 절에서 언급했다시피, 분별 있는 사람이라면 자기통제를 발휘하는 능력에 한계가 있음을 인식한다. 그래서 그들은 다른 사람들을 고용하거나 보상과 응보 체계를 이용하거나 해서 중간에 포기하지 않고 일을 끝까지 해내려고 한다. 사회 수준에서 보면, 우리는 집단적으로 늘 이렇게 하고 있다. 말하자면 법, 속도제한, 음주 제한, 벌금, 서로 합의한 마감일, 체중검사 등 수없이 많은 것들이 이에 해당된다.

논리적인 결론을 따라가 보면, 행동이 어떻게 해서 뇌에서 만들어지고, 뇌의 조직과 기능이 어떻게 유전자와 환경의 상호 작용으로 빚어지는지 생물학적으로 이해하게 되면, 필히 우리는 진정한 의미의 자유의지 같은 것은 없다는 결론을 내려야 한다.

이보다 실용주의적으로 정신과 의사의 관점에서 보면, 나는 자유의지를 정도의 문제로 간주하며, 어떤 순수한 의미로도 자유의지가 절대적 비구속 상태에 있다고 보지 않는다. 사람들이 자기 생각과 행동을 통제하는 정도는 저마다 다르다. 정신적으로 건강하고 인지 기능이 손상을 입지 않은 사람들은 다행히도 자기 행동을 통제하는 능력 면에서 구속됨이 덜하다. 달리 말하면, 더 유연하다. 개인의 성격과 행동은 뇌의 성향들—당사자의 유전자와 당사자만의 고유한 환경 내력에 의해 빚어진 것들—이 만들어 낸 극도로 복잡한 산물이다. 우리는 우리 의지가 실제로 얼마나 자유롭고 구속됨이 없는지 그 정도를 과대평가한다.

어느 경우를 보더라도, 의지적(뜻을 품고 하는, 자발적인) 행동과 무의지적(비자발적인) 행동을 구분하는 것은 아마 인위적이고 착각과도 같은 이분법일 것이다. 이 두 행동은 전부 아니면 전무라는 양자택일식의 이분법보다는 (정신의학에서 보는 대부분의 현상처럼) 어떤 연속선을 따라 있는 것으로 생각하는 쪽이 더 쓸모가 있다. 수많은 종류의 정신질환과 성격장애들을 비롯하여 그 기준선 아래에 해당하는 범위에서 일반인들이 가지는 증상이나 형질들까지 모두 의지 또는 자유의지를 구속하는 데에 일조한다. 우리가 기본적으로 가지고 있는 습관들도 마찬가지이다. 상당 정도 우리는 습관의 피조물이며, 인간 본성의 많은 측면들은 상당히 굳어져 있다. 이 모든 인자들에도 불구하고, 우리는 상당한 정도로 내 뜻이 담긴 자유의지—그것이 착각이든 아니든—처럼 느껴지는 것을 주관적으로 경험한다.

청소년과 청년 환자들의 부모들은 자기 자식들의 문제가 '화학적 불균형'—서양 사회의 많은 사람들이 주요 정신질환을 가리켜 쓰는 말—때문인지 아니면 '행동'의 문제—의지에 의한 행동이냐는 뜻으로 하는 말—인지 내게 자주 묻곤 한다. 자식이 기능장애가 있는 것 같은 모습으로 행동하는 경우, 이를테면 '다루기 힘들다'거나 동기 부여가 없다거나 어떤 책임을 회피한다거나 하는 행동을 보이는 경우, 부모는 어떻게 행동해야 마땅한지 가르치고 그렇게 하지 못했을 때 마땅한 응보를 받게 하는 데에서 자식에게 얼마만큼 엄하게 해야 하는지 궁금해한다. 말인즉슨, 기능장애적 행동을 한 것에 대해서 자식이 얼마만큼의 꾸지람과 책임묻기를 감당할 수 있는지 묻고 있는 것이다.

다른 많은 부모들처럼, 내 자식들이 어긋난 행동을 할 만한 나이에 처음 도달했을 때 나 또한 이 문제에 대해 상식적인 이해를 갖게 되었다. 그 나이 즈음의 유아였을 때, 내 자식들은 툭하면 이염에 걸리곤 했었다—아이들은 특히나 이염에 걸리기 쉬웠다. 이염에 걸리면, 내 아이들은 여느 아이들처럼 종종 신경질적이 되었다. 그럴 때면 유아기에 으레 보이는 반항행동oppositional behavior이 더욱 심해지곤 했다(자식을 낳아서 키워본 사람이라면 이는 조금도 놀랍거나 특별한 일이 아닐 것이다). 카린과 나는 대부분의 부모들이 하는 행동을 금방 익혔다. 곧, 그런 상황에 닥쳤을 때에는 어느 정도 아이에 대해 동정심을 갖고 행동에 대한 기대치를 낮추는 것이 필요한 반면, 그렇다고 그 기대치를 모두 포기할 수도 없었고 포기해서도 안 되었기에, 우리는 아이들의 동네북이 되었던 것이다. 높은 의자에 올라가 짜증을 부리면서 엄마나 아빠에게 음식물을 던지는 것은 참아낼 수 있는 것이 아니었다. 그러나 기분이 나쁘다고 해서 아이를 때릴 빌미가 되는 것은 아니었다!

더 나이가 든 아이들이든 어느 나이대의 성인이든 정신질환을 앓는 이들의 경우도 이와 마찬가지이다. 다만 병의 증상이 직접적 동인이 되어 행동하게 되고 당사자의 판단력을 완전히 왜곡시키는 질환의 경우는 예외가 된다. 예를 들면, 정신증 질환을 앓는 사람은 누군가 자신에게 심각한 위협이 된다고 망상 속에서 확신하게 되면 그 사람을 공격할 수도 있다(그러나 정신증을 앓는 사람이 타인에게 위협이 되는 경우는 매우 드물다). 또한 섬망이나 많이 진행된 치매, 또는 중증 지적장애처럼 인지능력이 심각하게 손상된 상태도 예외가 된다. 그런 상태에 있다면, 자기 행동에 대해서 책임을 질 만한 능력이 크게 감소했다고 여길 수 있다.

행동의 의지적 통제, 그리고 그것을 빚어 내는 판단 기능, 동기 부여 기능, 인지적/억제적 조절 기능은 전부 아니면 전무인 양자택일식 현상인 경우가 거의 없다. 정신건강이 손상된 상태에 있는 사람이 자기 행동을 통제하기란 매우 어려울 수 있지만, 대부분의 경우에 사람들은 **어느 정도**의 통제력을 가지고 있다. 단지 그들로서는 충동을 억누르고 장애 효과를 저지하기가 더 어려울 따름이다. 그렇다고 해도 대부분의 정신 장애에서는 특정 행동을 표적으로 해서 적절한 보상과 응보를 지속적으로 가하면 행동에 어느 정도 영향을 줄 것이며, 조건에 따라 영향을 받는 정도는 가지각색일 것이다. 다만 동일인이 '정상적인' 정신 상태에 있을 때에 비해서는 그 방법으로 영향을 받는 정도는 덜할 것이다.

한 개인이 행동을 의지의 통제 아래에 두는 정도도 시기에 따라, 정신 상태에 따라, 상황에 따라 달라진다. 어떤 경우에는 이게 특히나 복잡해질 수 있다. 이를테면 내 청소년 환자 가운데에는 자폐증 범위에 드는 장애를 가진 아이가 있었는데, 그 장애 때문에 사람을 대하는 기술과 의사소통하는 기술이 부족했고 특이한 행동을 했다. 설상가상으로 십대에는 중증 정신증까지 진행되어서 극도로 괴상하게 행동하는 때가 있었다. 불행히도 그 환자는 약물치료를 시도해 보아도 비교적 반응을 보이지 않았다. 이따금 정신증이 심해질 때면, 환자는 현실과 크게 유리되어 맥락에서 완전히 벗어나 자신이 처한 실제 환경과는 아무 상관도 없는 모습으로 행동했다. 예를 들어 그 환자는 학교 복도에서 전혀 예상치 못하게 느닷없이 아무 사람에게나 침을 뱉거나 발길질을 하곤 했는데, 그렇게 행동할 동기를 준 것은 편집증적 망상이었다. 또 어떤 때는 정신증 상태가 약해져서 외부 현실과 접점을 더 가진 듯이 행동하는 모습을 보였다. 그러나 자폐증 형질 때문에 비교적 어느 정도 손상된 상태가 그대로 유지되었다.

정신이 훨씬 또렷해졌을 때에도 여전히 그 환자는 자신에게 맞춰진 학교 수업에 금방 지루해하고 무관심해져서 그것을 행동으로 나타내기 일쑤였다. 말하자면 종종 교사에게 침을 뱉거나 발길질을 했는데, 교실에서 쫓겨나 집으로 보내지도록 의도적으로 계산해서 한 행동처럼 보였다. 학교에서는 거의 대부분, 그 아이가 그냥 자기 방식대로 행동하려고 하는 것처럼 보이는 때와 비교해서 그 아이가 현실과의 접점이 끊어진 때와 그 아이의 행동이 주변의 맥락과 괴리되는 때가 어떻게 달라지는지 구분하는 법을 익혔다. 교사들은 그때그때에 따라 행동 수정 요법behavior modification(보상과 응보)을 적용하는 법을 익혔다. 예를 들어 그 아이가 하는 행동이 조퇴를 목적으로 하는 듯 보일 때에는 방과 후에 남게 해서 학교에 더 오래 두었다. 대부분 의지를 가지고 행동하는 이 '나쁜 행위자'가 주로 자폐증 때문에 생긴 결과라는 사실에 교사들은 측은한 마음이 들었다. 그럼에도 불구하고 아이는 응보(와 보상)에 반응을 보였다. 그 아이 같은 경우에는 자폐증적 행동뿐만 아니라 정신증적 행동에까지 응보를 가해도 어느 정도 효과가 있을 테지만, 그 효력은 훨씬 떨어질 것이라고 생각한다.

그래서 '자유의지'는 실용적 맥락에서 구성해 낸 개념이며 정도의 문제라고 보는 것이 가장 좋다. 순수하게 원리적인 의미—물리적인 뇌 및 그 뇌에 작용하는 인자들이 야기한 것이 아니라는 의미—의 자유의지는 이원론을 계속해서 믿지 않는 한 논리적으로 일관된 의미를 갖지 못한다. 뇌를 이루는 물리적인 물질과 진정으로 독립적으로 존재하는 **무엇**, 우리를 우리이게 만들어 주는 비물질적인 **무엇**이 있어야 한다는 고집스런 착각은, 치매로 정신이 서서히 무너져가는 사람을 한 번이라도 본 적이 있다면 더욱 큰 도전을 받게 된다.

안 하는 것인가, 못하는 것인가

젊었을 적에 해럴드는 언제나 약간은 무신경했고 사교술이 부족했으며, 약간 뿐이긴 했어도 다른 사람의 기분에 둔감한 편이었다. 이따금 해럴드는 자기중심적이라는 인상을 주었고, 자기가 필요할 때마다 아내인 에스더가 시중을 들어야 한다고 기대할 권리를 가진 것처럼 굴었다. 이를테면 회사에서의 힘든 일과를 마치고 안락의자에 앉아 위스키를 홀짝이며 휴식을 취할 때면, 아내는 언제든지 자기의 부름에 응할 수 있게 대기하고 있어야 한다고 생각했다. 해럴드의 세대와 문화에서는 많은 남자들이 이와 별반 다를 바가 없었다. 그러면서 동시에 해럴드는 아내와 아이들이 잘 지내는지 늘 신경을 썼으며, 식구들의 삶의 세세한 면면에 진실로 관심을 가졌다. 그는 가족 모두에게 관대했다. 해럴드는 의욕적이고, 주도력과 결단력이 있고, 실천적이고, 비록 정리정돈에 집착하는 면이 있긴 해도 흐트러짐이 없는 남자였다. 해럴드는 성실하고 헌신적이었다. 비록 사회생활에 필요한 사교술은 비교적 부족하긴 했어도, 해럴드는 사회가 요구하는 관습에 있어서는 조금도 나무랄 데가 없었다.

그런데 예순 줄 중반에 이르자, 해럴드는 의욕이 떨어진 모습을 보였다. 처음에 가족들 눈에는 해럴드가 예전에 가졌던 통제욕이 높은 성격이 나이 들면서 유해진 모습 정도로, 본인이 운영하던 사업에서 이래저래 은퇴할 수밖에 없게 되었던 상황들을 철학적으로 수긍하는 태도 정도로만 비쳤다. 그런데 어느 사이에 그 철학적 수긍이 체념처럼 보이기 시작했고, 그 다음에는 움츠러듦으로, 그다음에는 무관심한 모습으로 보였다. 그와 동시에 해럴드는 자기중심성이 살짝 높아지고 다른 사람의 욕구와 기분에 둔감함이 살짝 심해진 모습을 보이기 시작했다. 이런 모습은 아내인 에스더와의 관계에서 특히나 뚜렷했다. 에스더는 언제나 집안을 이리저리 다니며 해럴드에게 이것저것 가져다줘야 하는 것 같았다. 여러 해 동안 가족들은 이 모두가 해럴드가 만성적으로 앓고 있는 등의 통증과 만성적으로 진행되어 온 퇴행성 척추질환으로 인한 거동의 불편함 때문이라고 여겼다. 그게 아니면 해럴드가 다소 과도하게 진통제를 자가처방한 탓인 것 같기도 했다. 에스더는 가정 방문 운동 요법가의 도움을 얻어 해럴드에게 그나마 남아 있는 제한적인 거동만이라도 관리해 보려고 했으나, 수포였다. 해럴드가 게으른 모습 또는 심드렁한 모습을 보였던 것이다. 해럴드는 전반적으로 더 이상 의지력이 없는 것처럼 보였다. 먹는 것에도 별다른 관심을 보이지 않았고, 후식으로 나온 과일을 항상 마다했으며, 기회가 있을 때마다 아이스크림, 케이크, 초콜릿 같은 단것에 탐닉했다.

그래도 해럴드는 아내와 자식들에게 어떻게 지내느냐고, 일은 잘해 나가고 있느냐고, 손자들은 학교에서 무얼 공부하느냐고 여전히 물어보았지만, 그 물음들은 점점 의례적으로 건성건성 던지는 것처럼 보였고, 세세한 면면에 점점 관심을 잃어갔다.

에스더는 점점 해럴드에게 짜증이 났고, 평생 자신을 괴롭혔으나 더 좋은 면들이 있기에 덮곤 했던 해럴드의 성향들이 증폭되는 것에

화가 치밀었다. 에스더는 사람 만나는 것을 매우 좋아하고, 공감을 잘 하고, 의욕적인 사람이었기 때문에, 사람이 어떻게 "저기 앉아서 거의 하루종일 TV만 보는 것"에 만족하고 저렇게나 "자기에게 함몰될" 수 있는지 이해하지 못했다. 해럴드는 퇴행이 상당히 진행된 시점까지도 비소설을 좋아하는 열성 독자였지만, 그 관심도 해럴드의 점점 더해가는 무감정, 집중력 손실, 세부적인 것에 대한 관심 결핍의 희생이 되고 말았다. 그의 관심사는 점점 좁아져서 기본적인 신체적 욕구 및 무의미한 여러 강박 행위들(손과 얼굴을 닦는다든가 식염수를 콧구멍에 뿌리기 같은 것)로 좁아들었다.

오랫동안 해럴드의 이 모든 모습은 태도 및 의지와 관련된 듯한 인상을 주었다. 말하자면 의지, 자제력, 배려가 충분치 못한 탓으로 보였던 것이다. 그러나 행동이 해럴드답지 않다고 충분히 여길 만한 모습을 보이기 시작하자, 혹 우울증 상태는 아닌지 판정하기 위해 정신과 상담을 받았다. 당시 해럴드는 일흔세 살이었다. 해럴드의 상태가 어떤지 그림이 분명히 그려지지 않았다. 해럴드 자신은 우울함을 느끼지 않았다. 단지 무심할 뿐, 상당히 만족한 것 같았다. 우리는 당시 일차적인 문제로 보였던 것들, 이를테면 동기 부여 및 사람에 대한 관심의 상대적 상실—중증도로 보면 아직 온건한 상태였다—과 아울러 가벼운 인지 기능 손상(기억, 문제 해결, 계획을 담당하는 영역의 손상)에 대해서 여러 진단 가능성과 의학적 기여인자들을 고려했다. 치매 가능성도 고려했으나, 치매의 진단 기준을 충족시킬 만한 결함이 당시에는 충분히 보이지 않았다.

그 뒤로 해럴드의 동기 부여와 기능은 해가 가면서 아주 서서히 나빠졌다. 첫 정신과 상담을 받고 9년쯤 지난 뒤, 해럴드의 행동에서 새롭고 걱정스러운 변화가 보여서 정신과적으로 해럴드의 상태를 재검토해야 했다. 그때 해럴드는 사람들 앞에서 부적절한 행동을 자제하지 못하고 그대로 내보이기 시작했다. 이를테면 친구들에게 괴상한 성적인 언급을 하곤 했는데, 지난날의 그였다면 수치심을 느꼈을 만한 행동이었다. 진단 결과는 이마관자엽치매frontotemporal dementia로 나왔으며, 이는 뇌의 이마엽과 관자엽〔측두엽〕의 퇴행과 관련이 있는 치매이다.

그 뒤로 해럴드의 인지력과 기능상의 쇠퇴는 더욱 빠르게 진행되었다. 2년이 지나는 사이, 전에는 그저 성가신 습관으로만 비쳤던 행동들을 해럴드가 거의 통제하지 못한다는 사실이 더욱 분명해졌다. 예를 들면, 주머니에 이미 여러 장을 쑤셔 넣었으면서도 화장지나 냅킨을 더 가져오라는 것 같은 종종 사소하고 강박적인 요구를 하면서 에스더를 수시로 부르는 습관을 해럴드는 한동안 가졌었다. 이런 것들이 에스더를 미치게 만들고 녹초가 되게 했다(가족은 간병인들을 고용해 해럴드를 돌보게 했고, 그들이 해럴드를 돌보는 시간은 점점 늘어났는데, 간병인들도 그런 해럴드 때문에 미칠 지경이었다). 그런 요구를 수시로 하면 엄마가 지치니까 그만해야 한다고 아들들이 해럴드에게 애써 설명해 주어도, 대개는 잠깐 동안만 그걸 멈추거나 줄였을 뿐, 조금 뒤에는 다시 원래대로 돌아갔다. 그러나 인지 기능의 쇠퇴가 가속되자, 해럴드가 자기 행동에 자제력을 행사할 수 없을 뿐만 아니라, 그 행동을 점점 자각조차 하지 못한다는 사실이 더없이 분명해졌다. 그것은 판에 박혀 자동으로 이루어지는 행동이었던 것이다.

치매가 더 진행되자, 말과 행동을 제어하지 못하는 상황은 결국 이상언행을 반복하는 상태로 이어지고 말았다. 곧, "내가 뭘 해야 돼? 내가 뭘 해야 돼?"라는 말을 계속 반복했던 것이다. 나중에는 비통하게도 이런 말로 바뀌었다. "에스더, 에스더, 에스더, 에스더, 날 도와줘, 날 도와줘, 날 도와줘, 날 도와줘." 에스더가 곁에 없을 때에도 해럴드는 이 말을 한도 끝도 없이 계속했다. 에스더가 그 말을 듣고 "해럴드, 뭘 도와줄까?"라고 물으면, 해럴드는 그게 무슨 소리냐는 듯한 표정을 종종 보였다. 자기가 에스더를 불렀다는 것을 거의 자각하지 못했기 때문이다. 행동제어의 결핍이 더 나중에 가서는 공공연한 실행증apraxia으로 발현되었다. 실행증이란 기초적인 행위를 행하는 법을 뇌가 '까먹는' 신경학적 조건으로서, 면도처럼 다소 복잡하지만 이전에 능숙하게 했던 일과부터 해서 (나중에는) 빨대로 물을 마시는 법 같은 대단히 기초적인 행위까지 제대로 해내지 못한다.

시간이 지나면서 해럴드는 이마엽 퇴행의 전형적인 특징들을 모두 보였다. 초기에는 집중력, 동기 부여, 결정력이 저하되고, 시간이 흐를수록 계획, 조직, 문제 해결, 의사결정, 억제적인 자제력 및 충동제어, 자기 인식, 통찰, 판단, 추상적 사고를 비롯해 집행부 기능의 다른 측면들까지 모두 쇠퇴한 것이다.

'하지 않겠다'가 '하지 못하다'로 바뀌는 시점이 언제일까? 연속선 위에 그런 시점이란 없다. 해럴드의 뇌는 그저 유연성에 점점 구속이 가해졌을 뿐이다. 치매 증상을 보이기 이전에 건강했을 때에도 해럴드의 뇌는 우리가 다들 그렇듯이 유연성을 구속하는 인자들이 있었다. 타고난 기질도 그렇고, 사람과 어울리는 기술과 공감능력이 약간 결핍되었고, 여러 특성 중에서도 강박적 성격을 보여 주는 형질들이 그렇다. 이런 형질들이 해럴드를 특정 행동들, 특정 대인관계 태도, 특정 습관으로 치우치게 했다. 그러나 그때의 해럴드는 여러분이나 나처럼 '정상적인' 사람이어서, 해럴드의 뇌는 언제든지 자극-반응이 가능한 것들을 쌓아놓고 있다는 점에서 통계적으로 자유도가 높았다. 그 자유도—자극에 대해 여러 모습으로 반응할 수 있는 유연함—를 치매가 줄여버린 것이다. 치매는 체계적으로 해럴드의 '자아'를 이루는 모든 측면들을 해체했으며, 그의 '의지'를 서서히 제약했다.

뇌의 물리적 진화가 초래한 것

마음, 성격/자아, 동기 부여/의지력, 목적 감각이 물리적임을 여러분이 의심한다고 해도 나는 탓하지 않을 것이다. 그것은 찬물을 끼얹은 듯한 깨달음으로서, 받아들이기가 쉽지 않은 것이다. 그러나 이 깨달음은 경이로움을 불러일으키기도 한다. 자발적이고 자기 조직하는 과정들을 통해 이 복잡성이 전적으로 아무런 인도함 없이 떠올라 진화했다는 사실을 여러분 스스로 돌이켜보면, 그 경이로움이 특히나 더해진다. 우리가 목적에 이끌리고자 하는 욕망이 선천적이며, 우주에 목적이 내재한다고 보든 안 한다고 보든 우리의 시각에 그 욕망이 의존하지 않는다는 것을 이해하면 도움이 된다. 다음 장에서 우리는 사람이 가진 도덕성의 생물학적 및 문화적 진화를 살펴보면서, '윤리'나 '가치' 같은 전혀 물질적으로 보이지 않는 것들까지 근본적으로는 물리적인 인간의 뇌가 진화하면서 나온 것이며, 또한 인간 사회—우리에게서 사회 능력들이 진화하면서 빚어졌다—가 진화하면서 나온 것이기도 함을 보여 줄 것이다.

9 도덕성의 떠오름

협력과 연민의 진화

물리적인 우주에서 생겨난 도덕

그렇게 하지 말라고 일러주는 종교가 없다면, 특히 지옥에 갈 것이라는 위협으로 질서를 지탱해 주는 종교가 없다면, 사람들이 어떻게 강간과 살인을 하지 않아야 한다는 것을 알겠느냐는 물음을 무신론자들은 늘상 받는다. 믿는 자들이여, 내가 하는 다음의 말을 유심히 들어 주길 바란다. 당신들이 이런 논증을 쓰면, 무신론자들은 기겁을 한다. 당신네들의 말이 우리에게는 당신과 〔연쇄살인범〕 테드 번디 Ted Bundy 사이에 있는 것이란 비가 어디에서 오는지 알아내려고 애를 쓰던 문자시대 이전 사람들이 지어낸 어떤 초자연적인 존재에 대한 엉성한 믿음뿐이라고 말하는 것으로 들리니까 말이다. 당신네가 도덕적으로 우월한 입장에서 논하려 든다면, 이것은 그리 안심이 되는 소리가 아닐 것이다.

어맨더 마르코트Amanda Marcotte[1]

이번 장에서 우리는 목적, 도덕, 의미가 어떻게 신 없는 우주에서 자발적으로 아무 인도함 없이 떠올라 진화할 수 있었는지 살피는 과정의 한 부분으로서, 도덕성의 비초자연적인 기초가 무엇인지 검토해 볼 것이다. 그리고 손에 잡히지 않고 비물리적인 추상 관념이라고들 하는 도덕이 물리적인 우주에서 어떻게 완전히 자연적으로 생겨날 수 있었는지 볼 것이다.

인류에게 보편적 도덕이 있는가

이제까지 철학자들은 도덕성에 과연 보편적이고 객관적인 기초가 있느냐는 물음과 씨름을 해 왔다. 자연과 우주에 대한 객관적인 사실들로부터 도덕이 유래할 수 있을까? 아니면 도덕은 전적으로 주관적이고 문화에 구애받는 것일까? 인류 역사의 시기마다 도덕은 매우 다양한 모습을 보였던 것 같고, 어느 시대를 잡아서 보든 문화마다 도덕은 매우 다양하다. 하지만 철학자들과 인류학자들은 근본적인 수준에서 보았을 때 모든 인류 사회의 밑바탕에 기본적인 공통성, 서로 공유하는 어떤 원리들이 있음을 알아냈다.[2] 이는 문화마다 쓰는 언어가 다르지만 서로 비슷한 면모들이 밑바탕에 깔려 있는 것과 유사하다. 나라와 나라 사이에 비록 문화적 차이가 크다 할지라도, 동시대의 민주주의 사회들이 서로 공유하는 가치들에는 많은 공통점들이 있다. 이런 공통점들은 이를테면 각 나라의 법, 그리고 용인할 수 있는 시민 행동의 일반적인 표준에 반영되어 있다. 이런 가치들이 유래할 수 있었던 인간의 공통된 특성이 무엇일까?

존재에서 당위가 나올 수 있는가

18세기 스코틀랜드의 철학자인 데이비드 흄David Hume은 '존재'에서 '당위'가 유래할 수 없다고 말한 것으로 유명하다. 무슨 말이냐면, 인간의 주관적인 가치들(규범적 진술prescriptive statements)은 자연세계에 대한 사실들(서술적 진술descriptive statements)에서 유래할 수 없다는 뜻이다. 이런 '존재-당위'의 간극은 극복할 수 없는 것처럼 보인다. 이른 20세기 영국의 철학자인 G. E. 무어George Edward Moore는 흄의 논증을 확장해서 '자연주의적 오류naturalistic fallacy'라는 것을 거론했다. 곧, 단순한 사실에서 가치를 연역하려고 하는 논리적 추리는 실패한다는 것이다.[3]

불행히도 이런 철학적 원리는 가치와 동기가 실제로 무엇이냐는 물음을 신비화하는 결과를 낳았으며, 이 원리를 가치와 동기가 자연세계에서 결코 유래할 수 없다는 뜻으로 해석해 버린 사람들도 있었다. 주관적인 가치나 동기 같은 추상적인 것들이 어떻게 물리적인 우주에서 생겨날 수 있었을 것이냐며 당혹해하는 이들도 있었던 것 같다. 어떤 이들은 가치란 형이상학적인 것이며 초월적인 것—감각으로 지각할 수 있는 것 너머에 있는 실재—과 관련된 것이라는 의미로 받아들이기도 했다.

스튜어트 카우프만 등의 사람들은 '가치'란 실제로 가장 단순한 생명꼴의 가장 기초적인 수준에서 떠오르는 것임을 지적함으로써 이 물음에서 신비성을 벗겨 내어 존재-당위의 간극을 지워 나가기 시작했다.[4] 어느 생물의 생존과 번식을 증진하는 것이면 무엇이나 그 생물에게 '가치'가 있는 것이며, 따라서 그 생물에게 '좋은' 것이다. 설사 그 생물이 어떤 형태의 의식도 없이 전적으로 본능에 따라 움직인다고 해도 말이다. 지극히 단순한 생물들은 분자 수준에서 작용하는 인력에 따라 움직일 뿐이고, 그보다 복잡한 포유류 같은 동물들의 더욱 복잡한 본능과 동기 부여는 대부분 감정체계—신경생리학적인 용어로 말하면 둘레계통이 바로 이것이며, 화학적으로 매개된다—에 이끌려 이루어진다. 동기 부여를 이끄는 이 본능적 감정들이 각기 다른 대상과 행위에 각기 다른 중요성과 가치를 불어넣어, '마땅히' 해야 할 바를 하도록 동물에게 방향을 정해 준다. 흄이나 무어가 살았던 시대에는 얻을 수 없었던 생물학적 지식에 기초한 이런 관점에서 보면, 실로 '존재'로부터 '당위'가 유래할 수 있다는 논증이 가능해진다. 실천의 관점에서 정의하면, 가치란 여느 행위가 개별 생물의 생존 또는 종 전체에 대해 상대적으로 가지는 이로움이다.[5]

사람처럼 매우 복잡한 동물들에서는 정교한 형태의 의사결정 메커니즘도 진화하고 기초적인 본능을 제압할 수 있는 능력도 진화했다. 사람의 동기 부여와 선택은 극도로 복잡한 현상이다. 왜냐하면 얼른 보면 우리 유전자를 퍼뜨리거나 우리 종이 생존하는 것을 촉진하는 것처럼 보일만한 방식으로 우리가 항상 행위를 하지는 않기 때문이다.[6]

이번 장에서 우리는 가치와 윤리가 어떻게 인간의 본성으로부터 유래했는지 탐구하고, 인간의 도덕성을 낳았을 만한 개인 수준의 특성들과 집단 수준의 동역학을 검토해 볼 것이다. (일차적으로) 개인적인 특성에는 공감, 죄책감, 수치심, 혐오, 화, 분노 같은 감정은 물론이고 자제력과 합리적 지성 같은 고등한 인지능력들도 포함된다. 집단 동역학의 중심에는 협력 대 경쟁, 그리고 사회와 문화의 규범과 규칙이 진화하는 방식이 자리한다. 물론 이 개인인자들과 집단인자들은 모두 서로 얽혀 있다.

공감, 자연적으로 진화한 본능

공감empathy이란 다른 사람이 느끼는 감정과 일치하는 감정을 경험하는 상태, 또는 타인이 명시적으로 전달하지 않았어도 그 사람이 생각하거나 느끼는 것이 무엇인지 감정 수준에서 아는 상태를 말한다. 공감은 동정sympathy보다 더 근본적이고 자동적인 감정 반응으로 생각할 수 있다. 동정은 타인에 대해 더 의식적으로 연민을 느끼고 마음을 쓰는 것을 말하며, 타인에 대해 취하는 하나의 태도이다. 종종 (그러나 항상은 아니다) 동정은 공감의 느낌까지 함께 있을 때 더욱 강해진다.

영장류 연구(이를테면 영장류학자인 프란스 드 발Frans de Waal이 한 연구[7])에서 나온 증거는 공감이 자연스러운 본능임을 설득력 있게 보여준다. 침팬지와 보노보는 진화적으로 우리와 가장 가까운 친척들이다. 침팬지는 보통 집단 안에서는 대단한 협력성을 보이지만, 특히 집단과 집단 사이에서는 굉장한 공격성을 보일 수 있다. 이와 대조적으로 보노보는 공격성을 보이는 때가 드물다. 보노보 집단을 지배하는 세력은 사회적으로 연대를 이룬 암컷들인데, 유전적으로 핏줄사이인 수컷들이 지배하는 침팬지 집단과 대조된다. 흥미롭게도 보노보는 성욕과잉이어서hypersexual 암수와 나이를 가리지 않고 여러 상대들과 잠깐씩 자주 성행위를 하는데, 이는 자유분방한 사교 활동의 형태이면서 갈등 해소와 연대감 구축의 수단이기도 하다. 영장류에게는 사리사욕과는 무관한 도덕률이 있는 것으로 보인다. 이를테면, 침팬지는 나이가 들었거나 몸이 약한 구성원에게 아무런 보답도 바라지 않고 먹이를 주는 것 같은 이타적인 행위를 한다. (침팬지만이 아니라) 유인원들은 우울해 하는 동료 유인원들을 다독인다. 이런 종류의 행동은 돌고래와 코끼리 같은 동물에서도 관찰된다.

이런 종류의 이타적 행동을 할 동기를 부여하는 것으로 보이는 것은 강렬한 공감적 괴로움—말 그대로 "나는 너의 고통을 느낀다"—이다. 신경 과학의 실험들은 사람의 경우, 우리가 우리 자신의 고통을 느낄 때 활성을 띠는 뇌의 감정 회로와 우리가 타인이 고통을 느끼는 모습을 볼 때 활성을 띠는 감정 회로가 동일함을 보여 준다. 다른 사람의 고통을 덜어줌으로써 우리 자신의 괴로움을 덜고자 하는 동기 부여가 다른 사람을 희생하는 대가로 먹이를 얻는 '이기적인' 보상보다 훨씬 강력함을 실험들은 보여 주었다. 또한 동물들(유인원을 비롯해 몇몇 다른 포유동물들)은 자기가 먹이를 먹는 것이 다른 이에게 고통을 주는 것과 직접적으로 연결되었을 경우에는 실제로 자기도 먹지 않고 굶을 것임도 실험을 통해 밝혀졌다. 다른 이의 고통을 보는 것 같은 불쾌하고 싫은 모습이나 소리를 피하려는 이런 욕망을 드 발은 '자기를 보호하는 이타성self-protective altruism'이라고 불렀다. 그는 이것이 공감의 기초일지도 모른다는 생각을 제시했다. 인지과학자인 스티븐 핑커의 말을 들어 보자.

> 가학성을 가장 강력하게 억제하는 것은 아마 기본적인 것, 곧 다른 사람을 괴롭히는 것에 대한 본능적인 반감일 것이다. 대부분의 영장류는 동료가 지르는 비명이나 동료가 느끼는 고통이 싫다고 여기며, 먹이를 먹을 때 충격을 받아 괴로워하는 동료의 소리가 들리고 모습이 보이면 먹이를 손에서 놓을 것이다. 그 괴로움은 원숭이의 도덕적 가책이 표현된 것이 아니라, 동료의 감정을 격하게 만드는 것에 대한 두려움이 표현된 것이다(무엇이 되었든 동료에게 경고의 부름을 일으키게 한 외부의 위협에 대한 반응일 수도 있다). 스탠리 밀그램Stanley Milgram의 유명한 실험에서 거짓 동료 참가자에게 전기 충격을 주라는 명령에 따른 참가자들은 자기들이 가하는 그 고통의 비명을 듣고 눈에 띄게 심란해했다.[8]
>
> 스티븐 핑커, 《우리 본성의 선한 천사》

공감은 다분히 신체적인 반응이며, 무의식적인 따라하기 행동mirroring behavior 또는 모방과 밀접한 관련이 있다. 드 발은 책《공감의 시대The Age of Empathy》에서 이렇게 지적했다.

> 다른 이들에게서 배우려면 유인원들은 실제 동료 유인원들을 눈으로 볼 필요가 있다. 곧, 모방을 하기 위해서는 피와 살을 가진 몸뚱이와의 일체감이 필요하다는 말이다. 현재 우리는 사람과 동물의 인지 기능이 얼마나 많이 몸을 통해 이루어지는지 깨닫기 시작하고 있

다. 뇌가 작은 컴퓨터처럼 작동해 몸이 이렇게 저렇게 하도록 명령한다기보다, 몸과 뇌의 관계는 일종의 양방향 도로 같은 것이다. 몸은 내적인 감각들을 만들어 내어 다른 몸들과 소통하며, 그 소통으로부터 우리는 사회적 연결과 주변의 현실에 대한 이해를 구성해 낸다. 몸은 우리가 지각하고 생각하는 모든 것에 자신을 끼워 넣는다.[9]

공감 또는 모방은 흔히 무의식적으로 이루어지기에, 우리가 의식적으로 억누르지 않는 한, 종종 무의지적인 것이기도 하다. 공감이나 모방은 감정의 전염이다. 곧 '하품처럼 전염되는' 것이다. 우리는 종종 무의식적으로 타인의 감정, 몸짓, 행동을 따라한다. 예를 들면, 우리는 누가 나를 보고 웃으면 자동적으로 따라 웃는데, 나이가 네 주에서 여섯 주에 이르면 발달하게 되어 있는 지표 반응이다. 우리는 또한 사람이 다치는 모습을 보면 눈을 찡그리거나 몸을 움찔한다. 그리고 다른 나라로 여행을 가거나 타국에 사는 동안 그 나라 사람들의 억양을 모방하지 않을 수 없기도 한다. 스포츠 경기나 콘서트를 관람할 때 우리 기분은 군중의 기분을 따라가게 된다. 특히 우리는 다른 사람들과 어울려 춤을 추거나 노래를 부르거나 악기를 연주할 때 감정이 하나로 맞춰지는 경험을 맛본다. 종교에서 회중이 참여하는 의례는 이런 감정의 동조, 기분의 수렴, 감정의 전염 효과를 활용한다.

수많은 종류의 공감적 반응이 즉각적으로 이루어진다는 것은 그 반응들이 인지적이고 의식적이고 생각한 다음에 하는 반응이라기보다는 감정과 관련이 있고 자동적이고 본능적이고 무의지적인 것임을 강하게 암시한다. 드 발은 곡예사나 외줄타기꾼을 보는 관객들이 "오!"나 "아!"라고 탄성을 지르는 반응을 그 흔한 예로 든다(곡예사들은 극적인

효과를 주기 위해 잠시 균형을 잃은 척하면서 이런 관객의 반응을 활용할 것이다).[10]

드 발 등의 사람들은 부모가 자식을 보살피는 일에서 공감이 적응성 있는 역할을 하기 때문에 공감이 자연 선택되어 본능으로 진화했을 것이라는 생각을 내놓았다. 이를테면 새끼의 상태에 민감하고 새끼가 칭얼댈 때 즉각적으로 반응하는—아마 새끼의 괴로움이 그들에게도 괴로움을 유발하기 때문일 것이다—암컷이 냉정하고 새끼를 멀리하는 암컷보다 더 자식을 많이 낳았을 것이다.[11] 어미-새끼의 애착관계는 사람을 비롯해 많은 포유동물에서 중요하며, 아이들에게서 친사회적인 행동을 발달시켜 주기도 한다. 어렸을 때 단단히 다져진 애착관계는 나중에 어른이 되었을 때 타인을 보살필 수 있는 능력을 키워주게 된다. 신경과학철학자인 퍼트리샤 처치랜드Patricia Churchland는 엄마-유아의 유대(를 비롯해 구체적으로는 이 유대형성 과정에서 호르몬인 옥시토신oxytocin이 하는 역할)이 사람의 도덕감각이 진화할 기초가 마련되는 데 근본이 되었다고 논한다.[12]

심리학자인 마틴 호프만Martin Hoffman은 도덕의 발달에서 공감이 중심이 되었다고 논하며, 이렇게 적었다. "내가 보기에, 공감은 사람이 타인에게 마음을 쓰도록 만드는 불꽃이자 사회적 삶을 가능하게 하는 아교이다."[13] 그는 공감이란 진화한 특성이며, 동물의 행동에서 그 뿌리를 관찰할 수 있다고 여긴다. 또한 호프만은 가장 기초적인 공감 요소들이 어린 아이들에게 있지만, 더 고등한 공감 요소들은 타인과의 상호 작용과 사회화를 통해서 발달한다고 적었다. 10-20년 전까지만 해도 친사회적 도덕의 발달에 대한 당시의 이론들은 대부분 공감 대신 다른 차원들의 발달에 초점을 맞추었다.[14] 예를 들어, 사회학습이론들에서는 보상, 처벌, 모방에 초점을 두었다. 인지발달이론들은 도덕적 추리를 다루면서 호혜성reciprocity이나 관점잡기perspective taking 같은 개념들을 이용했다. 감정과 동기 부여의 발달에 대한 이론들은 실제로 공감(과 동정) 같은 개념들을 쓰기는 했지만, 불안과 죄책감 같은 감정들에 더욱 크게 초점을 맞추었다.

도덕심리학자인 폴 블룸은 어린 아이들의 복잡한 도덕본능들을 입증하고 개괄하는 두툼한 연구서를 출간했는데, 그 본능들을 내면에 사회화하기에는 너무 어린 아기들도 연구 대상에 포함되었다.[15] 그는 공감, 공정성, 정의, 그리고 행동의 '좋음'과 '나쁨'을 판단하는 능력을 아이들이 내보이는 모습을 관찰했다. 하지만 블룸은 이방인 혐오xenophobia처럼 썩 좋지는 않지만 이해는 가는 인간의 본능도 아이들에게서 관찰했다.

한도 끝도 없는 공감과 균형

영장류에서는 공감과 공격성, 협력과 경쟁 사이의 균형을 이루는 쪽을 자연 선택이 선호했던 것으로 보인다. 사람에게는 강한 공감적 형질도 있고 강한 공격적 형질도 있다. 아무것도 따지지 않는 무차별적 공감은 우리에게 별 도움이 되지 않았을 것이다. 드 발은 이렇게 적었다. "만일 우리가 눈에 보이는 모든 사람과 공감을 이룬다면, 우리는 쉬지 않고 감정의 소용돌이에 휩쓸릴 것이다."[16] 또한 우리가 지나치게 보살피고 수용하고 믿는다면, 우리는 위험한 일을 당하거나 남에게 이용당하기 쉬워질 것이다. 드 발은 "반공감적인counter-empathic" 경쟁은 동기 부여와 창의성의 자극제 구실을 한다고도 적었다.

> 사람은 서로 협력하는 상황에서는 상대방에게 공감적이지만, 경쟁자에게는 "반공감적"이다. ……그래서 만일 타인의 안녕이 내 관심사가 아닐 경우, 사람의 공감은 매력적이지 못하다싶을 만한 것으로 변모될 수 있다. 우리가 하는 반응은 결코 무차별적이지 않으며, 우리의 심리가 집단 내부의 협력을 증진시키는 쪽으로 진화했다고 할 때 예상할 만한 모습을 그대로 보인다. 우리는 긍정적인 동반자 관계partnership를 가질 것이라 기대하는 이들에게 편향되어 있다.[17]
>
> 프란스 드 발, 《공감의 시대》

타인들의 고통에 과도하게 노출되면 공감에 둔감해질 수 있다. 이것은 감정적으로 압도당하는 느낌을 피하기 위한 심리적 방어이다. 자선단체들은 이런 현상에 친숙해서, '기부자 피로감donor fatigue'이라는 말로 이를 일컫기도 한다. 응급실에서 일하는 의사와 간호사들도 이를 보여 주는 예가 된다. 곧, 그들은 "그저 한도 끝도 없이 공감하는 상태를 유지할 여유가 없기에, 그걸 꺼 두어야 한다."[18] 정신과 의사들의 경우도 마찬가지라고 나는 감히 말할 수 있다. 그러나 우리는 공감 상태를 유지하는 훈련을 추가로 받는다.

공감이 유일한 희망은 아니다

스티븐 핑커는 책 《우리 본성의 선한 천사: 인간은 폭력성과 어떻게 싸워 왔는가The Better Angels of Our Nature: Why Violence Has Declined》에서 말하기를, 최근에 와서 공감이 도덕성의 한 가지 중요한 요소임을 인식했기 때문에, 일부 이론가들은 공감이야말로 사람이 가진 모든 도덕성의 근원이라고 지나치게 강조하고 있다고 했다.[19] 핑커는 사람의 도덕성에 기여하는 다른 심리적 및 사회적 인자들이 있다고 논한다.

> 〔인류 문명을 장기적으로 보았을 때〕 폭력의 쇠락은 공감이 확대된 탓으로 얼마간 돌릴 수도 있겠지만, 신중함, 이성, 공정성, 자제력, 규범과 금기, 인권 개념처럼 감정과는 거리가 있는 능력들에 힘입은 바도 크다. ……이 심리적 능력들이 우리를 폭력으로부터 멀어지도록 하며, 세월이 흐르면서 이 능력들이 지속적으로 개입했던 것이 폭력의 쇠락에 공이 있다고 할 수 있다. 공감은 이 능력들 가운데 하나일 뿐, 유일한 것은 아니다.[20]

핑커는 이렇게 말을 잇는다.

> 비록 아직도 자연 선택 이론에서 선행善行의 진화가 역설로 읽힐 때가 있기는 하지만, 그 역설은 수십 년 전에 해소되었다. 자잘한 면에서는 아직 논쟁의 여지가 남아 있지만, 오늘날에는 상부상조, 동족관계, 다양한 형태의 호혜성 같은 진화적 동역학이, 올바른 상황에서는 사람들을 평화적으로 공존하도록 이끌 수 있는 심리적 능력들을 골라 선택할 수 있다는 것을 의심하는 생물학자는 아무도 없다.[21]

블룸이 (이전 책에서는 약간 벗어난 맥락으로[22]) 그랬던 것처럼, 핑커도 주된 동기 부여자로서 공감에 의존하여 도덕적인 결정을 내리지 않도록 조심해야 한다고 논한다.[23] 도덕판단의 기초로서 공감은 이성보다 종종 허약할 수 있다. 왜냐하면 공감은 다수의 익명적인 사람들보다는 우리 자신과 관련시켜 볼 수 있는 개인들, 이를테면 우리와 비슷한 면이 있거나 같은 상황에 처한 이들, 또는 우리를 감동시키는 이야기를 가진 이들을 더 살피도록 우리를 치우치게 할 수 있기 때문이다. 이런 의미에서 공감은 숫자를 이해하지 못하며, 감정에 눈이 멀어 주의력이 매우 좁아진다. 공감은 사람들을 인종주의와 (복수 같은) 폭력 쪽으로 치우치게 할 수도 있다. 또한 공감 때문에 감정이 과잉 각성되면 사람이 무력해질 수도 있다. 호프만도 공감의 이런 제약을 인정하지만, 공감에 도덕 원리들을 채워 넣어서 공감이 편향성에 빠질 위험을 줄여야 한다고 논한다.[24]

블룸은 분노가 팽배한 사회에서는 공감이 부실한 정책 결정과 어리석은 전쟁으로 귀결될 수 있다고 지적한다. 이를테면 압제 국가의 희생자들을 보호한다는 명분으로 도덕적인 전쟁을 일으킬 수도 있지만, 그런 전쟁은 훨씬 많은 수의 민간인을 죽음으로 내몰 수도 있다. 블룸은 순수한 공감보다 이성적 연민rational compassion(동정)이 더 미덥고 객관적이고 훌륭하게 도덕성의 기초가 되어 준다고 논한다.[25] 심리학자이면서 선도적인 자폐증 전문가인 사이먼 바론-코헨Simon Baron-Cohen은 블룸의 입장에 이의를 제기하면서, 블룸이 공감을 감정적인 공감으로 지나치게 편협하게 정의하고 공감에 들어 있는 이성적 성분을 무시했다고 논한다. 바론-코헨은 공감을 더 넓게 정의해 연민까지 포괄하는 것으로 보아야 한다고 논하면서, 이렇게 말했다. 블룸은 "마치 어느 한쪽만이 도덕성에 이르는 참된 길일 수 있다는 것마냥 이성과 공감을 서로 대척시켰다. 그러나 꼭 둘 중 하나여야 할 필요는 없다. 우리는 공감과 이성을 모두 사용할 수 있다."[26]

죄책감은 어떻게 진화했는가

도덕성을 빚어 내면서 폭력에 대해 브레이크로 작동하는 가장 명백한 심리적 또는 감정적 인자들은 바로 죄책감, 그리고 죄책감으로 인해 사람이 가지게 되는 양심—우리가 하는 행동이 옳은지 그른지 안내해 주는 내면의 느낌—이다. 핑커는 책에서 사회심리학자인 로이 보우마이스터Roy Baumeister의 말을 인용했다. 죄책감은 "단지 일이 이미 일어난 뒤에만 작동하는 것은 아니다. 우리가 가진 죄책감에는 미리 내다보는 측면이 많다. 곧, 어떤 행동을 수행했을 경우 우리 기분을 나쁘게 할 만한 것이면 우리는 그 행동을 삼가는 것이다."[27] 다른 동물들에도 미숙한 형태로나마 죄책감이 있을 수 있다. 이를테면 개를 기르는 사람이라면 자기 개가 단순히 어떤 행동에 벌을 받을 것이라고 예상하는 것을 넘어서 죄책감까지 내보인다고 확신하는 이들이 많다. 사람이 가진 죄책감과 비슷한 것을 다른 동물들도 경험하느냐 하는 것은 논쟁의 여지가 있지만, 미숙하나마 죄책감의 원시형 같은 것을 경험하는 동물들이 있다고 볼 수 있다. 그리고 그 원시형이 사람에게서 크게 진화했음은 분명하다.

아이들에게서 양심이 어떻게 발달하는지는 잘 연구되어 있다. 곧, 부모로부터 받은 훈계가 서서히 내면화되는 것이다. 많은 사회적 동물들은 상당한 시간과 기운을 들여 새끼들을 다른 일원들과 어울리게 하고 성체로서 적합한 행동을 가르쳐서 집단 소속감을 높이고 집단 내 협력관계를 증진시키게 한다. 물론 그렇게 함으로써 새끼의 안전과 생존 가능성도 높이는 것이다. 그걸 어기면 부정적인 결과를 초래할 수 있고 (사회적 동물의 경우에는) 사회로부터 배척을 당할 것을 예상할 수 있기 때문에, 새끼들은 빠르게 부모들의 지침에 따른다. 사람의 죄책감이 진화한 기초가 된 것이 바로 이것이었을 가능성이 높다.

그러나 죄책감이 항상 연민의 방향에서만 작동하는 것은 아니다. 마크 트웨인Mark Twain이 《허클베리 핀의 모험The Adventures of Huckleberry Finn》에서 멋지게 그려 낸 것처럼, 죄책감은 사회의 문화적 규범에 의해서도 빚어진다. 이 책의 주인공인 허크Huck는 친구인 짐Jim이 노예 상태에서 벗어나는 것을 (공감하면서) 도와준 것에 대해 심한 죄책감을 느낀다. 다른 사람의 '재산'을 훔쳤기 때문에 나중에 지옥에 갈 것이라고 확신했기 때문이다.[28] 책에서 보이는 이런 측면에 대해 트웨인 자신은 "잘못 훈련된 양심보다는 건전한 감정이 더 확실한 길라잡이"라고 언급한다.[29]

진화로 보는 수치심과 평판

수치심shame은 죄책감과 관련이 있지만, 죄책감보다 사회적 차원의 성격을 더 가지고 있다. 수치심과 그 반대되는 감정인 자긍심pride은 사회적 평판reputation과 연결되어 있다. 평판은 사람의 사회 집단뿐만 아니라 (언어를 쓰지 않는 미숙한 형태로) 다른 영장류의 사회 집단에서도 매우 중요한 속성이다. 영장류에서 평판은 지배하느냐 지배당하느나 하는 것 및 사회적 서열과 결부되어 있으며, 당사자의 행동 및 다른 개체들과의 관계뿐만 아니라 당사자의 부모가 가진 평판과 서열에 기초해서도 이루어질 수 있다. 다른 영장류와 마찬가지로 사람도 사회적 지위 및 자기에 대한 타인들의 평가에 골몰한다. 사람이 하는 뒷공론gossip은 영장류의 털손질grooming과 비슷한 구실을 하는 것으로 보인다. 창피주기, 따돌리기, 내쫓기 같은 사회적 제재는 집단이 개개 구성원들을 통제 하에 두기 위해 매우 의도적으로 펼치는 전략인 경우가 흔히 있다. 저마다 정도가 다르기는 하지만, 모든 사람은 집단이 자기를 거부하고 배제하는 것에 민감하다. 구석기시대에는 수렵-채집 집단으로부터 배제당하면 생존에 심각한 위협이 되었을 것이며, 우리가 거부에 민감해 하는 것을 설명할 때 이것이 도움이 되어줄 수 있을 것이다.

진화생물학자인 마틴 노왁Martin Nowak은 협력의 진화적 기초에 게임 이론game theory 분석을 적용한 유력한 연구로 유명한 학자이다(게임 이론은 수학적 모형들을 적용하여, 경쟁 또는 협력의 상황에서 이루어지는 합리적인 의사 결정을 연구한다. 이번 장 뒷부분에서 게임 이론을 더 자세히 살펴볼 것이다). 노왁의 연구 결과들은 간접적 호혜성indirect reciprocity의 기초로서 평판이 중요함을 강조한다. "따라서 이런 상황에서 협력자는 '네가 내 등을 긁어 주면 나도 네 등을 긁어 주겠다'는 마음가짐 대신에 '내가 네 등을 긁어 주면 나중에 다른 이가 내 등을 긁어 줄 것이다'라고 생각할 수도 있다."[30] '평판'에 기초한 이런 간접적 호혜성의 예들은 흡혈 박쥐들에서 볼 수 있다. 이 박쥐들은 이전에 다른 박쥐에게 피를 나눠 주는 행동을 보인 적이 있는 박쥐와 기꺼이 피를 나눠 먹는다. 노왁은 계속해서 이렇게 적고 있다.

다른 어느 생물보다도 사람은 간접적 호혜성, 그리고 평판에 기초해서 도움을 제공한다. 왜일까? 왜냐하면 오직 사람만이 완숙된 형태의 언어—나아가 서로를 부르는 이름들—를 가지고 있기 때문이다. 언어는 바로 우리 곁에 있는 가족 구성원들부터 해서 지구 반대쪽에 사는 완전한 이방인들에 이르기까지 모든 사람에 대한 정보를 공유할 수 있게 해 준다. 우리는 누가 무엇을 누구에게 왜 했는지에 집착한다. 우리를 둘러싼 사회 관계망에서 우리 자신을 최선의 위치에 놓기 위해서는 그렇게 할 수밖에 없다. 연구들이 보여 준 바에 따르면, 사람들은 어느 자선 단체를 후원할 것이냐는 것부터 회사 내의 어느 신생 사업부에 자금을 지원할 것이냐는 것까지 모든 것을 일부분 평판에 기초해서 결정한다.[31]

마틴 노왁, 〈왜 우리는 돕는가: 협력의 진화〉

사람에게선 언어가 진화한 덕분에, 우리에 대한 평판이 우리 자신보다 앞선다. 그리고 경솔한 짓이라도 하면 언제든지 사이버 공간에서 우리를 따라다니며 괴롭힐 수 있는 현대 정보화시대에서는 평판과 뒷공론이라는 인자가 더욱 더 힘을 발휘하기에 사람들은 자기 평판을 지키기 위해 계속 전전긍긍한다. 진화심리학자인 제시 베링은 이렇게 말한다. "자신들의 평판을 망친 뒤에도 새로운 사회 집단으로 이주해서 다시 시작할 수 있었던 역사 시대의 기나긴 시기가 지난 뒤, 현재의 미디어 시대는 어떤 의미에서 보면 플라이스토세의 우리 조상들이 마주했던 조건들을 더욱 정확하게 반영하고 있다."[32] 오래고 오랜 그 플라이스토세는 아마 인간의 도덕 감각이 진화하던 때였을 것이다.[33] 베링은 이렇게 설명한다. "일반적으로 도덕은 나 자신의 이기적 이익보다 집단의 요구를 앞에 두는 문제이다. 그래서 누가 그 반대로 했다더라 하는 말이 들리면, 특히 다른 사람에게 명백하게 피해를 입히면서 그랬다는 말이 들리면, 그 누구는 우리의 사회적 판단에 의해 흠집을 입게 되고 뒷공론거리가 된다."[34] 베링은 언어가 평판의 도달 범위를 얼마나 넓히는지도 주목했다.

> 다른 동물들과 여러분을 다르게 해 주는 것은 여러분이 꼭 직접 피해자가 되지 않아도 된다는 것이다. 여러분을 대신해서 이미 피해자가 된 사람들이 있기 때문이다. 궁극적으로 보면, 사람이 언어를 수단으로 써서 사회적 정보를 심고, 꾸미고, 조작하는 경향이 있기 때문에, 집단의 크기는 더욱 더 커질 수 있었으며, 집단의 개개 구성원이 (따라서 그들의 유전자가) 생존할 기회도 더 커졌다.[35]
>
> 제시 베링, 《종교본능: 마음이론은 어떻게 신을 창조하였는가》

도덕성에서 역겨움의 역할

역겨움disgust은 행복, 슬픔, 두려움, 화, 놀람, 그리고 아마 모욕감과도 더불어 인간의 일차적인 감정의 하나로 여긴다. 일차적 감정들은 문화와 상관없이 인류의 모든 구성원에게서 나타나는 것으로 보이며, 이 감정들을 나타내는 얼굴 표정도 다들 비슷하다. 그와 비슷한 감정들은 다른 동물들에도 있을 것이다. 진화적 적응의 측면에서 볼 때, 역겨움은 더러운 것이나 더럽게 보이는 것 또는 더러운 것과 접촉한 것을 입 밖으로 배출함으로써 자기가 더러워지는 것을 막는 것에 그 기원을 두고 있다.[36] 정신의학자이면서 신경과학자인 찰스 조룸스키Charles Zorumski와 유진 루빈Eugene Rubin에 따르면 역겨움이란 다음과 같다.

> 〔역겨움은〕 무엇을 지각했을 때 뱃속에서 (내장 수준에서) 나타나는 반응이며, 먹을 수 있는 것과 몸에 해로운 것을 판별하는 메커니즘의 하나로 진화했을 것이다. 이 '뱃속느낌gut feeling'이 마침내는 '옳고 그름'(우리의 도덕적 기준들)을 결정하는 것 같은 사회적으로 중요한 다른 의미들까지 가지게 되었을 것이다. 달리 말해서, 우리가 구역질을 경험하게 되는 수준이 어쩌면 어떤 행위를 더는 계속해 나가지 않고 거기서 멈춰야 하는 수준일 수 있다는 말이다. 사람의 도덕적 결정에 대한 신경 영상 연구들은 우리가 도덕적인 결정을 할 때 맨 처음에 하는 평가는 역겨움과 관련된 뇌 부위를 포함한 감정적 신경망과 관련이 있음을 강력하게 시사하고 있다.[37]
>
> 찰스 조룸스키와 유진 루빈, 《정신의학과 임상 신경과학 입문》

하지만 역겨움이 도덕성에 기여하는 면들은 양날의 칼과 같다. 역겨움은 폭력에 대한 혐오로 이어질 수 있는 반면, 근본적으로 다르거나 더럽거나 불결하다고 비춰지는 타인들에 의해 더럽힘을 당하는 것에 대한 청교도적인 두려움으로 이어질 수도 있다. 수많은 측면에서 볼 때, 이는 **과도한** 도덕성과 도덕화의 문제이다.[38] 다음에 이어서 보게 되겠지만, 이런 종류의 역겨움은 폭력의 잠재적 희생자나 대상자들과 일체감을 갖지 못하게 해서 그들과 공감을 이룰 수 없게끔 할 수도 있다.

사람으로 보지 않는다는 것

공감을 하려면 '타인'과의 일체감identification이 필요하다. 다른 사람들과 일체감을 느끼지 못하고 그들을 자신과는 근본적으로 다르다고 보게 되면, 공감이 줄거나 사라질 것이다. 드 발은 이렇게 적었다.

> 반응을 제어하고 억제하는 능력이 사나운 공감과 맞서 싸울 유일한 무기는 아니다. 우리는 선택적으로 주의를 기울이고 일체감을 느끼는 방법을 써서 그 근원에서부터 공감을 조절하기도 한다. 어떤 이미지를 보고 흥분을 느끼길 원치 않는다면, 그 이미지를 보지 않으면 되는 것이다. 설사 우리가 타인과의 일체감을 쉽게 느낀다 할지라도, 그 일체감을 자동으로 느끼는 것은 아니다. 예를 들면, 우리는 자신과는 다르다고 보는 사람이나 다른 집단에 속한 사람과는 일체감을 느끼기가 어렵다. 우리는 자신과 비슷한 사람과 일체감을 느끼기가 더 쉽고……우리와 가까운 사람들에게는 일체감을 느끼기가 훨씬 더 쉽다……. 공감을 느끼기 위해선 일체감이 매우 기본이 되는 선조건이기 때문에, 쥐들조차 같은 우리에 있는 동료들과만 고통이 전염되는 모습을 보인다. ……만일 타인과의 일체감이 공감이 이루어질 문을 열어 준다면, 일체감이 없으면 그 문은 닫힐 것이다. ……침팬지 전쟁의 희생자들은 '침팬지로 보이지 않게dechimpized' 되었다고 일컫는데, 사람으로 보지 않기dehumanization를 특징짓는 일체감 억누르기와 똑같은 모습임을 시사한다.[39]
>
> 프란스 드 발, 《공감의 시대》

인종을 차별하고 국수주의적인 정권들은 이방인 혐오적 선전 활동과 세뇌를 통해 다른 인종집단과의 일체감을 못 느끼게 해서 그 집단을 사람으로 보지 않도록 만드는 전략을 이용해먹는다. 그 극단적인 한 예가 바로 나치 정권이 유대인을 인간 이하의 해충, 오염, 병균, 또는 악성 존재라고 딱지를 붙여 유대인을 사람으로 보지 않게 만들었던 선전 활동이다. 그 외에 1994년의 르완다 학살 같은 조직적인 집단학살의 경우에도 사전에 이와 비슷한 정치 전략을 썼다.

스티븐 핑커는 한 집단이 다른 집단에 대해 느끼는 역겨움은 유토피아적 이념 같은 비합리적 믿음과 결합할 경우 특히나 막강한 위력을 가지게 된다는 것에 주목했다. 자신이 꿈꾸는 유토피아적 목표를 이루기 위해 하는 행동이라면 사실상 어떤 수단을 쓰든 유감스럽기는 해도 정당화될 수 있다고 '합리적으로' 보게 될 수 있다. 이런 관점에서 보면, 유토피아적 목표는 무한히 좋은 것으로 보게 되며, 따라서 완벽하고 순수한 사회를 이루는 데에 방해가 된다고 믿어지는 사람들의 집단을 몰살하는 것도 정당화할 수 있다고 보게 된다.[40]

유대인을 비롯한 '오염' 집단들을 나치가 학살한 일은, 반사회적 성향과 자기애적 욕구를 가진 카리스마적인 개인이 사회 전체—특히 굴욕적인 패배를 당해 꼼짝없이 예전의 지위와 삶의 질을 잃어버리고만 사회—를 장악해 특정 조건 속으로 몰아넣을 수 있다는 것을 잘 보여 주고 있다. 다수의 사람들이 그처럼 잔학한 행위를 적극적으로 나서서 저질렀던—또는 그냥 고개를 돌리고 자신의 도덕감에 자물쇠를 채웠던—것은, 비합리적이고 심지어 괴상하기까지 한 무비판적인 믿음 체계 및 유토피아적 순수성에 집착하는 융통성 없는 과도한 도덕성이 사회를 어떻게 농락할 수 있는지를 보여 준다. 11장에서 우리는 홀로코스트 희생자들의 대처 메커니즘coping mechanisms 몇 가지를 살펴보면서, 깊이를 헤아릴 수 없을 만큼 끔찍했던 이 인류 역사의 한 사건으로부터 사회가 배울 수 있는 교훈이 무엇일지 몇 가지 물음을 던져볼 것이다. 그러나 지금으로선 공감을 차단해서 잔악성이 풀려날 수 있는—그리고 더 큰 선善이라는 생각으로 정당화까지 될 수 있는 것처럼 보이는—위험한 길들이 있다는 것을 이해하는 것으로 족할 것이다.

불공평에 대한 분노와 혐오

사람은 어렸을 때부터 아마 공정성fairness에 대한 내적 감각이라고 할 만한 것을 가지고 있는 것으로 보인다. 그 감각이 워낙 강하기 때문에 부모의 보살핌과 사회화를 통해 누그러뜨릴 필요가 있다.[41] 아이들은 세계가 언제나 공정하지만은 않다는 것을 배워서 공정성의 규칙들에 대해 융통성을 더 가져야 한다. 공정하게 하기fair play는 사람뿐만 아니라 다른 수많은 동물들에서도 관찰되는 사회현상이며, 동료와의 상호 작용을 통해 조절된다. 이를테면 늑대 새끼들은 어울려 놀다가 서로의 귀를 물기도 하는데, 만일 너무 세게 물었을 때에는 다른 새끼들에게 징계를 받거나 놀이에서 배제된다. 청소년기의 히말라야 원숭이는 충동 조절을 너무 못하거나 지나치게 공격적으로 놀면 다른 동료들이 피한다.[42] 영장류도 그렇고 개조차도 불공정하게 느껴지는 상황에서는 반발한다. 이를테면 똑같은 일을 했는데 다른 녀석에게 더 맛있는 먹이가 보상으로 주어지면 반발하는 것이다.[43] 이런 예들은 사람이 가진 더욱 복잡한 공정 감각과 정의 감각이 진화하게 된 행동적 기초를 보여 준다.

화anger는 폭력과 반사회적 행동을 일으키는 주된 원인의 하나이지만, 한편으로는 도덕적 감정의 하나일 수도 있다. 화와 분노outrage는 사람들로 하여금 죄 지은 자들을 처벌해서, 남을 이용해먹으려면 혹독한 대가를 치러야 함을 보여 주게 한다. 친절하고 연민만 가진 사회는 파렴치한 사람에게 이용당하기 쉽다. 안정된 사회는 처벌을 법률에 위임하고, 효율적인 법체계는 징벌을 강제하기보다는 반사회적 행동을 저지한다.

사람들은 도덕적 부정의에 분노하기 때문에, 종종 "자기 얼굴에 본때를 보여 준답시고 코를 잘라내는 격"이 되어, 자신에게 크게 손해가 되는 일을 저지르곤 한다. 게임 이론가들은 최후통첩게임the ultimatum game이라고 부르는 실험을 개발해서 이를 보여 주었다. 이 게임의 참가자 두 사람에게 일정한 액수의 돈을 주어 서로 나눠가지도록 한다. 첫 번째 사람이 그 돈을 두 몫으로 나눌 방법을 제안하면, 두 번째 사람은 그 제안을 받아들이거나 거절할 수 있다. 만일 두 번째 사람이 제안을 거절하면, 두 사람은 한 푼도 받지 못한다. 게임은 딱 한 번만 할 수 있다. 그래서 받은 대로 되갚아주기reciprocation는 두 사람에게 동기가 되지 못한다. 첫 번째 사람이 내놓은 제안이 불합리하다고 생각되면—이를테면 80:20으로 나누자고 하면—, 두 번째 사람은 그 제안을 거절해서 자기 또한 한 푼도 못 받고 첫 번째 사람에게도 몫이 돌아가지 못하도록 하는 쪽을 선택하는 것이 가장 흔하게 나오는 결과이다. 이 선택은 합리적이지 못하다. 왜냐하면 두 번째 사람은 첫 번째 사람에게 본때를 보여 주겠다는 마음이 커서, 얼마라도 받고 끝내는 대신 한 푼도 받지 않고 끝내버렸기 때문이다. 나눌 수 있는 돈의 절대 액수를 늘린다고 해서 그 효과가 감소하지는 않는 것 같다. 왜냐하면 두 번째 사람에게는 자신의 공정 감각이 모욕을 당했다는 것이 일차적으로 동기가 되어 주기 때문이다.

이렇게 해서 지금까지 우리는 도덕성의 동인이 되는 감정적인 인자들을 위주로 살펴보았다. 다음 절들에서는 도덕성을 빚어 내는 더 고등한 인지적 능력들, 특히 자제력과 합리적 지성을 살펴볼 것이다. 이 인지적 인자들(감정적 인자들과 마찬가지로 이 인자들의 주된 자리도 바로 개개인의 뇌에 있다)을 살펴본 뒤에는 협력 대 경쟁 같은 집단 동역학을 비롯한 사회적 인자들로 초점을 옮겨볼 것이다.

사회적 동물의 자제력에 관하여

복잡한 동물들에겐 자제력self-control이 없어서는 안 되는 능력이며, 꼭 도덕적 행동을 하는 데만 필요한 것은 아니다. 자제력은 동물이 충동에 의존해서 행동하는 것을 억제할 수 있게 하거나, 더 큰 목표를 위해 만족감을 늦출—당장 받을 수는 없지만 더욱 큰 보상을 받기 위해 더욱 어려운 일을 해내는 것—수 있게 해 준다. 이를테면 자제력이 있으면 포식자는 먹잇감을 본 즉시 덮치기보다는 살금살금 다가갈 수 있다. 복잡한 사회적 동물들에서 자제력은 무리가 서로 협력하여 전략적으로 사냥을 하거나 방어를 할 때 집단의 구성원들이 우왕좌왕하지 않고 기강을 유지하게 해 준다. 기강discipline은 집단 내의 다른 구성원들에 의해 강화되는데, 집단 내 서열에 따르는 경우가 흔하다. 집단 내에서도 구성원들이 먹이, 짝, 서열을 두고 경쟁하다가 공격적인 행위가 일어날 수 있지만, 궁극적으로 그 집단이 생존하기 위해서는 강력한 수준의 집단 결속, 협력, 기강이 있어야 한다. 그러므로 자제력은 적어도 집단 내에서만큼은 공격성을 억누르는 중요한 브레이크가 된다—대부분의 공격성은 상대 집단이나 다른 종들을 향한다.

자제력 면에서 사람은 어느 동물보다도 출중하며, 매우 정교한 모습으로 나타날 수 있다. 종종 의지력willpower이라고도 일컫는 자제력은 개인마다 그 세기가 다르다. 자제력은 대부분 타고난 기질에 의해 결정되지만, 환경과 학습, 또는 조건화에 의해 빚어질 수도 있다. 자제력은 집중력 및 동기 부여와 밀접하게 연결된 집행부 기능으로서, 성격을 구성하는 '5대' 기본 요소의 하나로 생각하는 성실성conscientiousness 가까이에 자리한다(다른 네 요소는 경험에 대한 개방성openness to experience, 외향성extroversion, 우호성agreeableness, 신경성neuroticism이다).[44] 8장에서 목적감각의 진화적 기초를 보여 주기 위해 ADD의 맥락에서 낮은 자제력/의지력/성실성 문제를 검토했던 것을 기억할 것이다(11장에서는 그 반대되는 문제, 곧 일반인들이 경멸조로 '통제광control freak'이라고 부르는 사람들, 말하자면 이 자제력 형질을 지나치게 많이 가진 사람들을 살펴볼 것이다). 여기서 우리는 친사회적 행동에서 자제력이 하는 역할, 그리고 우리가 가진 도덕감각에 자제력이 어떤 이바지를 하는지 생각해 보고 있다.

스탠퍼드 대학교의 월터 미셸Walter Mischel이 수행했던 고전적인 실험이 하나 있다. 나중에 마시멜로 두 개를 보상으로 받기 위해 눈앞의 마시멜로 한 개를 먹지 않고 몇 분 동안 기다리는 자제력을 발휘할 수 있었던 어린이들이 몇 년 뒤에 10대가 되어서는 여러 가지 척도에서 더 성공한 모습을 보였다는 것이다. 부모들이 보고한 바에 따르면, 그 아이들이 수능 성적이 더 높고, 중독성 물질을 남용하는 경우도 덜하고, 사람들과 어울리는 기술도 더 좋은 경향을 보였다는 것이다.[45] 이제는 중년의 성인이 된 당시의 참가자들과 관련해서 최근에 수행한 한 조사에 따르면, 만족감을 뒤로 늦추는 능력은 여전히 안정적임을 보여주었다. 더군다나 뇌 영상을 보면, 처음에 만족감 늦추기 시험에서 높은 점수를 받았던 사람들이 낮은 점수를 받았던 사람들보다 뇌의 핵심적인 두 영역에서 차이가 있음이 드러났다. 점수가 높았던 사람들에서는 이마앞엽 겉질이 더 활성을 띠었으며, 이는 그들의 집행부 통제executive control 수준이 높은 것과 부합했다. 반면에 점수가 낮았던 사람들에서는 배쪽 줄무늬체ventral striatum(중독과 연결된 뇌 부위로서 도파민 보상 회로를 이루는 부분이다)가 더 활성을 띠었으며, 이는 보상 의존성이 더 크다는 것을 암시한다.[46]

자제력은 습관처럼 훈련이나 연습을 통해 키울 수 있다. 게다가 시간이 흐르면 고갈될 수도 있기 때문에, 수면, 휴식, 적절한 영양공급을 통해 보충해 주어야 한다(지금쯤 되었으면 성격 형질character trait이나 덕성이 신체에 기초한 에너지 의존적 현상이라는 생각에 더는 놀라서는 안 될 것이다).[47] 수많은 종교들은 자제력을 함양하는 명상, 단식, 금욕, 식이제한, 경전공부 같은 의례 행위들을 정해 놓고 있다. 이런 행위들이 큰 도움이 될 수도 있지만, 융통성 없는 강박성을 길러 낼 수도 있으며, 이는 특히 천성적으로 강박적이 되기 쉬운 사람들에게 기능장애를 불러올 수 있다.

자제력에 가치를 두는 정도는 문화마다 다르며, 자제력이 많다고 해서 항상 적응성을 가지는 것은 아니다. 그러나 전반적으로 보면, 스티븐 핑커가 주목했다시피, 인류 역사가 진행되면서 이루어진 문명화 과정의 대부분은 사회에서 자제력에 더욱 높은 가치를 두어온 과정으

로 정의되어 왔다.[48]

불행히도 자제력은 계획적인 폭력과 연결될 때도 있다. 왜냐하면 자제력은 공감을 비롯해서 폭력에 제동을 걸어 주는 감정적이고 본능적인 장치들까지 억제할 수 있기 때문이다. 반사회적 경향을 가졌거나 친사회적 경향이 약한 사람들에게 특히나 그렇다. 하지만 일반적으로 보면, 폭력과 범죄행위는 낮은 자제력—낮은 충동제어—과 연관된 경우가 훨씬 흔하다.[49]

도덕은 감정에 기반하는가

전반적으로 보면, 이 물음에 대한 논의는 도덕이 그 핵심에서 보았을 때 감정에 토대를 두고 있으며, 더욱 높은 수준의 추리reasoning에 의해 발전되고 정교하게 다듬어진다는 것을 드러냈다. 도덕심리학 연구자인 조너선 하이트Jonathan Haidt는 이성이 감정에 종속한다고 논했다("개는 직관적이고 꼬리는 이성적이다").[50] 하이트에 따르면, 오랫동안 도덕심리학을 지배했던 옛 전래의 지혜—도덕성이란 주로 이성적 추리의 문제라고 보는 것—는 이제 역전되었다. 하이트는 우리가 감정적 직관에 기초해서 도덕적 의견을 형성한 다음에 그 의견에 정당성을 부여하기 위해 합리화할 방도를 찾아내는 경향을 가졌다는 설득력 있는 증거를 제시했다. 사람들은 무언가 도덕적으로 잘못일 때 그것을 그냥 '안다.' 그러나 그 까닭을 설명하지는 못한다(하이트는 이를 '도덕적 멍해짐moral dumbfounding'이라고 부른다). 왜냐하면 자신이 가진 도덕적 확신의 이성적 기초가 무엇인지 따져 보기가 어렵기 때문이다. 예를 들어 보

자. 하이트의 연구진은 조사 참가자들에게, 가족(영양 상태가 좋은 가족이다)이 기르던 개가 교통사고를 당해 죽자 그 개를 먹기로 했다는 이야기를 고려해 보라고 요구했다. 목적을 가지고 해를 입히거나 해를 당한 사람이나 동물이 전혀 등장하지 않음에도 불구하고, 참가자들은 그게 '잘못'이라고 그냥 알았다.[51]

예전에 도덕 심리학자들은 우리가 가진 도덕감각은 대부분 피해를 예방하는 것과 관련이 있다고 추리한 적이 있었으며, 이 생각은 종교적 도덕성의 주된 원리 속에 지금까지 줄곧 모셔져 왔다. 그러나 도덕성에는 그렇게만 볼 수 없는 면들도 있다. 이를테면 수많은 종교적 규칙들과 금기들은 청결에 집착하는데, 이는 무엇이 되었든 실제 피해나 질병을 예방하는 것과는 아무 상관이 없는 경우가 흔히 있다.

기계의 결정이 더 윤리적일까

〈이코노미스트Economist〉의 한 사설은 갈수록 정교한 의사결정 능력을 갖춰 가는 (그러나 사람의 감정은 없는) 기계에 어떻게 하면 인간의 윤리를 프로그램 해서 넣을 것이냐는, 그리 먼 미래의 일이 아닌 문제를 따져 나가면서 이런 생각을 제시했다. "로봇에 윤리 시스템을 심을 경우, 로봇이 하는 판단은 대부분의 사람들이 옳다고 볼 만한 판단이어야 할 것이다. 윤리적 딜레마에 사람들이 어떻게 반응하느냐를 연구하는 실험철학의 기법이 도움이 되어줄 수 있어야 할 것이다."[52] 실험철학experimental philosophy에서 하는 연구는 사람들에게 가설적인 딜레마 상황을 제시한 다음, 대부분의 사람들이 옳다고 보는 결정을 분석해서, 그 다수의 선택을 정당화할 만한 합리적 근거가 있느냐를 검토하는 것과 관련이 있다. 이런 종류의 사고 실험에 해당하면서 지금은 고전이 된 예가 바로 '광차鑛車 문제trolley problem'이다. 이 문제의 여러 변이 형태 중에 이런 것이 있다. 통제 불능 상태의 광차 한 대가 철로 위를 질주하고 있다. 그 철로 위에 다섯 명이 묶여 있는데, 광차가 그 사람들을 죽게 할 것이 틀림없다. 당신은 지금 과선교 위에 있고, 옆에는 뚱뚱한 사람이 한 명 서 있다. 그 사람을 밀어 철로 위로 떨어뜨려서 광차를 막으면 그 다섯 명을 살릴 수 있다. 당신이 광차를 멈출 수 있는 방법은 이것 하나뿐이고, 이 방법을 선택하면 그 한 사람이 죽을 것임은 확실하다. 대부분의 사람들은 이 행위를 용납하지 않을 것이다. 그런데 광차문제의 또 하나 변이형태에서는 광차가 질주하는 철로 위에 다섯 명이 묶여 있고, 다른 철로 위에는 한 사람이 묶여 있다. 스위치를 살짝 누르기만 하면 광차를 두 번째 철로로 방향을 바꾸게 해서 다섯 명이 죽는 일은 피할 수 있지만, 그 대신 한 사람은 죽게 될 것이다. 대부분의 사람들이 이 행동에는 수긍한다.

〈이코노미스트〉의 사설은 이 딜레마를 보여 주는 현실적인 예들을 제시했다. 현재 가능한 기술로 기계를 프로그램 할 때, 다음과 같은 상황들을 다루어야 한다. 곧, 자율주행차driverless car는 보행자를 피해 방향을 틀었을 경우 다른 차량들과 충돌하거나 차에 탄 사람들을 다치게 할 가능성이 있는데도 보행자를 피해야 할까? 어느 집에 표적(테러리스트)이 숨어 있지만 민간인도 안에 있을 수 있는데, 무인비행기는 과연 그 집을 폭격해야 할까? 재해복구에 투입된 로봇은 사람들을 공황 상태에 빠지게 할 위험이 있는데도 현재 상황에 대해 사람들에게 진실을 말해 주어야 할까?[53]

사설의 결론에 따르면, 사람의 감정과 욕망의 영향을 받지 않는 "자율 로봇들은 해가 되는 일보다는 득이 되는 일을 더 많이 할 수 있을 것이다. 로봇 병사들은 강간을 하지도 않을 것이고, 화가 나서 마을을 불태우지도 않을 것이고, 전투의 스트레스에 짓눌려 잘못된 의사결정을 하지도 않을 것이다. 자동 조종 장치가 비행기 운항을 더 안전하게 해 주었듯이, 자율주행차도 보통 차량보다 안전할 가능성이 매우 클 것이다."[54]

하지만 이런 발전 상황들을 고려할 때에는 신중해야 한다. 위에서 말한 광차 문제를 확대해서 생각해 보자. 차량의 탑승객 수보다 더 많은 사람들이 죽을 가능성이 있는 충돌을 피하기 위해, 차량의 탑승객들을 희생시킬 가능성이 있음에도 방향을 틀도록 프로그램된 차를 당신은 구입하겠는가?[55]

이성은 감정보다 융통성이 있다

이번 장 앞부분에서 살펴보았다시피, 공감처럼 긍정적으로 보이는 감정들이라 해도 도덕적으로 항상 선한 힘이 되지는 않는다. 왜냐하면 그런 감정들은 우리 자신과 관련시켜 보지 못할 훨씬 많은 사람들의 삶보다 우리 자신과 관련시켜 볼 수 있는 소수의 삶을 편들도록 우리를 치우치게 할 수 있기 때문이다. 우리는 우리가 가진 도덕적 감정들을 조심해야 한다. 그 감정들은 특히나 우리를 강력하게 뒤흔들기 때문이다. 하이트는 이성과 감정의 관계를 코끼리를 탄 사람에 비유했다. 곧, 이성적인 '기수'가 감정적이고 직관적인 '코끼리'를 지휘하려고

하는 모습에 빗댄 것이다.[56] 그러나 스티븐 핑커(와 폴 블룸[57])은 이에 동의하지 않는다. 핑커는 도덕성에서 실제로 강력한 힘이 되는 것은 이성이고, 이성이 감정보다 적응성이 훨씬 뛰어나고, 이성이 감정을 누를 수 있다고 논했다.

> 우리 본성이 가진 착한 천사들 가운데 내가 마지막으로 이성을 꼽는 까닭이 있다. 일단 사회에 어느 정도의 문명화가 이루어지면, 폭력을 더욱 크게 줄여 줄 가장 큰 희망이 되어 주는 것은 이성이다. 다른 천사들은 우리가 사람으로 있어 온 세월만큼이나 오랫동안 우리와 함께 있어 왔지만, 그 기나긴 세월의 대부분 동안, 그 천사들은 전쟁을 막아 주지도, 노예, 폭정, 제도화된 가학성, 여성에 대한 억압을 막아 주지도 못했다. 이것만큼 중요한 사실은, 최근 몇 십 년과 몇 세기 동안에 이루어진 발전을 설명하기에는 공감과 자제력과 〔직관적인〕 도덕감각에 자유도가 너무 적고 적용 범위에 제한이 심하다는 것이다. ……〔반면에〕 이성은 제한 없이 조합이 가능한 계open-ended combinatorial system이고 새로운 생각들을 무제한 만들어 낼 수 있는 엔진이기 때문에, 이 모든 수요를 충당할 수 있다. 기본적인 자기 이익 및 타인과의 소통 능력을 일단 이성에 프로그램 하면, 이성 자체의 논리가 이성을 밀고 가다가, 때가 무르익으면 더욱더 많은 타인들의 이익을 존중하는 쪽으로 밀어붙일 것이다. 또한 이전에 추리한 것들에 어떤 문제점이 있는지 항상 주목하고, 그에 따라 추리를 바꿔가며 반응을 스스로 개선할 수 있는 것도 이성이다.[58]
>
> 스티븐 핑커, 《우리 본성의 선한 천사》

고등한 선천적 지능도 일반적으로 합리적인 도덕적 행동을 촉진시키는 주요 인자임이 분명하다. 이렇게 단정해도 아마 긴 말이 필요 없을 테지만, 지능이 도덕성을 보장해 주지는 않는다는 것 또한 염두에 두어야 한다. 때에 따라 지능은 사악한 목적에 적용할 수도 있기 때문이다. 그러나 문학적 장치로 사용해 온 사악한 천재라는 관념은 지나치게 과장되어 있다.

사회적 인자들은 우리가 이제까지 살펴보았던 개인적인 인자들과 힘을 합쳐 위력적으로 도덕성을 빚어낸다. 대부분의 전문가들은 우리가 가진 선천적인 도덕 본능들이 사회, 문화, 역사의 과정에 따라 저마다 다른 특수한 형태의 도덕으로 빚어지는 데에서 사회화와 교육이 큰 역할을 담당한다는 생각에 동의한다. 진화생물학자인 제리 코인,[59] 스티븐 핑커, 그리고 여러 다른 학자들은 이를 인간 언어와의 유비 논증으로 풀어냈다. 말하자면 어떤 타고난 문법 규칙들로 부분 정의될 수 있는 보편적 본능이 낳은 산물이 바로 인간의 언어인데, 그 규칙들을 서로 다른 최종 형태의 언어로 빚어 내는 것은 아이가 속해 자라는 특정 문화에서 이루어지는 학습이라는 것이다. 마이클 셔머는 세계가 실제로 어떤 모습으로 운행되는지 과학과 이성을 통해 점점 많은 지식을 획득하게 되면서 사회들이 시간이 갈수록 점점 비슷한 도덕들, 곧 느끼는 존재의 생존과 번성에 (그리고 권리에) 가치를 두는 도덕들로 수렴해 나가는 모습을 보여 주었다.[60]

도덕성을 빚는 사회적 인자들은 개인과 개인, 집단과 집단 사이의 협력을 중심으로 돌아간다. 협력은 근본적으로 자기 이익self-interest과 상호 이익reciprocity*의 문제이다.

계몽된 자기 이익과 상호 이익

게임 이론가들은 경쟁과 협력 상황에서 어떻게 하면 합리적으로 의사결정을 할 수 있는지 수학적 모형을 적용해서 연구한다. 게임 이론에서 '게임'은 놀 때 하는 게임을 일컫는 것이 아니고, 경제학, 사회학, 정치학, 국제관계학 같은 분야를 이해할 때 중심에 있는 개념이다. 다른 무엇보다도 게임 이론이 탐구하는 문제는 상대를 믿거나 솔직하게 상대하거나 관용을 베풀 때 드는 비용 대비 얻는 이익을 사람들이 어떻게 합리적으로 계산하고, 상대가 그 보답으로 자신에게 믿음을 주거나 솔직하게 대하거나 관용을 베풀 가능성이 어느 정도인지 판단하는 문제이다. 이런 종류의 이론은 사람들이 이런 셈을 할 때 꼭 합리적이지만은 않다는 것도 셈에 넣는다. 이를테면 진화론적 게임 이론evolutionary game theory은 친족 선택kin selection 같은 인자들이 어떤 역할을 하는지 고려한다. 사람도 동물도 자신과 유전적으로 핏줄사이가 가까운 이들에게 사비를 지출하거나 자신을 희생해서라도 이타적으로 대할 동기를 무의식적으로 가지는 경향이 있으며, 이는 자신의 유전자를 퍼뜨릴 가능성을 높이기 위함이다. 게임 이론은 사람들이 타인이 할 행동을 예측할 수 있다는 전제에 기초하고 있기 때문에, 사람들이 타인의 관점을 채택하는 능력이 있다고(마음 이론[61]) 가정한다.

게임 이론가들은 컴퓨터로 실행하는 '승자 진출식 게임tournaments'과 관련된 광범위한 시험에 다양한 전략을 적용한다.

* 이 문맥에서는 '호혜성'을 '자기 이익'과 대응되게 '상호 이익'으로 풀어 옮겼다.

1. '항상 등 돌리기all defect'는 참가자가 항상 상대방에게 등을 돌리는 전략을 가리킨다. 다시 말해서 언제나 비협조적이며 자기 이익만을 추구한다.
2. '항상 협조하기all cooperate'는 설사 상대가 등을 돌릴 때에도 (신뢰에 기초하는 경향에 따라) 참가자가 언제나 상대에게 협조하는 전략을 가리킨다.
3. '받은 대로 돌려주기tit for tat'는 참가자가 첫 회에는 협조한 뒤에, 상대방이 그 첫 회에서 어떤 선택을 했는지에 기초해서 협조할 것이냐 등을 돌릴 것이냐를 선택하는 전략을 가리킨다.

흥미롭게도 대부분의 시간 동안 승리하는 전략은 '받은 대로 돌려주기'임이 드러났다. (오직) 성공한 전략만이 후속 세대에서 '재생산[번식]'할 수 있도록—바로 진화에서처럼 말이다—설계한 자동 컴퓨터 토너먼트에서도 그런 결과가 나왔다.[62] '받은 대로 돌려주기' 전략은 본질적으로 호혜적 이타주의의 황금률과 관련되어 있다. 곧, 남이 나에게 해 주었으면 하는 대로 남에게 해 주라는 것이다. 이 황금률은 대부분의 종교에서 소중히 주춧돌로 삼아온 규칙 또는 가치이다. '받은 대로 돌려주기' 전략의 핵심이 되는 측면은 다음과 같이 서술할 수 있다.

> '좋게 대하면' 이득이 될 수도 있지만, 속임을 당할 수도 있다. 이득을 얻으려면—또는 이용당하지 않으려면—복수심과 용서심을 모두 일으킬 수 있어야 한다. 상대방이 등을 돌리면, 좋게 대하기 전략은 즉시 보복성 등 돌리기로 바꾸어야 한다. 용서의 경우도 마찬가지이다. 상대방이 협조를 하는 즉시 다시 협조해야 하는 것이다. 상대를

벌하는 정도가 지나치면 그 상황이 악화일로로 치달을 위험이 있고, 그러면 "번갈아 가며 등을 돌리는 상황의 한없는 반복"으로 귀결될 수 있고, 이는 두 참가자의 점수를 떨어뜨린다.[63]

〈위키피디아〉 "협력의 진화"

소규모 집단의 협력과 대규모 집단의 사회 계약의 한 기초가 되는 상호 이익과 합리적 자기 이익은 바람직한 행동이 무엇이냐는 합의를 빚어내는 데에서 매우 중요한 역할을 하는 것이 분명하다.

인간의 협력과 확장된 내집단

사람을 비롯해 모든 영장류에서 공격성은 집단과 집단 사이에서 나타나는 경우가 더 흔하고, 집단 안에서는 협력성이 나타나는 경우가 상대적으로 더 많다. 사람은 언어를 가진 덕분에 다른 영장류에 비해 협력 능력을 더 많이 가지고 있다. '내집단within-group'을 정의하는 방식은 세월이 흐르며 문화, 경제, 기술이 진보하면서 바뀌어 왔으며, 오늘날에는 상호의존성, 전문화, 무역 의존도가 증가한 것과 관련해 내집단으로 묶는 범위가 더욱 넓어졌다.

조너선 하이트는 사람을 '이기적selfish'이면서 '집단적groupish'이라고 서술하면서, '집단성groupishness'이 이타주의를 설명해 준다고 논한다.[64] 그는 또한 (특히 농업의 도래로) 규모가 점점 커지는 집단을 하나로 묶는 데에서 종교가 대단히 효과적인 수단이었다고 논한다. 생물학적으로 자연 선택이 일어나는 방식과 비슷하게, 집단 선택압group selection pressure으로 인해 종교성religiosity이 문화적으로 조장되었을 가능성까지도 있다. 이 이론에 따르면, 종교를 가진 집단은 내집단 결속력과 초월적 목적이 있다는 감각 덕분에 생존해서 번성할 가능성이 더 높았을 것이다. 따라서 그 믿음 체계를 후대에 전달할 가능성도 더 높았을 것이다.

'내집단' 개념의 확장, 그리고 결과적으로 공감의 범위 확장에 기여한 또 하나 결정적인 인자는 바로 글눈literacy이 확대된 것이다. 오늘날의 사람들은 자기와 대단히 다른 이들의 입장에 서보는 능력이 훨씬 높다. 글눈은 타인이 사는 삶과 타인이 처한 상황에 대한 지식을 넓혀주며, 상상력도 넓혀준다. 좋은 저널리즘은 이야기 들려주기storytelling를 활용해서 우리와는 매우 다른 사람들의 삶에 대해 동정과 공감을 끌어내기도 한다. 스티븐 핑커는 사실상 이렇게 자신과 다른 사람들에 대한 공감이 확장된 것은 18세기에 소설 형태의 지어낸 이야기fiction가 큰 인기를 끈 것과 궤를 같이 했다는 생각을 제시한다.[65]

사회 계약이라는 협력 본능

사회를 위해 가장 큰 선善을 이룰 방법이 무엇이냐는 것을 놓고 벌어지는 합리적 논쟁은 역사시대 내내 사회적 입법 과정에서 매우 오랫동안 이어져 온 전통이다. 조직화된 인간 사회들에서는 어디에서나 (말이든 글로든) 사회 계약이 발달했다. 곧, 우리가 가진 기본적인 협력 본능을 강화해서 단단히 다지고 질서를 유지하기 위한 규칙 또는 법률을 마련했다는 말이다. 사회 계약social contract이라는 개념은 17세기와

18세기에 토머스 홉스Thomas Hobbes, 존 로크John Locke, 장-자크 루소Jean-Jacques Rousseau 같은 철학자들에게서 유래했다. 홉스에 따르면, 사람들은 집단적인 권력 또는 정치 체제를 결성하기 위해 개인의 권리를 포기한다. 반면에 로크와 루소는 사람들이 함께 모여서 사회 계약을 맺는 모습을 상상했다. 이 사회 계약을 이끌어 가는 기준은 자기 이익과 자기 이득이고, 이는 협력을 통해 최대에 이를 것이라고 보았던 것이다.[66]

홉스는 '레비아탄Leviathan'(성경에 나오는 바다 괴물의 이름)*이라는 용어를 써서 강력한 중앙 집권적인 주권국가를 서술했다. 그 국가는 법을 수호하기 위한 힘의 사용을 독점한다. 홉스는 레비아탄 국가가 설립되지 못한 인간 사회의 모습을 다음과 같이 비관적으로 제시했다.

> 그런 조건에서는 산업이 설 자리가 없다. 왜냐하면 산업의 결실이 불확실하기 때문이다. 그리고 결과적으로 땅을 경작하는 일도 없을 것이며, 항해도 없을 것이고, 바다를 건너 수입될 상품의 사용도 없을 것이며, 널따란 건물도 없고, 물건을 옮기거나 제거할 때처럼 큰 힘이 필요할 때 쓸 도구들도 없을 것이며, 지구 위에 대한 지식도, 시간에 대한 설명도, 예술도, 글자도, 사회도 없을 것이다. 무엇보다도 최악인 것은, 쉼 없는 공포에 시달리고, 언제든지 폭력에 의해 죽을 위험이 있고, 사람의 생이란 것이 외롭고 가난하고 불쾌하고 잔인한 데다 짧기까지 하리라는 것이다.[67]
>
> 토머스 홉스, 《리바이어던》

* 홉스가 쓴 주저의 제목이기도 하며, 영어식으로 '리바이어던'이라고 표기하기도 한다.

홉스가 상상한 국가의 중심 권력은 바로 전제 군주가 개개인의 권한을 제한함으로써 얻어 내는 모습을 하고 있다. 반면에 로크는 피지배자의 승인을 얻은 합리적이고 이성적인 정부를 내세웠다. 로크에 따르면, 국가가 개개인의 양도할 수 없는 생명권, 자유권, 재산권을 지켜 줄 수 있도록, 합리적 집단과 집단 사이의 계약으로서, 국가의 중앙 권력에 개인의 권력을 어느 정도 넘겨주겠다는 동기가 이성에 의해 사람들에게 부여되어 있다.[68] 이런 식으로 사회 계약에 의해 성립된 합법적인 정부는 시민들의 '자기 보존self-preservation' 권리를 공정하고 객관적으로 대리하는 역할을 하며, 개인이 법관, 배심원, 집행자 역할을 하는 것이 아니다—로크는 이를 (문명화되지 못한) 자연 상태의 조건으로 간주했다.[69] 스티븐 핑커는 지난 몇 세기에 걸쳐 사회적 폭력이 쇠퇴하게 된 한 가지 중심 인자가 바로 레비아탄의 성립이었다고 논한다. 그러나 일반적으로 핑커는 선천적으로 상호 이익을 추구하는 인간의 경향에 대해서는 홉스보다 더 낙관적이다.[70]

다양한 정치와 회의주의의 부재

지난 몇 세기를 거치면서 서양의 사회 대부분(과 동양의 대단히 많은 사회들)은 주로 전제적이고 권위적이었던 정체政體에서 저마다 정도의 차이가 있긴 해도 민주주의 사회로 진화했다. 이 사회들은 다수의 시민이 찬성하고 기본적으로 공평한 사회 계약의 지배를 받는다. 서로 문화적인 차이가 있음에도 불구하고, 모든 효율적인 민주 사회들의 법에는 놀랄만한 공통성과 일관성이 있다. 사회적으로 공격성보다 협력과 연민을 선호하게 하는 조건들이 있다. 이를테면 사회-경제-정치적 안정성, 번영, 민주주의, 충분한 교육을 받은 시민, 보편적으로 받을 수 있는 고품질 건강 및 사회서비스 등이 그에 해당된다. 더군다나 오늘날 세계에서 가장 시민 사회적이고 관대하고 연민을 발휘하고 교육 수준이 높고 기술적으로 진보한 사회들은 매우 세속적인 경향을 보이고 있다. (종교성에 대한 여론 조사에 반영된) 세속주의의 수준과 (범죄 통계, 정쟁, 공적으로 지원되는 건강 및 사회 서비스에 반영된) 평화로움 및 연민 사이에는 상당히 확고한 상관성이 있는 것으로 보인다.[71] 하지만 세속주의 자체만으로는 평화롭고 연민을 발휘하는 사회를 산출해 내지는 못하며, 앞에서 열거한 다른 사회적 조건들이 필수적으로 갖춰 져야 한다. 이를테면, 무신론이 일부 잔혹한 사회체계와 연관되었던 것은 부정할 수 없는 사실이다(예를 들면 나치의 독일, 스탈린의 러시아, 마오쩌둥의 중국, 크메르 루주의 캄보디아). 그러나 이 압제 정권들은 세속주의와 종교의 대비보다는 전체주의와 민주주의의 대비를 훨씬 더 선명하게 보여 준다. 이 전체주의 정권들은 어떤 식으로도 세속적 휴머니즘의 원리들을 옹호하지 않았으며, 비판적 사고나 회의주의를 가르치기는커녕 관용을 베풀지도 않았다.[72] 그 정권들을 끌고 갔던 것은 극단적인 이념이었으며, 그런 이념에는 충격적일 만큼 비합리적인 면들이 많았다. 경험적이고 실제적인 증거로도 흔들 수 없는 비합리적이고 고정된 믿음을 가지려는 인간의 경향성 때문에 그런 이념이 영속하는 것이다.

열린 정보 네트워크와 합리성

이성과 지식과 비판적 사고는 극단적 믿음으로부터 우리를 지켜 주는 보호 수단이며, 세심한 교육 체계에 따라 가르치면 크게 향상될 수 있다. 스티븐 핑커는 고립된 사회 또는 (선전활동을 통해) 정보를 엄격하게 통제하는 사회에서는 반향실의 메아리처럼 극단적 믿음들이 증폭될 수 있다고 지적했다. 그런 환경에서는 어떻게 행동하고 무엇을 믿어야 할지 스스로 판단하기보다는 주변 사람들이 하는 모습에서 단서를 얻기 때문에, 순응conformity과 사회 집단 효과social-group effects(동료들에게서 느끼는 압력과 '대중 심리herd mentality')가 위세를 키우고, 규모는 작지만 조직화가 잘 된 집단이 큰 집단을 좌지우지하는 위험이 생긴다. 사람들이 "그릇된 합의를 바로잡고, 그 합의에 따르라는 압력이나 강요에 저항할"[73] 수 있도록 해 주는 원거리 소통 관계long-distance connections를 더 키우면 그런 효과를 줄이거나 막아 낼 수 있다. 컴퓨터로 프로그램 한 가상 사회에 원거리 연결망을 몇 개 임의로 구성해서 돌려 본 연구에 따르면, "원거리 소통 경로를 통한 이웃 관계가 열리자 광신자들의 강요가 흩뜨려졌고, 따라서 광신자들이 순응자들을 겁박해서 사회를 마비시킬 수도 있을 파도를 만들어 내지 못하게끔 막아 주었다"는 결과가 나왔다. 이는 "표현과 이동의 자유, 그리고 잘 발달된 소통 경로가 있는 열린 사회는 망상적 이념에 휩쓸릴 가능성이 적다"는 것을 시사한다.[74]

이런 효과는 특히 1990년대 이후로 전체주의 국가들에서 국민의 정보 접근을 통제하는 일이 점점 힘들어지는—주로 인터넷 때문이다—모습에서 볼 수 있다. 인터넷은 권위주의의 힘을 줄이는 데 많은 힘이 되었다. 이런 정보혁명 속에서 자란 젊은 세대들은 권위에 의존해서 정보를 받아들이는 경향이 덜하다.

하지만 인터넷이 비합리적인 생각들, 혐오 발언, 악플vitriol(뿐만 아니라 표적을 정해 위협하고 괴롭히고 중상모략하는 것까지)을 퍼뜨리는 매개가 되어 왔다는 것도 사실이다. 대부분의 사람들은 인터넷상에 점점 많이 쏟아지고 있는 정신 나간 내용들을 토해 내는 사람들이 전체 인구에서 비교적 적은 비율을 차지하고 있음을 알고 있다. 그런 사람들은 대단히 마음이 불안정하고, 기능장애가 있고, 남들 괴롭히기를 좋아하고, 익명성의 뒤에 숨어서 대단히 시끄럽게 굴고, 게다가 그럴 시간조차 남아도는 치들이다.

더 널리 퍼진 문제는 보통 사람들이 인터넷상에 멀리 고립된 반향실 같은 공간을 만드는 경향이 있다는 것이다. 엄격한 비판적 사고가 부재하는 경우, 사람들은 위험할 정도로 고립된 상태에서 비합리적이고 그릇된 정보를 공유하면서 스스로를 강화해 나가는 온라인 공동체에 쉽사리 빠져들 수 있다. 그런 사람들은 권위에 대한 회의랍시고 의견을 펼치면서 시종일관 자화자찬하곤 (그리고 그런 식으로 온라인 공동체에서 자기 이름을 떨치곤) 한다.[75] 무엇보다도 이런 경향은 수많은 사이비 과학으로 귀결되곤 한다. 또한 이는 반동적인 포퓰리스트 지도자들에게 힘을 실어 주기도 하는데, 이런 방식들을 자유주의 지성인들은 심각하게 과소평가하고 있다. 엄격하게 비판적으로 사고하기는 어렵다(과학은 어렵다!). 그리고 지적으로 허술한 사이비 회의주의는 비합리적 음모론으로 쉽게 전락할 수 있다.

그럼에도 불구하고, 정보 체계가 완전하게 열려 있으면 더욱 객관적이고 정확하고 스스로를 교정하는 정보를 산출하는 경향이 있다. 이를테면 〈위키피디아〉의 성공을 생각해 보라. 〈위키피디아〉는 사실상 《브리태니커백과사전》만큼이나 정확하다는 것이 밝혀졌다.[76] 교육을 잘 받고 인터넷을 잘 이해하는 사람들은 정보의 신뢰성을 비판적으로 평가하는 데 있어서 더 효율적이 될 가능성이 높다.

생각을 유동적으로 만든 기술

스티븐 핑커는 비록 사람들이 받는 인상과는 대조되지만 사실 현대의 민주주의 국가들은 그 정부 체계에 있어서 점점 더 강력하게 합리적 의사 결정—특히 법, 인권, 정책 수준에서—의 인도를 받고 있다는 설득력 있는 증거를 제시했다. 핑커는 이런 '이성의 에스컬레이터escalator of reason'를 선호하는 쪽으로 흐른 역사적 추세는 앞에서 살펴보았던 동정과 연민의 범위를 확대시킨 것과 "동일한 외래 원인 몇 가지—특히 글눈, 세계주의, 교육—가 동력이 되었다"고 논한다.[77] 그러나 그 과정이 매끄럽게 진행되었다고 핑커는 주장하지 않는다. 곧, 길을 가다 보면 언제나 역행해서 돌아가는 경우가 있게 마련이고, 참담하게 탈선할 위험은 상존한다. 그러나 핑커는 역사를 긴 안목에서 보면 전반적으로 긍정적으로 흘러가는 강력한 경향이 있다는 실질적인 증거를 제시했다. 예를 들어, 그는 믿음 체계들로부터 미신과 비일관성을 이성이 차근차근 '숙청해' 왔으며, 비판적 사고에 기초한 더욱 세련된 형태의 현대적 교육에 의해 이성이 향상되면 특히 그렇게 된다고 논한다. 공감이 "이 세계에서 실제로 폭력을 줄여 주는 정책과 규범상의 변화를 일으키기 위해서는 이성의 뒷심을 받아 보편화될 필요가"

있으며, "이 변화들에는 폭력 행위를 법적으로 금지하는 것뿐만 아니라 폭력의 유혹을 줄이는 것을 목적으로 고안된 장치들을 마련하는 것도 포함된다." 이를테면 민주정부 및 그 정부에서 전략적으로 펼치는 국내 및 외교 정책들은 범죄를 줄이고 전쟁을 억제하기 위해 비교적 더욱 합리적으로 계산된 것들이다.[78]

늦은 17세기와 18세기의 인도주의 혁명Humanitarian Revolution과 계몽주의 시대부터 20세기의 권리 혁명들rights revolutions에 이르기까지, 글눈, 세계주의, 교육에 이바지했던 모든 역사적 인자들 중에서 가장 영향력이 컸던 것은 아마 "생각과 사람을 점점 더 유동적으로 흐르게 만든 기술"[79]이었을 것이다. 이런 면에서 볼 때 특히나 주목할 만한 것이 바로 15세기의 인쇄기 발명부터 오늘날 인터넷의 보급에 이르기까지 통신 기술이 성장한 것이다. 이 기술들 덕분에, 그리고 그와 연관되어 글눈이 증진된 덕분에 사람들은 무지와 미신에서 벗어나 마음을 넓혔을 뿐만 아니라 자신과는 매우 다른 사람들이 가진 관점과 세계관에도 접근할 수 있게 되었다. 이런 식으로 이 기술들은 우리가 속한 작은 집단 너머에 있는 사람들과도 공감할 수 있게 해 준다. 그리고 이 기술들은 생각과 생각이 만나 충돌하고, 서로에게 영향을 미치고, 서로의 토대가 되어 주면서 혁신을 극적으로 가속시켜 준다.

도덕성은 최선의 안녕을 가져오는가

신경과학자인 샘 해리스Sam Harris는 (신경 과학을 포함하여) 과학이 안녕well-being을 어떻게 정의해야 하는지 객관적인 지식을 제공할 수 있으며, 최선의 안녕을 가져올 가치와 행동이 무엇이냐는 관점에서 도덕성을 생각해야 한다는 생각을 제시했다.[80] 어떻게 보면 이는 우리가 익히 아는 도덕성의 공리주의 논증—최대 대수의 최대 행복—과 닮았지만, 해리스는 신경과학을 적용해서 정신적 안녕mental well-being을 판정하는 표지자들을 최대한 객관적으로 식별하여, 안녕을 단순히 행복이라고 정의하는 것보다 더 객관적으로 정의하고 싶어 했다. 이렇게 할 수 있다면 큰 진전임이 확실할 것이다. 그렇기는 하지만, 어떤 상황(이를테면 다수의 안녕을 위해서는 필연적으로 소수의 참담한 희생을 대가로 치러야 하는 경우)에서는 공리주의에 결함이 있음을 철학자들이 보여 주었으며, 따라서 공리주의는 완전한 윤리 체계가 될 수 없기 때문에, 우리는 행보를 신중히 해야 한다.

마이클 셔머는《도덕의 궤적The Moral Arc》에서 해리스와 비슷한 논증을 펼쳐, 느끼는 존재의 생존과 번성을 객관적으로 촉진시키는 가치들을 도덕성이라고 정의하고, 과학과 이성으로 그 가치들을 발견할 수 있다고 논한다.[81]

도덕성을 플라톤적인 의미에서 '저기 밖에' 존재하는 무엇, 절대적인 방식으로 발견해 낼 수 있거나 정의할 수 있는 무엇으로 보기보다, 나는 도덕성을 떠오름 현상의 하나로 본다. 곧, 도덕성이란 진화의 산물이며, 따라서 환경에 의해 빚어졌으며, 따라서 시간에 따라 변한다고 보는 것이다. 생물이 가치를 두는 것들은 진화를 거치고 환경이 바뀌어 가면서 시간에 따라 철저하게 변화한다. 그리고 인류의 경우에는 문화적 진화가 훨씬 빠르게 일어난다. 곧, 문화에 비해 굼뜨게 진화하는 우리의 생물적인 측면과 불협화음을 이룰 정도로 문화적 목표와 가치는 빠르게 진화할 수 있는 것이다. 더 유연한 이 문화적 진화는 우리에게 좋은 득이 될 수 있다. 왜냐하면 우리의 생물적 조건에서 유래한 목표와 가치들은 어떤 절대적인 의미에서도 꼭 우리에게 좋지만은 않기 때문이다. 구체적인 예를 들어 보면 이런 것이 있다. 당이 차고 넘치는 현대의 인간 사회에서는 당 섭취의 제한이 일반적으로 좋은 (건강한) 문화적 목표이자 가치이지만, 과거에는 그 반대였다.

오늘날의 도덕에 대해 내가 거론하고 싶은 예는 바로 안락사이다. 불과 몇 십 년 전까지만 해도 안락사를 지지하는 것은 비도덕적이고 비윤리적이며 위험하고 미끄러운 비탈길을 탄 생각slippery slope으로 보았으며, 충분히 그렇게 볼 만했다. 그러나 그 사이에 서양 사회의 환경이 변해오다가, 이젠 안락사를 반대하는 것이 도리어 비도덕적이라는 논증을 설득력 있게 제시할 수 있는 정도까지 왔다. 현대 서양의 안정적인 민주주의 국가들은 현재 적절한 법적 및 절차적 안전장치를 마련하면서 안락사에 대한 기반을 갖춰 나가고 있다. 이런 사회적 윤리 및 규칙의 진화는 극도로 신중하고 면밀한 협의를 거쳐 이루어져야 한다. 말하자면 민주적 과정, 그리고 법, 윤리, (이 경우에는) 의료계 전문가들의 의견이 균형을 이루는 논쟁을 거치면서 이루어져야 하는 것이다. 바로 이런 과정을 거쳐서 2016년에 캐나다는 안락사를 합법화하고 관련 법규를 마련했다(11장에서 더 자세히 살펴볼 생각이다).

우리는 사회적 맥락 안에서 진화한다

이번 장에서는 도덕성을, 본능과 감정을 기반으로 형성된 형질들로부터 떠오르는 자연스러운 특성으로 간주할 수 있으며, 강한 사회적 맥락 안에서 진화하면서 이성에 의해 빚어질 수 있음을 보였다. 사람은 폭력, 잔인함, 이기성으로 기우는 자연적 경향성도 확실히 가지고 있다. 그러나 생물적이든 문화적이든 진화적 적응의 측면에서 보면, 반사회적인 인자들보다는 친사회적이고 협력적인 인자들이 전반적으로 우세했다. 교육으로 지식을 갖춘 현대의 세속적 민주주의 사회에서는 인류 역사의 대부분에 비해(12장에서 더 자세히 살펴볼 것이다) 협력과 연민이 폭력과 잔인성보다 특히나 강한 우위를 차지하고 있다. 여기까지 읽어 왔으면, 이젠 종교가 도덕성의 근원이라기보다는 우리의 자연적인 도덕감각을 (그리고 집단과 집단 사이의 적대감 및 역겨움에 기초한 결벽까지) 통합하면서 세월 따라 그냥 인간의 문화와 함께 진화해 왔음이 여러분에게 분명해졌을 것이다. 더욱 협력적이고 더욱 연민을 발휘하는 사회를 만들어 내는 쉼 없는 과제를 수행할 때, 이성과 엄격한 비판적 사고는 우리가 가진 최선의 도구들이다. 점점 더 합리성을 갖춘 법체계를 개발하는 것은 교육수준이 높은 민주주의 사회들에서 지식에 기반한 정교한 논쟁을 통해 이뤄 낼 수 있다.

3부에서 우리는 목적과 도덕성이 어떻게 본래적으로 목적과 도덕이 없는 우주에서 아무런 인도도 받지 않고 자발적으로 떠오를 **수 있었는지** 살펴보았다. 그렇다면 이제 종교와 영성에는 무엇이 남게 될까? 과학이 지식을 제공하고 이성이 다스리는 사회에 종교와 영성의 자리가 있을까? 그리고 특히 세상의 무작위성에 불안을 느끼고 모진 시련에 부닥쳤을 때, 우리는 어떻게 인생의 의미를 찾거나 만들 수 있을까? 4부에서는 종교의 안과 밖에서 어떻게 의미를 만들 수 있는지 탐구해 볼 것이다.

4

종교의 자리는 있는가

10 종교에는 무엇이 남았는가

우리가 발명한 신은 무얼 하고 있는가

과학으로 신을 본다는 것

대부분의 전근대 문화에서는 생각하고 말하고 지식을 획득하는 방식을 두 가지로 인식하고 있었다. 그리스인들은 그 두 방식을 뮈토스mythos와 로고스logos라고 불렀다. ……둘은 서로 충돌하지 않았고 서로를 보완했다. ……로고스('이성')는 사람들이 이 세계에서 효율적으로 기능할 수 있도록 해 주는 실용적인 사고 양식이었다. 따라서 로고스는 외부의 실재와 정확하게 부합해야 했다. ……그러나 로고스에는 한계가 있었다. 로고스는 사람의 슬픔을 달래주거나 인생의 버둥거림에 담긴 궁극적 의미를 찾아내지 못했던 것이다. 로고스가 못 해 주는 것들을 사람들은 뮈토스, 곧 '신화'에서 구했다. …… 비록 로고스와는 다른 방식이었지만, 뮈토스는 이 혼란스러운 세계에서 사람들이 효율적으로 살 수 있도록 도와주었다. 신화들이 들려준 것은 신들에 대한 이야기였을 테지만, 신화들이 정말로 초점을 맞추었던 것은 사람이 겪는 곤경에서 신들의 이야기보다 손에 더 잡히지 않고 더 당혹스러우며 더 비극적인 측면들, 곧 로고스의 힘이 닿지 않는 곳에 있는 측면들이었다. 그래서 신화는 원시적인 형태의 심리학이라고 불려왔다.

—카렌 암스트롱의 《신을 위한 변론》에서[1]

현대 과학이 도래하기 이전에는, 의식적인 목적(이를테면 지적 설계)이 제일 속성으로서 '시간의 처음'에 존재했어야 할 뿐만 아니라, 우주와 우주의 그 모든 복잡성—특히 우리가 가진 의식, 자기 인식, 보살피는 자아—이 세상에 나오기 위해서는 그 목적이 시간 **이전에** 존재해야 했다고 생각하는 것이 직관적으로 수긍이 갔다. 현대 과학이 우리에게 준 놀라운 통찰은 바로 그 정반대가 맞는다는 것이다. 곧, 우주가 맨 처음에 태어났고, 그 다음에 복잡성이 생겨났고, 그 다음에 목적이 왔으며, 처음에는 의식이 없었다가 나중에 의식을 갖게 되었고, 의식의 자기 인식과 보살핌이 점점 커지게 되었다는 것이다. 놀랍게도, 그리고 반직관적이게도, 이 과정을 이루는 모든 부분들은 전적으로 자발적이고 아무 인도함 없이 떠올라 진화할 **수 있었다**. 그렇다면 종교와 영성에는 무엇이 남게 되는가?

우리의 두려움이 투사된 신

성경을 글자 그대로 해석하는 사람들은 성경이 신의 말씀이며 성경에 있는 말은 모두 참이라고 주장한다. 그 이유는 성경이 그리 말했기 때문이라는 것이다. 이런 사람들이 보기에 성경은 우주(나이가 6천 살이 채 안 되었다고 본다)와 인류의 기원을 완전하게 설명하고 있고, 도덕성의 확실한 근원이며, 우리가 어떻게 살아야 하는지 완전한 지침을 담고 있다. 신은 성경에서 묘사하고 있는 바로 그대로, 아버지나 임금 같은 면모를 지닌 인격이다. 신은 선택한 사람들과는 직접적으로 소통하고, 나머지 사람들과는 징조와 기적을 통해 간접적으로 소통한다. 신은 우리 한 사람 한 사람 모두에게 개인적 관심을 가지고 있다. 신은 인자하고 자비롭기도 하지만, 화를 내고 질투하고 복수심을 가질 수도 있으며, 상당히 제멋대로 행동할 수 있다. 신의 기분을 건드리지 않기 위해 우리가 꼼꼼하게 따져서 피해야 하는 것들의 목록은 길게 이어진다. 우리에게는 죽지 않는 영혼이 있으며, 천국과 지옥은 진짜 있는 곳들이다.[2]

사람들이 이런 신 관념에 자신의 두려움과 환상을 어떻게 투사해 왔는지 똑똑히 보기 위해서 꼭 정신과 의사나 심리학자가 될 필요는 없다. 여느 개념처럼 신 개념도 역사를 거치면서 변해 왔고, 그때그때 사람들이 기대하는 지도자의 자질을 긴밀히 반영하고 있다. 수많은 역사학자들과 인류학자들은 사람이 자신의 형상에 따라 신을 창조한 것이 시작이었음을 알고 있었다. 또한 성경에 나오는 글자 그대로의 신 개념이 든든한 통제 감각, 확실성, 아버지의 보호, 그리고 신비롭고 불확실하고 적대적으로 보이며 종종 불공정한 세계에서 길을 안내해 주는 존재를 확립하기 위한 심리적으로 투박하고 빤한 시도라는 것을 알아채기 위해서도 꼭 정신과 의사나 심리학자가 될 필요는 없다.

창조론을 신봉하는 자들이 저지르는 연역의 비약deductive leap은 다음과 같이 요약할 수 있다. 곧, 세계는 너무나 복잡하기 때문에 틀림없이 지적으로 설계되었을 것이다. 따라서 자기가 창조한 것의 모든 면면에 계속해서 적극적으로 관심을 두고 자잘한 것까지 직접 개입해서 관리하는 어떤 창조주가 반드시 있어야 한다. 그 신은 우주를 설명하고 우리가 어떻게 살아야 하는지 지시하는 책을 우리에게 받아 적게 했다. 그 신은 오로지 자신만을 숭배할 것을 요구하고, 우리 한 사람 한 사람에게 착하게 굴면 상을 주고 나쁘게 굴면 벌을 주며, 그 상벌은 아마 우리가 죽은 뒤에야 종종 깊이를 측량할 길 없는 방식으로 주어질 것이다. 이 모두는 어떤 종합계획을 이루는 부분들이다.

이보다 더 넓은 지적 설계 관념을 신봉하는 보다 세련된 이들은 어떤 신 또는 또 다른 형태의 성서적 신이 지적으로 목적을 가지고 우주와 우리를 '안내하는 손길'이 되어 준다는 생각이 과학 이론들과 양립할 수 있음을 보이려고 애를 써왔다. 그 노력은 신이 진화를 인도한다는 생각으로 귀결되었고, 이 생각이 잘못임을 5장에서 보였다. 그럼 이제 성경을 덜 글자 그대로 보는 믿음들이 가지는 다른 측면 몇 가지를 살펴보도록 하자.

성경에서 의미를 찾는 사람들

성경을 덜 글자 그대로—더 은유적이고 비유적으로—재해석하고자 하는 창조론자들 가운데에는 일부 탈무드-라비 주석가들, 수많은 자유주의 기독교 신학자들, 일부 이슬람교 신학자들이 있다. 과거 2천 년 동안 성경 주석가들은 원본 히브리어 성경(구약성경)에 있는 수많은 모순들과 도덕적으로 문제가 되는 측면들을 해결하려고 애써왔다. 학문적으로 성경을 재해석하려는 최초의 크나큰 시도들이 로마시대에 있었고, 그 당시에 이 경전들은 이미 오래전에 적힌 옛날 것들이었다. 많은 측면에서 그 경전들은 로마시대에 살던 학자들의 가치관과 이미 양립할 수 없게 된 것들이었지만, 그래도 학자들은 그것이 하느님의 말씀이라고 아무 의심 없이 믿었다. 그래서 그 경전들을 다시 해석할 필요가 있었던 것이다. 그로부터 한참 뒤인 과학혁명시대부터 현대까지, 학자들은 성경의 토대를 허무는 것처럼 보이는 새로운 과학적 통찰이 하나하나 나올 때마다 그것이 성경과 양립할 수 있음을 보이려고 애를 썼다.[3]

이 학자들에 따르면, 원래의 히브리어 성경, 그 중에서 특히 토라Torah 부분(모세5경)은 정말로 하느님의 말씀이며, 따라서 반드시 참이어야 한다. 그러나 거기에 담긴 진리는 '숨겨져' 있어서 올바른 해석을 기다리고 있을지도 모른다. 2장에서 살펴보았다시피, 우리 뇌는 패턴을 찾으려고 한다. 무슨 텍스트가 되었든, 거기에 숨은 의미가 있다고 여겨 찾으려 들면, 어김없이 찾아낼 수 있다. 그걸 찾으면, 사람들은 자기가 가진 초자연적인 믿음을 증명했다는(확증편향) 소름 돋는 느낌을 경험할 것이다. 으레 사람들은 자신이 이미 가지고 있던 가정을 확증할 경우, '차가운 전율'이 느껴진다는 식으로 묘사하곤 한다.

예를 들어 보자. 1990년대에 '성경 암호Bible codes(바이블 코드)' 붐이 일었다. 말하자면 어떤 수학적 알고리듬을 적용해서 성경 텍스트에 숨어 있는 예언을 찾아내는 일에 집중하는 사람들이 많았다는 말이다. 비판자들은 그 방법에 여러 결함과 통계적 편향이 있음을 입증하고 텍스트가 충분히 복잡하면 어떤 글에든 똑같은 과정을 적용할 수 있음을 보임으로써 그런 주장의 거짓됨을 쉽게 폭로했다.[4] 만일 성경이 본래 고대 근동에 살았고 세상에 대해서 아는 바도 적었던 사람들이 만든 것임을 이해한다면, 그 성경주해exegesis('더욱 깊은 의미'를 뽑아내기 위해 성서를 끊임없이 재해석하는 것) 과정 전체는 어떻게 보아도 별 의미가 없을 것이다. 그 사람들이 세계에 대해 가진 지식은 철기시대의 지식이었으며, 세계를 보는 기준으로 삼은 틀도 좁았다. 그 원래의 성경을 우리가 오늘날 이해하는 세계에 맞추려면, 지적인 곡예를 수없이 펼칠 수밖에 없게 된다. 곧, "성경에서 **이것이다**고 말하면, 실제로 의미하는 바는 **저것이다**"고 해야 하는 것이다. 성경에 적힌 글에서 사람들은 찾고자 하는 바를 언제나 찾아낼 수 있었다. 성경주해의 많은 부분은 본질적으로 심리적 투사psychological projection이다. 말하자면, 자신이 현재 가진 생각이나 느낌, 또는 태도를 고대 경전에 귀속시키고는, 그 글에서 그것을 자기가 **발견했다**고 느끼는 것이다.

정통 유대교 교회당에서 널리 쓰이고 공부 목적으로도 널리 쓰이는《토라 스톤 에디션Stone Edition of Torah》[5]의 들어가는 말에서 노슨 셔먼 라비Rabbi Nosson Scherman는 하느님의 계시에 대한 믿음이 얼마나 중요한지 설명했다(신의 계시에 대한 이런 근본적인 믿음은 유대교인들뿐만 아니라 기독교인들과 이슬람교인들도 모두 공유하며, 다음의 진술이 저마다 가진 경전에 적용된다고 동의할 것이다).

이 원리들은 유대인들의 신앙에서 본질이 되는 부분이며, 토라를 공부하는 방식에서 근본이 되는 것들이기도 하다. 하느님께서 하신 불변의 말씀이라고 여기고 책에 접근하는 사람의 태도는, 사람이 작성하고 세월이 흐르면서 다른 이들이 수정을 가한 책을 손에 든 자의 태도와는 매우매우 다르다.[6]

바로 그렇다.

토라가 시내산에서 하느님이 모세에게 주신 말씀이라는 증거는 본질적으로 다음과 같은 논증으로 요약된다. 당시 살았던 모든 유대인이 그 자리에 있었으며,[7] 따라서 그 이야기가 허구라고 하기에는 직접 목격한 사람들이 너무나 많았다. 틀림없이 이 목격자들은 그 기념비적인 사건 이야기를 대대로 미덥게 전했을 것이다. 그러므로 유대인 전체가 집단적이고 민족적인 기억을 통해 토라에 담긴 이야기가 참임을 보강할 수 있다.[8] 나머지 증거는 진실을 담은 채 깊이 숨겨진 수없이 많은 진리를 (그저 올바른 방식으로 말씀을 해석하고 또 해석해 나가면서) 찾아내는 것에 달려 있다.

셔먼 라비는 '종합 창조 계획master plan of Creation'에 대한 전통적인 라비적 시각을 설명하면서, 세계가 왜 불완전한지 전통적인 라비적 이해와 그런 불완전한 세계에서 토라가 중심 역할을 한다는 생각을 합쳐 넣었다(이번에도 역시, 셔먼이 여기에서 풀어놓은 지적 설계에 대한 믿음은 다른 아브라함 계통의 종교들을 믿는 수많은 사람들에게도 같은 울림을 줄 것이다).

잘 계획된 건물은 하나의 개념에 기초한다. 곧, 건축가는 어떤 생각에서 출발하고, 그 생각으로부터 계획이 떠오른다. 복잡한 건축 과정에는 아마 다수의 계약업체, 수백 명의 자재공급자, 수천 명의 인부, 수백만 개의 도구와 부품과 못과 나사가 있어야 할 것이다. 건물에 들어갈 배관은 아마 대륙 하나를 가로지를 만큼 될 수도 있지만, 그 모두는 처음의 개념에서 펼쳐진 것들이며, 안목 있는 비평가라면 강철, 석재, 유리에 담긴 그 영혼을 찾아낼 것이다. 수백 쪽이나 되는 청사진을 뒤져서 그 모두가 자라나온 처음의 통일된 하나의 개념을 발견하려면 아마 많은 훈련을 받고 범상치 않은 명석함이 있어야 할 것이다. 그러나 문외한이라 해도 지성을 가졌다면 그 두툼한 설계도의 배후에 어떤 목적이 있다는 것쯤은 누구나 알 것이다. 우리는 모두 우리 생을 그런 식으로 정리한다. ……하느님도 세계를 어떤 목적을 가지고 어떤 계획으로부터 창조했다. 하느님의 설계도는 바로 토라였고, 토라는 세계보다 앞선다. ……그리고 하느님의 목적은 인류가 창조의 의미와 목표를 토라에서 찾아내는 것이었다. "하느님은 토라를 들여다보고 세계를 창조하셨다." 그리고 하느님은 인류가 그 계율을 수행할 수 있게끔 우주를 설계하셨다.[9]

정통 유대교가 아닌 종파들(이를테면 개혁파유대교Reform)과 그에 상응하는 자유주의 기독교 종파들조차도, 비록 토라 원본이 시내산에서 하느님에게 받은 계시라고 글자 그대로 꼭 믿지는 않는다 해도, 일반적으로는 신적인 **영감**이 있었다는 믿음을 여전히 옹호하고 있다. 이 '영감'이란 말로 그들이 뜻하는 바는, 이 경전을 쓴 사람들에게 하느님이 어떤 식으론가 영감을 주었으며, 따라서 그 경전은 성스럽다는 것이다(수많은 자유주의 기독교 신학자들에 따르면, 이는 구약뿐만 아니라 신약의 저자들에게도 해당된다).

종교계 학자들은 고대 경전 원문을 거듭해서 재해석하여 세계에 대한 통찰을 얻으려고 노력한다. 그들은 이 고대 경전들이 궁극의 권위를 가지며 궁극의 지혜와 진리를 담고 있다고 가정한다. 그런 모습은 과학적 방법과 선명하게 대비된다. 과학적 방법은 과거의 모든 가정과 학설을 의심을 품고 다루기 때문이다. **종교에 따르면, 최선의 생각은 과거에 이미 계시되었다. 그러나 과학에 따르면, 최선의 생각은 미래에 발견될 것이다.**

성경의 역사에 일관성이 있는가

히브리 성경Hebrew Bible을 누가 썼고 언제 썼고 어떤 사회적 및 정치적 동기가 그 저자들에게 영감을 주었느냐는 역사적 물음에 대해서는 대부분의 사람들이 실감하는 것보다 많은 것이 알려져 있다. 히브리 성경은 타나크Tanakh라고 하는데, 기독교의 구약성경을 말하며, 이슬람교의 토대이기도 한 경전이다. 모세오경Five Books of Moses(토라)은 히브리 성경의 핵심을 이루고 십계명이 들어 있는데, 토라 자체에 따르면, 그 원본은 시내산에서 하느님이 모세에게 직접 계시한 것이다. 이 사건이 정말로 일어났다면 아마 기원전 15세기에서 13세기 사이의 어느 즈음에 일어났을 것이다.[10] 그러나 텍스트 분석, 당시에 일어났던 역사적 사건들, 히브리어 글말의 발달, 힘 있는 고고학적 증거는 모두 모세오경은 물론이고 완전한 히브리 성경을 구성하는 다른 경전들도 그로부터 오랜 세월이 흐른 뒤에야 적히기 시작했으며, 그 뒤로 수백 년에 걸쳐 여러 저자들이 저술과 편집을 했음(기원전 9세기에서 6세기

사이에 주로 이루어졌고, 그 후대에 이루어졌을 가능성도 있다)을 보여 주고 있다. 초기에 씌어졌다고 생각되는 성경의 이야기들에는 시대와 맞지 않는 구석들이 많이 있는데, 이는 연대적으로 볼 때에 그 이야기들을 적었던 특정 시기에 사용했던 사고의 기준틀 특유의 것임을 분명하게 입증할 수 있다.[11] 이것 하나만 깨달아도—성경을 누구누구가 썼다고 하는 말들이 그저 허구일 뿐임을 깨닫기만 해도—신적 계시가 있었다는 전통적인 믿음의 토대가 참담하게 허물어진다.

기독교 신약 성경의 역사적 일관성은 이와는 별개의 문제이며, 많은 면에서 구약보다 훨씬 문젯거리가 되는 주제이다. 신약 성경은 기원후 첫 세기에 몇 사람의 개인적인 이야기에 전적으로 기초해서 구성되었다고 하는데, 이 사람들 중에서 가장 두드러진 이들로는 초기 선교사였던 바울로Paul, 정경 복음서를 썼다고 알려진 마태오Matthew, 마르코Mark, 루가Luke, 요한John이 있다. 그러나 이들 중 누구도 예수를 알지는 못했다. 이들이 예수의 삶과 죽음에 대해 쓴 이야기들은 예수가 죽고 여러 해가 지난 뒤에 씌어졌으며, 공동체 내에서 예수의 추종자들 사이에 떠돌던 이야기들을 기초로 했다. 이 시기에는 여러 정치적 및 종교적 이유로 인해 어떤 중대한 일이 곧 터질 것이라는 기대가 수많은 유대인들에게서 한껏 높아져 있기도 했다. 많은 유대인들은 하느님이 보내신 어떤 구세주에 대해 고대 성경에서 예언한 바가 곧 이루어질 것이라는 희망을 품고 있었다. 말하자면 구세주가 와서 로마제국의 압제와 타락한 성직자들로부터 자기들을 구원해 줄 것이라고 기대했던 것이다.

이런 시대 분위기 속에서 종말론적 믿음과 컬트도 인기를 끌었으며, 히브리 성경의 몇몇 종말론적인 글에서 예언했던 것 같은 '말세'

에 자기가 살고 있다고 믿는 이들이 많았다. 사실 기원후 66년에 로마군에 맞서 유대인 대반란이 일어났고, 70년에는 그 보복으로 로마군이 예루살렘 성전을 파괴했다. 그 첫 세기에는 예수와 비슷한 삶을 산 예언자형 인물들이 많이 있었다. 그래서 나중에 신약 성경을 이루게 된 글들에 실린 이야기와 믿음에는 비일관적인 면들이 가득했고, 이 때문에 초기 기독교 신학자들은 수백 년 동안 격렬한 논쟁을 벌였다. 이 논쟁이 벌어지게 된 것도 역시 신학자들의 역할이란 원저자들의 신뢰성에 의문을 던지기보다는 그저 그 초창기 글들을 해석해서 그 속에 담긴 진리를 풀어내는 것일 뿐이라고 가정한 때문이었다.[12]

하늘에 계신 추상적인 아버지

유대교-기독교 집안 출신 중에는 비성경적인 추상적인 형태의 신을 믿는 사람들도 많다. 이런 유형의 믿음을 가진 자들(이들을 '추상적 유신론자abstract theists'라고 불러보자)은 신의 계시에 대한 근본적인 믿음을 거부하기는 해도 종교가 지닌 가치나 전통 때문에 자유주의적 형태의 유대교나 기독교를 여전히 느슨하게나마 고수할 수도 있다(나 자신이 과거에 그런 추상적 유신론자의 한 사람으로서 유대교 전통을 느슨하게 고수하면서 자유주의적으로 해석했었다). 다른 한편으로 서양의 추상적 유신론자들 중에는 성경의 가치 및 전통과 함께 유대교-기독교라는 종교적 배경을 완전히 버렸으나, 종교에서 말하는 것과는 다른 종류의 높은 힘이 있다는 믿음을 여전히 가지고 있는 이들도 많다. 자기 자신을 '영적이지만 종교적이지는 않다'고 정의하는 사람들 또는 '우주적 정신' 같은 것을 믿는 사람들이 바로 그런 집단에 해당될 것이다.[13] 추상적 유신론자들이 상상하는 신은 으레 정의하기가 더 힘들고 사람의 모습을 하지 않는 신이다.[14] 어떤 이들은 전혀 인격적이지도 않고 사람 개개인에게 아무 관심도 없는 신을 믿는다. 그들은 "신은 있는가?"와 "성경은 참인가?"가 서로 전혀 다른 물음이라고 이해한다.

대부분의 전통 종교가 가진 신 관념은 사람의 모습을 한 신이지만, 어떤 식으로도 결코 '신'을 정의하지 않으려 하는 종교 전통도 있다. 그런 전통들은 아마 다른 대부분의 전통보다 조금은 더 과학적 세계관과 양립할 수 있을 것이라고 여길 수도 있겠지만, 그건 오로지 그 전통에서의 신이 대단히 추상적이기 때문일 뿐이다. 곧, 그 전통에서의 신은 특별히 초자연적이지 않을 수도 있다는 말이다. 자신이 과학적이라고 할 만한 정신을 가졌다고 여기길 원하는 사람이라면 대놓고 과학과 모순되는 세계관을 견지하지 않으면서도 그런 추상적인 종교적 믿음을 유지하는 것이 가능할 것이다.

예를 들어, 종교학자인 카렌 암스트롱은 먼 옛날부터 아포파시스 전통을 가진 종파들이 있었음을 거론했다.[15] 아포파시스apophasis('무엇이 아니다'는 뜻의 부정을 말하는 그리스어)는 '신은 무엇이 아니다'는 식으로만, 다시 말해서 무엇임을 부정하거나 거부하는 부정 논법으로만 신을 서술하려고 하는 전통이다. 이런 방법은 신이 어떤 존재인지 우리가 결코 알 수 없음을 강조하고, 우리가 신을 말하더라도 이 세계에서 우리에게 친숙한 그 어떤 것과도 닮을 수 없음을 상기시켜 주는 구실을 한다. 이와 마찬가지로 그런 믿음은 신이란 '그 어떤 것도 아님'을 뜻하는 것으로 여길 수도 있다. 곧, 신은 말이라든가 우리에게 친숙한 은유 같은 방법으로는 표현할 수도 정의할 수도 묘사할 수도 없으며, 이 세상과 세상 속의 모든 경험을 초월해 있다는 것이다. 아포파시스 전통의 예로는 베다 우파니샤드Vedic Upanishad의 브라흐마Brahman 개념, 중국 도교의 도道, 그리고 기독교 등의 내부에서 후대에 펼쳐진 다양한 신론들이 있다.[16] 이와 비슷한 맥락에서, 유대교에서는 신이 이러이러한 면을 가졌다고 사람들이 경험하는 것들은 오직 신의 행위 및 피조물과의 상호 작용만을 서술한다고 봐야 하며, 신이 진정 어떻게 '존재하는지' 그 본질을 서술하는 것은 아니라고 해석하는 예들도 있다. 그런데 문제는 종교를 믿는 보통 사람들, 특히 유일신 종교를 믿는 사람들은 이런 구분을 쉽게 놓쳐 버릴 수 있다는 것이다. 대부분의 사람들은 덜 추상적이고 더 인격적인 '하늘에 계신 아버지'에 기댈 필요를 느낀다. 기자이면서 저술가인 로버트 라이트Robert Wright는 이렇게 적었다.

> 사람의 모습을 했으면서 초인적인 신, 말을 걸고 감사해하고 사랑하고 용서를 구할 수 있는 '인격적인' 신을 상상하는 전통적인 신자들에게 과연 이런 추상적인 '신'이 좋을 게 뭐가 있겠는가? 너무나 추상적이어서 정말이지 '신'이란 말로 그걸 표현하는 게 맞는지 알 수도 없는 그런 신의 존재로 그들의 믿음이 대체 어떻게 정당화될 수 있겠는가?[17]
>
> 로버트 라이트, 《신의 진화》

이런 신 관념이 사람 모습을 한 덜 세련되고 더 축자적인 성경적 신보다 지적으로 더 만족스럽기는 하지만, 신 관념이 이렇듯 고도로 추상적이라고 해도, 우주에는 의식을 가진 행위자 또는 의도가 있으며, 우주는 우주가 있기 이전에 미리 정의된 어떤 이유로 인해 존재하고, 어떤 궁극적인 목적을 달성할 '길을 찾고 있다'고 가정하는 인간의 기본적인 습관이 여전히 그 관념의 성격을 규정하고 있다. 하지만 이런 신 관념을 가진 추상적 유신론자들에게 유리한 점은 바로 악의 문제를 피해갈 수 있다는 것이다. 왜냐하면 그들이 정의하는 높은 창조적 힘은 피조물 개개의 운명에는 무관심한 경향이 있기 때문이다.

악과 고통에 대한 오래된 문제

이 세상에 악과 고통이 왜 존재하느냐는 오래도록 풀 수 없었던 신학적 문제를 설명하려고 하는 것을 일컬어 변신론theodicy이라고 한다. 이 문제가 만들어 낸 궁지는 신에 대한 전통적인 정의, 곧 신은 전능하고 전지하며 전선全善한 존재라는 정의를 지지할 수 없게 만든다는 것이다.[18] 물리학자인 스티븐 와인버그Steven Weinberg가 언급했다시피, "인류에 대해 특별한 계획을 가진 신께서 존재한다면, 그 분은 우리를 염려하신다는 것을 숨기시느라 매우 큰 고생을 하셨을 것이다."[19]

이 세상 어디에나 참혹한 고통과 불운이 있다는 사실에도 불구하고, 전통적인 종교적 믿음을 변호하는 일부 사람들은 자연의 무심한 잔인함에서 눈을 돌리고, 그 대신 신의 작품인 자연의 장엄함에 초점을 맞추는 쪽을 택한다. 자연사학자이면서 방송인인 데이비드 애튼버러 경Sir David Attenborough은 이런 말을 했다.

> 제가 꽤 자주 받는 편지들이 있습니다. [자연] 프로그램들을 많이 좋아하기는 하는데 그 자연을 창조하신 전능하신 분께 제가 전혀 찬사

를 보내지 않는다고 말하는 사람들이 보낸 편지들이죠. 그 편지들에 답장을 쓸 때 저는 이렇게 말합니다. "사람들이 이것이 전능하신 분이 계신 증거라고 말하며 드는 예들이 언제나 아름다운 것들이라는 것이 참 우습습니다. 그런 사람들은 언제나 난초, 벌새, 나비, 장미를 거론하지요. 그런데 언제나 저는 서아프리카의 어느 강둑에 앉아 있던 작은 소년의 모습도 떠올리지 않을 수가 없습니다. 어떤 벌레가 그 아이의 눈알을 파먹어서는, 아이가 다섯 살이 되기도 전에 눈을 멀게 했거든요." 그리고 이렇게 덧붙입니다. "음, 짐작컨대 당신이 말하는 그 신이 그 벌레도 창조하셨겠지요. 그런 신을 자비롭다고 믿기가 저로선 곤혹스럽습니다."[20]

BBC, 〈데이비드 애튼버러 경이 과학과 종교를 보는 시각〉

악과 고통의 문제에 종교 쪽에서 흔히 보이는 반응은 신께서 쓰시는 방법들이 너무 복잡하기에 사람은 이해할 수 없다고 말하는 것이다. 또는 신의 정의롭지 못하심이 분명한 경우가 얼마나 적은지 우리는 인식해야 한다고 논하는 것이다.[21]

진화에는 목적이 없다

목적론이란 자연에 설계와 목적이 내재해 있다는 생각임을 기억할 것이다. 그 목적론 가운데에는 신에 대한 믿음과 연결되지 않은 어중간한 형태의 목적론이 있으며, 신에 대한 믿음 말고는 비종교적인 마음을 갖췄고 과학 지향적이며 심지어 공공연히 비신론적인 입장을 표방하는 일부 사람들에게서 점점 인기를 끌고 있다. 대개 이런 목적론의 틀은 우주 안에서 의식을 가진 생명을 진화하게 하여 "우주가 자기 자신을 알게 된다"는 식의 사고계통을 따르고 있다.

예를 들면, 미국의 철학자이면서 무신론자인 토머스 네이글Thomas Nagel은 자연에는 지적 설계자가 필요 없는 '자연목적론natural teleology'이 있을지도 모른다는 생각을 제시하며, 자연에는 우리가 아직 이해하지 못한 자연목적론적 법칙이나 경향성이 있을 수도 있다는 생각을 내비쳤다.[22] 네이글은 목적론에는 본래 비과학적인 면이 전혀 없다고 논했다. 일반적으로 보면, 그의 논증은 의식을 가진 복잡한 생명이 단순한 물질에서 자발적으로 진화했다는 것이 그저 너무 믿기지 않는다고 보는 '상식'에 의존하고 있다. 그러나 네이글은 이렇게 인정한다. "이것은 현대 과학을 비전문가에게 설명하는 글을 두루 읽은 문외한의 의견일 뿐이다."[23] 대부분의 과학자들은 네이글의 논증과 그가 제시한 논거에 근본적으로 찬성하지 않을 것이다. 네이글이 특수하게 저지른 오류 몇 가지를 비롯해서 그가 제시한 논증의 문제점들은 생물학 교수인 H. 앨런 오리Allen Ori가 《뉴욕 리뷰 오브 북스New York Review of Books》지에서 잘 비판해놓았다.[24]

사회생물학을 공부한 이력이 있는 언론인인 로버트 라이트도 이와 비슷한 형태의 목적론을 제시했다. 그는 책《신의 진화The Evolution of God》에서 역사를 거치며 이어져온 종교적 신 관념은 문화의 테두리 안에서 인간이 발명한 것—자연 선택의 부산물—이라고 서술했다.[25] 그럼에도 불구하고 라이트는 어떤 높은 힘과 높은 목적이 존재하느냐는 문제에 대해서는 불가지론적 입장을 취한다. 어느 신문기사에 그는 이렇게 적었다. "나는 과학의 시대라 할지라도 높은 목적에 대한 논의는 존중을 받아야 한다고 생각한다. ……그러나 우리 지구인들이 이런 생각들에 몰두하는 데에는 **어떤** 의미, **무언가**가 불어넣은 어떤 목적이 있다고 생각할 만한 이유가 있다고 나는 생각한다. 그리고 설사 그 무언가를 찾아내는 일이 현재로선 가망이 없다 할지라도, 그런 생각들을 하는 의미가 무엇인지 곰곰 생각해 볼 근거가 있다고 생각한다."[26] 진화생물학자인 제리 코인은 진화에 목적이 있다는 라이트의 생각을 다음과 같이 비판했다.

> 그러나 지나고 나서 돌아보면 진화를 비롯해서 **모든** 과정들은 어딘가를 향해 진행되고 있다. 이제까지 진화는 현재 존재하는 모든 종들을 향해 진행해 왔으며, 앞으로도 미래에 있을 종을 향해 계속 진행해 나갈 것이다. 그러나 그렇게 되는 것은 단순히 방향 없는 유전자 부동genetic drift과 자연 선택 과정이 낳은 결과일 뿐이며, 눈송이의 형성에 목적이 없는 것처럼 그 과정에도 아무 목적이 없다. 눈송이의 형성을 돌아보면 물 분자들이 복잡하고 예쁜 결정을 '향해' 나아가는 것처럼 보이게 된다. ……자연 선택을 보면, 외부에서 그 선택을 끌고 가는 것은 아무것도 없다. 자연 선택은 유전자 꼴들의 차등 번식differential reproduction을 반영할 뿐이며, 그게 전부이다. 그것을 '목적'이라고 말하고 싶다면, 상관없다. 그러나 그것은 '목적을 가진' 것에 대해 모든 사람이 생각하는 바를 깎아먹는 생각이다. '목적을 가졌다'는 것은 미리 앞을 내다보는 어떤 존재가 과정을 끌고 간다는 것을 반영하기 때문이다. 사람 같은 지능의 진화는 필연이라는 생각을 보면, 그 지능은 지구상에서 단 한 번 생겨났는데, 내게는 그것이 그리 필연적이라고 보이지 않는다. 깃털과 코끼리코도 단 한 번 진

화했는데, 우리는 과연 깃털과 코끼리코를 창조하는 것이 진화의 '목적'이라고 말할 것인가? 그렇지 않다. 라이트가 인간의 지능에 역점을 두는 까닭은 단 하나이다. 곧, 그는 목적론을 원하기 때문이다. 비록 명시적으로 말하지는 않았어도, 그는 모종의 신의 존재를 함축하고 싶기 때문이다. 어찌 되었든 지능을 갖춘 피조물이라면 신의 창조가 향한 목적으로서 눈에 확 들어올 테니까 말이다.[27]

제리 코인, 〈왜 진화는 참인가〉

코인은 라이트의 동기가 "초월에의 동경", 신 같은 "어떤 존재"가 우주에 보다 높은 목적을 부여했으면 하는 바람이라고 말한다.[28]

캐나다 워털루에 있는 최전방이론물리연구소Perimeter Institute for Theoretical Physics의 소장인 닐 투록Neil Turok도 목적론을 지지하는 인물이다. 그는 세계의 선도적인 이론물리학자 가운데 한 사람이며, 스티븐 호킹의 동료였다. 그러나 호킹과는 다르게, 투록은 우주에 목적이 내재해 있다는 시험적인 시각을 표명했다.

우주에서 생명의 의미는 무엇일까? 또는 우리가 존재하는 목적은 무엇일까? 대개 과학자들은 이런 생각들에 대해 어떤 논의도 하지 않으려고 한다. 그런 것들은 과학의 영역을 벗어나 있다고 말하면서 말이다. 그러나 내게는 그런 물음들이 대단히 중요하다. 왜 우리는 지금 우리가 하는 일을 하기로 결정한 것일까? 몇몇 과학자들이 말하는 것처럼, 우리는 단순히 우리의 이기적인 유전자를 복제하고자 하는 욕구가 끌고 가는 생물학적인 기계에 불과한 존재일까? 내가 믿는 것처럼 우리가 그것보다 훨씬 이상의 존재가 될 수 있다면, 우리의 지혜를 어디에서 끌어낼 것인가?[29]

닐 투록, 《우리 안의 우주》

투록은 이런 말도 덧붙였다. "우주가 자기 자신을 의식적으로 자각하는 데에 우리가 수단이 되는 것은 아닐까?"[30] 그래도 투록은 과학적으로 불확실하다는 입장을 견지하는 것이 중요하고, 뜬구름 잡는 식이 아닌 현실적인 방식으로 과학으로부터 의미를 이끌어 내는 것이 가치가 있다는 것을 강조한다. 그는 이렇게 말한다. "내가 가진 시각은 과학은 궁극적으로 사회의 욕구에 봉사하는 것과 관련이 되어야 한다고 보는 것이다. ……과학은 사회의 목표를 실현하고 우리가 살고 싶어 할 만한 세계를 만드는 일의 한 부분이 되어야 한다."[31]

추상적 유신론자들의 믿음과 우주에 웅대한 목적이 있다고 보는 비유신론자들의 믿음은 확실하게 반증될 수 있는 믿음이 아니다. 앞에서 말했다시피 나도 예전에는 그런 믿음을 가졌다. 그러나 우리 자신이 어떤 의도를 가진 과정의 산물이라고 보는 인간의 자기중심적 경향을 우리는 경계해야 한다. 그런 경향은 인간 중심적이고 자기 지시적이고 프톨레마이오스적인 우주관(우리가 우주의 중심이며 우주는 우리가 존재할 수 있도록 창조되었다고 보는 것, 다시 말해서 모든 일은 이유가 있어서 일어나며, 그 모든 일은 나에 관한 일이라고 보는 것)의 냄새를 풍긴다. 정신과 의사인 나는 어떤 지적인 설계자가 가진 목적이든 자연의 법칙에 어떻게인가 그냥 내장되어 있는 목적이든 우주가 목적으로 충만해 있다고 지각하는 이런 전체적인 경향을, 우리 자신이 가진 형질들을 우주에 투사하고 어떤 궁극적이고 절대적인 '삶의 의미'가 있기를 소원하는 또 다른 예로만 볼 뿐이다.[32]

우리가 모르는 것과 아는 것

신과 같은 것의 존재는 명확히 반증해 낼 수 있는 것이 아니지만, 논리적이고 철학적인 논증으로[33] 신의 존재를 증명하려 했던 시도들은 모두 실패에 실패를 거듭했다.[34] 전통적으로 '신'이란 말에 함축된 의미를 모두 걷어 내고 지극히 추상적이고 막연하게 '신'을 정의해야지만 부분적으로나마 지지할 수 있거나 우리가 과학으로부터 배운 모든 것과 확연하게 모순되지는 않는다고 볼 수 있는 것 같다. 우리는 신은 무엇이 아니라고 말하는 방식—부정 논법—으로만 신을 정의할 수 있는 것 같다. 토머스 네이글, 로버트 라이트, 닐 투록 등의 사람들이 제안했던 것 같은 비인격적이고 진화하고 창조적인 자연의 힘 같은 비신론적인 관념조차도 여전히 어떤 의도성 또는 존재 이전에 정해진 목적이 우주에 깔려 있다는 미심쩍은 가정에 심하게 의존하고 있다. 반면에 카렌 암스트롱이 가진 것 같은 아포파시스적인 신 관념은 비록 과학과 특별히 모순되지는 않아도 너무나 모호하기 때문에 거의 아무렇게나 해석할 수 있을 것이다.

나는 여러분이 이 책에 제시된 다양한 과학적, 철학적, 신학적 생각들로부터 스스로 결론을 이끌어 내었으면 한다. 나 자신이 내린 결론은 이렇다. 곧, 의식을 가지고 있고 지능이 있고 자기를 인식하고 의도를 가진 어떤 높은 자연의 힘이 존재한다는 생각은 우리가 우주에 대해서 현재 알고 있고 지구상 생명의 진화에 대해서 알고 있는 모든 것과 조금도 양립할 수가 없다는 것이다. 무작위적인 사후 적응성after-the-fact adaptation*을 보여 주는 증거, 의도적인 계획이 있다는 어떤 표시도 없다는 증거가 단연 너무나 많기 때문이다. 더군다나 느끼는 존재들에게 고통이 만연한 모습을 보면, 뭐가 되었든 그들을 보살피는 신 같은 것이 있다는 그 어떤 암시도 찾을 수 없다.

지금 우리에게는 우주가 어떻게 무작위적이고 자발적으로 형성될 수 있었는지 설명하는 가설들이 있다. '무에서 생겨난 유'와 '제일원인'이라는 난제에 대해서도 완전히 자연주의적인 가설들이 우리에겐 있다. 비록 이 과학적 가설들은 잠정적이기에 앞으로 시간이 흐르면서 많이 수정될 것임은 불문가지이지만, 그럼에도 불구하고 여전히 가당성이 있는 가설들이다. 이것 하나만으로도, 어떤 의도와 목적이 우주를 다스리고 있다는 가정과 직관에 적어도 도전장을 던지기에는 충분할 것이다.

게다가 지금 우리는 무엇보다도 의도와 목적이 있다고 가정하고 직관하는 쪽으로 기울게 하는 인간의 사고 패턴을 더 잘 이해하고 있다. 그 사고 패턴은 본질적으로 우리 종이 적응해 생존하는 과정에서 진화적으로 나온 부산물이며, 수많은 정신 장애에서 이 패턴이 터무니없을 정도로 증폭된 모습을 볼 수 있다.

우주에 목적이 없음은 거의 확실하지만, 사람에게는 목적이 있다. 우리가 가진 목적 감각은 목적이 내재한 우주에서 유래한 것도 아니고 거기에 의존하는 것도 아니다. 오히려 그 반대가 맞다. 곧, 우리가 우주에서 목적을 지각하는 까닭은 우리 자신이 의도를 가지고 행하는 자들이기 때문이고, 타인이 가진 의도를 지각하는 일에 놀랍도록 뛰어나기 때문이기도 하다.[35]

궁극적으로 우리 지식에 한계가 있음을 인정하고 실재의 궁극적

* 미리 예정된 적응이 아니라는 뜻인 것 같다.

본성이 가진 근본적 불확실성 앞에서 겸허한 태도를 가지는 것이 중요하다는 데에 나는 토를 달지 않을 것이다—원한다면 어느 정도 불가지론적 입장을 가질 수 있다. 그러나 큰 물음들과 관련이 있는 주제들에 대해서 지금은 몇 십 년 전보다 불확실성이 덜해졌다. 예전에 나는 확고하게 정립된 오늘날의 과학과 더 일치되도록 내 불가지론적 태도를 새로이 맞춰 나가던 중, 나는 내게 남아 있던 불가지론이 무신론의 입장과 사실상 구분되지 않는다는 것을 알게 되었다.[36] 그래서 지금의 나는 나 자신을 무신론자라고 부르는 쪽이 마음이 퍽 편하다. 아내 카린의 암은 인생에서 일어나는 사건들에는 어떤 목적이 내재해 있다는 가정을 막연하게 내가 품고 있음을 인식할 수밖에 없게 해 주었다. 그 가정이 더 근본적으로는 우주 자체에 목적이 내재해 있다는 가정을 기반으로 구축된 것이었음을 인정할 수밖에 없었다. 이 모든 믿음을 버리기 위해서는 이 책에서 초점을 맞춘 다른 근본적인 가정, 곧 만일 우주와 생명이 무작위적이라면 목적, 도덕, 의미의 기초가 있을 수 없다는 가정이 그릇됨을 밝혀내야 했다.

겹치지 않는 세력권이 있는가

나는 우주, 생명, 의식의 궁극적 기원에 대한 진정 큰 물음들을 이해하는 길이 과학이라고 늘 생각했던 것은 아니다. 그리고 인생의 목적, 도덕적 가치, 의미에 대한 물음들을 이해하는 길이 과학이라고는 전혀 생각지 않았다. 10~20년 전까지만 해도, 과학적 성향을 가진 사람들의 대부분은 나와 같은 생각이었다. 일반적으로 과학은 그런 물음들을 던질 수 없는 학문이라고들 생각했으며, 그런 물음들은 종교나 철학의 영역에 속한다고들 여겼다. 퍽 최근까지, 과학과 종교는 각자 깔끔하게 '서로 겹치지 않는 세력권non-overlapping magisteria'(저명한 고생물학자이자 진화생물학자인 스티븐 제이 굴드Stephen Jay Gould가 만든 유명한 말로, 머리글자만 따서 NOMA라고 많이 표기한다)에만 신경을 쓴다고들 여겼다.[37] 그러나 NOMA가 마음을 편하게 해 주는 시각이기는 하지만, 최근에 와서는 상황이 급격하게 달라졌다. 그것이 지지하기 힘든 시각임을 외면하기가 점점 어려워졌기 때문이다. 과학과 종교—심지어 축자주의에서 벗어난 세련된 종교나 추상적 유신론이라고 해도—가 서로 대척점에 놓인 상반된 세계관이라는 사실은 방안의 코끼리처럼 다들 쉬쉬하지만 누가 봐도 명백해졌기 때문이다. 현재 과학자들은 무수히 많은 방식에서 과학과 종교가 조금도 양립할 수 없으며 서로 모순된다는 것을 지적하고 있다.[38] 그렇지만 과학과 종교가 양립할 수 없음을 깨닫게 되었다고 해서 진보적 형태의 계몽된 종교들이 계속해서 역할을 해낼 수 있다는 것을 반드시 부정할 필요는 없다.

종교가 계속 담당할 역할

아마 어떤 형태로든 종교가 계속 필요한 사람들은 많이 있을 것이다. 자연주의적 휴머니스트naturalistic-humanist 관점을 완전하게 파악하거나 그 관점에서 충분히 위안을 느낄 수 있을 사람은 많지 않을 것이다. 사람은 의례 행위와 이야기(그리고 확대해서 보면 신화)를 통해 의미를 만들어 낼 필요가 있다. 언어가 진화한(아마 적어도 5만 년 전일 것이

다) 이후는 물론이고 언어가 진화하기 전부터도 매장의례와 예술이 입증해 주듯이 우리가 의례를 행하고 이야기를 만들어 들려주는 종으로 진화했음을 인류학 연구들은 보여 주었다. 종교 전통들은 아마 앞으로도 수많은 사람들의 감정적 및 사회적 욕구들을 충족시켜 준다는 점에서 계속 가치를 가질 것이다.

종교적 믿음이 정신건강에 미치는 효과를 연구하자 둘 사이의 복잡한 관계가 드러났다. 종교적 믿음이 미치는 효과는 수많은 변수에 따라 긍정적일 수도 있고 부정적일 수도 있다. 종교적 믿음, 그리고 조직종교가 으레 마련해 주는 공동체 소속감community affiliation은 종종 방어적인 심리적 및 사회적 인자들과 연관된다.[39] 정신과 의사로서의 내 경험을 보아도, 종교적 신앙이 없거나 신앙을 잃은 환자들은 실존적 위기에 쉽게 휩쓸리며, 대개 그들이 종교가 우세한 공동체 안에서 살고 있는 경우라면 그 위기가 우울증으로 쉽게 이어질 수 있다. 이런 공동체에 속한 개개인은 신이 없으면 생의 목적도 없다는 메시지에 포위되어 살아간다. 나는 이 사람들, 특히 청소년들이 마음에 힘이 되는 비종교적 세계관에 노출되지 못할 경우에는 그 공동체 내에서 몹시 힘든 시간을 보내게 된다는 것을 알게 되었다.

초자연적인 존재에 대한 종교적 믿음에 더는 동조하지 않는 사람들 중에서도 역사적 뿌리, 문화적 정체성, 연속성이 뚜렷한 공동체 전통에 속해 있다는 느낌에서 이로움을 얻는 이들은 많다. 사람들은 종교적 믿음의 기초가 있든 없든, 특정 문화적 소속감을 통해 자신이 어딘가에 속해 있고 뿌리를 가지고 있다는 느낌을 얻을 수 있을 것이다. 예를 들면, 세속적 유대인들 중에는 이런 종류의 정체성을 높이 사는 이들이 많고, 나 또한 그렇다. 역사적이거나 문화적이거나 종교적이거나 그 어떤 전통에도 속하지 않은 사람들 중에는 자기들이 현대 세속적 사회라는 '도가니melting pot'의 일부라는 느낌을 받는 이들이 있다. 또 이들 중에는 명확한 소속이 없다는 느낌, 역사적 뿌리가 없다는 느낌을 가지는 이들도 있다. 이런 느낌 때문에 마음이 불안정해지는 것 같은 사람들도 있다(그러나 그 느낌을 전혀 개의치 않는 사람들이 많다). 어떤 사람들은 강한 사회적 소외감을 느끼기도 한다. 이런 종류의 소속이 강하게 필요하지만 문화적 정체성이 뚜렷한 집단에서 태어나지 않은 사람들은 그렇지 않은 사람들보다 종교 집단에 소속됨으로써 얻는 이로움이 더 클 것이다. 그러나 그것 말고도 사람들은 이 다원적 사회에서 매우 의미로운 형태의 소속감을 많이 찾아낸다.

많은 사람들은 기도와 의례를 어떤 신격과 소통하거나 그 신에게 탄원하거나 그 신을 달래는 것이라고 믿는 대신, 거기서 그저 일종의 명상, 사색, 내성內省으로서의 가치를 찾는다. 같은 공동체에 속하고 문화적 뿌리가 같은 사람들이 한데 모여 의례를 치르면서 기도를 하게 되면 명상과 내성으로서의 위력이 대폭 커질 수 있다.

더욱 엄격하고 철두철미하게 종교 의례를 행하면서 사는 삶이 도움이 되는 사람들도 있다. 종교적 예배와 의례는 작은 것들의 중요함을 가르쳐주고, 세밀한 것들에 주목할 것을 요구하고, 처신하고 행동하는 방식이 중요함을 일깨워 줄 수 있다.[40] 규율에 따라 규칙적으로 종교적 의례를 행하는 삶은 자기 수양, 자제심, 강한 직업 윤리, 매사에 신중하고 주의하는 태도를 기르는 데 도움이 될 수 있다. 많은 종교는 자기 수양과 자제심을 더없는 미덕으로 여긴다. 개신교의 직업 윤리가 이런 미덕의 본보기가 되며, 특히 장로 교회와 칼뱅 교회가 이를 분명히 보여 준다. 정통 유대교는 매일 하는 일과의 수많은 측면들을 다스리기 위해 치르는 의례들의 세목에 역점을 두는 것으로 유명하다. 그 목표는 자기를 통제하고 수양하는 것으로서, 얼른 보면 비의적秘儀的으로도 보이는 이런 식의 작은 것에 초점 맞추기에서 중요한 한 성분이 된다. 그리고 세속의 일을 소중히 여기는 것도 또 하나의 성분이다. 그러나 11장에서 살펴보겠지만, 자제력 대 유연성과 관련해서는 균형을 최적으로 맞추는 것이 필요하다. 과도한 자제력은 경직성과 강박성으로 이어질 수 있다. 의례 행위는 쉽사리 그 자체가 목적이 되어 버릴 수도 있다. 말하자면 의례의 본래 목적인 초월의 온전한 의미를 시야에서 놓쳐 버린 채, 의례를 위한 의례가 되어 버리기 십상이라는 것이다.

종교가 지킨 전통과 현대적 역할

종교가 진실한 믿음으로 지탱되지 못하면 흔들리기 쉽고 안정성이 떨어져서, 세대에서 세대로 이어오는 동안 변화와 재해석을 당할 가능성이 높아질 것이다. 그러나 대부분의 종교는 결코 정적靜的이지 않았으며, 어떤 식으로든 항상 재해석을 당해 왔다. 고대로부터 내려온 전통들 가운데에는 장차 이런 식으로 권위를 잃어 사라질 것이 확실한 것들도 있다. 이를테면 남성의 지배를 영속시키고 딸보다 아들을 더 높게 치는 전통, 동성애 혐오를 비롯한 여러 형태의 편견을 영속시켜 온 전통은 앞으로 확실히 사라질 것이다. 그러나 그와 함께 이보다 가치 있는 고대의 지혜와 전통을 잃어버릴 위험도 분명 있다. 하지만 그 위험을 무릅쓰지 않으면, 경전의 권위를 절대적이라고 보는 지지할 수 없는 믿음을 계속 붙들어야 할 것이다.

종교학자인 카렌 암스트롱은 가치에 대해서도 종교의 현대적 역할에 대해서도 이와는 살짝 다르게 이해하고 있다. 그녀는 본질적으로 불가지론자이다. 또는 앞에서 설명했던 극도로 추상적이고 정의 불가능하고 알 수도 없는 '신' 관념을 허용한다. 암스트롱은 '인격신'이라는 종교적 관념을 사람의 모습을 순진하고 단순하게 투사한 것이라고 여기고, 심지어 일종의 우상 숭배라고까지 생각한다. 그러나 그녀는 초월은 물론 선별된 종교적 윤리, 직관, 통찰, 의례 행위에는 가치가 있다고 본다. 그녀는 종교를 '뮈토스mythos'와 관련시키는 쪽이 더 만족스럽다고 논한다. 말하자면 종교는 예술, 시, 문학, 음악, 춤과 같은 영역에 속하고, 인간의 조건에 대해서 표현할 수 없는 것을 표현하는 감정적 및 직관적 수단이거나, 바쁘게 살아가는 중에도 묵상과 성찰을 하도록 해주는 의례 행위의 집합으로 보는 쪽이 더 낫다는 것이다. 암스트롱은 종교는 세계와 세계의 기원에 대해 합리적이고 실재에 기반해서 설명(로고스logos 또는 논리적 이해)하는 구실을 더는 해내지 못하며, 종교를 계속해서 합리적인 설명 취급을 해 주면 종교는 필히 현실적 타당성을 잃고 말 것이라고 논한다. 왜냐하면 그 영역에서 종교는 과학과 경쟁이 되지 못하기 때문이다.[41]

이보다 더욱 논쟁적인 어투로 암스트롱은 수많은 유대-기독교 전통들은 역사 내내 자신의 믿음들을 사실상 뮈토스의 영역에 더 가깝게 정의했으며, 종교가 로고스의 한 형태라는 주장은 현대 근본주의자들의 잘못된 생각이라고 논한다. 이는 유대-기독교 신학의 역사에서 비축자주의적인 사조들의 영향을 과장해서 보고 싶은 바람이 담긴 것처럼 들린다. 또 하나 논쟁의 여지가 있는 암스트롱의 주장은, 역사상 전쟁과 폭력이 일어났던 책임의 대부분을 종교에게 물을 수 없다는 것이다.[42] 그러나 나는 이런 주장들을 판단할 몫을 역사학자들에게 남겨 놓을 생각이다.[43] 암스트롱이 가진 고도로 추상적이고 아포파시스적인 신 개념은 앞에서 지적했다시피 적어도 과학적 세계관과의 양립 불가능한 정도가 덜해지기는 한다. 그러나 그 신 개념이 워낙 모호하기 때문에 오히려 무의미한 개념이 되거나 속 터질 정도로 일관성을 잃을 위험이 있다.[44] 이보다 논쟁의 여지가 덜한 관점도 있다. 암스트롱은 극단성을 띠지 않는 모든 형태의 종교에는 연민 지향적인 윤리가 공통적으로 있음을 강조했다. 곧, 황금률의 윤리가 바로 그것이다.[45]

도덕과 윤리에 대한 다양한 종교적 입장들은 그 문화적 및 역사적 상대주의로 인해 오래전부터 힘을 잃어 왔으며, 현대의 세속적 사회들에서는 더 민주적으로 인정된 법과 윤리(세속적인 국가 대부분에서 그 법과 윤리는 놀라울 정도로 동질적이다)가 그 자리를 대신해 왔다. 반면에 진보성을 띠는 모든 종교들은 일반적으로 호혜적 이타성의 황금률을 가지고 있다. 곧, 내가 대우받고 싶은 대로 남을 대우하라는 것이다. 9장에서는 호혜적 이타성이 사회적 협력의 한 형태로서 자연적으로 진화한 것임을 살펴보았다. 진보적 종교들은 이 자연의 규칙을 저마다의 도덕률에 합쳐 넣었으며, 따라서 그 규칙을 강화하는 구실을 그 종교들이 할 수 있고 실제로도 그렇게 하고 있다. 그래서 진보적 종교들의 윤리, 단체, 신자들은 휴머니즘적 대의에 힘을 쏟는 수준이 높으며, 바로 이런 점에서 사회에 가치 있는 이바지를 하고 있다.

종교 경전과 가르침에서 문제가 될 만한 소지가 있는 측면들을 솎아내면, 시대를 불문하고 종교사상가들로부터 슬기로운 휴머니즘적 통찰들을 많이 찾아낼 수 있을 것이며, 그것들을 보존하고 배우고 연습하고 가르치는 것이 마땅할 것이다. 그렇게 해야 하는 이유는, 현대 이전에는 인간의 조건에 대한 철학적 및 심리학적 사고체계에 이바지한 사실상 모든 것들이 종교적 세계관의 틀 안에서 전개되었기 때문이기도 하다. 그 시절에는 종교 외에 우리가 가질 수 있는 세계관의 틀이 사실상 전무했다.

앞으로도 전통적인 신 관념에 계속해서 만족할 사람들은 많을 테지만, 과학의 시대에 종교란 전혀 성에 차지 않을 만큼 단순하다고 여겨서 종교를 완전히 거부하는 사람들의 수가 앞으로 계속 늘어날 가능성은 매우 높다. 회의적이고 과학적 정신을 갖춘 사회에서 진지한 대우를 받고 번성할 수 있으려면, 종교는 우주와 인간의 기원을 초자연적으로 풀어내는 전통적인 설명을 주해하는 일에 쓰는 에너지를 줄여야 할 것이다. 종교는 더 추상적이고 덜 뚜렷하고 덜 의인화된 형태의 신 관념을 채택할 필요가 있을 것이다. 유대-기독교 계통의 종교들이 지적인 지지자들—성경을 실제로 누가 언제 왜 썼느냐는 문제에 대한 방대한 세속적 학문의 지식을 한 번이라도 접한 사람들—을 몽땅 잃고 싶지 않다면, '신의 계시'를 가르치기를 포기하거나 덜 축자적이고 더 은유적으로 그 생각을 제시해야 할 것이다.

동양의 종교와 철학에 관하여

동양의 종교와 철학은 과학적 세계관과 더 양립할 수 있는 세계관을 제공하지 않을까 궁금할 수도 있을 것이다. 지난 수십 년 사이, 유대-기독교적 종교에 환멸을 느낀 수많은 서양인들에게 불교를 비롯한 동양의 철학들이 인기 있는 대안이 되어 주었기 때문에, 서양 사회에서 종교적 신앙이 상실되는 것에 초점을 맞추고 있는 지금 이 책의 맥락에서 동양의 종교와 철학을 잠깐 살펴보는 것이 정당할 것이다. 불교는 창조주 신의 존재를 강조하지 않으며, 그런 종류의 신격은 너무 추상적이고 거리감이 크고 정의가 불가능하고 별 의미가 없다고 여긴다. 그래서 불교의 많은 생각들은 유대-기독교적 믿음들보다 상대적으로 더 과학적 자연주의와 양립할 수 있다.

초월에 대한 비신론적 시각을 찾으려 할 때, 불교가 도움이 될 수 있다. 불교는 우리가 본래부터 독립된 존재로 있다는 생각을 버리는 것에 역점을 둔다. 불교에 따르면, 이런 지각은 그릇되고 자기중심적인 착각이다. 불교는 우리가 우주 전체의 한 부분으로서 의존적으로 생겨난 존재라고 보는 시각을 기르기 위해 법도에 맞게 관조와 명상을 할 것을 강조한다. 우리는 우주 및 다른 모든 생물과의 관계 속에 우리 자신이 있다고 생각할 수 있다. 몸을 이루는 세포처럼 말이다. 불교는 깨달음, 자비심, 그리고 우리가 따로따로 있는 존재가 아니라 우주적 전체의 일부라는 믿음을 통해—게다가 우리는 전생에 다른 생물이었을 수도 있고 내생에 다른 생물이 될 수도 있으니까—다른 모든 생물에 대한 공감을 함양할 것을 추구한다.

불교에도 많은 형태가 있지만, 사람을 비롯한 만물의 본성은 무상無常, 연기緣起〔서로 의존하고 있음〕, 무아無我(말 그대로 '나'가 없다는 것)로 정의된다는 생각은 공통으로 가지고 있다. 불교는 우리 자신이 무상한 과정으로서 끊임없이 변하며, 독립적인 **존재자**이기보다는 연기적 **사건**임을 보라고 촉구한다. 사건들은 서로서로 인과적으로 연결되어 있으며, 철저하게 무상하고, 독립된 자아란 것도 없으며, 그 자체의 정체성이랄 것도 없다. 모든 것들(또는 사건들)은 언제나 다른 것들에게 의존하며, 각각의 자리는 광대한 연결망 속에 있다. 곧, 전체는 부분들에 의존하고, 부분들은 전체에 의존하는 것이다.[46]

이런 식의 사고는 6장에서 서술했던 복잡성 현상—서로가 서로에게 작용하고 서로가 서로에게 의존하는 요소들 및 떠오름 현상—을 상기시킨다. 그리고 자아란 동시적이고 상호의존적인 신경 과정들이 만들어 낸 착각이라고 보는 신경과학적 시각과도 일치한다고 볼 수 있다.

그러나 불교의 믿음 체계에는 문제가 되는 측면들도 있다. 이를테면 환생과 윤회를 믿는 것은 과학적 자연주의와 양립하지 못한다. 다른 종교들처럼 불교도 마음-뇌 이원론을 지지하는데, 이는 마음이란 전적으로 뇌에서 떠오른 것이라고 보는 과학적 시각과 양립하지 못한다. 불교의 믿음에는 더 오랜 베단타(우파니샤드)적 믿음에서 유래한 업보業報(카르마karma) 관념도 있다. 업보는 본질적으로 내가 무엇을 하든 다 내게로 되돌아온다는 뜻으로서, 내가 맞은 운명의 원인이 바로 나임을 함축하고 있다. 그러면 내가 현재 당하는 고통은 바로 내 탓이라고 보게 되는 결과를 낳는다. 이런 식의 결정론적 생각은 과학적 자연주의에서 말하는 무작위적 우연성과 양립하지 못한다. 이 책의 한 가지 중심 목표는 과학적 세계관에서 무작위성이 근본적인 역할을 한다는 것을 부각하는 것이다. 그렇게 해서 사람들이 무작위성을 받아들여 살아갈 수 있도록 돕고, 인간에게는 무작위성을 부정하는 경향이 있음을 인식하게 만드는 것이다. 무작위성을 받아들이면 과도한 자책감에서 해방될 수 있다.

자이나교도 동양의 종교로서, 불교처럼 우주의 창조주에 대한 믿음이 들어 있지 않다. 자이나교도들은 우주에는 시작도 끝도 없으며 만물은 신이 창조하거나 조정할 필요 없이 자율적으로 자연법칙에 따라 일어난다고 믿는다. 업보와 윤회는 자이나교에서도 중심이 된다.

도교는 기원전 1-2세기 무렵—불교가 인도 북부에 뿌리를 내리던 시기와 얼추 비슷하다—에 중국에서 생겨난 철학 및 종교 전통으로서, 불교가 중국에 퍼지기 이전부터 있었다. 도교는 자연스러움, 자발성, 유동성, 단순성, 조화, 욕망에 초연함 같은 가치에 역점을 둔다. 불교처럼 도교도 사람에게 범주화를 하는 인지적 습관이 있음을 알아보고 비판한다(이것만 따로 놓고 보아도 지혜가 담겨 있으며, 6장에서 살폈던 것들과 같은 울림을 준다). 도교는 우리가 자연세계를 보는 시각은 문화, 관습, 의례, 규칙, 언어로 인해 왜곡되고 구속된다고 가르친다. 여기에는 우리가 주변 환경을 서술하려고 할 때 적용하는 이름들과 범주들도 포함된다. 이런 면에서 도교는 경쟁자인 유교철학(도교보다 먼저 생겨났다)과 첨예하게 대조되며, 유교에 대해 비판적이다.

유교는 격식, 수양, 의례, 사회질서, 갈고닦음, 예의, 권위에 가치를 둔다. 이와 대조적으로 도교는 우주나 자연세계에 대한 우리의 이해와 평가는 사실 그 모든 격식 때문에 방해를 받는다고 역설한다. 도교는 우리가 이 모든 유위有爲를 벗어던지고 자연상태의 자아로 돌아가서 자연의 진정한 모습을 자발적으로 인식할 수 있는 자연적인 능력을 회복할 수 있도록 하려고 한다. 말하자면 우리가 정연하게 짜 맞춘 가정에 세계가 일치하기를 기대하기보다는, 세계를 있는 모습 그대로 보게, 곧 어떤 규제도 받지 않은 자발적인 아름다움을 보게 하려고 한다. 이것과 관련이 있는 원리가 바로 무위無爲로서, '일부러 하지 않으면서 하다' 또는 자발성을 뜻한다고 해석할 수 있다. 불교처럼 도교도 우리가 독립적으로 행위를 일으켜 행동하는 개별자들이 아니라 어마어마하게 많은 과정들에 참여하는 자들임을 강조한다.[47] 도교는 사람 모습을 한 신 관념을 지지하지 않으며, 유신론적이기보다는 범신론에 가까운 경향을 보인다. 그럼에도 불구하고 도교는 과학 이전의 다소 마법적인 성격을 가진 우주론에 동조하며, 수많은 신들 또는 신들의 위계 관념을 가지고 있다.

전반적으로 보면 동양의 종교와 철학은 유대-기독교의 신학 및 철학과 근본적으로 다르다. 유대-기독교 종교들이 동양철학과 비슷한 생각들을 표현할 때가 있기는 있다. 우주 전체에서 볼 때 사람은 흐릿하고 미미하고 상호의존적이고 덧없는 한 부분이라는 생각이 그런 예이다. 그러나 유대-기독교 종교들은 우리 사람이 유일하고 특별하고 독립적인 개체들이며, 한 사람 한 사람에게 관심을 가지신 신의 굽어살피심 아래, 우주에서 특별한 자리를 점하고 살고 있다는 생각을 진작시키는 경향이 훨씬 강하다.

진보적이고 비축자주의적인 유대-기독교 종교가 마음에 와 닿든 동양의 철학들이 마음에 와 닿든, 우리 모두는 점점 더 세속적이 되고 과학눈을 갖추어 가는 현대 사회에서 어떤 믿음과 전통을 붙들어야 할지 더욱더 신중하게 선택하고 비판적으로 분별해 내야 한다. 점점 과학적이 되어 가는 세계관과 양립할 수 있는 믿음이 과연 무엇일지, 우리 각자는 스스로 결정을 해야 할 것이다. 그리고 우리의 사회문화적 삶을 풍요롭게 하고 그 삶을 더욱 의미롭게 하는 데에서 어떤 전통이 우리에게—아마 로고스보다는 뮈토스로서 더—가치를 가질 것인지 스스로 결정을 해야 할 것이다.

11

시련에 부딪혀도 의미롭게 살기

목적도 없고 보살핌도 없는 우주에서

서로를 보살피는 인간의 능력

전이성 유방암을 앓는 예순다섯 살의 여성 메이벌은 매우 유능한 동료 두 사람에게 차례로 맡겨졌는데도 상담 치료를 위한 관계를 형성하지 못하는 바람에 결국 나에게까지 오게 된 환자였다. 말이 매섭고 성말라서 상대하기가 힘든 메이벌은 자신에게 가까이 다가오려고 하는 사람은 누구든 멀리하려고 했다. 그녀는 자칭 인간 혐오자였고, 그럴 만한 이유가 충분하다고 생각했다. 그녀는 자기가 살아온 길고 복잡다단한 이야기를 들려주었다. 어머니, 형제, 배우자에게서 거부당하고 버림받고 배신당한 이야기였다. 아마 그 대부분은 그녀의 잘못이 아니었을 것이다. 그러나 나중에 성격이 모질어진 뒤로는 본인 자신이 인간관계의 갈등을 일으킨 주범이 되었던 적이 몇 차례 있었던 것 같다. 그리고 이제 메이벌은 몸속의 여러 기관으로 퍼진 유방암을 상대해야 했다. 화학 요법이 한동안 암을 저지해 주고는 있었지만, 메이벌은 자신의 기대수명이 크게 줄었음을 알고 있었다. 그녀는 임상적으로 우울증 상태였는데, 처음은 아니었다. 그 때문에 메이벌은 몇 안 되는 가까운 친구들과도 소원해지고, 단 하나 열정을 가졌던 자기 일에 대해서도 흥미와 동기를 잃어 가고 있었다. 그녀는 자기 인생이 희망도 의미도 없다고 느꼈으며, 정신과 상담에 대해서도 별 기대를 하지 않았다.

우리의 첫 만남은 쉽지 않았다. 메이벌은 상담이 무가치하다는 듯이 거리감을 두는 태도를 보였다. 그럼에도 불구하고 나는 메이벌에게 흥미를 느꼈다. 사실 나는 그녀에게 입맛이 동했다. 메이벌은 명료하고 사나운 지성을 가졌으며, 날카로운 재치와 깊은 통찰력을 가졌다. 내가 지속적으로 집중하는 모습을 보이자, 메이벌은 내가 자신의 슬픈 이야기에 열중하고 있으며, 자신이 처한 상황에 공감하고, 자신의 (가시 돋친) 성격에 매력을 느끼고 있음을 알게 되었다. 자기 인생에는 더 이상 목적이 없다는 말을 그녀가 하자, 나는 정말로 당신에게서 배울 필요가 있다는 말을 건넸다. 그녀의 과거와 현재의 경험들, 그녀가 느꼈던 것들, 개인적으로나 철학적으로나 생에 대해서 어떤 성찰을 하고 있는지, 묻고 싶은 것들이 너무나 많았다. 앞으로 당신의 이야기를 더 듣고 싶고 당신을 더 잘 이해하고 싶으니, 추가로 상담 예약을 더 잡는 게 어떻겠느냐고 나는 물었다. 당신만 괜찮다면 시간을 두고 계속 만나

이야기를 나누며 당신의 투병경험을 따라가면서 동료 인간이 그런 경험을 하며 생을 마감하는 모습에 대해 최대한 많이 배우고 싶다는 바람을 그녀에게 전했다. 그런 내 관심에 그야말로 감동을 받은 메이벌은 자기가 살아온 삶과 맺어온 인간관계의 많은 측면들에 대해 느꼈던 깊은 후회와 실망에 대해서 내게 이야기를 들려주기 시작했다. 우리는 따뜻하고 인간적인 관계를 이뤄나갔으며, 우리 둘 다 회의적인 태도와 음울한 유머감각을 가졌다는 것을 발견했다. 메이벌은 자신이 한 인간으로서 내게 가치 있는 존재임을 느꼈고, 나는 나 자신이 그녀에게 가치 있는 존재임을 느꼈다. 그 점에 대해 나는 그녀에게 진심으로 고마움을 표했다.

메이벌이 세상을 떠난 뒤로 나는 그녀가 몹시도 그리웠다. 지금도 문득문득 그녀를 생각하고 있다는 걸 깨닫고는 한다. 나는 그녀에게서 배운 수많은 삶의 교훈들을 곱씹고, 도움이 될 만하면 어느 자리에서든 사람들에게 그 교훈을 전달하려고 한다. 그녀가 살았을 적에 이야기를 나눌 수 있었던 것, 그녀에게서 크나큰 영향을 받을 수 있었던 것, 그녀가 떠나고 나서도 그녀의 삶은 계속해서 파문을 일으키리라는 것을 나는 기쁘게 생각한다. 이는 메이벌에게도 큰 의미가 되었으며, 그 많은 실망감을 채 해소하지도 못하고 생을 접을 수밖에 없다는 것에서 오는 고통을 덜어 주었다. 병들어 죽어 가는 환자와 함께 할 수 있다는 것은 크나큰 특권이다. 장차 내가 맞을 죽음을 생각할 때면, 나는 내 삶이 의미로웠다는 느낌을 주었던 경험의 하나로 바로 메이벌과의 만남을 꼽는다.

현실은 가혹하지만, 사람들에겐 보살피는 능력이 있다. 타인에게서 공감과 관심을 받으면 저들이 나에게 마음을 써 주고 있다는 느낌과 아울러 내가 타인에게 어떤 영향을 준다고 느낄 수 있도록 해 주기 때문에 고통을 더는 데 도움이 된다. 정신과 의사로서 나는 상담 치료를 진행하며 환자와 관계를 만들어 나가면서 환자가 나에게 개인적인 영향을 준다는 것을 종종 강조하곤 한다. 당신의 인생 경험을 내게 나누어 주고 인간의 조건에 대해서 깊은 교훈을 가르쳐준 것에 대해서 나는 환자들에게 고마움을 표하려고 한다. 나는 또한 당신에게서 받은 가르침을 다른 환자들에게는 물론 학생들에게도 전달하겠노라고 환자들에게 다짐을 주곤 한다.

이번 장에서는 의미의 문제, 특히 생의 시련을 겪을 때 의미를 어떻게 찾느냐는 문제를 탐구해 볼 것이다. 의미는 목적 감각과 살짝 다르다. 목적 감각은 동기를 가진 목표 지향성 또는 우리 인생에 어떤 의도된 목표가 있다는 감각을 말하지만, 의미는 인생에 담겨 있다고 우리가 해석하는 가치 또는 의의를 말한다. 곧, 왜 삶이 우리에게 중요한지, 왜 삶이 살만한 가치가 있는지, 삶의 중요성을 말하는 것이다. 그러나 물론 의미는 우리가 가진 목적 감각에 의해 빚어지는 면이 크다. 우리는 먼저 시련에 부닥쳤을 때의 의미에 대한 종교적 시각과 세속적 시각을 간단히 살펴보고 대조하는 것으로 이야기를 시작하겠다.

신비주의가 뻗어 나간 곳들

대부분의 전통적인 아브라함 계통의 종교들[1]에 따르면, 신은 모든 사건들을 지휘하고 결정하며, 전능하시고(못하시는 게 없다) 전지하시고(모르시는 게 없다) 전선全善하시다(나쁘신 면이 없다). 성서를 축자적으로 해석하는 입장부터 추상적으로 해석하는 입장에 이르기까지, 보편적 부정의(악의 문제)에 대한 종교적 설명은 다음과 같이 다양하다.

- 죄를 지었으면 고통은 받아 마땅한 벌이다.
- 악은 영원히 신의 힘에 맞서 싸울 숙명을 가진 사탄의 세력이나 반항적인 천사들, 또는 악마들이 행한 결과이다.
- 하느님의 왕국은 아직 오지 않았다.[2]
- 최종 보상과 벌은 현세보다 더 중요한 사후에 이루어질 것이다.
- 고통은 인간 존재가 반드시 거쳐야 하는 시험이다.
- 하느님은 언제나 우리와 함께 하시면서, 우리가 시련을 겪을 때 버팀목이 되어 주시며 시련을 상대할 힘을 우리에게 주신다.
- 고통은 우리 머리로 헤아릴 수 없는 더욱 높은 계획의 일부이다.
- 하느님은 전능하시지 않다.

마지막 두 가지 설명은 수없이 다양한 사변적인 형태로 제시된다. 예를 들면, 하느님은 필연적으로 불완전한 세계와 잘못을 저지르는 인간을 의도적으로 창조하셨을 것이며, 그 목적은 하느님께서 내리신 계명을 우리가 완수할 능력이 있음을 보일 기회를 주기 위함이라고 설명하기도 한다. 주류에서 더 멀고 신비주의에 더 가까운 종교적 믿음들에 이런 생각이 다양한 방식으로 확대되어 나타난다. 이를테면 오늘날의 종교 저술가들 중에는 더욱 오래된 신비주의 전통을 발판으로 삼아, 신(또는 적어도 이 우주에 발현되어 있는 신의 측면들)은 아직도 진화하고 있고, 우주와 함께 진화하면서 이것저것을 알아가고 바로잡아 나가고 있으며, 따라서 신은 전능하지 않다는 생각을 제시하는 이들도 있다.[3] 어떤 이들은 신이 세계를 완벽하게 만들어 가는 과정에서 동업자로 삼기 위해 인간을 창조했다는 생각을 제시하기도 한다. 유대교에서 이런 생각은 **티쿤 올람**tikkun olam("세계를 고치기")이라는 전통적 개념과 관련되어 있다. 또한 유대교의 신비주의 사상인 카발라Kabbalah의 **침춤**tzimtzum("줄이기") 개념과도 관련이 있다. 이 개념에 따르면, 자유의지가 있을 여지를 만들어 우주를 빚어 나가는 일을 인간이 도울 수 있도록 하려고 하느님이 이 세계에서 필히 물러나 앉거나 자신의 힘과 존재를 줄였다는 것이다. 또 어떤 이들은 이 우주에서 하느님이 보여 주시는 측면들은 완전한 신이 가진 것 중에서 권능이 덜한 측면들이며, 하느님이 보여 주시는 권능이 덜하고 파편화된 측면들, 그리고 초월적이고 완전한 신, 이 둘의 분리는 우주를 창조하시는 동안에 일어났다고 믿는다.[4] 이런 관점에서 보면, 그 무한한 본질과 다시 하나가 되기 위한 유일한 길은 바로 하느님의 계명을 인간이 완수해서 이 불완전한 세계를 고쳐내는(티쿤) 길 뿐이다.

추상적인 면에서는 이런 생각들이 어느 정도 호소력을 가지겠지만, 세계에 존재하는 고통의 강도 및 자연의 무정한 무관심과 어울리게 하기는 어렵다. 게다가 이런 생각들은 극도로 복잡하게 꼬여 있고 일관성이 떨어진다(앞에서 이에 대해 말한 바들은 이 생각들을 지지하는 자들 중 몇 사람이 말하고자 하는 바를 내 나름대로 명확하고 단순하게 정제해서 말한 것이다). 카발라 같은 신비주의 운동들은 마법적인 사고, 비의에 몰두하기, 미신적인 의례 쪽으로 강하게 쏠리는 경향도 가지고 있다.

인간의 본성과 실천의 문제

사람이 가하는 고통, 다시 말해서 왜 사람들은 서로에게 나쁜 짓을 하느냐는 문제에 대한 종교적 설명들 중에는 실제로 상당히 정교하고 현대의 세속적인 심리학적 이해와 매우 가까운 것들도 있다. 이를테면, 유대인 라비의 가르침은 선과 악의 힘들 또는 선하고 악한 존재자들 사이의 우주적 싸움 같은 것은 별로 다루지 않고, 그보다는 더 세속적인 입장에 서서 인간 본성에 착한 성향도 있고 나쁜 성향도 있다는 심리학적 시각에 초점을 맞춘다. 이런 관점에서 보면, 착한 성향은 길러내고 나쁜 성향은 제어하는 것이 바로 중요한 실천의 문제이다. 곧, 개개인은 더욱 성숙되고 자제력을 갖추는 법을 배울 수 있으며, 그렇게 해서 더욱 자기 뜻을 담아 더욱 힘 있게 자유의지를 행사할 수 있다는 것이다.[5] 우리의 불완전한 본성, 그리고 우리 의지와 책임감을 끊임없이 단단히 다져 나가야 할 필요를, 하느님께서 인류에게 성숙할 기회를 주시기 위해 내리신 궁극의 선물이라고 보는 이들까지 있다. 하지만 인간의 나약함과 악함을 이런 식으로 설명한다고 해도, 사람이 저지르는 것 같은 극도의 잔인함과 참을 수 없는 고통을 어떻게 자애로운 신이 허용할 수 있느냐는 문제는 여전히 설명해 내지 못한다.

정통 유대교가 일상에서 행하는 의례의 세목들에 강박적이고 비의적으로 보일 정도로 집중하는 것은 어떻게 보면 그저 자제력을 길러내고자 하는 것일 뿐이다. 여기에 깔린 생각은, 삶의 사소한 것들에 대해서까지 자기를 엄격하게 다스리려는 노력을 집중하면, 일반적인 면들에서도 자제력을 가질 수 있고, 따라서 더욱 신중한 사람이 되리라는 것이다. 이는 "작은 돈을 쌓아 나가다 보면 큰돈은 저절로 만들어진다"는 말과도 같다. 하지만 나중에 보여 주겠지만, 강박적인 자제는 경직성으로 이어질 수 있으며, 수많은 심리적 및 정신적 문제들과도 연관되어 있다. 사실 특정 유형의 사람들이 종교적 생활방식에 매혹되는 까닭이 바로 자기를 통제한다는 과장된 느낌을 가질 수 있기 때문이다. 정신상태가 더 건강한 사람들은 자제력과 유연함 사이에서 최적의 균형을 찾으려고 한다.

타인의 굳센 믿음을 이해하기

앞서 말했다시피, 나는 환자들을 대할 때 환자의 종교적 믿음을 바꾸려 하지 않는다. 그 대신 환자가 가진 믿음의 틀을 이해하여 그 틀 안에서 환자가 의미를 찾을 수 있도록 도와주려고 한다. 수많은 사람들에게 종교적 믿음은 필수적인 대응도구이며, 종교 공동체는 대단히 중요하고 큰 힘이 되어 준다. 어떻게든 시련을 헤쳐 나가려고 고군분투하는 사람들에게 그들이 가진 종교적 믿음에 모순이 있다고 지적한들 아무 도움이 되지 않는다. 환자가 이미 종교적 믿음을 거부한 입장이거나 처음부터 아예 믿음이 없는 경우, 그리고 세계를 이해하는 데 도움이 될 만한 비종교적이고 철학적인 틀을 찾을 수 있도록 내게 도움을 청하는 경우에나 나는 내 관점을 제시할 뿐이다. 환자가 만일 이 세계가 정의롭지 못하다고 느끼면, 나는 환자가 자신의 부당한 시련에 대해 생각하는 바를 함께 따져보면서, 뭐든 가장 안심이 되고 원래의 기능을 되찾는데 도움을 줄 만한 세계관을 찾아 그 안에서 생의 시련을 이해할 수 있도록 도우려고 한다.

우리는 의미를 찾는 종이다

우주에 대한 가장 끔찍한 사실은 우주가 적대적이라는 것이 아니라 무관심하다는 것이다. 그러나 이 무관심함을 수긍하여 죽음의 한계 안에서 삶의 도전을 받아들일 수 있다면……종으로서 우리의 존재는 순수한 의미와 성취감을 가질 수 있을 것이다. 어둠이 아무리 아득해도, 우리는 우리 자신의 빛을 마련해야 한다.

스탠리 큐브릭Stanley Kubrick, 영화 〈2001 : 스페이스 오디세이〉 감독

우리는 의미를 찾는 종이다. 곧, 우리는 사건을 처리할 때, 그 사건이 우리에게 무슨 의미가 있느냐는 관점에서 처리하는 경향이 있다. 우리는 가치 판단을 한다. 곧, 우리에게 좋은 것이냐 나쁜 것이냐를 묻는다. 오늘날 우리가 이해하는 바에 따르면, 사람에게는 사건에 어떤 고의적인 의도가 있었다고 자기 지시적으로 추론하는 습관이 있다. 세속적 세계관을 채택한다는 것은, 의미란 사람이 부여한 것이고 사건들에는 목적이 내재하지 않음을 인식하는 것을 함축한다. 물론 사람이 고의적으로 일으킨 사건이 아닌 경우에 말이다. 자연주의적이고 비신론적인 관점에서 보면, 착한 사람에게 왜 나쁜 일이 일어나느냐는 물음의 틀은 다음과 같이 바꿀 수 있다. 왜 착한 사람에게는 나쁜 일이 일어나지 말아야 하는가? 또는 이보다 단순하고 조잡하게 말하면 이렇다. "엿 같은 일은 일어나기 마련." 나쁜 일이 일어나는 이유는 여느 다른 일들이 일어나는 이유와 다를 것이 전혀 없다. 곧, 모든 원인과 결과의 바탕에 깔린 자연법칙은 다 똑같다는 것이다. 우리 사람들이 '나쁘다'고 판단하는 일의 인과관계에는 특별한 것이 아무것도 없다. 나

에게 시련이 닥친 이유를 찾으려 하는 것은 대개 헛될 뿐이다. "우주의 목적은 무엇인가?"라고 묻는 것은 하늘이나 산, 또는 허리케인이나 해일의 목적이 무엇이냐고 묻는 것이나 다를 바 없다는 것을 기억하라.[6]

우리는 보살피도록 만들어졌다

사람은 자기 인생이 **중요하다**는 것을 알길 원한다. 그러나 누구에게 또는 무엇에게 중요하다는 말일까? 종교를 가진 사람들은 우주가 보살피기를 원한다. 종교를 가지지 않은 사람들은 그저 사람들이 보살피기를 원할 뿐이다. 인생의 의미란 우리가 스스로 만든 무엇이며, 의미를 만들도록 하는 것은 우리 내면에서 부여하는 동기 및 우리가 강하게 가진 사회적 본능이라고 보는 것이 바로 자연주의적 관점이다. 이 책의 중심 주제는, 비록 우주는 보살피지 않는다 할지라도, 우리는 우리 자신의 삶뿐만 아니라 동료 인간들의 삶도 보살필 수 있으며 실제로도 보살핀다는 것이다. 우리는 보살피도록 '만들어졌다'. 곧, 우주가 보살피느냐 마느냐는 상관없이, 우리는 보살피도록 진화해 왔다는 것이다.

세속적 휴머니즘secular humanism은 사회 윤리와 연민을 통해 의미를 끌어내는 철학으로서, (초자연적이 아닌) 완전히 자연적인 세계에서 오로지 인간의 행위만을 통해서 의미에 도달하려고 한다. 세속적 휴머니즘의 관점에서 보면, 고도로 진화한 인간으로서 우리가 할 일은 개인 및 개인과 개인 간의 수준에서 의미를 만들어 내는 것이며, 협력적 상호의존성에 기초해서 인간관계를 강화하여 더욱 효율적으로 보살피는 사회를 이룩하는 것에 특별한 역점을 둔다.

친사회와 반사회의 진화

3장에서, 기존의 세계관을 버리고 더욱 고무적이고 현실에 기초한 세계관을 구축하는 첫걸음을 떼기 위해, 우리가 가진 부정의 편향성과 낙관의 편향성을 대면하고 현실의 가혹함을 인식했던 것 기억하는가? 장밋빛 안경을 끼지 않고 현실적으로 긍정해 나가며 의미를 만들어갈 접근법을 정형화하려면, 여기서도 우리는 마음을 침울하게 하는 엄혹한 주제들과 먼저 대면해야만 할 것이다.

9장에서 살펴보았다시피, 인류에게선 친사회적 형질과 반사회적 형질이 모두 진화했다. 우리는 집단과 집단 사이보다는 한 집단 내에서 더 협력을 하며, 우리가 일체감을 느끼지 못하는 사람보다는 일체감을 느끼는 사람들에게 더 마음을 쓴다. 우리가 속한 집단 내부라 하더라도, 우리는 이기적이거나 경솔하게 행동할 수 있다. 비록 작은 비율이기는 해도 가학성과 포식성과 사이코패스 성격을 가진 사람들이 인구의 일부를 차지한다. 그러나 차지하는 비율은 작을지라도 그들이 나머지 '정상적인' 인구층에 야기하는 고통과 피해는 크다.[7] 고의로 잔학하고 가학적인 행위를 하는 일은 비교적 드물지만, 우리는 모두 타인의 고통에 대해 무관심한 죄를 지을 때가 있으며, 우리는 모두 타인에게—대개는 의도치 않게 또는 불가피하게—고통을 줄 때가 있다. 그러나 이보다 더 나쁜 상황도 있다. 곧, 사이코패스 기질이 없는 상당히 평범한 사람들이 고의적으로 잔인하고 잔악한 행위에 참여하는 상황도 불행히 있다는 것이다. 지성 있고 교육 받은 사람들이라고 해서 예외가 되지는 못하며, 그 행위에서 중심 역할을 하는 경우도 있다. 앞의 장들에서 보았다시피, 사람들이 공격적으로 또는 잔인하게 행동하게 만들 수 있는 이유와 상황은 복잡하다.

인류 사회의 '문명화 과정'은 공격성보다는 연민이 우세한다는 생각을 조금이라도 제시할라치면, 나치의 홀로코스트를 필히 대면할 수밖에 없다. 홀로코스트는 문명화된 현대사회가 체계적으로 대학살을 저지른 사례로서, 그 짝을 찾을 수 없을 만큼 마음을 깊이 뒤흔든 사건이다. 홀로코스트의 가해자, 조력자, 방관자들의 심리와 사회적 측면에 대해 쓴 글은 많이 있다.[8] 미국홀로코스트기념관United States Holocaust Memorial Museum의 프로젝트관리자인 마이클 베렌바움Michael Berenbaum은 이렇게 말한다. "살인자들은 선진 문화의 문명인 남녀들이었으며, 평범한 사람들도 있었고 평범하지 않은 사람들도 있었다. 독일과 동맹국들과 조력자들의 일반적인 남녀 구성의 한 단면을 보여 주며, 가장 훌륭하고 뛰어난 사람들도 있었다."[9]

베렌바움은 책 《세계는 알아야 한다: 미국홀로코스트기념관에서 들려주는 홀로코스트의 역사The World Must Know: The History of the Holocaust as Told in the United States Holocaust Memorial Museum》의 첫머리 헌정사에 이렇게 적었다. "홀로코스트에서 소모된 이들을 기억하며. 그들의 기억이 축복, 그리고 경고가 되어 주기를."[10] 그리고 맺는말에서 베렌바움은 다음과 같이 적었다.

> 홀로코스트는 순위를 매길 수 있는 것도, 의미의 우선성을 따질 수 있는 것도 아니다. 그 사건은 의미를 거부하고 희망을 부정한다. 그

렇다면 홀로코스트에 어떻게 접근해야 할까? 우리가 맨 처음 해야 할 일은 바로 납득하는 것이다. 곧, 얼른 보면 도저히 납득이 안 가게 보이는 것을 이해하는 것이다.[11]

홀로코스트는 우리 이해를 탈바꿈한다. 홀로코스트는 믿음—신을 믿는 종교적 신앙과 인간의 선함과 진보를 믿는 세속적 신념—을 뒤흔든다. 홀로코스트에 대한 기억은 우리의 의식 속에 새겨졌다. 그 진실을 들려주는 까닭은 답을 주기 위해서가 아니라 물음을 던지기 위해서이다.[12]

지난 몇 십 년 사이에 점점 많은 홀로코스트 희생자들이 그때의 경험에 대해 입을 열었다. 과거에 일어났던 다른 잔악한 사건들을 보아도 이는 대부분 전례가 없는 일이었다. 이스라엘 국가가 새로 설 당시에는 유대인으로서 느끼는 피해 의식을 수치스럽게 여겨 입 밖으로 꺼낼 수 없게 하는 문화가 있었다. 그러다가 1961년에 예루살렘에서 나치 전범인 아돌프 아이히만Adolf Eichmann에 대한 공판이 벌어지면서 상황이 바뀌기 시작했다. 그 공판에서 희생자들이 머뭇머뭇하면서도 증언을 했던 것이다. 이전에 1944년과 1946년에 뉘른베르크에서 있었던 나치 전범들에 대한 공판에서는 그런 식의 희생자 증언이 없었다. 아이히만의 재판이 있기 전까지 유대인 희생자들은 어떤 식으로인가 암묵적으로 심판받고 있었다. 새로운 국가 이스라엘의 제2차 세계대전 이후 세대 젊은이들은 수동적인 희생자 이미지가 아니라 호전적이고 영웅적인 이미지를 갖고자 했다. 그러던 차에, 아이히만의 공판에 증인으로 참석한 희생자들이 들려준 개인적인 증언들은 어떻게 사람들을 모아놓고 그처럼 조직적으로 학살할 수 있었는지 그 실상을 이스라엘인들과 세계인들이 이해의 첫걸음을 뗄 수 있도록 해 주었다. 그뿐만 아니라 저항해 보았자 기본적으로 헛수고라고 할 정도로 저항하기가 몹시 어려웠던 수많은 이유들도 이해할 수 있게 해 주었다.[13] 나아가 인간이 얼마나 깊은 나락으로 떨어질 수 있는지, 생존자들의 굴욕감과 수치심이 얼마나 깊은지, 나만 살아남았다는 생존자 자책감이라는 게 어떤 것인지도 사람들은 헤아리기 시작했다. 이 모두가 생존자들을 상대적으로 침묵하게 만들어, 홀로코스트에 대한 공개적 논의를 못하게 가로막았던 것이다. 그런 공개적 논의가 이루어지고 나서야 비로소 홀로코스트가 사회 전반에 남긴 교훈을 배우기 시작할 수 있었다.

베렌바움에 따르면, 역사학자 예후다 바우어Yehuda Bauer[14]는 "홀로코스트에 대한 인류의 긴급명령으로서 세 계명을 선언했다. '너는 희생자가 되어서는 안 된다. 너는 가해자가 되어서는 안 된다. 무엇보다도 너는 방관자가 되어서는 안 된다.'"[15] 베렌바움은 홀로코스트 생존자이자 철학자인 에밀 파켄하임Emil Fackenheim의 글도 언급한다.

> 파켄하임은 홀로코스트가 철학, 신앙, 역사, 문화의 파열이라고 결론을 내렸다. 곧, 사회와 문명 자체로 짜여진 직물이 찢어졌다는 것이다. 홀로코스트 이후의 시대를 사는 자들이 해야 할 일은 깁는 것이다. 곧, 우리 인간성의 직물을 창조적으로 기워 맞추는 것이다. ……파켄하임은 또한 침모針母가 꿰매면 그 기운 부분을 옷에서 가장 튼튼한 곳으로 만든다는 것도 이해하고 있다. 이런 수선이 이루어진 곳에서……우리는 희망을 찾을 것이다.[16]

인류의 문명은 부서지기 쉽다. 그리고 진보는 필연적이지도 않고 보장되는 것도 아니다. 진보가 확실히 일어나도록 하기 위해서는 매우 열심히 해 나가야 하며, 파국적인 사회적 실패가 일어날 위험을 방지하기 위해 앞으로 언제까지나 경계를 늦추지 말아야 할 것이다.

일하는 마음과 태도에 관하여

정신과 의사인 빅토르 프랑클Viktor Frankl은 나치 수용소에서의 경험을 담은 책 《죽음의 수용소에서Man's Search for Meaning》에서, 우리에게 일어나는 사건들 중에는 우리가 선택하거나 통제할 수 없는 것들이 많지만, 사건에 어떻게 반응할 것이냐는 선택할 수 있다고 논한다.[17] 나치 수용소를 직접 경험했다는 것이 프랑클에게 크나큰 신뢰성을 실어주긴 하지만, 나는 여기에 몇 마디를 덧붙여 그의 생각을 조심스럽게 바로잡아야 하겠다. 프랑클은 고통에 대해 어떤 태도를 취할 것인지 사람들이 자유롭게 선택할 수 있다고 주장하지만, 이렇게 가정하면 심리적 탄력성 자체를 결정하는 인자들이 당사자의 통제를 벗어나 있다는 것(타고난 기질과 어린 시절 초기의 경험), 그리고 그 탄력성이란 것이 본질적으로 운의 문제라는 것을 인정하지 못하게 된다. 이렇게 말하면 비관적으로 들리겠지만, 그걸 인정해야만 심리적으로 취약한 이들과 긍정적인 태도를 유지할 수 없는 이들을 함부로 판단하지 않고 공감하면서 바라볼 수 있게 된다. 개인이 얼마나 탄력적이고 얼마나 취약하냐는 것은 유전적 인자들과 초기 환경적 인자들의 복잡한 상호 작용을 통해 결정된다. 프랑클이 살았던 시대의 정신의학 분야는 탄력성에 대한 이해가 변변치 못했다. 오늘날 우리가 알고 있는 바를 알았다면, 누가 탄력성이 부족한 것을 놓고 그게 단순히 의지의 문제 또는 선택의 문제일 뿐이라고 판단하거나 가정하면 뭘 모르면서 지나치게 단순화하는 것임을 보게 되었을 것이다.

시련을 만났을 때 자신이 얼마나 탄력적이고 동기 부여가 되는지, 그리고 그 시련을 얼마나 잘 견뎌내는지 알고는 깜짝 놀라는 사람들이 많다. 그러나 그렇다고 해서 인간의 투쟁을 이상화해서 낭만적으로 보지 않도록 조심해야 한다. 불운을 만나 꺾이는 사람들, 난관을 만나 감정적으로 무너지는 사람들, 또는 비통함에 사로잡히고 소외되어 가는 사람들은 수없이 많다. 그런 사람들에게 "하느님은 그대가 감당할 수 있는 만큼만 주신다"는 상투어는 자신이 실패자라는 느낌만 안겨준다.

프랑클은 사람들은 적어도 자기가 과거에 이룬 바에 대해서만큼은 언제나 만족감을 느낄 수 있으며, 그것은 사람들에게서 결코 빼앗을 수 없는 것이라고 논하기도 한다. 하지만 (나치 수용소에 끌려갔다거나 암에 걸렸다거나 하는) 시련이 닥치기 이전의 삶이 사실상 어느 누가 보아도 불행했거나 실망스러웠거나 실패했던 사람들에게 이런 말은 안타깝게도 위안이 되기에는 모자라다는 것을 나는 지적하고 싶다. 가치도 희망도 의미도 없다는 느낌에 사로잡힌 사람들에게 이는 최악의 시나리오가 될 수도 있다. 그렇지만 그런 사람들도 자기 삶이 타인들에게 어떤 유의미한 긍정적 영향을 끼쳤음을 알아보도록 종종 도와줄 수 있다. 이런 상황에 처한 사람들조차 시련으로부터 의미를 만들어 낼 길을 찾을 수 있다면, 다른 사람들, 곧 구원이 되고 위안이 될 만한 면모들을 인생에서 찾아내기가 그들만큼 어렵지 않은 사람들의 경우에는 프랑클 식으로 접근해 의미를 만들어 가는 과정이 한결 수월하게 흘러갈 것이다(상대적으로 말하면 말이다).

현실을 피하는 길은 없다

"만사는 다 이유가 있어서 일어난다"고 믿든 어떤 높은 계획이 있다고 믿든 상관없이, 그리고 얼마나 탄력적이거나 얼마나 취약한지 상관없이, 대부분의 사람들은 시련에 부닥쳤을 때에도 의미를 이끌어 낼 수 있다. 그 고통과 불운으로부터 자기 자신 또는 타인에게 좋은 것이 나온다면 말이다. 사람들은 종종 놀라울 정도로 이런 의미 만들기를 능숙하게 해 낸다. 그러나 사람들이 나쁜 것에서 좋은 것을 만들어 낸다고 해서 나쁜 사건이 '가치 있는 것'이 되는 것은 아니며, 하물며 그 사건이 우주적으로 의도되었음을 가리키는 것도 아니다. 그러나 심리적 상처를 상대하고 거기서 어떤 의미를 끌어낼 수 있게끔 도와줄 수는 있다. 우리 대부분은 이 세계를 우리 자신과 타인들에게 더 나은 곳, 더 보살핌이 있는 곳으로 만들고자 힘을 쓰려 하며, 많은 사람들은 끔찍한 사건에서 좋은 결과를 만들어 내고자 하는 동기를 가지고 있다. 어떤 이들은 이 '내면의 힘'이 신에게서 받은 것이라고 믿기도 하지만, 어쨌든 이런 동기 부여가 우리 내면에서 나온다는 것을 깨달으면 큰 힘이 되어 준다. 우리는 인생을 편하게 순항할 때보다 시련을 겪을 때 더욱 큰 개인적 성장, 통찰, 연민을 획득하는 경향이 있으며, 직접 시련을 겪고 나면 시련을 겪는 타인들에게 일체감을 느껴 도움을 줄 수 있는 더 좋은 입장에 서게 된다.

사회적 관계는 좋은 시절에나 나쁜 시절에나 의미로움을 길어 낼 강력한 원천이다. 슬프고 고통스러운 시절에 사람들이 본능적으로 서로에게 주는 단순한 공감과 감정적 토닥임은—그저 위로의 말뿐이라고 할지라도—고통을 당하는 자에게 크나큰 의미를 지닌다. 이런 토닥임을 받으면, 우리에게 일어난 일이 타인에게도 중요하다는 느낌을 갖게 해 준다. 궁극적으로 우리가 가장 마음을 쓰는 것은 우주가 우리를 보살피느냐 아니냐가 아니라 다른 사람들이 나를 어떻게 생각하느냐이다.

자신의 죽음을 생각할 때면, 우리는 대부분 아무리 별것 아닐지라도 유산을 남겼으면 하는 바람을 가진다. 우리가 다른 사람들에게 강하게 긍정적인 영향을 주었음을 알게 되면, 마음에 위안이 되고 인정을 받은 느낌을 가질 수 있다. 나쁜 것에서 무언가 좋은 것—아마 타인들에게 주는 긍정적인 영향 같은 것—이 나올 수 있음을 보는 것 또한 마음에 위안이 될 수 있다.

물론 죽음 및 죽음의 과정에서 의미를 찾기란 쉽지 않을 때가 많다. 잠시 내 말을 참고 들어, 다음과 같은 엄혹한 사실을 한번 고려해 보라. 곧, 수많은 인생들이 무엇 하나 내놓을 만한 것이 없는 채로 또는 의미로운 마지막을 맞지도 못한 채로 비극적이거나 잔혹하게 끝이 나는 현실을 피할 길은 없다는 것이다. 그런 상황에 빠진 사람들을 도울 힘이 우리에게 없는 최악의 시나리오가 닥친다 해도, 우리는 부분적으로나마 마음에 위안이 되는 무언가를 할 수 있다. 곧, 그 상황을 지켜보며, 우리가 당신을 보살피고 있다는 것을 보여 주는 것이다. 그런 사람들의 경험으로부터 우리는 인생의 교훈을 끌어내려고 할 수도 있다. 만일 기회가 닿는다면, 우리는 당신이 나에게 크나큰 영향을 주었노라고 그들에게 말해 주어야 한다(다행히 내가 환자인 메이벌에게 그리 할 수 있었던 것처럼 말이다). 우리는 그들의 고통으로부터 배운 교훈을 개인적 차원이든 사회적 차원이든 남들에게 가르쳐주고 그들을 돕는 데 써야 한다. 이것이 바로 잔인무도한 일을 "결코 잊지 말라"고 권고하는 기초가 된다. 우리도 얼마든지 그런 삶과 죽음을 맞을 수 있다는 것을 가슴에 새기면 공감 능력은 커진다. 당사자가 죽은 뒤에야 그 사람의 인생이 나에게 영향을 주었노라고 표현하고 보여 줄 수 있을 때도 있다. 그런 경우에는 자기 생과 죽음을 다른 사람들이 중요하게 여길 것임을 알고 눈을 감았기를 바랄 따름이다.

비극과 불운을 맞았을 때 흔히들 보이는 한 가지 공통된 반응은, 다른 사람들에게 자기 같은 불운이 덮칠 가능성을 줄여줄 만한 어떤 지속적인 변화를 만들어 내고 싶어 한다는 것이다. 지진이나 해일, 토네이도의 조기 경보 체계를 개선하려는 노력, 사람의 잘못으로 사고가 일어난 뒤에 수행되는 검시관들의 사인조사와 개선된 안전규정, 특정 질병이나 자살로 죽은 사람의 이름으로 의학 연구를 위해 시신 등을 기증하는 것, 무분별한 살인이 일어난 뒤에 공공의 안전을 높이기 위해 캠페인을 벌이는 것 등에서 그런 모습을 볼 수 있다.

그리고 이런 반응을 보인 사람의 좋은 예가 장-프랑수아 라리베Jean-François Larivée로, 1989년 12월에 몬트리올의 에콜폴리테크니크L'Ecole Polytechnique 공과대학에서 일어났던 유명한 총기 집단 살해에서 희생된 14명의 여성 중 한 명인 마리스 라가니에르Maryse Laganière의 남편이다. 총을 쏜 사람은 마르크 레핀Marc Lepine으로, 페미니즘에 대한 편집증이 있었으며, 현장에서 자살했다. 2012년 12월, 사랑하는 사람이 살해당한 뒤에 사람들이 어떻게 견디며 살아가는지 조사한 한 신문 기사에 라리베 씨의 사연도 실렸다.

앞에 세워 놓고 책임을 물을 사람이 아무도 살아 있지 않기 때문에, 그 대신 라리베 씨는 총기 규제와 여성 대상 폭력 근절에 대한 대의에 몰두했다. "날마다 새벽 3시에 일어나서 이렇게 묻습니다. '아내 인생의 의미가 무엇이었을까?' 그게 아내의 운명이었을까요? 25세에 죽는 것이? 이것의 의미가 대체 뭘까요? 제가 다른 누군가의 인생에 의미를 줄 수는 없는 노릇이지요. 제가 할 수 있는 것이라고는 이런 것들—총기 규제, 여성 대상 폭력 근절—뿐입니다. 아내를 잃은 제 인생에 의미를 주기 위해서요. 내 안의 고통을 가라앉히기 위해서 말입니다."[18]

이언 브라운, 〈용서할 수 없는 자를 당신은 어떻게 용서하는가〉

이런 노력들이 직접적으로 낳은 결과가 바로 캐나다 연방 총기 등록이었다.

정신건강을 잘 알자는 캠페인들도 또 하나의 좋은 예이다. 한때 나는 조현병으로 고생하는 키트라는 별명의 젊은 남자를 치료한 적이 있었다. 나는 여러 해 동안 키트와 함께 했으며, 그를 매우 좋아했다. 키트의 정신은 예리했다. 과학에 관심을 가졌고, 재능이 많았으며, 세련되면서 건조한 유머 감각을 가졌다. 키트가 그 잠재된 능력들을 잃는 모습을 보는 것은 괴로웠다. 마지막까지도 나는 키트의 악마들을 없애지 못했다. 키트의 자살은 모든 사람을 큰 충격에 빠뜨렸다. 나는 키트의 부모님이 보이신 용기에 크게 탄복했다. 두 분은 아들이 죽은 뒤로 오랫동안 청춘기의 중증 정신질환에 대한 공적 인식과 공적 지원을 높이기 위해 힘썼고, 상당한 성과를 거두어 냈다. 아들이 죽은 직후부터 이어진 언론과의 수많은 인터뷰를 통해 두 분은 키트의 이야기를 사람들에게 알려 나가며 목적과 의미를 찾았다. "아내 레슬리와 함께 아들의 이야기를 계속해서 들려주어 다른 이들이 그 두려움을 극복할 수 있게 도울 방도를 찾아 나가면서 〔비슷한 싸움을 벌이고 있는 다른 사람들과 연결된 것이〕 힘이 되어 주었다고 데이비드는 말했다. ……비록 두 사람은 키트를 구하지는 못했지만, 그들의 도움을 필요로 하는 사람들은 아직도 있다."[19] 나는 이 자리에서 키트의 죽음을 예로 사용하는 것으로 그의 유산이 더욱 널리 퍼져 나가기를 바란다.

통제의 한계를 받아들이기

지금까지 이 책은 우리 사는 세계의 무작위성과 복잡성에 대해서 많은 얘기를 했다. 무작위성은 받아들이기가 힘들고, 복잡성은 파악하기가 어렵다. 우리는 통제 상태에 있다는 느낌을 원하지만, 우리가 온전하게 통제하기를 기대할 수 있는 것들은 그저 규칙에 따르는 것들, 단순하고 명료하고 예측 가능한 것들뿐이다. 그러나 세계는 그렇게 있지 않다. 우리가 어찌할 도리가 없는 이런 세상에 사는 이상, 우리는 불확실성, 복잡성, 무상함, 불완전성, 통제의 한계를 인정하고 받아들여야 한다. 시련이 닥쳐도 인생을 의미롭게 살고자 투쟁할 때 중심 주제가 되고 도전과제가 되는 것이 바로 이런 것들이다.

제니퍼를 부모가 내게 데려온 까닭은 제니퍼의 대인기피증social avoidance과 이상한 생각, 괴상한 습관이 점점 심해진 때문이었다. 고등학교 시절까지만 해도, 제니퍼는 심리적이거나 정신적으로 큰 문제가 없이 생활을 잘 해 나갔다. 그러나 심하지는 않아도 부적응성을 보이는 성격 형질과 경향성이 제니퍼에게는 항상 있었다. 이를테면 수줍음을 좀 타고, 꽤 고집이 셌고, 유연성이 다소 부족했던 것이다. 제니퍼는 변화를 싫어했고, 반복적인 일과와 친숙함을 선호했다. 그리고 통제욕구가 강했고 완벽주의자였다. 제니퍼의 가족은 사랑이 넘치고 활동성도 높았다. 부모와 형제도 수줍음과 완벽주의 경향을 가졌어도, 문제가 될 만한 수준은 아니었다. 가족은 제니퍼에게 공부하라는 압박을 주지는 않았지만, 제니퍼는 학업에 대해서도 이것 아니면 안 된다는 식의 완벽주의적인 태도로 임했다. 그녀는 공부에 대해 극도로 동기 부여가 된 상태이거나 심하게 의욕이 상실된 상태이거나 했다. 제니퍼가 내게 이런 말을 한 적이 있다. "〔시험이나 숙제에서 98점을 받은 때처럼, 완벽함에〕 아주 가까이 간다 해도, 그것은 80점을 받은 것보다 훨씬 나빠요. 왜냐하면 노력을 안 해서 점수가 못나온 것이라면, 노력을 했는데도 만점을 못 받은 것만큼 나쁘지는 않거든요." 제니퍼는 숙제를 충분히 잘 하지 못했다는 느낌이 들면, 숙제를 제출하지 않을 때도 있었다.

이것 아니면 안 된다는 제니퍼의 흑백논리식 사고는 학업에만 한정된 것이 아니었다. 제니퍼는 엄격한 도덕 원리들을 고수했고, 규칙을 까다롭게 따졌다. 또한 인류 문명이 어떻게 발달해 왔는지 다루는 수업 때문에 매우 괴로웠다. 제니퍼는 인류의 문제 가운데 많은 수는 사회가 불필요하게 복잡해진 데에서 기인한다고 느꼈던 것이다. 이념적으로 볼 때, 제니퍼는 필요한 만큼만 가지고 사는 단순하고 전원적인 삶으로 돌아가는 쪽을 선호했다.

제니퍼는 그로부터 몇 년 전에 식욕 부진 단계를 거쳤다. 그리고 지금은 점점 더 내향적이 되어서, 사람과 어울리는 것을 피하고, 학교 가는 것을 빼고는 사람 있는 곳에 가려고 하지 않았다. 제니퍼는 괴상한 강박적 의례 행위를 개발했다. 이를테면 다른 사람을 쳐다볼 때에는 숨을 들이쉬지 않으려 했다. "그 사람의 부정적인 에너지를 들이쉬지" 않기 위해서였다. 그것을 제니퍼는 조심해서 숨겼다.

나와 상담하는 동안 제니퍼가 보인 대인 방식에서는 감정을 과도하게 통제하려는 모습이 두드러졌다. 이를테면 감정 표현의 범위를 제한하고, 경직된 자세를 취하고, 상대와 거리를 두고, 자발적으로는 말을 꺼내지 않았던 것이다. 그런 태도와 더불어 이상하고 비합리적인 생각들도 가지고 있었는데(특정해서 캐물었을 때에만 그 생각들을 드러냈다), 그것을 제외하면 그녀와 가볍게 대화하는 경우에는 누구도 제니퍼가 정신적으로 장애를 가지고 있음을 전혀 알아채지 못할 정도였다.

정신의학적 관점에서 보면, 제니퍼는 아마 유전적으로 강박 장애와 대인 불안 장애의 소인을 가졌다고 볼 수 있다. 심리학적 관점에서 보면, 복잡하고 모순된 세계를 받아들이고 견디는 데 어려움을 겪고 있었다. 제니퍼는 우리가 사는 이 복잡하고 예측 불가능한 세계에서 통제력을 가지기 위해 투쟁하는 극단적인 예가 되어 준다. 의미를 찾으려는 인간의 투쟁에서 중심이 되는 한 가지 문제가 바로 이것이다.

또 한 예로 아니타를 들 수 있다. 중년 여성인 아니타는 자신이 걸린 암을 어떻게 상대해야 할지 무척이나 어려워했기 때문에 종양의학과에서 내게로 보낸 터였다. 아니타는 치료의 단계마다 이랬다저랬다 우유부단한 모습을 보였으며, 자살하고 싶다는 생각을 거듭해서 드러냈다. 아니타는 정말로 죽고 싶은 것이 아니었다. 사실 그녀는 죽음을 두려워했지만, 암이나 암 치료가 유발한 가벼운 통증까지도 끔찍하게 두려워했다. 병이 말기로 판정될 경우, 생활기능이 서서히 무너지면서 통제력을 조금이라도 잃는 것이 아니타는 무서웠다. 사실 마음을 굳게 먹고 흔들림 없이 나아가기만 하면, 아니타에게는 치료로 암을 통제하고, 심지어 없앨 수도 있는 가능성이 상당히 있었다. 아니타는 언제나 불안에 떨었고, 강박적이었고, 완벽주의자였다. 그녀보다 정도가 가볍긴 했지만, 이런 형질들은 아니타의 가족 모두에게 있었다. 이 형질들이 아니타에게 주요 정신 장애를 유발하지는 않았지만, 직업과 인간관계에는 영향을 주었다. 통제와 확실성을 얻고자 하는 강렬한 욕구는 아니타를 종종 우유부단하고 비능률적으로 만들었고, 기회의 폭을 좁게 했으며, 대단히 이지적이고 합리적인 사람이었음에도 그녀의 승진을 매우 더디게 했다. 아니타는 자기 인생에 통제력을 잃을까 저어해서 아이를 갖지 않기로 결심하기도 했다. 추상적으로나마 하는 자살생각은 아니타에게 겁을 주기도 했지만 위로를 주기도 했다. 자살은 내가 통제하고 있음을 궁극적으로 표명하는 행위이기 때문이었다. 종교 신자가 아니었고 과학적 세계관을 강하게 붙들었던 아니타는 자기 인생을 통제할 수 있고 통제해야만 하는 주체는 자기 자신뿐이라는 느낌을 강하게 가지고 있었다. 그녀는 내게 이런 말을 한 적이 있었다. "저는 제가 종교적인 사람이었으면 해요. 그러면 제 자신 말고 탓할 상대가 있게 될 테니까요. 만일 신이 있다면, 신은 저를 안 좋아하는 거겠죠."

아니타는 자기가 통제할 수 없음을 견뎌내는 것, 앞으로 나아가는 것, 지금 이곳에서의 자기 인생을 최대한 살아내는 것을 매우 힘들어 했다. 그리고 시련에 부닥쳐서는 의미를 찾거나 만들어 내지 못했다. 아니타를 담당한 종양과 의사들은 그녀가 함께 해 나가기가 극도로 어려운 사람이라고 생각했다. 자기가 일하는 분야에서 아니타는 고도의 정밀성과 확실성에 익숙해져 있던 터라, 암과 암 치료에 내재하는 불확실성은 그녀에게 좌절감을 안겼다. 종양과 의사들은 병의 예후에 대해 그녀가 거듭해서 구하려고 하는 명확한 대답을 전혀 줄 수가 없었고, 치료의 불확실성과 위험에 대해 그녀가 요구하는 확신도 줄 수 없었다. 암에 대한 경험과 암 치료에 대한 모든 것—그녀를 도우려고 노력하는 헌신적이고 열정적인 수많은 사람들과의 그 모든 관계까지도—이 그녀에게는 순전히 부정적으로만 느껴졌던 것이다. 아니타는 그 경험 전체가 완전히 무의미하다고 느꼈다. 아니타는 암이 자기 인생의 목적—직업—으로부터 자기를 완전히 이탈시킨다고 밖에는 볼 수가 없었다.

아니타를 비롯해 3장에서 살펴보았던 클래리스(불안에 떠는 것에 너무나 불안해했던 사람으로서, 그 불안증 때문에 '몸과 마음의 연결'이 화학요법에 대한 반응을 위태롭게 할 것이라고 확신했다)처럼 강박적인 통제욕구를 가진 암 환자들에게는 미래에 대한 통제력을 얻기 위해 안간힘을 쓰느라 현재의 삶의 질을 망치는 짓을 그만하도록 도와줄 필요가 종종 있다.

좋은 쪽으로든 나쁜 쪽으로든 나 또한 통제욕구가 높은 성격을 가지고 있다. 아내인 카린은 나와 반대이다. 사이좋게 지낼 때면, 우리가 가진 형질들은 서로를 멋지게 보완해 준다. 말하자면 아내의 유연성과 적응성이 나의 강박성과 균형을 이루는 것이다. 카린이 생명에 위협이 되는 형태의 암에 걸렸다는 진단을 받자, 나는 곧바로 집중력을 높여서 목표 지향적으로 행동하기 시작했다. 처음에는 그렇게 하는 것이 필요했지만, 전문가의 손길을 받게 되면서는 그것이 문제가 될 소지가 있었다. 첫 진료 때, 카린의 종양학과 담당의는 나에게 한 발 물러서 있으라고 자신에게 다 맡기라고 단호하게 말했다. 온라인환자기록시스템에 올라온 검사 결과를 확인하지도 말 것이며(당시 나는 그와 같은 병원에 근무했다), 의료정보를 연구하거나 해석하지도, 어떤 치료를 할지 결정하지도 말라고 말했다. 곧, 책임자는 자신이라는 말이었다. 그 말을 듣는 순간, 나는 내 집이 불타고 있는데 정작 나는 정원용 수도호스를 든 채 멀거니 집 밖에 서 있는 것 같은 느낌이 들었다. 번쩍거리는 빨간 소방차 여러 대가 경광등을 켜고 사이렌을 울리면서 집 앞에 섰고, 소방관이 "이제 물러나 계세요"라고 말하며 정중하지만 다급하게 나를 옆으로 밀어내는 것이었다. 나는 통제권을 내주는 것에 불안감이 들었지만, 동시에 이루 말할 수 없는 안도감도 들었다.

그 이후, 우리는 그냥 가서 치료를 받았고 최선의 결과가 나오기를 바랄 뿐이었다. 우리는 일상생활에 기운을 쏟았고, 우리 두 사람의 관계, 아이들을 보살피는 것, 가족과 친구에 집중했다. 세월이 흐른 뒤에 지난날을 돌아보며 기억을 취사선택하여 그때의 경험을 낭만적으로 꾸미는 일은 하고 싶지 않지만, 우리가 사람들과 가장 감동적이고 의미롭게 엮어갔던 관계 몇 가지는 바로 그 위기의 시절에 이루어졌다고 말할 수 있다. 우리는 넘치는 호의와 보살핌을 고맙도록 받은 수혜자들이었다. 당시 우리는 무엇을 우선시하고 무엇을 목적으로 할 것인지 더할 나위 없이 명료하게 자각했으며, 우리 생은 그야말로 의미로 충만한 느낌이었다. 상당히 오랫동안 우리는 '사소한 일로 땀을 빼지' 않았다. 우리는 그때 배웠던 교훈을 계속해서 가슴 깊이 간직하려고 한다. 비록 인간의 본성이란 암보다 재발 가능성이 훨씬 확실한 법이어서, 지금은 시도 때도 없이 '사소한 일로 땀을 빼곤' 하지만 말이다.

확실히 하자면, 이 모든 의미는 우리가 만들었고, 우리가 가진 지원체계와 우리를 보살펴준 타인들이 만들어 낸 것이었다. 정말로 나쁜 상황에서 최선의 결과를 낼 수 있도록 모든 이들이 온 힘을 다했다. 어떤 좋은 결과도 '예정되어 있지' 않았다. 그리고 나는 암을 둘러싸고 형성된 '긍정성 컬트'를 지지하지도 않았다. 3장에서 '긍정성'의 위험성을 분명히 보여 주었기를 바란다. 여기서 요점은 간단하다. 시련이 닥쳤을 때 우리가 가진 전부는 우리 서로 뿐이라는 것이다.

카린이 투병하는 동안, 주변 사람들이 간곡하게 권했음에도 불구하고, 카린도 나도 기도 같은 수단을 통해 높은 힘에 호소하지 않았다. 우리라고 해서 특별히 불운과 비극이 면제될 수 없다는 것은 당연해 보였다. "왜 하필 나지?", 궁금하지 않느냐고 사람들이 카린에게 물으면, 카린은 특유의 담담한 어투로 이렇게 되물었다. "왜 내가 아니면 안 되지?" 우리는 그저 우리 아이들을 돌보고 일상의 삶에 전념하는 것에 우선권을 두고 집중했다. 가족과 친구들의 후원과 더불어, 캐나다의 뛰어난 보건체계, 최근에 이루어진 놀라운 의학적 개가, 그리고 많은 운이 따른 덕분에 우리는 암을 이겨낼 수 있었다. 그러나 한동안 우리는 최악의 상황도 대비했다. 그 고난은 사람들에 대한 우리의 신념을 확인시켜 주었고, 삶의 우선권이 무엇인지 분명히 해 주었다.

내 가족과 나는 카린의 건강에 대해 계속해서 불확실성을 안고 살아가고 있으며, 최근에는 암이 재발한 것(초기의 불확실성 때문에 불안이 컸으나, 다행히 작은 암으로 판명이 났다)을 비롯해서 겁이 날 만큼 매우 심각한 상황을 여러 차례 겪었다. 카린은 또한 치료에 불가피하게 따르는 부작용(상당히 심각한 림프부종)으로 고생하기도 했다. 그리고 이런 일들이 한꺼번에 발생하는 바람에, 나 자신은 두 가지 근골격계 질환 때문에 심각한 신체장애 상태와 진단적 및 예후적 불확실성에 한동안 시달렸다(현재는 생물학적으로 조제한 최첨단 약제를 쓴 덕분에 회복되고 있다. 이는 탈바꿈을 이뤄내는 과학의 능력을 보여 주는 또 하나의 예가 될 것이다). 이 모든 것을 감안해도, 우리가 극도로 운이 좋았던 것은 분명하다. 우리는 이런 일들을 겪으면서 불확실성과 통제력 상실감을 견뎌내고 지금 이 자리에서 최대한 온전하고 의미롭게 삶을 살아내는 법을 익혔다. 우리는 생명을 위협하는 병을 앓으며 사는 삶이란 거기에 내재한 불확실성과 통제력 상실감의 정도가 조금 더할 뿐이지 삶 일반과 다를 바가 전혀 없음을 깨닫게 되었다.

언젠가는 죽을 것이라는 사실

언젠가는 죽을 것이라는 사실은 우리의 통제력이 완전하게 제로인 것들 중의 하나이다. 4장에서 살펴보았다시피, 종교에 빠지게 하는 주된 동기의 하나가 죽음에 대한 불안이라는 것은 놀랄 일이 아니다. 그러나 언젠가는 죽을 것이라는 사실 앞에서 죽음을 부정하는 것만이 필히 해야 하는 심리적 반응은 아니다. 인생이란 게 잠깐이면 지나고 말 뿐이고 무너지기 쉬운 것임을 알아보게 되면, 삶에 긴급한 절실함이 실리게 된다. 어빈 얄롬Irvin Yalom은 책《태양을 응시하며: 죽음의 공포 극복하기Staring at the Sun: Overcoming the Terror of Death》에서 이렇게 적었다. "죽음을 마주한다고 해서 인생의 목적을 모두 없애버리는 절망에 꼭 빠지는 것은 아니다. 그와 반대로, 죽음을 마주하는 것은 더욱 온전한 삶에 눈을 뜨게 하는 경험이 될 수 있다. ……비록 죽음의 물리성이 우리를 파괴할지라도, 죽음의 관념은 우리를 구원한다."[20] 얄롬은 작가인 폴 서루Paul Theroux의 말을 인용하면서, 죽음은 생각하기가 너무나 괴롭기에, 오히려 우리로 하여금 "삶을 사랑하고, 삶이 모든 기쁨과 예술의 궁극적 원인이 될 수도 있다는 더없는 열정으로 삶을 귀하게" 여기게끔 한다고 적었다.[21]

병이 말기에 이른 사람들 중에는 죽음의 가능성을 고려할 준비가 아직 완전히 되지 않았다고 느끼는 이들이 많다. 준비가 더 된 사람도 있고 덜 된 사람도 있겠지만, 죽음에 대한 불안은 차치하고, 자기가 뜻했던 바를 이루지 못하고 자기 자신에게 바랐던 사람이 되지 못한 것에 좌절감을 느끼는 사람들도 있다. 우리가 되고 싶은 이상적인 인간형과 실제 되어 있는 현재 우리 모습 사이의 큰 간극은 인간이 보편적으로 느끼는 것이다. 얄롬은 "죽음에 대한 두려움과 아직 못 산 삶이 있다는 감각 사이의 양陽의 상관성positive correlation"을 거론하며, "삶이 덜 만족스러울수록 죽음에 대한 불안은 더 커진다"고 지적한다.[22] 나는 이런 실패감이 인간에게 보편적임을 환자들이 받아들이고, 아직 손에 쥔 기회, 특히 자신에게 가장 중요한 관계들을 풀어나갈 기회를 놓치지 않도록 도우려고 한다.

슬프게도, 자신이 곧 죽을 것임을 아는 사람들 중에는 인생의 끝에 대한 비통함과 좌절감을 안은 채 죽음의 과정을 거치는 사람들이 많다. 그만큼이나 슬프게도, 자신이 곧 죽을 것임을 파악하지 못하고, 헛된 치료법에 자신의 마지막 남은 기운을 소모하고 마지막 남은 삶의 질을 낭비하다가, 인생의 끝에서 진정으로 중요한 말과 행동을 할 결정적인 기회를 놓치고 마는 사람들도 많다. 죽음 자체가 평화롭게 올 것인지 고통스럽게 올 것인지는 알 수 없는 노릇이다. 하지만 요즘은 '좋은 죽음'을 맞도록 하는 것이 의료인들이 가장 중요하게 여기는 목표의 한 가지이다.[23] '좋은 죽음'을 맞게 하는 일은 죽음의 과정 초기

부터 시작하며, 통증을 비롯해 괴로운 신체적 증상들을 제어하는 것과 관련된다. 또한 사람관계에 있어서나 심리적으로나 영적 또는 철학적으로나 준비가 더 잘 되었다는 느낌을 환자가 가질 수 있도록 돕는 것과도 관련된다. 인생 말기의 심리적 보살핌은 환자 자신의 삶이 어떤 면에서 의미로웠는지 찾아낼 수 있도록 돕는 것도 들어가며, 그러면 환자 자신이 살아오는 동안 다른 사람들에게 줄곧 영향을 끼쳐왔음을 알아보는 데 도움이 된다. 어빈 얄롬은 이 영향을 '물결 일으키기 rippling'라고 일컬으며, 그 영향이 미묘해서 그 효과를 일으킨 당사자는 알아채지 못할 수도 있음을 강조한다.

> 물결 일으키기란 우리 한 사람 한 사람이—종종 의식적으로 의도하거나 알아채지 못한 채—영향의 동심원을 만들어 오랫동안, 심지어 세대를 이어 가며, 타인들에게 영향을 줄 수 있다는 사실을 일컫는 말이다. 말인즉슨, 우리가 다른 사람들에게 미쳤을 효과가 그 사람들에게서 또 다른 사람들에게로 전해질 수 있다는 것이다. 연못의 물결이 계속해서 진행해 나가다가 더는 눈에 보이지 않게 되지만, 나노 수준에서는 그 물결이 계속되는 것처럼 말이다. 우리 자신이 가진 어떤 것을—심지어 우리 자신은 알지도 못한 채—남길 수 있다는 생각은, 사람의 유한함과 무상함에서는 필히 무의미함이 흘러나오기 마련이라고 주장하는 사람들에게 힘 있는 응답이 되어 준다. 물결 일으키기는 반드시 당신의 모습이나 이름을 남기는 것을 뜻하지는 않는다. 이런 전략이 헛됨은 오래전 학교 수업시간에 셸리 Percy Bysshe Shelley의 시를 읽으면서 이미 많은 사람들이 배웠다. 셸리는 이제는 황무지가 된 땅에 조각난 채로 산산이 흩어진 거대한 고대 조

각상에 대해 쓴 시에서 다음과 같이 노래했다.

내 이름은 왕 중의 왕인 오지만디아스Ozymandias
너희 강대한 자들아, 나의 위업을 보고 절망하라.

개인으로서의 자기 자신을 보존하려는 시도는 언제나 헛되다. 무상함은 영원하다. 내가 쓰는 의미의 물결 일으키기는 당신 자신 대신에 당신의 인생 경험 가운데 무언가를 남기는 것을 가리킨다. 그것은 어떤 형질일 수도 있고, 몇 조각의 지혜일 수도, 인생지침일 수도, 덕성일 수도, 위로일 수도 있다. 본인이 알든 모르든 그런 것들이 타인들에게로 전해지는 것을 말한다.[24]

얄롬이 인용한 환자가 있는데, 그 환자의 어머니는 먼저 세상을 떠난 사람들에 대해서 이렇게 말하곤 했다. "그 사람이 보고 싶으면 그 사람의 친구들을 보렴."[25] 어떤 유산을 남길지 정의하는 것, 살아온 인생 이야기의 틀을 다시 잡는 것, 말기 암 환자들을 상대로 하는 의미 중심 심리 요법meaning-centered psychotherapy에서 중요하게 초점을 맞추는 한 가지가 바로 그것이다.[26]

병의 말기에 이른 사람들은 종종 자기 자신이 다른 사람들에게 별 가치가 없다거나 짐이 된다고 여기곤 한다. 데이비드 월피 라비Rabbi David Wolpe(그 자신이 뇌종양과 림프종을 앓고 있는 환자이다)는 사람이 죽어갈 때에도 여전히 크게 가치 있는 구실을 할 수 있음을 지적했다.

나는 이 사람, 곧 내 친구인 아이작에게 말했다. 자네의 자식들과 손자들이 자네를 지켜보고 있다네. 그 아이들에게 자네가 가장 큰 교훈을 가르쳐줄 기회가 지금 여기에 있다네. 그 아이들이 자네에 대해 많은 것을 기억할 것임은 확실하지만, 자네가 어떤 모습으로 죽음을 맞았는지는 결단코 잊지 못할 것이라네. 자네가 보인 받아들임이, 위엄이, 그리고 자네가 품은 희망까지도 그 아이들의 삶을 바꿔놓을 수 있을 거라네.[27]

데이비드 월피, 《왜 신앙이 중요한가》

병이 말기에 이르렀을 때 사람들이 자기 자신을 영웅으로 만들고자 하는 도달할 수 없는 목표를 설정하지 않도록 하기 위해, 비록 얼마 동안만이라도 타인에 대한 관심과 염려를 비롯해서 약간의 유머까지도(죽음의 과정을 거치는 환자들에게서 나는 유머감각을 놀랍도록 자주 보았다) 보여 주며 본이 되도록 노력해 볼 것을 권하는 뜻으로 나는 환자들에게 월피의 말을 풀어서 전달하곤 한다. 그리고 죽음의 과정을 거치는 동안, 당연히 환자들은 아무 꾸밈없이 얼마든지 두려워하고 비통해하고 의심하고 부정하고 후회하고 움츠러들고 자기 자신에 함몰되어도 '된다'.

조력사를 둘러싼 논쟁

치료 불가능한 상태로 인해 크나큰 고통에 시달리는 경우에 조력사assisted dying(조력자살assisted suicide)를 할 권리를 놓고 현재 벌어지고 있는 논쟁에는, 모든 것에 목적이 있고 고통에는 모종의 의도된 의미가 있다는 널리 퍼진 믿음이 반영되어 있다. 이렇게 두 입장으로 첨예하게 갈라져 있기는 해도, 서양 사회의 여론은 조력사를 지지하는 쪽으로 꾸준히 옮겨 가고 있다.[28] 최근에 언론 매체와 법정에서 이 문제가 크게 주목을 받고 있는 캐나다의 경우, 2014년의 한 여론 조사에서 "당사자가 법적 성인이고 말기 질환을 앓아 참을 수 없는 통증에 시달린 나머지 자신이 죽을 수 있도록 도와달라고 거듭해서 요청을 할 경우, 의사는 그 사람이 생을 끝낼 수 있도록 도울 수 있어야 한다"는 진술에 캐나다인의 84퍼센트가 동의함을 보여 주었다.[29]

《글로우브 앤드 메일Globe and Mail》신문에서 유명한 고산 등반가인 알 핸콕Al Hancock이 겪었던 일을 다룬 어느 기사를 보면, 이를 보여 주는 전형적인 정서가 반영되어 있다. 어머니 로즈매리가 암으로 죽어 가는 모습을 보면서 "핸콕은 다른 종류의 고통을 목격했다. 손쓸 길도 없고 목적도 없는 고통이었다. '잔인한 고통이었어요. 그런 고통은 누구도 당해서는 안 됩니다. 어머니께서는 당신 생각에 따라 죽음을 선택할 수 있어야 했습니다.'"[30] 암이 어머니의 전신으로 퍼지면서, 마지막 나날에는 고통이 '가차 없어졌고', 모르핀을 다량으로 투여해도 고통을 줄여 주지 못했다. 핸콕은 "충격과 곤혹을 느끼며" 병원을 나섰다. 핸콕은 기자에게 이렇게 말했다. "어머니의 침대 곁에서 보낸 그 마지막 날들이 평생 저를 괴롭힐 것입니다."[31]

하지만 아직도 대중의 반대는 대단하며, 인생과 고통에 목적이 있다는 믿음을 중심에 깔고 반대하는 이들도 많다. 보수 성향의 〈뉴욕타임즈New York Times〉 기고가인 로스 다우더트Ross Douthat는 자유주의자들조차도 마음의 결정을 내리지 못해 조력사에 찬성하는 입장을 포용하기를 주저하고 있다고 지적하며, 그 이유를 다음과 같이 논했다.

> [(세속적) 자유주의는] 죽음으로 이어지게 될 고통을 이해할 준비가 제대로 되어 있지 않은 세계관이다……이 문제에 있어서 자유주의자의 마음속에는 긴장 관계가 있다. 특히 논의가 일반적인 측면(왜 조력 자살이 공공 정책으로서 현명하지 못한 정책인가?)에서 특수한 측면(왜 모든 희망이 사라졌을 때조차도 삶은 살 가치가 있으며, 왜 죽음과 마주한 사람은 자살을 이용해서는 안 되는가?)으로 옮겨 가면 긴장 관계가 더해진다.[32]

이 기고문에서 다우더트는 말기 뇌암으로 고통받는 스물아홉 살의 여성 브리터니 메이나드Brittany Maynard의 경우를 거론한다. 메이나드는 조력사가 합법인 미국의 오리건 주로 남편과 함께 건너가, 그곳에서 합법적으로 얻은 치사 약물lethal prescription로 삶을 끝내고 싶다는 뜻을 공개적으로 선언했다. 그 전에 그녀는 통증, 성격 변화, 기본적인 심신기능 상실을 두려워해서 호스피스 돌봄hospice care을 받지 않기로 결정했었다. 다우더트는 "메이나드가 실제로 살아야 하는 목적이 있음을 긍정하는 변론"을 해보라고 하면 세속적 자유주의자들은 "종종 쭈뼛쭈뼛한다"고 논한다. 다우더트는 종교를 가진 사람들은 그런 변론을 더 긍정적으로 해낼 수 있다고 피력한다. 그 한 예로 다우더트는 캐라 티페츠Kara Tippets의 경우를 거론하는데, 네 아이의 엄마인 그녀도 암으로 죽어 가고 있었다. 티페츠는 메이나드에게 열정을 담아 공개편지를 보내서 치사 약물을 쓰지 말라고, 그 대신에 자연스러운 죽음의 아름다움과 은총을 보라고 촉구했다. "우리가 언제 마지막 숨을 쉬어야 할지 결코 우리 자신이 결정하도록 되어 있지 않습니다"라고 티페츠는 말했다. 티페츠는 편지를 이런 말로 끝맺었다. "아름다움은 그 마지막 숨 속에서 우리와 만날 것입니다."[33]

〈글로우브 앤드 메일〉에서 이와 비슷한 기사를 읽고 '편집자에게 보내는 편지'에 투고한 한 독자는 이렇게 적었다. "당신이 죽을 때 끔찍하게 고통받으라고 당신네 신이 요구한다면, 그렇게 하시지요. 그러나 당신의 그 말도 안 되는 소리를 다른 모든 사람들에게 떠들지는 말아주시지요."[34]

법조윤리의 관점에서 보면, 조력사 논쟁은 법관들에게 "과연 생명의 고결함은 절대적인가, 아니면 자율성과 존엄성 같은 다른 가치들에게 우선권을 주어야 하는가?"라는 물음을 제기한다.[35] 2015년 2월에 캐나다 대법원은 22년 전의 판결을 뒤집어 만장일치로 이 문제를 확정했다. 이번에 법정은 "해당 상황에서 개인에게 참을 수 없는 고통을 지속적으로 야기하는 치료 불가능한 중증의 의학적 상태(질환, 질병, 신체 장애 등)"를 가진 사람들에게는 의학적 조력을 받아 죽을 권리가 있다고 판결했다.[36] 의미심장하게도 그 판결은 '생명의 거룩함'에는 '죽음으로 건너가기'도 포함된다는 것을 정립하고, '살 권리'가 곧 '살 의무'는 아님을 효과적으로 진술한 것이었다.[37] 여기서 주목할 점은, 대법원의 판결이 말기 질환에만 한정되지는 않는다는 것이다. "예를 들어 그 판결은 우울증이나 정신 질환을 의학적 상태에 넣을 것이냐에 대해서는 함구한다. 대법원은 지속적이고 참을 수 없는 고통의 기준 아래에 심리적 고통도 포함시킨다."[38] 2016년 6월에 캐나다 의회는 이른바 '의학적 조력을 받는 죽음'을 비교적 말기 상황의 질환을 가진 사람들에게로 제한하되, 그 기준을 넓힐 가능성을 모색할 것을 진지하게 약속하는 법을 제정했다. 캐나다의 법은 미국에서 의사의 조력을 받는 자살을 합법화한 주들의 법보다 한 걸음 더 나아가서, 정맥 주사를 사용한

적극적 안락사도 허용한다.[39]

나는 조력사 과정에서 환자의 정신 능력 평가인 자격과 심리적 보조자 자격으로 참여하는 특권적 기회가 여러 차례 있었고 그때마다 막중한 책임감을 느꼈다. 그리고 환자의 요청에 따라 실제 조력사 절차가 진행되는 자리에 참석한 적도 여러 번 있었다. 사랑하는 사람들이 환자의 침대를 둘러싸고 마지막 다정한 인사를 전하기도 하고, 환자가 좋아하는 노래를 틀어 주기도 했다. 내가 조력사에 참석해서 본 환자들은 죽음이 예정대로 진행될 수 있다는 것에 다들 깊디깊은 안도감을 표했다(죽음의 과정이 통제되지 못해 망쳐지거나 정신 능력을 잃게 될까 봐 환자들은 두려워했는데, 법적인 요구 조건을 충족시키려면 반드시 정상적인 정신 능력을 유지하고 있어야 했다). 그중에는 안도감을 넘어서 기분까지 한껏 고조되어 명랑하게 마지막을 맞은 환자들도 더러 있었고, 마지막을 맞이하기 전 며칠 동안 친구들과 작별 '파티'를 주관할 만큼 상태가 좋고 긍정적인 환자도 한 명 있었다. 조력사 절차에 들어가면, 강력한 진정제로 빠르게 수면을 유도한 다음에 마취를 하고, 그다음에 마지막 약물들을 주사해서 환자의 호흡과 심장을 멈추게 하는데, 이 모든 과정은 몇 분 안에 끝이 난다. 환자가 경험하는 것은 그저 잠에 빠져드는 것뿐이다. 이 과정 전체가 얼마나 품위 있고 위엄 있고 고상한지 그 모습을 본 참관자들은 깊은 인상을 받았다. 수많은 사람들이 원하는 '좋은 죽음'이라는 것을 이보다 확실하게 이룰 길이 무엇인지 나는 상상하기가 어렵다.[40]

되고 싶은 사람이 되지 못한 것

비극이 닥치는 것 말고도, 사람의 삶은 개인적인 실패 때문에 쉽사리 꺾이기도 한다. 심지어는 피할 수 있었으나 저지르고 만 심각한 실수 때문에 삶이 완전히 어그러질 때도 있다. 그러면 쓰라린 후회감과 더불어 자기 자신에 대한 실망감이 뒤따르게 된다. 이 모두는 인간 경험human experience에서 떼려야 뗄 수 없는 측면들이다. 실패감은 우리를 외롭게 하고 분노에 차게 하고 비통함에 빠뜨릴 수 있으며, 삶이란 부조리하다는 감각을 더욱 키워 준다. 그러나 다른 한편으로는 자기처럼 잘못을 저지르는 타인에 대한 공감을 높이고, 때에 따라 사람을 더욱 크게 성장시킬 수 있는 막강한 잠재력도 가지고 있다.

나는 우울증과 연관된 실패감으로 고통받는 사람들(특히 청소년들)을 많이 상대하며, 뜻한 바와 목표한 바를 이루는 데 실패하는 것은 보편적인 인간 경험이라는 것을 그들이 인식할 수 있도록 돕는다. 실패감에 시달리는 사람들은 공통적으로 '다른 사람들은 다' 삶을 잘 살아내고 원하는 것은 뭐든지 이뤄 낼 수 있는 것처럼 보인다고 생각한다. 그러나 행복하게 보이고 원하는 것을 이룬 것처럼 보인 사람들조차 불안정함을 느끼고, 자신이 가짜—'다른 사람 행세를 하는 사람imposter'—라고 느끼는 경향이 있다. 게다가 자기 운이 다하는 것 또는 자신의 '진짜' 모습을 모든 사람이 발견하게 되는 것은 시간 문제일 뿐이라고 생각하기도 한다.

우리가 가진 삶의 목표와 의미는 이 세상에 얼마만큼 측정 가능하고 '성공적인' 이바지를 했느냐로 판정받을 필요는 없다. 사람이 성장하는 데에서 불완전함, 실패, 좌절, 의심, 실망은 모두 없어서는 안 될

부분들이다. 비록 원한 것은 아니어도 이런 것들을 겪게 되면 지혜, 공감, 타인에 대한 연민이 깊어지고 타인의 단점에 대한 관용이 더욱 커진다는 것을 많은 사람들이 발견하곤 한다. 실패의 경험, 자신감 상실의 경험은 우리를 타인들에게 더 가까이 다가가게 해 줄 수 있다. 그리고 내게 그럴 능력이 있다고 여겼음에도 이루지 못한 것에 대해 실패를 인정하고 나 자신에 대한 실망과 후회를 받아들이면, 우리는 타인들이 자신들의 단점과 불완전함을 받아들이도록 도와주어 그 모습 그대로의 자기 자신을 더욱 진실되게 받아들일 수 있도록 해 줄 수 있다. 따라서 찬사를 받을 만한 업적이나 감탄을 자아낼 만큼 용감하거나 이타적인 행위를 통해서만 우리가 세상에 긍정적인 영향을 남기는 것은 아니다. 우리가 인간으로서 가지는 나약함, 불완전함, 실패를 진실되게 인정하고, 다른 사람들과 나누고, 본이 되어 주면 되는 것이다. 그러면 다른 사람들도 자기 자신을 잘못을 저지르는 있는 그대로의 인간 존재로서 받아들여 자기 모습에 편안함을 느낄 수 있게 되는 것이다.

이제까지 나는 치유 불가능한 암을 앓는 환자들이 개인적으로 깊은 실패감을 느끼고 있으면 이를 이해할 수 있게끔 하려고 노력해 왔다. 그 환자들은 특히 세상에서 참으로 좋은 의도로 장려하는 이상, 곧 병의 말기에 이른 사람들은 끝까지 생을 살아내야 하며 남은 시간의 단 한 순간도 허비해서는 안 된다는 이상에 부응해 살 능력이 되지 못한다는 느낌에 시달릴 수도 있다. 말기 진단을 받기 이전부터도 자기 자신과 자기 삶에 대해 강한 실망감을 이미 느꼈던 사람들에게 이런 실패감은 특히나 고통스러울 때가 많다. 얄롬은 다음과 같이 적었다.

잘만 이용하면, 후회는 후회가 더 쌓이지 않을 행동을 하도록 도울

> 수 있는 도구이다. 후회를 살펴보려면 뒤를 돌아보아도 되고 앞을 내다보아도 된다. 시선을 과거로 돌리면, 당신이 이제까지 이루지 못했던 그 모든 것들에 대한 후회를 경험할 것이고, 시선을 미래로 돌리면, 후회를 더 쌓으며 살아가거나 비교적 후회 없이 살아가거나 할 가능성을 경험할 것이다.[41]
>
> 어빈 얄롬, 《태양을 응시하며: 죽음의 공포 극복하기》

후회는 사실상 사람으로선 결코 피할 수 없는 감정이며, 후회가 없기를 기대하면 더욱 큰 실패감과 실망감을 느끼게 될 수 있다. 얄롬은 **비교적** 후회 없이 사는 것을 말했지, 완전히 후회 없이 사는 것을 말한 것이 아니다. 우리 모두는 현재보다 더 나은 사람이 되기 위해 자기 자신을 밀어붙이는 것과 목표를 이루는 데 실패했을 때 자기 자신을 용서하는 것 사이에서 균형을 찾아야만 한다. 그 열쇠는 계속 노력하는 것이다. 도리 없이 실패하게 되어도 그만두지 않는 것이다. 바람 부는 바다를 배를 타고 항해하고 있다고 상상해 보라. 여러분은 배가 항로에서 벗어날 때마다 다시 돌아가기 위해 쉬지 않고 돛의 위치를 다시 잡으려고 하고 있다. 거센 바람에 돛을 놓치기도 하지만, 나침반은 여러분이 가고자 하는 목적지로 가는 방향을 계속해서 다시 잡아 주고 있다. 바람에 쓸려 항로를 이탈하는 것은 항해 과정에서 예상했던 한 부분이다. 바람과 싸우는 것은 우리가 개인적으로 성장하는 과정을 이루는 한 부분이다. 그리고 우리가 살면서 만들어 나가는 의미의 중요한 부분이 될 수도 있다. 희망이 되어 주는 것은, 잔잔한 수면 위를 미끄러지듯 항해하는 순간을 즐길 때가 퍽 자주 있다는 것이다. 그럴 때면 그 순간을 음미하면서 이제까지의 여정을 반추해 볼 수 있다. 그러나 수월하게 항해할 때에는 모진 바람에 시달릴 때보다 배우고 성장하는 바가 아마 훨씬 적을 것이다.

불확실한 우주에서 산다는 것

우리가 가진 것은 서로서로뿐이다. 이 광막하고 무심한 우주에 떠 있는 이 구멍정 같은 자그마한 행성에 떼 지어 모여 살고 있는 서로서로가 우리가 가진 전부이다. 서로서로를 살펴주고, 서로 곤경에 처할 때마다 연민을 갖고 보살피자. 우리가 가진 통제력은 생각보다 훨씬 약하고, 우리가 가진 탄력성의 크고 작음은 순수한 선택이나 태도의 문제라고만 할 수는 없다. 더 나아지도록 우리 자신을 밀어붙이는 것과 실패했을 때 우리 자신을 용서하는 것 사이에서 우리는 쉬지 않고 균형을 잡아 나가야 한다. 그리고 의도된 이유 같은 것은 전혀 없이 나쁜 일들이 그냥 일어나는 이 무작위적인 우주의 불확실성을 우리는 견뎌 내야만 할 것이다. 언제 어느 순간이든 나쁜 일이 일어날 가능성을 미리미리 신경 쓴다고 해서 신경과민이라거나 비현실적이라고는 생각하지 않는다. 비현실적이 아니라 그저 헛될 뿐이다. 위험을 과도하게 경계하고 신경 쓰는 것은 아무 의미 없는 짓이다. 위험에 지나치게 집착하면 더 큰 위험, 곧 의도치 않은 결과를 낳을 위험(그 때문에 매사에 지나치게 조심할 수밖에 없음은 불문가지이다), 불안 때문에 기능이 손상될 위험을 만들어 낸다. 그냥 나가서 우리 삶을 살아내는 것 말고는 달리 도리가 없다. 죽음이 우리를 찾아오거든, 산 자들 가운데에서 죽음이 우리를 찾을 수 있도록 하자.

12 자연주의적인 시각에서 찾은 영감

우주, 생명, 그리고 인류 문명에 대하여

본성의 좋고 나쁜 점을 견디기

세계는 그야말로 터무니없이 복잡하고 풍요롭고 이상한 곳이기에 더할 나위 없이 경이롭습니다. 제 말은 그 대단한 복잡성이 그 대단한 단순성으로부터—그러나 아마 완전한 무無로부터—생겨날 수 있다는 생각이란 더없이 근사하고 기상천외한 생각이라는 것입니다. 그리고 어떻게 그런 일이 일어날 수 있었을지 힌트 같은 것을 일단 얻게 되면, 그 생각은 정말이지 놀라울 따름이지요. 그리고…… 그런 우주에서 70~80년의 생을 보낼 기회를 가진다면, 제 생각에는 한 생 잘 보낸 것이 될 것입니다.

더글러스 애덤스, 《은하수를 여행하는 히치하이커를 위한 안내서》의 작가[1]

경이로운 의식의 떠오름

우주 및 지구상 생명의 조직에 대해 현재 우리가 알고 있는 모든 것과 모순되지만 않는다면, 어떤 창조주 신이 어떤 특별한 목적을 가지고 우리와 자연을 창조했다고 믿는 것이 안심이 될 수도 있다. 우리에게 불멸하는 영혼이 있고, 그 영혼은 죽음을 피할 수 없는 몸뚱이 속에 잠시 거할 뿐이라는 믿음, 우리 마음과 자기 인식은 '그저' 우리 뇌가 만들어 낸 산물 이상의 것이라는 믿음을 가져도 좋을 것이다. 그런 신을 믿으면, 누구인가 또는 무엇인가 책임지고 이끌어 가고(수많은 기도문에 나오는 "우리 아버지, 우리 주님") 그 모두를 통제하고 있다는 안도감을 우리에게 줄 것이다. 지켜야 할 규칙들이 있고, 비록 다음 생일지언정 궁극적인 정의가 있음을 알면—왜냐하면 이생에 보편적 공정이나 정의가 별로 없음은 분명하기 때문에—마음이 편안할 것이다. 그러나 어떤 종합계획이 있다는 암시는 전혀 없다. 자연은 경이로울 정도로 아름답지만, 고통에 무심하다는 것 또한 자명하다.

종합 계획 또는 의도가 담긴 웅대한 설계가 없다면, 우리는 불확실성을 견디는 법, 그리고 자연이 아무렇게나 휘두르는 힘들, 나아가 우리 자신의 인간 본성이 지닌 좋고 나쁜 측면들을 견디는 법을 익혀야 할 것이다.

이렇게 자문해 보라. 궁극적으로 어떤 세계관이 더 경이롭고 아름답고 의미롭고 겸허할까? 우리를 비롯해서 (아름다우면서도 무심하고 잔혹한) 자연의 모든 것이, 의식이 있고 자기를 인식하고 목적이 있고 지능이 있고 초자연적인 어떤 창조주가 어떤 청사진에 따라 하향식으로 창조했다는 세계관일까? 아니면 점진적이고 자발적이고 아무런 인도함이 없고 예측 불가능하게 상향식으로 떠오름이 일어나면서 무수한 단계를 거치며 복잡성을 증가시키는 완전히 자연적인 과정의 산물이 바로 우리이며, 이 모든 과정은 가장 기본적인 형태의 물질과 에너지가 자기 조직하는 성질을 가진 결과라는 세계관일까? 이뿐만이 아니다. 우리 자신이 의식을 가지고 자기를 인식하고 목적을 가지고 창의적이고 지능을 가지게 되어, 우리가 어떻게 이곳에 존재하게 되었는지 궁리할 수 있고, 우리 자신의 행동을 (비록 한계가 좀 있기는 해도) 의식적이고 의도적으로 조절할 수 있는—어떻게 보면 우리가 '도리어' 우리 자신을 대상으로 삼는—존재가 되어 왔다는 놀라움도 있다.

최첨단 신경과학은 우리가 아는 것 가운데 우주에서 가장 복잡한 현상인 마음의 고차원 기능들이 어떻게 해서 환경에 의해 빚어진 생물학적 진화의 한 산물에 '불과한' 물리적 뇌에서 떠오르는 불가해한 묘기를 부렸는지 설명해 내는 놀라운 단계에 진입했다. 모든 과학의 최첨단에서 신경과학은 가장 흥미롭고 중요한 분야의 하나로 급부상했다. 마음이란 궁극적으로 물질적 현상이라는 신경과학의 통찰은 이제까지 진화론이 해 왔던 것보다 더욱 극심하게 전통적인 종교적 믿음들을 부식시키는 결과를 낳을 수 있다.

한 종으로서 우리가 우리를 탄생시킨 물질과 생명의 자기 조직과 떠오름이라는 신비하게만 보이는 이 현상들이 일어난 과정—우리 우주가 처음 시작한 때부터 현재까지—을 설명할 수 있는 범위에 현재

들어갔다는 것은 진정 신나는 일이다.

이렇게 우주에서 일어나는 모든 현상들은 완전하게 자연적으로 떠오른 것들임을 자각하고 음미하는 것, 생물들의 존재가 태어나고 죽으며 복잡성을 키워나가는 과정에서 우리 자신은 단 한 번 몸을 얻어 이 세상에 존재하며, 모든 것들이 우주적 전체에 종속하는 부분들임을 인식하는 것, 그것은 아마 일부 사람들이 초월이라고 부르고 싶어 할 느낌, 곧 우리의 물리적 인간경험을 벗어나 있는 무언가의 일부라는 감각을 만들어 낼 수 있다.[2] 현재 우리는 목적, 도덕성, 의미가 우주가 시작될 때부터 우주에 내재해서 미리 결정된 것이라기보다는 생명 자체와 함께 진화해 온 떠오름 현상임을 이해하고 있다.

이와 똑같은 진화의 과정이 우주 어딘가에 우리보다 훨씬 고등한 존재를 만들어 냈을 가능성, 나아가 먼 미래에 이곳 지구에서 바로 우리 인간으로부터 유래하여 더욱 고등한 존재가 나올 가능성도 충분히 있다.

현재 진행 중인 진화에 책임감을 갖기

오늘날의 우리는 현재 계속 진행 중인 우리 자신의 진화는 물론이고 환경의 진화에 대해서도 어느 정도 의식적이고 의도적으로 통제력을 행사할 수 있다. 아마 지금의 우리는 우리의 연약한 생물권에 대해서 책임감을 가지고 관리인 내지 청지기가 될 준비가 거의 되어 있을 것이다. 우리 자신을 위해서도 그렇고, 다른 생물들을 위해서도, 그리고 우리 자손들을 위해서도 말이다. 우리가 가장 우선순위에 두어야 할 것은 우리가 가진 강력한 협력적 형질들과 갈등해결능력을 이용해서 핵전쟁 같은 대규모 자기파괴를 피하고, 우리가 가진 집단적 창의력을 이용해서 우리 사람종이 야기한 기후변화의 폭주와 환경오염을 막아내는 것이다. 환경의식이 커져가는 이 시대에, 우리는 자연과 자연의 무수히 많은 생물들에게 지속적으로 영향을 끼칠 수 있게 되었다. 말하자면 다양한 수준의 환경운동을 통해 우리 생물권에 지속적으로 깊고 긍정적인 영향을 줄 가능성을 갖고 있다는 것이다.

한 사람의 존재는 반드시 끝난다

우리를 이루고 있는 원자들은 어떤 의미에서 보면 거의 영원하고 불멸하는 것들이다. 그 원자들은 머나먼 옛날의 초창기 별들 속에서 벼려져서 어마어마한 초신성 폭발에 의해 우주 공간으로 퍼져 나가다가 마침내 어린 지구 속에 자리를 잡게 된 것들이다. 이 지구에서 그 원자들은 생명 없는 물질과 생명을 가진 목숨붙이들의 세대가 셀 수 없이 많이 이어지면서 한없이 재순환되고 재조직되어 왔으며, 장구한 세월의 지질학적 과정과 생물학적 진화를 거쳐 마침내 여러분과 나로 조립되었다. 우리가 죽은 뒤에도 그 순환은 계속될 것이다.

매우 높은 수준의 복잡성과 특수성을 가진 우리 유전자에 대해서도 똑같이 말할 수 있을 것이다. 물리적인 면에서나 생물적인 면에서나 어떤 작은 규모에서 보면 바로 이 유전자를 통해 우리가 불멸한다고 볼 수 있다.

과학은 진화의 관점에서 죽음 자체가 가지는 '목적'과 필연성에 대해 계속해서 놀라운 통찰들을 던져주고 있다. 죽음은 생명의 진화에서 중심이 되는 중요한 적응이며, 복잡성과 다양성이 진화하기 위해서는 필수적이다. 유성생식과 죽음은 어떤 면에서 보면 서로 상보적인 과정이라고 이해할 수 있으며, 두 과정 모두 생명의 다양성과 복잡성이 진화하는 데에 본질적이며, 성과 죽음의 진화적 적응이 없었다면 다양성과 복잡성의 진화는 일어나지 않았을 것이다.[3] 우리가 아는 모습의 생명의 생물학적 풍요로움을 이루기 위해서는 진화적으로 반드시 거래해야 하는 것이 바로 죽음이다.

생물학자인 어슐러 구디너프Ursula Goodenough는 생물학적 관점에서 보았을 때 생물이 단세포생물에서 다세포생물로 복잡성 면에서 진화하기 위해서는 왜 성과 죽음 모두 진화의 필수 '발명품'이어야 했는지를 설명했다.[4] 그 설명은 부모 세포에서 자식 세포로 유전자가 어떻게 복사되고 전달되는지에 대한 것으로서, 그 과정은 생식 세포 계열germ cell line이라고 부르는 것을 거쳐서 이루어진다. 생식세포, 곧 배우자gametes는 난자와 정자를 낳는 세포로서, 생식샘gonad에 자리하고 있다. 생식 세포 계열을 형성하지 않는 다른 모든 세포들, 곧 몸의 나머지—조직과 기관 등—를 구성하는 세포들은 체세포somatic cells라고 한다. 구디너프는 이에 대해서 다음과 같이 말한다.

> 이제 우리는 이런 식의 배열이 얼마나 아름다운지 음미할 수 있다. 생식 세포 계열과 나머지 체세포들이 이분되어 따로 있기 때문에, 살아 있게 하는 임무가 효과적으로 배분된다. 유전체를 다음 세대로 전달하는 일은 생식 세포 계열이 맡고, 생식 세포 계열이 성공적으로 전달될 수 있을 만한 생태 자리를 따져보는 일은 체세포들이 담

> 당한다. 생식 세포 계열은 안전하게 생식샘에 따로 자리해서, 주변 조직들의 부양을 받는다. 그리고 때가 적절한 경우에만 유전체를 방출한다. 지각하고 움직이고 깃털을 벋게 하고 피를 펌프질하고 사랑을 나누는 것은 바로 체세포들이다.[5]
>
> 어슐러 구디너프, 《자연의 신성한 깊이》

몸과 몸이 하는 행동 레퍼토리를 유전자를 퍼뜨리는 정교한 매개체 또는 '생존기계survival machine'라고 보는 이런 시각은, 1976년에 발간되어 큰 영향력을 발휘한 책《이기적 유전자The Selfish Gene》에서 리처드 도킨스가 널리 퍼뜨린 생각이다.[6] 그 책에서 펼친 가설 몇 가지는 이후에 도킨스 자신은 물론이고 비판자들에 의해 진화생물학적인 색조를 더 띠게 되었지만, 그 핵심에 자리한 생각만큼은 굳건하다.[7] 최근에 와서 도킨스는 제목에 쓴 '이기적'이라는 말이 잘못된 인상을 심어줄 수도 있다는 생각을 했다. 말하자면 인간의 이기성이 진화하는 것을 자연 선택이 선호한다는 인상을 심어줄 수도 있다는 것이다. 도킨스는 원래 제목보다는 '불멸하는 유전자The Immortal Gene'가 더 나은 제목일 것이라는 생각을 내놓았다.

구디너프는 체세포에 프로그램된 죽음이 복잡한 몸 체계를 진화시킨 필수적인 촉진자라는 생각을 다음과 같이 설명했다.

> 배아발생이 일어나는 동안 세포 계통에 종종 프로그램 되는 운명 중 하나는 그 세포들이 반드시 죽어야 한다는 것이다. 그래서 사람 배아의 팔다리 말단은 처음에는 뭉툭했다가, 그 뒤에 손발가락을 따로 만들어 내기 위해 세포들이 죽는다. 그리고 모든 낙엽수의 잎줄기

기저부에 있는 세포들은 해마다 가을이 되면 죽어서 양분의 흐름을 차단하고 잎사귀 자체를 죽이게끔 프로그램 되어 있다.[8]

몸(신체soma)은 유전자를 위해 자신을 희생하며, 유전자를 퍼뜨린 뒤에는 대개 죽는다.

이 죽음이 때 이르다면, 다시 말해서 생식 세포 계열이 다음 세대로 성공적으로 전달될 때를 맞기도 전에 몸이 죽는다면, 우리는 그 유기체는 부적응한 것(이를테면 날지 못하는 곤충)이거나 불운한 것(이를테면 새에게 먹힌 곤충)이라고 말한다. 그러나 생식 세포 계열이 성공적으로 퍼져 아들과 딸을 만들어 낸 뒤에 죽음이 일어나면, 우리는 그 유기체가 생물학적 목적을 달성했다고 말한다.[9]

우리가 죽지 않는다면, 우리는 대단히 단순한 유기체가 되어야 할 것이다.

그렇다면 죽지 않는immortal 유기체 같은 것은 존재하지 않는가? 답은 존재한다는 것이다. 그러나 그 정의에서 볼 때, 죽지 않는 생물은 복잡성이 매우 제한된다. 예를 들면, 세균이나 아메바의 생명 주기에는 죽음이 프로그램되어 있지 않다. 끓이거나 굶기면 그 세포를 죽일 수 있음은 틀림이 없다. 곧, 그 개체들은 얼마든지 죽을 수 있다. 그러나 반드시 죽을 필요는 없는 것이다. ……마찬가지로 종양 세포는 과학 용어로 'immortalized〔무한증식〕' 한다고 말한다. 종양 세포들은 핵심적인 세포 주기 유전자들에 체세포 돌연변이를 담고 있기에, 우리 몸속이든 실험실이든 분열을 언제 멈추어야 하는지 그 때를 알지 못한다.

> 그러나 생식 세포 계열과 신체로 〔이분된〕 생명 주기를 일단 갖게 되면, 불사성은 생식 세포 계열이 넘겨받는다. 이렇게 되면 신체는 배우자를 만들어 낼 모든 의무에서 해방되고, 배우자를 만드는 대신 배우자를 전달할 전략에만 집중할 수 있게 된다.[10]

구디너프는 이런 배열—죽을 운명을 가진 신체가 생식 세포 계열을 더욱 성공적으로 퍼뜨리기 위해 그처럼 정교한 복잡성 상태로 진화해 온 것—이 함축하는 의미가 "이 '부분들' 가운데 하나가 바로 뇌, 곧 〔우리의〕 자기 인식이 자리하는 곳인 뇌"임을 주목했다.[11] 사람 뇌의 복잡성은 신경 세포 및 신경 세포의 시냅스 연결이 (손발가락과 손발가락 사이의 갈퀴막공간web spaces이라든가 나뭇잎의 잎줄기 기저부의 경우처럼) 유전적 프로그램과 환경의 자극에 의해 결정된 정연한 방식으로 끊임없이 죽어 가고 가지치기 된다는 사실에 크게 빚지고 있다.

> 〔뇌가 발달하면서〕 목표로 삼았던 것은 시냅스를 만들고 강화하고 조절하고 재구성하는 것이었으며, 그 과정에서 무수히 많은 신경 세포들이 죽고, 내가 평생을 사는 동안 그보다 무수히 더 많은 신경 세포들이 죽으며, 내가 지금 이 글을 자판으로 두들기고 있는 동안에도 많은 신경 세포들이 죽는다. 이 세포들은 미래에 전혀 신경을 쓰지 않았기 때문에, 내 지각과 느낌이 일어나는 가장 비범하고 가장 현재적인here-and-now 이 중심을 구성하는 일에 특화되어 힘을 보탤 수 있었다.

그래서 우리 뇌—그리고 우리 마음—는 신체의 나머지 부분과 함께 죽을 운명이다. 그리고 바로 여기에서 우리는 인간 존재의 중심적 아이러니 하나를 만나게 된다. 곧, 느끼는sentient 우리 뇌는 우리 자신이 언젠가는 죽을 것임을 생각하고 깊은 후회와 슬픔과 두려움을 경험하는 고유한 능력을 가지고 있지만, 우리 뇌의 존재를 가능하게 했던 것이 바로 그 죽음의 발명……이었다는 것이다.

……죽음 없이 이루어지는 성은 단세포 조류나 균류에 이르게 하지만, 죽을 운명의 신체로 하는 성은 나머지 진핵생물〔복잡한 세포를 가진 생물〕 전체에 이르게 한다. 나무와 조개와 새와 메뚜기를 가지는 대가로 치러야 하는 것이 죽음이며, 인간 의식을 가지는 대가, 반짝 반짝 빛나는 그 모든 의식과 그 모든 사랑을 자각하는 대가로 치러야 하는 것이 바로 죽음이다.

내 신체적인 삶은 내게 다가올 죽음이 만들어 낸 경이로운 선물이다.[12]

유전자를 퍼뜨리는 것을 떠나서, 우리가 죽은 뒤에 더욱 의미롭고 위로가 되는 방식으로 어느 정도 지속적인 영향을 남기는 것은 복잡성 수준이 그보다 훨씬 높다. 물론 그 영향이란 우리가 타인들에게 미친 효과, 우리가 맺은 인간관계에 미친 효과, 그리고 우리가 사회에 이바지한 바를 말한다. 수많은 사람들에게 이것은 삶을 이끌어 가는 데에서 최상의 의미와 중요성을 가진다. 비극적인 삶을 비롯하여 삶 하나하나는 중요한 의미를 가질 가능성이 있다. 곧, 어떤 삶이든 타인들에게 긍정적으로, 때에 따라 깊디깊게, 영향을 줄 수 있다는 말이다. 11장에서 보았다시피, 이제까지의 자기 삶이 실패와 소외로 점철되었다고 느끼는 말기 환자들이라 할지라도 자기 삶이 다른 누군가에게 중요한 의미를 가진다는 것—설령 전해 줄 수 있는 것이 인생 교훈 정도에 불과할지라도—을 깨달으면 잃었던 목적 감각을 되찾을 수 있다.

우리가 아는 존재 중에서 우리가 장차 죽을 것임을 이해하고 의식적으로 예상하는 존재는 오직 인간뿐이다. 이 앎은 죽음을 부정하고 내세에 대한 환상을 가지게 할 수 있다. 이 앎은 종당에는 모든 것을 잃게 되리라는 절망에 빠뜨릴 수 있다. 이 앎은 어빈 얄롬의 말마따나 "전력을 다해 재산을 쌓고 맹목적으로 권력과 명예를 쥐려고" 하게 만들 수 있다. "이것들은 모두 가짜일지언정 불멸성을 느끼게 해 주기" 때문이다.[13] 죽음에 대한 자각은 이 우주에서 우리가 더없이 중요하고 없어서는 안 되며 어디에도 의존하지 않는 독립적인 존재라는 자아상에 크나큰 도전이 될 수 있다. 또는 생이라는 기회가 몹시 소중하고 연약하다는 감각, 곧 생의 가치로 우리를 채워 줄 수도 있다. 이 앎은 생을 끝까지 완전하게 살아내야 한다는 영감과 동기를 우리에게 줄 수 있다. 말하자면 우리가 사는 나날을 허투루 낭비하지 말고 계속해서 경험하고, 배우고, 성장하고, 관계를 맺고, 우리 주변에 있는 이들과 우리 다음에 올 자들에게 이바지를 해야 한다는 감각으로 우리를 채워 줄 수 있는 것이다.

이번 장의 첫머리를 더글러스 애덤스Douglas Adams의 영감 어린 인생관으로 열었는데, 애덤스는 우리가 만일 죽지 않는다면 인생의 목적 감각을 사실상 잃어버릴지도 모른다는 생각을 가지고 놀았던 사람이다. 그의 소설《생명, 우주, 그리고 모든 것Life, the Universe and Everything》〔《은하수를 여행하는 히치하이커를 위한 안내서 3》〕에는 '목숨이 무한히 길어진 자 와우배거Wowbagger the Infinitely Prolonged'라는 이름의 한 외계인이 어쩌다가 불사의 생명을 얻게 된 이야기가 나온다. 죽지 않는 삶의 따분함과 짜증을 어떻게 해 볼 한 가지 방도로 와우배거는 이런 목적을 생각해 낸다. 곧, 우주에 사는 모든 이들을 한 사람 한 사람 알파벳순으로 찾아가서 모욕을 주기로 한 것이다. 그저 얼마동안 시간을 때우기 위해서 말이다.[14]

로마의 에피쿠로스학파 철학자인 루크레티우스Lucretius가 서사시 《사물의 본성에 관하여De rerum natura》에서 우리에게 상기시켜 주었다시피, 우리는 우리가 태어나기 전에 우주가 존재했던 그 모든 시간 동안 우리가 존재하지 않았다는 사실을 슬퍼하지 않는다. 우리가 죽고 난 뒤에 우리가 존재하지 않는다는 것도 이와 똑같이 바라볼 수 있어야 한다. 죽어 있다는 것이 어떤 느낌일지 알고 싶다면, 내가 태어나기 전의 그 아득한 세월이 어떤 느낌이었는지 자문해 보라.

문제는 죽음에 대한 두려움에 몹시 심하게 몰두하는 바람에 삶의 경험이 방해받을 정도가 될 때이다. 얄롬은 프로이트의 정신분석학자 동료인 오토 랑크Otto Rank의 말을 인용한다. "어떤 이들은 죽음의 빚을 피하려고 삶의 대출을 거부한다." 그리고 얄롬은 이렇게 덧붙였다. "너무 많이 잃을 것을 저어한 나머지 망연자실하여 삶 속으로 활기 있게 들어가지 않으려 하는 사람이 있음을 우리 대부분은 알 것이라고 생각한다."[15] 그리고 얄롬은 이렇게도 적었다. "삶을 소중하게 여기는 길, 타인에 대해 연민을 느끼는 길, 어떤 것이든 깊이깊이 사랑하는 길은 이 경험들을 결국에는 다 잃고 말 것임을 자각하는 것이다."[16]

폭력은 쇠락하고 도덕성은 증가한다

근본이 되는 지식과 통찰을 발견해 나가는 과정을 통해 우리는 크나큰 의미로움을 경험할 수 있다. 곧, 무언가를 찾아내는 즐거움을 누릴 수 있는 것이다.[17] 우리 세계, 우리 자신, 우리의 기원을 이해하고 지식을 통해 우리 세계를 더 나은 곳으로 만들어 가고자 집단 차원에서 인류가 벌이는 노력이 얼마나 큰 의미가 있는지 생각하면 신바람이 난다. 사람의 마음들이 네트워크가 되어 가면서 더욱 큰 복잡성을 이루어나가는 지금, 지식의 가속된 폭발적 팽창에 우리 모두가 참여하고 있다. 이것 또한 인터넷을 비롯한 여러 형태의 범세계적 네트워크화에서 결과한 또 하나의 떠오름 현상이다. 인류 역사에서 우리는 현재 지식의 사태점에 이르렀는지도 모른다. 우리는 종의 측면에서 어른이 되어 가고 있는지도 모른다.

책 《우리 본성의 선한 천사: 인간은 폭력성과 어떻게 싸워 왔는가》에서 스티븐 핑커는 긴 안목에서 인류 역사의 진행 과정을 보면 비록 고르지는 않지만 폭력이 꾸준히 쇠락해 왔다는 구체적이고 포괄적이고 설득력 있는 논증을 인상적으로 제시했다.[18] 이 논증은 20세기에 일어났던 큰 전쟁들까지 셈에 넣은 것이기도 하다. 폭력이 실제로는 줄고 있는데도 불구하고 폭력이 늘고 있다는 왜곡된 인상을 수많은 사람들이 갖게 되는 이유를 핑커는 다각도에서 제시한다. 그 이유의 하나가 사회적 가치의 변화이다. 곧, 폭력을 폭력으로 더욱 크게 의식하고 폭력을 점점 덜 수용하는 추세로 흘러가고 있기 때문이라는 말이다. 핑커는 지난 시대들에 폭력의 기준이 어땠는지 가감 없이 서술해서, 오늘날의 인간 폭력에 대해 가장 비관적 시각으로 보는 사람들조차도 과거의 세계가 사실상 오늘날보다 훨씬 나쁜 곳이었음을 깨닫게 해 준다. 핑커는 지난날 인류 역사의 어느 시대보다도 현대는 모든 주된 형태의 폭력이 훨씬 덜 만연해 있음을—심지어 20세기도 그렇고, 오늘날인 21세기 초반은 훨씬 더 그렇다—설득력 있게 보여 준다.[19] 비록 조심스럽고 현실적이긴 해도, 핑커는 신중한 분석에 기초해서, 폭력의 수준이 떨어지고 폭력에 대한 사회의 관용이 낮아지고 있는 이런 추세가 우리 시대에도 계속되면서 더욱 힘을 얻어 가고 있다고 긍정적으로 보고 있다.[20] 핑커는 폭력의 쇠락을 설명해 줄 다양한 인자들을 거론했는데, 9장에서 우리는 이 가운데 여러 인자들을 살펴보았다. 그것들 말고도 매우 유력한 인자를 하나 덧붙일 가치가 있다. 오늘날에 보이는 폭력의 전반적인 쇠락에서 핑커가 부각했던 것으로서, 바로 여성권력의 신장이다.[21]

마이클 셔머는 책《도덕의 궤적》에서 핑커의 논지를 강력하게 확장시켜 더욱 넓은 관점에서, 인류 역사가 진행되어 오는 내내 다양한 부문에서 이루어진 진보의 궤적을 도덕성이 따라왔다고 논한다.[22] 셔머는 이 논지를 뒷받침하는 광범위한 증거들을 정리해 보여 주었다. 그는 과학적 사고—가장 넓은 의미에서 합리적, 회의적, 비판적 사고를 길러내는 사고—의 부상이 계몽주의 시대 이후 도덕성이 더욱 빠르게 진보한 것을 설명하는 데 큰 도움이 된다고 논한다. 2018년에 나온 책《지금 다시 계몽Enlightenment Now》에서 핑커는 최신 데이터로 보강하여 자신(과 셔머의) 논지를 더욱 튼튼하게 뒷받침하면서, 2016년에 미국과 영국을 비롯해 여러 민주국가들에서 우익 포퓰리스트 운동들이 부상하자("인간 본성을 이루는 요소들—부족주의, 권위주의, 상대를 악마화하기, 제로섬 사고zero-sum thinking—의 반격")[23] 자유주의자들에게 널리 퍼지게 된 비관주의와 쇠퇴주의declinism에 대해 철저하게 구체적이고 세밀한 반론을 펼쳤다. 핑커는 논증을 간추리면서 이렇게 말했다. "(포퓰리즘populism)은 인구통계학적으로 어떤 결과도 내지 못한다. 뉴스 제목과는 다르게, 민주주의 및 자유주의적 가치들은 오랜 시간에 걸쳐서 단계적으로 상승하고 있으며 하룻밤 사이에 역전될 가능성은 없음을 수치들이 보여 주고 있다."[24] 핑커는 폭력의 쇠락에서 논지를 더욱 확장하여 (이번에도 데이터로 탄탄하게 뒷받침하고 수많은 통계 그래프를 보여 주며) 다양한 부문에 걸쳐 범세계적인 삶의 질이 극적으로 개선되어 왔다고 논한다.[25]

역사가 점점 진보하는 패턴

인류 역사와 인류의 미래에 대해 조심스럽게나마 낙관할 만한 이유가 있다. 그러나 그 모습은 아마 '두 걸음 나아가고 한 걸음 물러서는' 경우가 될 것 같으며, 그렇게 차츰차츰 더욱 큰 협력성, 연민, 합리성을 향해 나아갈 것이다. 역사가 점점 진보하는 패턴을 따라간다는 시각은 근대에 나온 관념으로서, 이른 19세기에 독일의 철학자 헤겔Georg Wilhelm Friedrich Hegel이 처음으로 널리 퍼뜨렸다. 그러나 헤겔의 철학 체계는 자연과 역사 전체가 어떤 통일된 패턴—신—을 형성하며, 신이 정의한 궁극적이고 완벽하게 계시된 어떤 목적을 향해 나아감을 입증하고자 한 것이었다. 핑커와 셔머가 지적했다시피, 폭력이 앞으로 계속해서 쇠락하거나 도덕성이 계속해서 높아지리라는 보장은 당연히 없으며, 20세기는 이런 추세가 참담하게 역전될 수 있음을 보여 주었다. 그러나 두 사람은 신중하게 비판적으로 해석한 데이터를 산더미처럼 제시하며, 더 긴 안목으로 보면 역사가 점점 더 평화롭고 보살피는 세계를 향해 흘러왔다고 설득력 있게 논했다. 이런 추세가 미래에도 계속될 가능성은 적어도 꽤 된다. 특히나 세속적이고 다문화적이고 민주적인 현대 사회에서는 말이다. 비록 일시적으로나마 무시무시한 모습으로 이 흐름이 역전될 가능성이 현재 보이고 있긴 하지만 말이다.

도널드 트럼프Donal Trump가 대통령이 되는 것을 반대하고 외국인 혐오, 보호무역주의, 서구의 포퓰리스트 정책의 부활에 낙담한 사람들의 관점에서 보면, 이 책이 인쇄될 즈음의 형국이 어떤 면에서는 바로 그런 후퇴단계에 있는 것처럼 보일 수 있다. 그런 시기에는 큰 그림과 긴 흐름을 시야에서 놓치기 쉽다.[26] 사실 말이지, 데이터보다 직관에 호소해서 지금 미국과 세계는 과거보다 더 나빠졌다고 유권자들을 설득하여 트럼프가 대선에서 이겼다는 것을 지적하는 사람들이 많이 있다. 트럼프는 사람들의 낙관적인 믿음(소원 빌기식 사고), 곧 트럼프가 바로 미국과 세계를 더 좋은 곳으로 만들고 미국을 만사가 형통했던 신화적인 과거로 되돌려 줄 사람이라는 믿음을 사람들에게 심어 주어 활용했다. 일반 대중의 비판적 사고력을 높이고, 자기 직관을 회의적으로 바라보도록 가르치고, 모든 형태의 믿음으로부터 사람들을 해방시키는 것이 얼마나 중요한지 보여 주는 오늘날의 예로 이보다 더 설득력 있는 예를 찾기는 힘들 것이다.[27]

우리가 가진 것은 서로뿐이다

무작위적인 세계—모든 과학적 증거에 따르면 우리의 직관과는 다르게 이것이 바로 우리가 살고 있는 실제 세계이다—라고 하면, 허무주의적이거나 동기를 상실하게 만드는 것, 또는 도덕성이나 의미가 없다는 뜻으로 오해하는 경우가 몹시 흔하다. 우주는 안내자가 없고 자발적이라고 보는 과학적 세계관은 경이로움을 불러일으키는 세계관이며, 더욱 연민을 발휘하는 사회를 구축하는 데 근본이 되는 세계관이라는 것을 사람들이 볼 수 있도록 이 책이 도움이 되었으면 한다.

종교를 믿지 않는 자들과 의심하는 자들은 물론이고 여전히 믿는 자로 남아 있는 이들도, 종교적 신앙을 잃어 가는 쪽으로 추세가 더 기운다고—현대 사회에서 진행 중인 추세이다—해서 도덕성의 상실이 일반화된다거나 목적과 의미가 없다는 버림받은 느낌으로 귀결되지는 않는다고 안심해도 된다.

세속적 휴머니즘이 가진 완전히 자연주의적인 세계관은 허무주의적이기는커녕 오히려 우리에게 힘을 주며 우리가 가진 비합리적인 두려움들로부터 우리를 해방시켜 준다. 그 세계관은 사람이 자기 자신은 물론이고 서로서로에게 의지해야 한다는 것을 강조함으로써, 우리가 상호의존적이고 휴머니즘적인 목적 감각을 가지고 살아야 할 동기를 우리에게 부여해 준다. 이는 우리가 가치 있고 참여하고 있고 관계되어 있다는 느낌을 더욱 깊게 해 준다. 세속적 휴머니즘의 세계관은 비록 우주는 보살피지 않을지언정 우리 사람은 보살핀다는 것을 상기시켜 준다.

이 책에서 우리는 일반적으로 우리가 어떻게 친사회적이고 협력적이고 동기를 가지고 행동하는 경향을 가지게 되었는지 생물학적이고 진화적인 인자들로 설명할 수 있음을 보았다. 생물학적 진화는 도덕성 및 합목적적이고 의미 지향적인 인간 행동을 가능케 했으며, 문화적인 진화가 그것을 세련되게 다듬었다. 우리 사람종의 진보를 더욱 튼튼히 하려면 더욱 보살피는 사회를 만들어야 한다는 이 집단적인 목표를 향해 우리는 계속해서 적극적으로 나아가야 할 것이다.

만일 여러분도 나처럼 우리 삶과 우주를 이끌어 가는 무언가가 있다는 막연한 감각을 가지고 이 여행을 시작했다면, 우주에 목적이 있다고 우리 자신에게 들려주었던 순진하고 위안이 되는 이야기들을 넘어서서 앞으로 나아가라는 정중한 초대로 이 책을 경험했으면 좋겠다는 게 내 바람이다. 그 막연한 감각 대신에 견고하게 과학에 기초하면서도 깊이 휴머니즘적인 세계관, 신경을 괴롭히는 고통으로부터 합리성이 해방시켜 주는 세계관을 만났으리라고 나는 믿는다.

사회적 허무주의에 대한 두려움에 맞서면서, 이 책은 아슬아슬한 선을 따라갔다. 내가 날마다 환자들에게 그리하려고 하는 것처럼 말이다. 그 '선'이란 신중한 낙관주의와 현실주의 사이에 그은 선이다. 점점 세속화되어 가는 현대에서 사회가 진보되어온 과정은 고르지 않았고 종종 비틀거렸다. 참담한 탈선이 일어날 때가 있었으며, 앞으로도 언제나 탈선의 위험이 있을 것이다. 그러나 길게 보았을 때 더욱 연민을 발휘하고 목적이 이끄는 사회로 흘러온 추세는 강력하며 틀림이 없다. 사회를 더욱 보살피는 사회로 발달시키는 것은 인류의 멋모르는 순진한 과제가 결코 아니라 현실성이 있는 과제이다.

직업으로든 세계관으로든 과학을 보듬은 사람들은 으레 사회에서 가장 고무적이고 가장 목적에 이끌리는 구성원들이다. 이 책에서 제시한 세계관이 여러분 소중한 독자들에게 바로 그런 사람이 될 동기를 주었기를 바란다.

주

추천 서문

1. Oliver Sacks, "My Life," *New York Times*, February 15, 2015, *http://nyti.ms/1vJ6YHg*.

서문

1. Olive Schreiner, *The Story of an African Farm: A Novel*, 1st Crown ed. (New York: Crown, 1987), 150.
2. 실존철학의 담론에서는 '목적'과 '의미'라는 말을 종종 구분하지 않고 바꿔 가며 쓰곤 하지만, 정의상으로는 구분되는 개념들이다. 여기서 '목적'은 우리가 목표 지향적으로 살고자 하는 동기를 가지고 있다는 것, 그리고 우리 삶에 어떤 의도된 지향점이 있다고 느끼는 감각을 가리키는 개념이다. 반면에 '의미'는 우리가 삶에 부여하는 가치, 삶에 어떤 의의와 중요성이 있다고 우리가 해석한 바를 가리키는 개념이다.
3. 신이 사람 형상을 한다는 것은 겉모습과 성격 형질이 모두 사람을 닮았다는 뜻이다.
4. Leonard Mlodinow, *The Drunkard's Walk: How Randomness Rules Our Lives* (New York: Pantheon Books, 2008). [《춤추는 술고래의 수학 이야기》(까치: 2009)]
5. 우주가 무無에서 기원했음을 가당성 있게 설명해 내는 이론들도 있고, 영원한 다중 우주에서 우리 우주가 생겨났음을 가당성 있게 설명해 내는 이론들도 있다. 5장에서 이 생각들을 살펴볼 것이다.
6. Steven Weinberg, *The First Three Minutes: A Modern View of the Origin of the Universe* (New York: Basic Books, 1977), 154. [《최초의 3분: 우주의 기원에 관한 현대적 견해》(양문: 2005)]

1장. 그것은 내 삶과 관계없다

1. 여느 선진국들과 마찬가지로 캐나다의 보건의료체계 또한 결코 완벽하지 못하다. 그러나 강점도 많이 있다. 이를테면 영주권자는 무료로 의료서비스를 받을 수 있고, 수많은 주요 의료기관에서 받을 수 있는 의료의 전문성은 세계 일류 수준이다.
2. Donald R. Prothero, *Reality Check: How Science Deniers Threaten Our Future* (Bloomington: Indiana University Press, 2013); Michael Shermer, *Why People Believe Weird Things: Pseudoscience, Superstition, and Other Confusions of Our Time*, rev. ed. (New York: Holt Paperbacks, 2002).
3. Carl Sagan, "Wonder and Skepticism," *Skeptical Inquirer*, January/February 1995.
4. 위의 글.
5. Carl Sagan, *The Demon-Haunted World: Science as a Candle in the Dark* (New York: Random House, 1995), p.218. [《악령이 출몰하는 세상》(김영사: 2001)]
6. Benjamin J. Sadock et al., eds., *Kaplan & Sadock's Comprehensive Textbook of Psychiatry*, 9th ed. (Philadelphia: Wolters Kluwer Health/Lippincott Williams & Wilkins, 2009). p.218.
7. Richard Dawkins, *The God Delusion* (Boston: Houghton Mifflin, 2006). [《만들어진 신: 신은 과연 인간을 창조했는가?》(김영사: 2007)]
8. 이를테면 다음의 자료들을 참고하라. Pascal Boyer, *Religion Explained: The Evolutionary Origins of Religious Thought* (New York: Basic Books, 2001)[《종교, 설명하기: 종교적 사유의 진화론적 기원》(동녘사이언스: 2015)]; Scott Atran, *In Gods We Trust: The Evolutionary Landscape of Religion*, Evolution and Cognition (Oxford: Oxford University Press, 2002); Robert Wright, *The Evolution of God* (New York: Little, Brown, 2009)[《신의 진화: 종교와 과학 문명과 문명 간의 화해는 가능한가》(동녘사이언스: 2010)]; Karen Armstrong, *The Case for God* (New York: Knopf, 2009)[《신을 위한 변론: 우리가 잃어버린 종교의 참의미를 찾아서》(웅진지식하우스: 2010)]; Yuval N. Harari, *Sapiens: A Brief History of Humankind* (Oxford: Signal, 2014)[《사피엔스: 유인원에서 사이보그까지 인간 역사의 대담하고 위대한 질문》(김영사: 2015)].
9. 못하시는 게 없고 모르시는 게 없고 한없이 선하신 신께서 다스리는 세상에 왜 끔찍한 일들이 일어나는 것일까?
10. Doyle Rice, "Memorable Quotes from John Glenn," *USA Today*, December 8, 2016, http://www.usatoday.com/story/news/nation/2016/12/08/memorable-quotes-john-glenn/95160220/.
11. Daniel Kahneman, *Thinking, Fast and Slow* (New York: Farrar, Straus and Giroux, 2011). [《생각에 관한 생각](김영사: 2018)]
12. 위의 책, p.209.

13. Boyer, *Religion Explained.*

14. Michael Shermer, "Patternicity: Finding Meaningful Patterns in Meaningless Noise," *Scientific American*, December 2008.

15. Michael Shermer, "Agenticity. Why People Believe That Invisible Agents Control the World," *Scientific American*, June 2009. 행위성을 지나치게 귀속시키는 이런 경향은 심리학 문헌에서 "과도하게 행위성을 탐지하는 장치hyperactive agency detection device"라고 일컫는 개념이다. 또한 대니얼 데닛Daniel Dennett이 "의도를 가진 입장the intentional stance"이라고 일컫는 것과도 관련이 있다. Daniel Dennett, *The Intentional Stance* (Cambridge, MA: MIT Press, 1987). 그리고 심리학자 브루스 후드Bruce Hood가 "슈퍼 감각supersense"이라고 부르는 것의 일부이기도 하다. Bruce Hood, *Supersense: Why We Believe in the Unbelievable* (New York: HarperOne, 2009).

16. Shermer, "Patternicity."

17. 더 전통적으로는 '환각pareidolia'으로 알려진 것이다.

18. Shermer, "Patternicity."

19. Shermer, "Agenticity."

20. Jesse Bering, *The Belief Instinct: The Psychology of Souls, Destiny, and the Meaning of Life* (New York: W. W. Norton, 2011), p. 35. [《종교 본능: 마음 이론은 어떻게 신을 창조하였는가》(필로소픽: 2012)]

21. 위의 책, p. 37.

22. Jesse Bering, "The Existential Theory of Mind," *Review of General Psychology* 6, no. 1 (2002); K. Banerjee and P. Bloom, "Why Did This Happen to Me? Religious Believers' and Non-believers' Teleological Reasoning about Life Events," *Cognition* 133, no. 1 (2014).

23. W. M. Gervais et al., "The Cultural Transmission of Faith: Why Innate Intuitions Are Necessary, but Insufficient, to Explain Religious Belief," *Religion* 41, no. 3 (2011).

24. J. Anderson Thomson and Clare Aukofer, *Why We Believe in God(s): A Concise Guide to the Science of Faith* (Charlottesville, VA: Pitchstone, 2011), p. 41.

25. Jerry A. Coyne, *Faith versus Fact: Why Science and Religion Are Incompatible* (New York: Viking, 2015), p. 182.

26. '텔로스telos'는 '끝' 또는 '목적'을 뜻하는 그리스어이다.

27. D. Kelemen, "Why Are Rocks Pointy? Children's Preference for Teleological Explanations of the Natural World," *Developmental Psychology* 35, no. 6 (1999).

28. D. Kelemen and E. Rosset, "The Human Function Compunction: Teleological

Explanation in Adults," *Cognition* 111, no. 1 (2009).

29. Banerjee and Bloom, "Why Did This Happen?"; Paul Bloom, "Does Everything Happen for a Reason?," *New York Times*, October 17, 2014, http://www.nytimes.com/2014/10/19/opinion/sunday/does-everything-happen-for-a-reason.html.
30. Bloom, "Does Everything Happen for a Reason?"
31. D. Kelemen, J. Rottman, and R. Seston, "Professional Physical Scientists Display Tenacious Teleological Tendencies: Purpose-Based Reasoning as a Cognitive Default," *Journal of Experimental Psychology: General* 142, no. 4 (2013).
32. *Live Science* Staff, "Even Scientists Unwittingly See Purpose in Nature," *Live Science*, October 29, 2012, http://www.livescience.com/24378-scientists-purpose-nature.html.
33. 허무주의란 어떤 것도 가치를 가지지 않는다는 믿음이다. 니체는 허무주의자가 아니었으며, 오히려 '원시적인' 믿음들을 집단이 잃게 된 결과 사회 수준에서 허무주의가 도래할 것을 두려워했다. 신이란 인간이 만들어 낸 것이라고 믿게 된 서양 사회가 그들 사회를 만들어 냈던 것으로부터 돌아서고 있는데, 과연 서양 사회는 유대-기독교적 하느님을 대신해서 어떤 가치를 채택하게 될 것이냐고 니체는 물었다. 니체는 19세기 후반기에 서양 사회가 점차 비종교적이 되어 가고 있음을 최초로 알아챈 주요 지성인이었다. 다음 자료들을 참고하라. Lawrence Cahoone, *The Modern Intellectual Tradition: From Descartes to Derrida*, Great Courses (Chantilly, VA: Teaching, 2010), lecture 42; Robert Solomon and Kathleen Higgins, *The Will to Power: The Philosophy of Friedrich Nietzsche*, Great Courses (Chantilly, VA: Teaching, 1999), lecture 18. 니체가 가졌던 일부 시각이 후대에 나치의 인종주의와 유토피아주의에 영감을 주었다는 사실은 또 다른 문제이다.
34. 이를테면 무신론자로도 유명했고 3장에서 살폈던 알베르 카뮈도 이런 우려를 가졌다.
35. Konrad Yakabuski, "Gingrich Seeks Absolution in Iowa Caucuses," *Globe and Mail*, December 16, 2011, http://www.theglobeandmail.com/news/world/gingrich-seeks-absolution-in-iowa-caucuses/article4248349/.
36. W. M. Gervais, "Everything Is Permitted? People Intuitively Judge Immorality as Representative of Atheists," *PLoS One* 9, no. 4 (2014).
37. Rick Warren, *The Purpose Driven Life: What on Earth Am I Here For?* (Grand Rapids, MI: Zondervan, 2002). [《목적이 이끄는 삶》(디모데: 2003)]
38. 위의 책, p. 66.
39. 위의 책, p. 30.
40. 이 종교들에 소속된 일부 교파와 개별 신학자들은 덜 인격적이고 덜 간섭하는 신에 대

한 믿음과 경전에 대한 덜 축자적인 해석에 동조한다. 그 생각들은 10장에서 살펴볼 것이다.

41. Warren Goldstein, "Purim: Cynicism vs. Holiness," *Jewish World Review*, 2013, http://www.jewishworldreview.com/0314/goldstein_purim_cynicism_v_holiness.php3#.WOkn3NIrKUk.

42. 위의 글.

43. 특히 유대인들—비종교적인 유대인들까지 포함해서—이 이 역사적 뿌리에 가치를 두는 경향이 있다. 그들의 역사 때문이다.

44. Michael Shermer, "Martin Gardner 1914-2010, Founder of the Modern Skeptical Movement," *eSkeptic*, May 26, 2010, http://www.skeptic.com/eskeptic/10-05-26/.

45. Sam Harris, *The End of Faith: Religion, Terror, and the Future of Reason* (New York: W. W. Norton, 2004)[《종교의 종말》(한언: 2005)]; Harris, *Letter to a Christian Nation* (New York: Knopf, 2006)[《기독교 국가에 보내는 편지》(동녘사이언스: 2008)]; Dawkins, *God Delusion*[《만들어진 신: 신은 과연 인간을 창조했는가?》(김영사: 2007)]; Daniel C. Dennett, *Breaking the Spell: Religion as a Natural Phenomenon* (New York: Viking, 2006)[《주문을 깨다: 우리는 어떻게 해서 종교라는 주문에 사로잡혔는가?》(동녘사이언스: 2010)]; Christopher Hitchens, *God Is Not Great: How Religion Poisons Everything* (New York: Twelve, 2007)[《신은 위대하지 않다》(알마: 2008)]; Victor J. Stenger, *God: The Failed Hypothesis: How Science Shows That God Does Not Exist* (Amherst, NY: Prometheus Books, 2007)[《신 없는 우주》(바다출판사: 2013)].

46. 그 무신론자들은 그렇게 생각지 않을 것이다. 그들은 온건한 종교가 비합리적인 초자연적 믿음들에 존중받을 만하게 보여줄 후광을 빌려준 탓에 근본주의가 가능하게 되었다는 논증을 펼치는 것이라고 말할 것이다. 이것이 강한 논증임을 나는 인정한다. 그들은 또한 이 세계의 종교적 신자들의 대다수는 글자 그대로 믿는 자들이며, 나중에 이 책의 10장에서 살펴보게 될 형태의 추상적이고 세련된 신학들에 동조하는 이들이라고 하기는 힘들다고 논할 것이다.

2장. 생각나는 대로 다 믿지 말라

1. Ralph Lewis, "Controversies in Psychiatric Diagnosis: What Is a Mental Disorder? And When Are Irrational Beliefs Delusional?," *Skeptic*, December 2013.

2. 대부분의 정신 장애 병리는 일반적으로 미시 수준 또는 신경 세포 연결도와 신경회로 조직도가 복잡한 수준에서 작용하며, 대부분의 정신병에서 보이는 복잡하고 미묘한 병리를 식별하는 데 필요한 수준의 감도와 특이도에 뇌 스캔 기술이 도달하기 시작한 것

은 겨우 최근에 와서이다.

3. 다음 책은 수면박탈과 감각박탈이 일으키는 환각을 비롯해서 많은 경험 사례를 폭넓고 흥미롭게 설명하고 있다: Michael Shermer, *The Believing Brain: From Ghosts and Gods to Politics and Conspiracies — How We Construct Beliefs and Reinforce Them as Truths* (New York: Times Books, 2011)[《믿음의 탄생: 왜 우리는 종교에 의지하는가》(지식갤러리: 2012)]. 이 예들 가운데에는 혹독한 미대륙 횡단 사이클 경주를 하는 동안 수면박탈과 저혈당증 상태(아마 이 상태에 빠졌을 것이다)에서 마이클 셔머가 몸소 겪었던 기괴한 지각왜곡과 망상 이야기도 들어 있다.
4. Barbara Ehrenreich, "A Rationalist's Mystical Moment," *New York Times*, April 5, 2014, http://www.nytimes.com/2014/04/06/opinion/sunday/a-rationalists-mystical-moment.html?_r=2; Ehrenreich, *Living with a Wild God: A Nonbeliever's Search for the Truth about Everything* (New York: Twelve, 2014).
5. Ehrenreich, "Rationalist's Mystical Moment."
6. 위의 글.
7. William James, *The Varieties of Religious Experience: A Study in Human Nature*, Modern Library ed. (New York: Modern Library, 1994). 이 책은 1902년에 에든버러 대학교에서 했던 기포드 강연Gifford Lectures을 토대로 출간되었다.
8. 위의 책, p. 403.
9. 위의 책, p. 83.
10. 위의 책, p. 85. 제임스 자신은 전통적이고 꽉 막힌 종교적 믿음은 물론이고 뇌의 병리에 "병의 뿌리"를 두고 있다고 묘사했던 대부분의 신비경험을 믿는 것에 대해서도 회의적인 입장을 취했지만, 우주에 어떤 영적인 차원이 존재한다는 믿음에 대해서는 다소 불가지론적 입장을 취했다. 제임스가 가진 믿음은 범신론이나 범이신론(범신론과 이신론을 섞은 것)에 가장 가까운 것으로 보인다. 영문 위키백과사전의 "William James" 항목을 참고하라: https://en.wikipedia.org/wiki/William_James#Philosophy_of_religion.
11. Daniel Kahneman, *Thinking, Fast and Slow* (New York: Farrar, Straus and Giroux, 2011), p. 182. [《생각에 관한 생각》(김영사: 2018)]
12. Ralph Lewis, "Don't Believe Everything You Think," Finding Purpose (blog), YourHealthMatters, Sunnybrook Hospital, September 13, 2017, http://health.sunnybrook.ca/mental-health/finding-purpose/dont-believe-everything-you-think/.
13. Bernard Beitman, "About Coincidences," Connecting with Coincidence, 2016년 4월 17일에 접속해서 확인한 글이다. http://coincider.com/about-coincidences. [《우연접속

자: 동시성과 세렌디피티, 동시 경험이 초대하는 우연의 세계》(황금거북: 2017)]

14. C. G. Jung and Wolfgang Pauli, *The Interpretation of Nature and the Psyche. Synchronicity: An Acausal Connecting Principle* (New York: Pantheon Books, 1955).

15. Bernard Beitman, "Jung's Scarab as a Psychotherapeutic Technique," Connecting with Coincidence (blog), *Psychology Today*, August 12, 2015, https://www.psychologytoday.com/blog/connecting-coincidence/201508/jung-s-scarab-psychotherapeutic-technique.

16. Julie Beck, "Coincidences and the Meaning of Life," *Atlantic*, February 23, 2016, http://www.theatlantic.com/science/archive/2016/02/the-true-meaning-of-coincidences/463164/.

17. 위의 글.

18. Bernard Beitman, "Our Finely Tuned Universe," Connecting with Coincidence, 2018년 3월 9일 현재 다음 웹페이지에 나온 글을 참고했다. http://coincider.com/our-finely-tuned-universe.

19. Michael Shermer, "Anomalous Events That Can Shake One's Skepticism to the Core," *Scientific American*, October 2014, 97. 다음 책도 참고하라. Shermer, *Heavens on Earth: The Scientific Search for the Afterlife, Immortality, and Utopia* (New York: Henry Holt, 2018), pp. 113-119. [《천국의 발명: 사후 세계, 영생, 유토피아에 대한 과학적 접근》(아르테: 2019)]

20. 위의 글.

21. 위의 글.

22. 위의 글.

23. 지성적이고 고학력이고 비판적으로 사고하는 (그리고 무신론자인) 사람이 오싹한 우연의 일치를 경험하고 설명할 길을 찾지 못하겠다는 느낌을 받은 다른 사례는 물리학자 마르셀루 글레이제르의 다음 글에서 볼 수 있다. Marcelo Gleiser, "When the Mysterious and Inexplicable Happens," NPR, January 25, 2017, http://www.npr.org/

24. David Deutsch, *The Beginning of Infinity: Explanations That Transform the World* (New York: Viking, 2011), pp. 24-25.

25. 예를 들어 중등도 우울증에서 유의미한 호전을 보이는 비율은 표준 항우울제에서는 평균 60퍼센트 언저리인 반면, 위약에 반응하는 비율은 얼추 30-40퍼센트 정도일 것이다. 증상의 경중도와 약에 대한 반응을 어떤 식으로 정의하느냐에 따라 통계는 달라질 수 있지만, 이 수치만으로도 대강의 감을 잡을 수 있을 것이다.

26. Michael Shermer, "Show Me the Body," Michael Shermer (website), accessed March 9, 2018, http://www.michaelshermer.com/2003/05/show-me-the-body/. 원글은 다음

칼럼에 실렸다. Skeptic, *Scientific American*, May 2003.

27. Richard Gallagher, "As a Psychiatrist, I Diagnose Mental Illness. Also, I Help Spot Demonic Possession," *Washington Post*, July 1, 2016, https://www.washingtonpost.com/posteverything/wp/2016/07/01/as-a-psychiatrist-i-diagnose-mental-illness-and-sometimes-demonic-possession/?utm_term=.bff0d7f6a55d.

28. American Psychiatric Association DSM-5 Task Force, *Diagnostic and Statistical Manual of Mental Disorders: DSM-5*, 5th ed. (Washington, DC: American Psychiatric Association, 2013), p. 237.

29. OCD가 항상 마법적 사고와 연관된 것은 아니다. 하지 않고 참으면 "그저 대단히 편치 않은 느낌을 주기" 때문에 강박 행위를 할 수도 있다. 말하자면 가려운 곳을 긁고 싶은 충동과 거의 다를 바가 없다.

30. American Psychiatric Association, *DSM-5*, p. 237.

31. 이것은 더러운 것을 보고 본능적으로 나오는 원시적인 구역질 반응에 기초하고 있는데, 이 반응은 병에 걸리지 않기 위한 한 가지 방어본능으로 진화해 왔다.

32. 하지만 종교를 가진 사람들 중에는 정식으로 정신과 치료를 받으러 오는 사람들이 많다. 왜냐하면 자신의 종교적 면밀함이 도를 넘어서서 기능장애를 불러왔으며, 이로 인해 다른 구성원들보다 터무니없이 많은 시간을 종교 의례에 쓰고 있음을 스스로 인식하게 되었기 때문이다. 종교를 가진 가족이나 친구가 당사자에게 이런 점을 지적해 주고 이것이 문제임을 알려주는 경우가 많다. 반면에 이전에는 종교를 가지지 않았으나 강박적으로 사고하는 (또는 불안해하는) 사람이 종교 의례와 그 의례 행위가 선사하는 질서 감각과 통제 감각에 마음이 끌린 나머지 굉장히 진지하게 종교를 가지게 된 사람도 나는 많이 알고 있다.

33. Kahneman, *Thinking, Fast and Slow*, pp. 205-206.

34. Jonathan Gottschall, "The Way We Live Our Lives in Stories," interview, *Edge*, July 28, 2014, http://edge.org/conversation/the-way-we-live-our-lives-in-stories.

35. "생각나는 대로 다 믿지는 말라"는 말의 유래는 불확실하다. 여러 저술가들이 이곳저곳에서 이 말을 사용했다. 다음은 그 한 예이다. Thomas E. Kida, *Don't Believe Everything You Think: The 6 Basic Mistakes We Make in Thinking* (Amherst, NY: Prometheus Books, 2006).[《생각의 오류》(열음사: 2007)]

36. Richard Feynman, "Cargo Cult Science," *Engineering and Science* 37, no. 7 (June 1974): 10-13, http://calteches.library.caltech.edu/51/2/CargoCult.pdf.

3장. 환상에 가까운 낙관에 대하여

1. George Johnson, "Random Chance's Role in Cancer," *New York Times*, January 19, 2015, https://mobile.nytimes.com/2015/01/20/science/though-we-long-for-control-chance-plays-a-powerful-role-in-the-biology-of-cancer-and-the-evolution-of-life.html; Sharon Begley, "Most Cancer Cases Arise from 'Bad Luck,'" *Scientific American*, March 24, 2017, https://www.scientificamerican.com/article/most-cancer-cases-arise-from-bad-luck; C. Tomasetti and B. Vogelstein, "Cancer Etiology. Variation in Cancer Risk among Tissues Can Be Explained by the Number of Stem Cell Divisions," *Science* 347, no. 6217 (2015); C. Tomasetti, L. Li, and B. Vogelstein, "Stem Cell Divisions, Somatic Mutations, Cancer Etiology, and Cancer Prevention," *Science* 355, no. 6331 (2017).
2. Tali Sharot, "The Optimism Bias," TED video, 17:34, 2012년 2월에 캘리포니아 주 롱비치에서 촬영, http://www.ted.com/talks/tali_sharot_the_optimism_bias?language=en; T. Sharot, "The Optimism Bias," *Current Biology* 21, no. 23 (2011). 스티븐 핑커가 책《지금 다시 계몽》에서 지적했다시피, 사람들은 사회와 사회의 전반적인 흐름에 대해서는 비관으로 기우는 경향이 있으나, 대부분의 사람들은 "자기 인생을 장밋빛 유리를 통해 보는 경향이 있다." Steven Pinker, *Enlightenment Now: The Case for Reason, Science, Humanism, and Progress* (New York: Viking, 2018), p. 40.
3. Elaine Fox, "The Evolutionary Origins of Optimism," *Salon*, June 11, 2012, http://www.salon.com/2012/06/12/the_evolutionary_origins_of_optimism/.
4. Tali Sharot, "Optimism Bias (TED video)."
5. Gayle Sulik, "Every Silver Lining has a Cloud: Beyond Triumphant Survivorship, Is the Dark Side of Cancer," *Pink Ribbon Blues* (blog), *Psychology Today*, February 18, 2013, http://www.psychologytoday.com/blog/pink-ribbon-blues/201302/every-silver-lining-has-cloud.
6. 앞장에서 10대 때 겪었던 지각 경험을 신비적으로 해석한 것을 우리가 비판했던 바로 그 바버라 에런라이크이다. 바버라가 그 경험에 대해 글을 쓴 것은 여기서 인용한 책이 나온 시기보다 나중의 일이다. 2장에서 우리가 주관적 지각에 얼마나 무비판적으로 신뢰를 주는지 보여 주기 위해 내가 에런라이크의 신비경험을 선택했던 까닭은 그녀가 대단히 날카로운 비판적 사상가이면서 신화파괴자이기 때문이다. 여기서 요점은 우리 모두는 주관적인 감정적 경험의 힘에 휘둘리기 쉽다는 것이다. 그러니 앞장에서 그녀의 예를 들었다고 해서 그녀가 여기서 논하는 점들의 신뢰도에 금이 가서는 안 된다.
7. Barbara Ehrenreich, *Bright-Sided: How the Relentless Promotion of Positive Thinking Has Un-*

dermined America (New York: Metropolitan Books, 2009), pp. 29-31. [《긍정의 배신: 긍정적 사고는 어떻게 우리의 발등을 찍는가》(부키: 2011)]

8. M. Petticrew, R. Bell, and D. Hunter, "Influence of Psychological Coping on Survival and Recurrence in People with Cancer: Systematic Review," *BMJ* 325, no. 7372 (2002).

9. Ehrenreich, *Bright-Sided*, pp. 41-44.

10. 위의 책.

11. Atul Gawande, *Being Mortal: Medicine and What Matters in the End* (Toronto: Penguin Random House Canada, 2014). [《어떻게 죽을 것인가: 현대 의학이 놓치고 있는 삶의 마지막 순간》(부키: 2015)]

12. 위의 책, p.249.

13. A. Frances, *Saving Normal: An Insider's Revolt against Out-of-Control Psychiatric Diagnosis, DSM-5, Big Pharma, and the Medicalization of Ordinary Life* (New York: William Morrow, 2013) [《정신병을 만드는 사람들: 한 정신의학자의 정신병 산업에 대한 경고》(사이언스북스: 2014)]; Lawrie Reznek, *Peddling Mental Disorder: The Crisis in Modern Psychiatry* (Jefferson, NC: McFarland, 2015).

14. Ralph Lewis, "Don't Obsess over Categorizing Mental Disorders: A Psychiatrist's Perspective," *YourHealthMatters*, Sunnybrook Hospital, July 31, 2017, http://health.sunnybrook.ca/mental-health/mental-disorder-definition/.

15. 경증 문제부터 중등도 문제까지, 그리고 더 일반적인 심리사회적 문제들의 경우에는 정신과의사의 역할과 임상심리학자의 역할이 서로 겹친다. 또한 사회복지사 및 기타 정신건강 전문가들의 역할과도 어느 정도 겹친다.

16. 하지만 이 마지막 범주의 폭력행위는, 문화적으로 만들어진 '순수한 악에 대한 신화'로 인해 대부분의 사람들이 믿게 된 바보다는 훨씬 드물다. 다음 책을 참고하라. Roy F. Baumeister, *Evil: Inside Human Violence and Cruelty* (New York: W. H. Freeman, 1997). '악하게' 보이는 행위들의 대부분은 사실 앞에서 말한 인자들과 동기들로 더 잘 설명할 수 있다.

17. 우울증은 사람마다 다른 형태를 띨 수 있다. 우울증을 통증에 가깝게 느끼는 사람들도 있다. 그런 사람들은 우울한 기분을 거의 몸으로 통증을 느끼는 식으로 경험한다. 또 어떤 사람들에게는 사고와 행동이 느려지는 상태에 더 가깝게 느껴질 수도 있다. 내 환자 중 한 명은 우울에 빠졌던 상태를 돌아보면서 마치 자기 사고 과정이 걸쭉한 타르에 빠져서 꼼짝도 못한 것 같았다고 묘사했다. 몸뚱이가 납덩이처럼 무겁게 마비된 느낌으로 묘사하는 사람들도 있다. 최근에 신경과학에서 거둔 성과들이 암시한 바에 따르면, 우울증을 이해하는 또 한 가지 방식은 눈길을 안으로 돌리는 것 같은 느낌으로 보는 것이

다. 흥미롭게도 일부 신경시술은 신경회로가 이 패턴으로 갇히는 것을 저지해서 사람들이 눈길과 관심을 외부 세계로 다시 향할 수 있도록 도와줄 수 있는 것으로 보인다.

18. 지금은 이런 사례를 만나면, 생물학적 및 유전적인 면에서 임상적 우울증의 소인이 되는 인자들—이를테면 주요 우울증의 가족력—에도 더 큰 중요성을 부여한다.
19. Albert Camus and Justin O'Brien, *The Myth of Sisyphus and Other Essays*, Vintage international ed. (New York: Vintage Books, 1991), p. 3. [《시지프 신화》(여러 출판사)]
20. 위의 책, p. 123.
21. 또는 다른 동물들, 또는 식물들이라도 괜찮다. 그게 여러분이 마음을 쏟는 대상이고, 여러분이 사람들과 잘 어울리지 못한다면 말이다.

4장. 종교의 쇠락과 끈질긴 믿음

1. Deepak Chopra and Menas C. Kafatos, *You Are the Universe: Discovering Your Cosmic Self and Why It Matters* (New York: Harmony Books, 2017).
2. 사실 계몽주의는 17세기에 스피노자와 홉스 같은 사상가들로부터 처음 시작되었다.
3. 물론 기독교 이전 시대에 그리스와 로마의 철학은 신들에 대해서 통일된 믿음을 갖고 있지 않았으며, 회의주의 철학들도 소수이기는 해도 상당한 규모의 추종자들을 거느렸다.
4. 칸트는 다른 글에서 신 관념을 실제로 옹호했다.
5. Immanuel Kant, "What Is Enlightenment?," EServer, accessed August 25, 2013. http://www.columbia.edu/acis/ets/CCREAD/etscc/kant.html*
6. Jay Garfield, *The Meaning of Life: Perspectives from the World's Great Intellectual Traditions*, Great Courses (Chantilly, VA: Teaching, 2011), lecture 42.
7. Sam Harris, *The End of Faith: Religion, Terror, and the Future of Reason* (New York: W. W. Norton, 2004); Richard Dawkins, The God Delusion; Daniel C. Dennett, *Breaking the Spell: Religion as a Natural Phenomenon* (New York: Viking, 2006); Christopher Hitchens, *God Is Not Great: How Religion Poisons Everything* (New York: Twelve, 2007); Victor J. Stenger, *God: The Failed Hypothesis: How Science Shows That God Does Not Exist* (Amherst, NY: Prometheus Books, 2007).
8. Daniel Cox and Robert Jones, "America's Changing Religious Identity," PRRI,

---

* 저자가 참고하고 이 주석에 넣은 텍스트 링크는 현재 깨진 상태이다. 그러나 자잘한 면에서만 다를 뿐 문장은 대체로 비슷비슷한 영역본을 웹에서 여러 개 찾을 수 있다. 그 가운데 하나를 여기에 적었다

September 6, 2017, https://www.prri.org/research/american-religious-landscape-christian-religiously-unaffiliated.

9. Pew Research Center, "America's Changing Religious Landscape," Pew Research Center, May 12, 2015, http://www.pewforum.org/2015/05/12/americas-changing-religious-landscape.

10. Michael Hout, Claude Fischer, and Mark Chaves, *More Americans Have No Religious Preference: Key Finding from the 2012 General Social Survey* (Berkeley, CA: Institute for the Study of Societal Issues, 2013), http://sociology.berkeley.edu/sites/default/files/faculty/fischer/Hout%20et%20al_No%20Relig%20Pref%202012_Release%20Mar%202013.pdf.

11. Gabe Bullard, "The World's Newest Major Religion: No Religion," *National Geographic*, April 22, 2016, http://news.nationalgeographic.com/2016/04/160422-atheism-agnostic-secular-nones-rising-religion.

12. Hout, Fischer, and Chaves, "No Religious Preference."

13. Charles Robert Darwin, *The Autobiography of Charles Darwin* (London: Collins, 1958), http://darwin-online.org.uk/content/frameset?pageseq=94&itemID=F1497&viewtype=image.

14. Irvin D. Yalom, *Staring at the Sun: Overcoming the Terror of Death* (San Francisco: Jossey-Bass, 2008), p. 1.

15. 투탕카멘Tutankhamun 같은 후대의 파라오들은 사후에 쓸모가 있을 물건들만 부장하는 더욱 계몽된 풍습을 수용했다. 중국 최초의 황제인 진시황은 무자비함으로 악명이 높기는 해도, 대규모 장졸들과 군마들을 진흙 인형 — 내세에 가서 신비롭게 생명을 얻어 그를 지킬 수 있게끔 — 으로 만들어 무덤에 묻도록 할 만큼 계몽된 군주이기도 했다. 다음 자료를 참고하라. John Hale, *Exploring the Roots of Religion*, Great Courses (Chantilly, VA: Teaching, 2009), lecture 20.

16. 위의 책.

17. Mark Muesse, *Religions of the Axial Age: An Approach to the World's Religions*, Great Courses (Chantilly, VA: Teaching, 2007), lecture 1.

18. 이는 서양에만 한정된 현상은 아니지만, 이 관념을 특히나 강하게 받들고 강화하는 문화는 바로 서양 문화이다.

19. 열반은 세상의 모든 집착과 갈망, 이것들이 일으키는 고통으로부터 해방된 완전한 평화의 장소 또는 상태를 말한다. 그런데 열반은 여전히 또 다른 형태의 존재를 함축하거나 전제하고 있다.

20. Yalom, *Staring at the Sun*, p. 200.

21. Jesse Bering, "The End? Why So Many of Us Think Our Minds Continue on After We Die," *Scientific American Mind*, October/November 2008.

22. 위의 글.

23. 이 말은 미국의 인지과학자이자 인공지능연구자인 마빈 민스키Marvin Minsky가 한 말로 널리 알려졌다.

24. Paul Bloom, "Is God an Accident?," *Atlantic*, December 1, 2005, http://www.theatlantic.com/magazine/archive/2005/12/is-god-an-accident/304425.

25. G. Pennycook et al., "On the Reception and Detection of Pseudo-Profound Bullshit," *Judgment and Decision Making* 10, no. 6 (2015).

26. Lawrence Cahoone, *The Modern Intellectual Tradition: From Descartes to Derrida*, Great Courses (Chantilly, VA: Teaching, 2010), lecture 8.

27. David J. Wolpe, *Why Faith Matters* (New York: HarperOne, 2008), pp. 10-11.

5장. 과학이 대답하는 것들

1. S. W. Hawking and Leonard Mlodinow, *The Grand Design* (New York: Bantam Books, 2010), p. 180. [《위대한 설계》(까치: 2010)]

2. Richard Dawkins et al., "Debate: Does the Universe Have a Purpose?," debate at 2010 La Ciudad de las Ideas festival, posted November 18, 2010, YouTube video, 1:43:28, http://www.youtube.com/watch?v=p6tIee8FwX8.

3. 당연히 이 목록은 포괄적이지 않으며, 이 모든 과학적 발견과 가설을 세세하게 설명하는 것은 이 책의 범위를 훨씬 넘어서는 일일 것이다. 다른 많은 대중과학서적들에서 이 것들을 매우 잘 해설하고 있다.

4. 이 '감탄'의 좋은 예를 다음 책에서 찾아볼 수 있다. Gerald L. Schroeder, *The Hidden Face of God: How Science Reveals the Ultimate Truth* (New York: Free Press, 2001).

5. D. C. Dennett and Alvin Plantinga, *Science and Religion: Are They Compatible?* (New York: Oxford University Press, 2010), p. 4. [《과학과 종교, 양립할 수 있는가》(이화여자대학교출판문화원: 2014)]

6. 자연 선택이란 환경에 가장 잘 적응한 개체나 집단의 생존과 번식을 성공시키는 자연의 한 과정으로서, 해당 환경에 가장 적합한 유전형질들을 길이길이 보존하도록 한다.(Merriam-Webster, s.v. "natural selection (n.)," accessed March 13, 2018, https://www.merriam-webster.com/dictionary/natural%20selection). 간단히 풀어 보면, 가장 훌륭

한 유전적 적응성을 가진 유기체나 개체가 더 많은 자손을 남기게 될 것이며, 따라서 그들이 특별하게 가진 그 유전적 적응성이 더 널리 퍼지게 될 것이라는 말이다. 수많은 세대를 거치며 그 과정이 반복되면 점점 더 성공적으로 적응한 형질들을 가지게 되고, 그 형질들은 종종 더욱 복잡한 모습을 띤다. 유전적 적응성은 무작위적인 유전자 돌연변이로 인해 생기며, 그 변화 하나하나는 그저 미미할 뿐이겠지만, 오랜 세월에 걸쳐 이어지는 돌연변이의 효과는 누적되기 마련이다. 유전자 돌연변이 가운데 이로움을 주는 것은 소수에 불과하다. 그러나 이로운 유전자 돌연변이가 일어나면, 세월이 흐르면서 널리 재생산될 가능성이 커진다. 그러면 성공을 거두지 못한 돌연변이들에 비해, 그 돌연변이들은 환경의 선택압을 받아 크게 증폭된다. 자연 선택의 효과는 인위 선택(개의 육종 같은 것)의 효과와 같다. 그러나 자연 선택에서 선택을 행하는 행위자는 아무것도 구분하지 않고 의식적 의도성이란 티끌만큼도 없는 자연환경이다.

7. 성 선택은 자연 선택의 한 양식으로서, 개체군의 구성원 중에서 짝을 더 잘 지켜 주는 개체가 그러지 못한 개체보다 더 많이 번식하게 한다. 이렇게 되는 까닭은 대개 반대편 성 — 암컷일 경우가 가장 흔하다 — 이 좋아하는('선호하는', 그러나 반드시 의식적으로 선호할 필요는 없다) 형질을 가졌기 때문이다(이를테면 공작의 꼬리). 그러나 매력적인 형질이라고 해서 반드시 생존에 이롭지만은 않을 때가 있다(이번에도 공작의 꼬리를 생각해 보라. 비행하는 데 방해가 되고 포식자들을 끌어들일 수도 있다). 그러나 번식 면에서 가지는 이점이 생존 면에서 가지는 단점보다 더 클 수 있다. 성 선택에는 같은 성을 가진 경쟁자들을 으르고 막아서고 물리칠 때 작용하는 형질들도 포함될 수 있다. 자연 선택이 생존 경쟁의 결과라면, 성 선택은 번식 경쟁으로부터 떠오른다.

8. Richard Dawkins, *The Greatest Show on Earth: The Evidence for Evolution* (New York: Free Press, 2009) [《지상 최대의 쇼》(김영사: 2009)]; Dawkins, *Climbing Mount Improbable*, 1st American ed. (New York: Norton, 1996). 스티븐 핑커는 자연 선택 및 그 과정의 무작위성을 더 구체적으로 정의한다. "자연 선택의 핵심은 복제자들(이를테면 유전자들)이 생겨나 자신의 복사본을 만들 때 (1) 이상적인 조건 아래에서는 그 수가 기하급수적으로 증가하는 경향을 가질 것이며, (2) 유한한 자원을 놓고 서로 필연적으로 경쟁하게 될 것이며, (3) 일부는 무작위적 복사 오류를 겪을 것이며(현재 환경에서 어떤 결과가 나올지 예상하지 못한다는 의미에서 '무작위적'이다), (4) 그 복사 오류가 어쩌다가 복제속도를 증가시키게 되면 대대로 축적되어 개체군을 우점하게 되리라는 것이다. 수많은 세대의 복제를 거친 뒤, 그 복제자들은 효과적인 복제가 되도록 설계되었다는 모양새를 보일 것이다. 실제로는 복제에 성공하게 된 복사 오류들이 그냥 축적되어 결과로 나타난 것일 뿐인데 말이다." 달리 말하면, 복사 오류 — 유전자 돌연변이 — 는 무작위적이지만, 성공적인 적응성과 '설계'의 모양새가 생겨나는 과정은 무작위적이지 않다는 것이다. 곧, 환

경이 가하는 압력으로 작동하는 자연 선택에 의해 더욱 성공적인 적응적 성질들을 가지는 방향으로 유기체가 강력하게 '빚어질' 것이라는 의미에서 무작위적이지 않다는 말이다. 다음 글을 참고하라. Steven Pinker, "The False Allure of Group Selection," *Edge*, June 18, 2012, http://edge.org/conversation/the-false-allure-of-group-selection).

9. 사실은 '종의 생존'보다는 '유전자의 생존'이다. 다시 말해서 진화압이 선호하는 (종이 아닌) 유전자의 복사본이 더욱 많이 만들어진다는 뜻에서 유전자가 생존하는 것이다.

10. Dawkins, Greatest Show on Earth, pp. 356-371. 저명한 천체물리학자인 닐 디그래스 타이슨Neil deGrasse Tyson은 지적이지 못한 설계와 "생명에 맞지 않는" 우주에 대해 이보다 재치 있으면서 설득력 있게 거론한다. 타이슨의 견해는 짤막한 시청각자료에 간추려져 있으며, 보면 재미도 있고 정보도 얻을 것이다. Neil deGrasse Tyson, "Unintelligent Design," presentation at 2006 Beyond Belief conference, posted January 25, 2009, YouTube video, 5:03, http://www.youtube.com/watch?v=mryDAixYHJY.

11. Alfred Tennyson, "In Memoriam A.H.H.," The Literature Network, accessed March 17, 2017, http://www.online-literature.com/tennyson/718/.

12. Richard Dawkins, "Militant Atheism," TED video transcript, filmed February 2002 in Monterrey, CA, https://www.ted.com/talks/richard_dawkins_on_militant_atheism/transcript.

13. 물론 과학적 세계관에는 다른 중요한 빈틈들이 아직 남아 있다. 예를 들면, 절대적으로 가장 작은 입자들의 본성은 무엇인가? (이 물음을 제기하는 한 가지 가설이 바로 아직 증명되지 않은 '끈이론'이다.) 또 하나의 큰 빈틈은 가장 작은 수준에서 입자들의 상호 작용을 다스리는 자연의 법칙들(양자역학의 법칙들)이 그것보다 훨씬 큰 천문학적 규모에서 상호 작용들을 다스리는 중력과 통일될 수 있는지, 있다면 어떻게 통일되느냐 하는 것이다(양자역학과 일반상대성의 통일 — 이른바 만물이론Theory of Everything). 그러나 과학에 있는 이런 빈틈들은 과학적 세계관과 종교적 및 영적 세계관을 가르는 큰 물음들과 직접적 관련이 덜하기 때문에, 이 책에서는 초점을 맞추지 않았다.

14. 우주론자들이 현재 고려하고 있는 다양한 다중 우주 이론들을 멋지게 분류하고 서술한 다음의 책을 나는 적극 추천한다. Brian Greene, *The Hidden Reality: Parallel Universes and the Deep Laws of the Cosmos* (New York: Alfred A. Knopf, 2011). [《멀티 유니버스: 우리의 우주는 유일한가?》(김영사: 2012)] 맥스 테그마크Max Tegmark가 〈사이언티픽 아메리칸Scientific American〉지에 실은 다음의 글도 참고하라. Tegmark, "Parallel Universes: Not Just a Staple of Science Fiction, Other Universes Are a Direct Implication of Cosmological Observations," *Scientific American*, May 2003; 테그마크의 책도 있다. Tegmark, *Our Mathematical Universe: My Quest for the Ultimate Nature of Reality* (New York: Alfred A.

Knopf, 2014). [《맥스 테그마크의 유니버스: 우주의 궁극적 실체를 찾아가는 수학적 여정》(동아시아: 2017)]

15. 순환 우주 모형 가운데에서 가장 강력한 경쟁 이론의 하나는 폴 스타인하트와 닐 투록이 제시한 것으로서, 이 모형에서는 빅뱅이 사실은 '빅바운스Big Bounce'라고 본다. Paul J. Steinhardt and Neil Turok, Endless Universe: Beyond the Big Bang (New York: Doubleday, 2007). [《끝없는 우주: 빅뱅 이론을 넘어서》(살림출판사: 2009)] 이 모형의 주창자들은 다중 우주뿐만 아니라 급팽창 이론—1980년 이후 우주론에서 우세한 이론으로서 빅뱅을 설명하고 있다—까지도 비판한다. 그들은 최근에 플랑크위성 같은 곳에서 얻은 데이터가 급팽창이론을 뒷받침하지 않는다고 논한다. A. Ijjas, P. J. Steinhardt, and A. Loeb, "Pop Goes the Universe," *Scientific American*, January 2017. 그러나 더 최근에 와서 투록은 새로운 발견들을 통합하기 위해서는 자신의 순환 우주 이론도 수정이 필요하다고 언급했다(예: 공개강연, "We Are Innovators: A Talk on the Power of Ideas," May 31, 2017, Toronto, Canada).

16. '물리 법칙'(또는 '자연법칙')을 정확히 어떻게 정의하느냐는 문제는 논쟁의 여지가 있다. 대개 물리 법칙들은 물리적 우주의 불변하는 규칙성들을 가리키며, 그 규칙성들은 우주 전체에 적용된다고 생각하고 있다. 이는 경험적인 관찰 및 예측 가능한 패턴들을 서술하는 것에 기초하고 있다. 법칙이란 이제까지 관찰된 규칙성들에 대한 규칙들로 진술되고, 일반화가 가능한 예측을 한다. 그렇게 가정된 물리규칙들 중 아직까지 한 번도 반증되지 않은 것들은 법칙으로 간주할 수 있다. 물리 법칙들이 지배하는 방식은 서술하는 것만큼 간단치는 않다. 더 정확하게 말하면, 그 법칙들은 "어떤 과정의 규칙성을 압축적으로 미리 보기가 가능하게 서술한 것"이다. 이 말은 노벨물리학상 수상자인 머리 겔만Murray Gell-Mann이 한 것으로, 다음 글에서 인용했다. Stuart Kauffman, "Breaking The Galilean Spell: An Open Universe," *13.7: Cosmos & Culture* (blog), NPR, December 30, 2009, http://www.npr.org/blogs/13.7/2009/12/breaking_the_galilean_spell_an.html.

17. Hawking and Mlodinow, *The Grand Design*, pp. 161-162.

18. 위의 책, p.164.

19. 여기서 'M'은 다중 우주multiverse의 머리글자가 아니다. M이론은 끈이론을 확장시킨 이론으로, 현재 이론물리학에서 '만물이론'을 향해 가는 유력한 후보라고 일반적으로 여기고 있다.

20. Hawking and Mlodinow, *The Grand Design*, p. 163.

21. Victor J. Stenger, *The New Atheism: Taking a Stand for Science and Reason* (Amherst, NY: Prometheus Books, 2009), p. 96.

22. 위의 책, p. 97.

23. Hawking and Mlodinow, *The Grand Design*, p. 165.

24. Paul Davies, "Stephen Hawking's Big Bang Gaps," *Comment Is Free* (blog), *Guardian*, September 4, 2010, http://www.guardian.co.uk/commentisfree/belief/2010/sep/04/stephen-hawking-big-bang-gap.

25. Paul Davies, "I Used to Be a Committed Platonist," World Question Center, *Edge*, 2008, http://www.edge.org/q2008/q08_8.html#davies.

26. 우주보다 먼저 물리 법칙이 (따라서 '정보'가) 나왔을까? 만일 그렇다면, 이것이 신이 있다는 증거가 될까? 우리 사람이 가진 원인과 결과 관념과 시간 관념은 자연스럽게 물리 법칙들이 우주가 생겨나기 '전에' '자리를 잡아야' 했을 것이라고 가정하게 만든다. 일부 종교 신자들은 물리 법칙들이 우주의 바탕에 깔린 '지혜'를 표상하며, 따라서 우주에 신이 있다는 증거라고 논한다. 그런 논증의 예로 제럴드 슈뢰더Gerald Schroeder의 글을 들 수 있다. 제럴드는 정통파 유대교도로서 베스트셀러 책을 여러 권 썼다(비유대인들, 특히 기독교도들 사이에서 매우 유명하다). Gerald L. Schroeder, *Genesis and the Big Bang Theory: The Discovery of Harmony between Modern Science and the Bible* (New York: Bantam Books, 1990); *The Science of God: The Convergence of Scientific and Biblical Wisdom* (New York: Free Press, 1997); *The Hidden Face of God: How Science Reveals the Ultimate Truth* (New York: Free Press, 2001); *God according to God: A Physicist Proves We've Been Wrong about God All Along* (New York: HarperOne, 2009).

슈뢰더의 책들은 창세기에 나오는 창조 이야기가 현대 과학과 어울린다고 논하고 있다(흔히들 시도하는 이런 논증의 기본적인 문제점들은 10장에서 다룰 것이다). 더 구체적으로 말하면, 슈뢰더는 '정보'(입자와 입자의 관계)가 우주에서 일차적인 조직원리라고 말하는 물리학의 한 가지 흥미로운 가설에서 느슨하게 개념들을 빌려와 외삽하고 있다. 이 사변적인 물리이론은 광자로 구현된 '정보'가 사실상 물질과 에너지를 생성해 내며, 그 반대가 아니라는 생각을 제시한다(관례적으로 우리는 빛은 물체에 대한 정보를 수동적으로 나를 뿐이라고 생각한다).

비유신론적인 과학자들 중에서도 정보가 우주의 일차적인 현상이라는 생각을 붙들고 씨름해 온 이들이 여럿이다. 예를 들어 노벨상수상자인 신경생물학자 조지 월드George Wald는 어떤 원시의식protoconsciousness 또는 '마음 물질mind stuff'이 우주에서 일차적인 것—우주에서 떠오른 것이라기보다는 처음부터 우주에 내재해 있었다는 것—일지도 모른다는 생각까지 제시했다. 다음 글을 참고하라. George Wald, "Life and Mind in the Universe," International Journal of Quantum Chemistry 26, suppl. 11 (1984, published online 2008). 아인슈타인의 동료였던 존 휠러John Wheeler는 물리학에서 모든 입자의 바탕에는 정보가 깔려 있고, 모든 입자는 자기 '행동'에 대해 '선택권'(글자 그

대로의 의미가 아니라 어떤 제한된 의미에서의 '선택권')을 가진다는 생각을 내놓았다. 다음 글을 참고하라. Wikipedia, s.v. "Digital Physics," accessed October 24, 2011, http://en.wikipedia.org/wiki/It_from_bit#Wheeler.27s_.22it_from_bit.22.

기초적인 형태의 '의식'의 전구체 또는 그 의식을 구성하는 밑감이 모든 입자에 내재해 있다는 생각은 때때로 범심론panpsychism이라고 부르기도 한다. 범심론에서는 의식이 단순한 요소들에서 떠오른 것이라기보다는 우주의 근본 특징이라고 가정한다. 이 생각을 더욱 깊이 발전시킨 과학자도 몇 사람 있다. 이를테면 다음 책을 참고하라. Christof Koch, *Consciousness: Confessions of a Romantic Reductionist* (Cambridge, MA: MIT Press, 2012). 하지만 그 과학자들이 대단히 사변적이고 논쟁적인 이 이론을 옹호한다고 할지라도, 일반적으로는 슈뢰더가 틀을 지었던 것처럼 유신론적인 방식으로 이 이론을 보지는 않는다. 말하자면 '창조주 하느님'이 있다는 증거로 여기지 않는다는 말이다. 슈뢰더는 시적 허용poetic license이라고 부를 만한 것을 행사해서, 정보란 초자연적인 지혜와 동일하다고 논한다. 그리고 이것을 우주의 지적 설계가 존재한다는 증거로 든다. 슈뢰더는 신적인 지혜와 계획(그는 이것을 '정보'와 동일한 것으로 여긴다)이 제일 먼저 오고, 거기에서 에너지가 유래하고, 에너지에서 물질이 유래하고, 물질에서 생명이 유래하는 식으로 이어진다고 생각한다. Schroeder, *God according to God*, p. 51.

신이 '우주의식'의 본질이며, 이 '의식'이 우주를 창조했고, 그 목적은 그 창조를 통해 부단히 더욱 높은 형태의 자기 인식('스스로를 알게 되는' 우주)을 이루기 위함이라는 생각에 기초해서 신을 바라보는 신비적인 시각이 다양하게 있다. 이런 신비적인 시각들은 10장에서 살펴보며 비판할 것이다.

27. 이 수류탄 유비는 불완전하다. 먼저, 처음에 극도로 작고 극도로 조밀했던 빅뱅 상태의 우주는 본질적으로 미분화상태의 순수한 에너지로 이루어져 있었다. 그래서 미래에 우주를 이룰 입자들이 모두 처음부터 작디작은 한 공간에 빽빽하게 모여 있는 상태로 상상해서는 안 된다! 소립자들, 곧 물질의 밑감들은 나중에 가서야 처음의 순수한 에너지가 자발적으로 꼴을 바꿔가는 과정에서 차근차근 형성되었다. 물질입자들 사이의 상호작용을 정의하거나 지배하는 힘들조차도 나중에 가서야 분화되었다. 지극히 빠르게 팽창했던 초기 우주에서 이 모든 분화는 우리가 잘 이해하고 있는 일련의 과정들을 거치면서 일어났다.

28. 엔트로피와 복잡성의 관계를 (그리고 이것과 흥미롭게 관련된 '시간의 화살'을) 더 깊이 알고 싶으면 션 캐럴이 쓴 멋진 책들을 읽어 보기를 권한다. Sean M. Carroll, *From Eternity to Here: The Quest for the Ultimate Theory of Time* (New York: Dutton, 2010); *The Big Picture: On the Origins of Life, Meaning, and the Universe Itself* (New York: Dutton, 2016). [《빅 픽처: 양자와 시공간, 생명의 기원까지 모든 것의 우주적 의미에 관하여》(글루온: 2019)]

29. 다음 책을 참고하라. Roger Penrose, *Cycles of Time: An Extraordinary New View of the Universe* (London: Bodley Head, 2010); Carroll, *From Eternity to Here*. 예를 들어, 캐럴은 빅뱅 이전에 훨씬 엔트로피가 낮은 상태가 있었으며, 다중 우주 안에서 개개의 우주가 빅뱅 같은 과정을 통해 태어나는 과정이 한없이 계속된다는 모형을 제시했다. 캐럴은 어떤 무한정한 기울기를 따라 엔트로피가 항상 증가한다는 생각을 제시했다. 캐럴의 모형은 우주들이 연속해서 시공간의 새로운 구역들에 자리를 잡으며, 우리가 사는 우주도 그 가운데 하나이고, 우리 우주 이전에 있었다고 그가 이론화한 상태보다 엔트로피가 더 높다고 서술하고 있다. 이 설명에 덧붙여, 그리고 이 설명과 일관되게, 캐럴은 다중 우주가 시간적으로 완전한 대칭을 이룰 수 있었을 것이라고 가정했다. "엔트로피가 높은 중간의 어느 순간으로부터 다중 우주는 과거와 미래 속에서 엔트로피가 훨씬 높은 상태로 진화한다. 우리가 보는 우주는 어마어마하게 큰 전체의 얇디얇은 작은 한 조각이며, 밀도 높은 빅뱅에서 시작해 끝없는 공허로 향하는 우리의 특별한 여행은 모두 우리 우주보다 넓은 다중 우주가 엔트로피를 높여나가는 '여정'의 일부이다."(앞의 책, pp. 3-4, 368.)

30. Hawking and Mlodinow, *The Grand Design*, p. 180.

31. 우주의 이른바 '평평한' 3차원 기하구조와 암흑에너지의 주도적인 기여도에 기초해서 세심하게 계산한 결과 우주의 총에너지가 정확히 0임이 밝혀졌다. 다음 글을 참고하라. Lawrence Krauss, "Life, the Universe and Nothing," webcast hosted by the Vancouver Institute, posted March 6, 2012, YouTube video, 1:17:35, https://www.youtube.com/watch?v=LQL2qiPsHSQ. 다음 자료들도 참고하라. Krauss, "Our Spontaneous Universe," *Wall Street Journal*, September 8, 2010, https://www.wsj.com/articles/SB10001424052748703946504575469653720549936; Krauss, *A Universe from Nothing: Why There Is Something Rather Than Nothing* (New York: Free Press, 2012). [《무로부터의 우주》(승산: 2013)]

32. Jeremy Bernstein, "Much Ado about Something," *Wall Street Journal*, July 20, 2012, http://online.wsj.com/article/SB10001424052702303919504577522613996005518.html?mod=googlenews_wsj.

33. '무'의 수준들을 신중하게 정의하려고 한 다음의 글을 참고하라. Robert Kuhn, "Levels of Nothing: There Are Multiple Answers to the Question of Why the Universe Exists," *eSkeptic*, August 28, 2013, https://www.skeptic.com/eskeptic/13-08-28/#feature.

34. Krauss, *A Universe from Nothing*, p. 170.

35. 위의 책.

36. 위의 책, p. 176.

37. NASA, "Life's Working Definition: Does It Work?," NASA, https://www.nasa.gov/vision/universe/starsgalaxies/life's_working_definition.html.

38. 생명의 기원 연구의 최근 동향을 깊이 있게 알고 싶으면 다음의 책을 추천한다. Peter D. Ward and Joseph L. Kirschvink, *A New History of Life: The Radical New Discoveries about the Origins and Evolution of Life on Earth* (New York: Bloomsbury Press, 2015). [《새로운 생명의 역사》(까치: 2015)] 다음의 책은 생명을 정의하고 인공생명을 만드는 흥미로운 관점을 담고 있다. J. Craig Venter, *Life at the Speed of Light: From the Double Helix to the Dawn of Digital Life* (New York: Viking, 2013). [《인공생명의 탄생: 합성생물학은 어떻게 인공생명을 만들었는가》(바다출판사: 2018)]

6장. 우주의 자발성과 창조성

1. 실험심리학처럼 규모가 큰 하위분야들은 과학에 훨씬 더 가까이 자리한다.

2. Lawrence Cahoone, *The Modern Intellectual Tradition: From Descartes to Derrida*, Great Courses (Chantilly, VA: Teaching, 2010), lecture 19.

3. S. W. Hawking and Leonard Mlodinow, *The Grand Design*, (New York: Bantam Books, 2010), p. 5.

4. John Brockman, "About Edge.org: The Third Culture," *Edge*, accessed June 14, 2015, http://edge.org/about-edgeorg.

5. 종형곡선의 한쪽 끝처럼 보면 된다. 또는 수많은 인간 형질들의 경우처럼, 곡선의 양쪽 끝에 있는 것으로 보면 된다. 주어진 형질, 이를테면 불안증 같은 것이 너무 많거나 너무 적으면 부적응성이 되는 경향이 있다. 다음 글을 참고하라. Ralph Lewis, "Don't Obsess over Categorizing Mental Disorders: A Psychiatrist's Perspective," *YourHealthMatters*, Sunnybrook Hospital, July 31, 2017, http://health.sunnybrook.ca/mental-health/mental-disorder-definition/.

6. American Psychiatric Association DSM-5 Task Force, *Diagnostic and Statistical Manual of Mental Disorders: DSM-5*, 5th ed. (Washington, DC: American Psychiatric Association, 2013).

7. 이와 비슷한 것으로 세계보건기구의 진단안내서가 있다. World Health Organization, *The ICD-10 Classification of Mental and Behavioural Disorders: Clinical Descriptions and Diagnostic Guidelines* (Geneva: World Health Organization, 1992).

8. 다음 글도 참고하라. "Research Domain Criteria (RDoC)," National Institute of Mental

Health, July 2010 and updates, https://www.nimh.nih.gov/research-priorities/rdoc/index.shtml.

9. I. Gold, "Reduction in Psychiatry," *Canadian Journal of Psychiatry* 54, no. 8 (2009).

10. 위의 글.

11. Harold J. Morowitz, *The Emergence of Everything: How the World Became Complex* (New York: Oxford University Press, 2002).

12. 이 과정들을 온전하게 이해하려면 계산 모형은 물론이고 정보 처리, 네트워크, 위계구조, 비선형동역학, 자기 조직, 분산제어, 되먹임고리 같은 개념들, 그리고 복잡 적응계가 평형상태를 유지하기 위해 (또는 많은 경우에는 비평형의 섬세한 상태를 유지하기 위해) 쓰는 다른 적응 메커니즘들을 포괄적으로 고려해야 한다.

13. 복잡계를 이루는 성분들이 서로서로 관계하면서 조직되는 방식 — 이를테면 세포를 이루는 분자 '기계들'이 복잡하게 얽혀서 만들어 내는 작용들 — 에 환원주의적 설명이 관심을 두지 않는다고 생각하면 잘못일 것이다. 환원주의가 그런 메커니즘과 상호 작용에 관심을 가지는 것만큼은 지극히 확실하다. 여기에서는 살펴보지 않았지만, 환원주의에는 여러 종류가 있다(존재론적 환원주의, 방법론적 환원주의, 설명적 환원주의). 그러나 일반적으로 보면, 환원주의가 복잡계를 이해하는 방식은 그 계를 해체하고, 계의 부분들을 깔끔하게 정의해서 분리해 내고, 계를 이루는 가장 작은 성분들의 구조와 기능을 밝혀내는 것이라는 가정 위에서 작동한다. 그래서 부분들의 상호 작용에 대한 환원주의적 시각은 기계적이고 작용적인 경향을 띠는 반면, 복잡성 이론은 그보다 훨씬 역동적으로 상호 작용을 바라본다.

14. Cahoone, *From Descartes to Derrida*, Lecture 35.

15. 복잡성 이론은 복잡계를 이루는 성분들 사이의 상호 작용을 다스리는 규칙들이 처음에 그 규칙을 정한 존재가 전혀 없이 어떻게 자발적으로 생겨날 수 있는지 그 방식도 설명하려고 한다. 구성 성분들의 상호 작용 규칙들(또는 계의 성분들 사이의 상호 작용에 관한 정보를 처리하는 계들)은 자연 선택과 비슷한 과정을 거쳐 진화할 수 있다. 복잡계에서 정보의 처리 또는 계산computation은 대개 중심에서 제어하는 무엇이 없이 단순한 성분들 사이에 분산되어 있다. 뇌도 바로 그런 경우이다. 복잡계에서 '분산 정보 처리distributed information processing'와 무중심적 제어decentralized control[분산제어]가 정확히 어떻게 작용하느냐가 바로 계산이론the theory of computation의 주제이다. 계산이론에는 스스로 증식하는 컴퓨터 프로그램, 유전 알고리듬, 세포 오토마타cellular automata, 생체계의 정보 처리 모형에 대한 연구가 포함된다. 이 흥미로운 개념들을 탁월하게 소개하고, 고차적인 정보 처리가 가능한 복잡한 생체계의 자발적 진화에 대해 깊은 통찰을 전달해 주는 책으로 나는 컴퓨터과학자가 쓴 다음의 책을 높이 추천한다. Melanie

Mitchell, *Complexity:A Guided Tour* (Oxford: Oxford University Press, 2009).

16. Stuart A. Kauffman, *Reinventing the Sacred:A New View of Science, Reason and Religion* (New York: Basic Books, 2008), pp. 5-6, 133-134, 163, 176. [《다시 만들어진 신: 카우프만, 신성의 재발명을 제안하다》(사이언스북스: 2012)]

17. 위의 책, pp. 13-16, 31-43.

18. 대니얼 데닛이 특유의 명료함으로 이 생각을 깊이 있게 탐구하고 있다. Daniel Dennett, *From Bacteria to Bach and Back: The Evolution of Minds* (New York: W. W. Norton, 2017).

19. 두 말할 필요 없는 무신론자인 카우프만은 복잡성 이론과 그 이론이 떠오름과 자기 조직을 설명해 내는 힘은 물론이고 자연에서 일어나는 과정 일반의 경이로움에 크게 감명을 받은 나머지, 복잡성 이론을 다룬 자기 책의 제목을 《Reinventing the Sacred(신성의 재발명)》[한국어판 제목은 《다시 만들어진 신》]이라고 지었다. 그 책에서 카우프만은 이 자연적이고 보편적인 창조성을 기꺼이 신이라고 부르겠노라고 천명했다. 말인즉슨, 자기에게는 이것이 충분히 신이라고 할 만하며, 따라서 무신론자가 아닌 이들도 더욱 큰 과학적 자연주의의 품 안으로 끌어들이길 바란다는 말이었다. 카우프만은 신을 우리를 둘러싸고 있는 완전히 자연적이고 경이로운 창조성이라고 정의했다. 이는 물론 보다 전통적인 종교에서 정의하는 신과는 철저하게 다르며, 스피노자와 아인슈타인이 가졌던 범신론적(신은 자연이다) 믿음과 더 일치한다. Stuart Kauffman, *Reinventing the Sacred*, pp. 6-7, 281-288.

20. 고차적 생명현상과 정신현상—이를테면 '목적'도 이런 현상의 하나이다—이 그런 성질과 닮은 구석이라곤 하나도 없는 기계적이고 저차적인 물리적 성분들로부터 어떻게 떠오를 수 있었는지를 다루는 특수한 가설적 모형들이 여러 가지 있는데, 그 가운데 하나만이라도 살펴보고 싶어 할 독자들에게 나는 내용은 어렵지만 명료하게 쓰인 다음의 책을 추천한다. Terrence William Deacon, *Incomplete Nature: How Mind Emerged from Matter* (New York: W. W. Norton, 2011). 데콘이 소개한 모형은 이 책에서 우리가 다루었던 것보다 훨씬 자세하다.

7장. 뇌에서 나온 마음

1. '정보'를 입자와 입자 사이의 시공간적인 관계로 정의할 수 있는 것은 우연의 일치가 아니다. (**정보**가 실제로 **무엇인지** 궁금한 적이 있었는가? 정보는 어떤 '재료'로 만들어질까?)

2. 신경과학에서 이원론을 어떤 식으로 거부하느냐는 문제를 포괄적으로 살펴보려면 안토니오 다마지오가 쓴 다음 책들을 참고하라. Antonio R. Damasio, *Descartes' Error: Emotion, Reason, and the Human Brain* (New York: Putnam, 1994). [《데카르트의 오류: 감정,

이성, 그리고 인간의 뇌》(NUN: 2017)] *Looking for Spinoza: Joy, Sorrow, and the Feeling Brain* (Orlando, FL: Harcourt, 2003). [《스피노자의 뇌: 기쁨, 슬픔, 느낌의 뇌과학》(사이언스북스: 2007)]

3. Lawrence Cahoone, *The Modern Intellectual Tradition: From Descartes to Derrida*, Great Courses (Chantilly, VA: Teaching, 2010), lecture 24.

4. 마음과 의식이 물질과 독립해서 존재한다는 생각은 뉴에이지 영성을 열성적으로 신봉하는 이들에게 대단히 인기 있는 생각이다. 이런 생각을 지지하는 사람들은 마음-의식이 우주의 일차적인 '재료'이고, 마음이 물질에 앞설 뿐만 아니라 물질을 창조했다고—이는 목적을 가진 어떤 지적 설계에 의해 우주가 생겨났다는 뜻이다—흔히 주장한다. '물질이 먼저'가 아니라 '마음이 먼저'라는 생각은 디팩 초프라의 베스트셀러 책들에 뚜렷하게 명시되어 있다. 예를 들어 초프라는 메나스 카파토스Menas Kafatos와 함께 쓴 책《당신이 곧 우주You Are the Universe》에서 우리는 인간 의식이 창조한 "의식을 가진 우주conscious universe", 곧 "인간우주human universe"에 살고 있다고 설명한다. 두 사람은 이렇게 쓰고 있다. "의식이 없다면, 그것은 꿈처럼 한 모금 연기로 사라져 어느 것도 남지 않을 것이고 그 우주가 존재했었음을 알 누구도 남지 않을 것이다. …… 우주는 의식 그 자체이다." Deepak Chopra and Menas Kafatos, *You Are the Universe: Discovering Your Cosmic Self and Why It Matters* (New York: Harmony, 2017), p. 164.
   그리고 우리가 주관적으로 하는 의식적 경험이 (우리가 익히 들어 알다시피 양자역학의 관찰자 효과 때문에) 실재를 창조한다는 논증이 이어진다. 두 사람은 이렇게 적고 있다. "신뢰할 수 있는 것은 오직 주관적 경험뿐이다."(p.215) "생명이 처음에 어떻게 시작되었는가?"라는 물음에 두 사람이 제시하는 대답은 이렇다. "의식 속에 한 가지 잠재성으로 있다가, 그 잠재성이 씨앗 꼴에서 자라나 온갖 다양한 생물이 되었다."(p.243) 초프라의 생각들이 왜 그처럼 인기가 있는지 쉽게 알 수 있다. 우주에 목적이 있고 그 중심에 인간이 있다는 초프라의 주장은 사람들의 기분을 한껏 고양시켜 준다. 이 책은 특유의 앙양된 어조로 이렇게 끝맺고 있다. "만일……인간우주가 유일하게 존재하는 우주라면, 우리는 창조의 즐거움 속에서 희망이 무한히 많은 미래를 마주하게 된다. 미래의 세대들에겐 '당신이 곧 우주'가 살면서 따를 신조가 될 것이며, 더 이상 신비 속에 포장된 꿈이 아닐 것이다."(p.245).

5. 마음이 전적으로 뇌에 의존한다는 이 사실을 피해 가려고 하는 인기 있는 한 가지 종교적/영적 생각은 마음과 뇌의 관계를 라디오 신호와 라디오 수신기의 관계와 같다고 보는 것이다. 무슨 말이냐면, 마음은 뇌와는 따로 존재하며, 우주 공간에 퍼져 있지만, 생명을 가진 사람인 우리의 주관적인 의식 경험으로 그 마음이 탈바꿈하기 위해서는 물리적인 뇌에 의존할 수밖에 없다는 뜻이다. 라디오가 작동을 멈춰도, 다시 말해서 '죽어

도', 라디오 신호는 죽지 않는다. 그저 우리에게 친숙한 방식으로는 더 이상 그 신호를 경험할 수 없을 뿐이다. 마음 또는 영혼은 다른 형태로 계속 존재한다. 영혼이 불멸한다는 믿음을 보존하고 싶어하는 사람들에게 이런 생각은 감정적으로 큰 호소력을 지닌다.

6. 지각-운동 순환의 반향 회로. 신경과학에 어느 정도 기초 지식을 가지고 있고 뇌 기능의 조직화에서 지각-운동 순환이 중심된 역할을 한다는 잘 개발된 이론에 관심이 있는 사람들은 다음 책을 참고하라. Joaquin Fuster, *The Prefrontal Cortex*, 4th ed. (Oxford: Elsevier Academic Press, 2008).

7. Daniel C. Dennett, *From Bacteria to Bach and Back: The Evolution of Minds* (New York: W. W. Norton, 2017).

8. Erik Vance, *Suggestible You: The Curious Science of Your Brain's Ability to Deceive, Transform, and Heal* (Washington, DC: National Geographic, 2016).

9. E. R. Kandel, "The Molecular Biology of Memory Storage: A Dialogue between Genes and Synapses," *Science* 294, no.5544 (2001).

10. 더글러스 호프스태터Douglas Hofstadter는 영향력 있는 인지과학연구자로서 '나'에 대한 감각 — 외부 세계와의 관계에서 느끼는 자아 감각 — 을 집중적으로 연구해 왔다. 그는 어떻게 '무의미' 요소들이 결합해서 형식적인 규칙을 가진 복잡한 계를 이루어 자기 지시적 고리를 조직해서 의미를 획득할 수 있는지 그 방식들을 보여 주었다. 다음 책을 참고하라. Douglas Hofstadter, *Godel, Escher, Bach: An Eternal Golden Braid* (New York: Basic Books, 1979). [《괴델, 에셔, 바흐: 영원한 황금 노끈》(까치: 2017)]

호프스태터는 정보나 지식이 뇌에 어떻게 표상되고 저장되는지, 특히 높은 수준의 개념들이 어떻게 기호로 표상되는지, 그 방식에 관심을 두고 있다. 의식과 주관적인 자기 인식을 설명할 모형을 개발하면서, 그는 회귀와 자기 지시의 역할을 강조했다. 이 둘은 개념들이 다시 자기 자신을 지시하면서 서로가 서로에게 안긴 형태가 되는 과정을 말한다. 다음 책을 참고하라. *I Am a Strange Loop* (New York: Basic Books, 2007).

그는 유비적으로 사고하는 능력이 사람의 인지능력에서 핵심이 된다고 논하기도 한다. 다음 책을 참고하라. Douglas Hofstadter and Emmanuel Sander, *Surfaces and Essences: Analogy As the Fuel and Fire of Thinking* (New York: Basic Books, 2013).

앞 장의 한 주석에서 언급했던 복잡성 과학자인 멜라니 미첼Melanie Mitchell은 호프스태터와 함께 유비analogies를 식별하는 방법으로 문제를 풀 수 있는 컴퓨터 프로그램을 하나 만들었다. 정보를 처리하는 과정에서 유비를 형성해 낼 수 있는 능력은 우리가 의미 지각이라고 간주하는 것의 (특히 그 의미가 '가치' 부여와 결부되었을 때: 정보 처리기 자체의 생존과 번식을 그것이 높여줄 수 있느냐의 여부) 일부 기초를 형성할 수도 있다.

이와는 매우 다르게, 순간순간 뇌의 망이 이루는 기하학적 '모양'에 의식을 관련시키는 또 하나의 흥미로운 이론이 있다. 다음 자료들을 참고하라. Christof Koch, "A 'Complex' Theory of Consciousness," *Scientific American*, July 2009, https://www.scientificamerican.com/article/a-theory-of-consciousness/; Christof Koch and Giulio Tononi, "Consciousness: Here, There, and Everywhere?," *Philosophical Transactions of the Royal Society B* 370, no. 1668 (2015), http://rstb.royalsocietypublishing.org/content/370/1668/20140167; Giulio Tononi, Phi: A Voyage from the Brain to the Soul (New York: Pantheon Books, 2012). [《파이: 뇌로부터 영혼까지의 여행》(쌤앤파커스: 2017)] 코흐와 토노니가 사변을 펼친 범심론은 시험적이고 논쟁의 여지가 많기 때문에 두 사람의 이론에서 중심이 되지는 않는다.

11. 성격은 선천적인 기질과 후천적인 경험—이를테면 본성과 양육—의 산물로 이해할 수 있다.

12. 원인-결과의 복잡성이 워낙 엄청나기 때문에, 정신활동과 행동을 실제로 '자유롭고' 예측할 수 없는 것으로 간주할 수 있다. 왜냐하면 행동에 선행하는 변수들(원인들)을 죄다 알고 계산할 길이 없기 때문이다. 인간의 정신활동은 어마어마하게 많은 '자유도degrees of freedom'가 있다. 자유도란 "동역학계가 그 계에 부과된 구속인자들을 단 하나도 거스르지 않은 채 움직일 수 있는 독립적인 방법의 수"로 정의된다. 2018년 1월 8일 10시 35분에 수정된 위키백과 문서를 참고했다. https://en.wikipedia.org/wiki/Degrees_of_freedom_(statistics).

의지의 자유도degrees of freedom of will란 관념은 대니얼 데닛이 처음 만들었다(다음 책을 참고하라. Daniel Dennett, *Freedom Evolves* [New York: Viking, 2003]). 인과적 결정인자들로부터 자유롭다는 의미 또는 나 이외의 물리적 우주로부터 자유롭다는 의미의 절대적 자유란 없다. 상대적으로 덜 구속되었느냐 더 구속되었느냐 하는 정도만 있을 뿐이다. 사람들이 얼마만큼 의지의 자유를 가지느냐 하는 정도는 사람들이 가진 인지적 유연성, 다시 말해서 인지적 통제력(이것은 집행부 기능과 행동적 자기-조절에서도 중심이 된다)과 관련되어 있다. 인지 기능이 손상되지 않아 정신적으로 건강한 사람들은 더욱 큰 의지의 자유도 또는 더욱 적은 구속 인자를 가진다. '의지의 자유도'는 지능/인지의 결함, 기분/감정의 조절 장애, 심각한 강박성, 또는 다른 인자들의 구속을 받지 않은 개인에게서 최대가 될 것이다. 그 자유도는 정신병이나 치매 같은 상태에서는 구속을 받거나 잃게 된다.

진정한 의미의 자유의지란 것은 없다고 말한다고 해서 일상에서 우리가 합리적인 선택을 하지 않는다거나 할 수 없다고 말하는 것이 아니다. 폴 블룸이 말했다시피, "우리는 으레 '선택'이라고 부르는 정신적 과정을 거치며, 그때 우리는 우리 행동이 가져올 결과를 생각한다. 여기에는 마법적인 것이란 전혀 없다. 정신적 삶이 신경에 기초한다는 것은 의식적인 의도와 합리적 사고가 존재한다는 것—서로 다른 선택지들을 분석하고, 논리적인 논증 진행과정을 구성해 내고, 사례와 유비를 통해 추리하고, 행동의 예상된 결과에 반응하는 신경계들이 있다는 것—과 온전하게 양립할 수 있다." 또한 컴퓨터가 이렇게 효율적이고 정교한 비용편익분석기cost-benefit analyzer가 되도록 프로그램을 할 수도 있다. 다음 책을 참고하라. Paul Bloom, *Against Empathy: The Case for Rational Compassion* (New York: Ecco, 2016), p. 221.

13. Ralph Lewis, "Don't Believe Everything You Think," *Finding Purpose* (blog), *YourHealthMatters*, Sunnybrook Hospital, September 13, 2017, http://health.sunnybrook.ca/mental-health/finding-purpose/dont-believe-everything-you-think/.
14. Michael Shermer, "4 Reasons Why People Ignore Facts and Believe Fake News," *Business Insider*, March 18, 2017, http://www.businessinsider.com/why-do-people-believe-fake-news-2017-3.
15. Karen Armstrong and Richard Dawkins, "Man vs. God," *Wall Street Journal*, September 12, 2009, http://online.wsj.com/article/SB10001424052970203440104574405030643556324.html.
16. Michael Shermer, "Science and Religion: Incompatible?" *HuffPost*, March 1, 2012, http://www.huffingtonpost.com/michael-shermer/science-and-religion-are-_b_1310869.html.

8장. 목적의 떠오름

1. 이보다 철학적인 의미에서 '목적에 이끌리다'는 말을 사용할 때에는, 우리가 향해 가는 목적이 의미로운 목적이라는 뜻을 종종 함축하거나 그러리라고 기대한다. '의미' 문제에 대해서는 4부에서 살펴볼 것이다.
2. 신경 전달 물질이란 신경 세포에서 신경 세포로 전달되는 화학적 전령이며, 신경 세포들은 이런 식으로 서로에게 신호를 보낼 수 있다.
3. 도파민 회로만 보면 보상 자체를 달성하는 것보다는 보상을 '찾아가는' 과정과 더 특수하게 관련되었다고 할 수 있다. 다음 자료를 참고하라. Charles F. Zorumski and Eugene H. Rubin, *Psychiatry and Clinical Neuroscience: A Primer* (New York: Oxford University Press, 2011), p. 75.

   실제로 보상받는 느낌을 준다고 할 만한 것은 엔도르핀endorphin(아편유사물질) 같은 화학물질이다. 도파민에 대해서 다른 식으로 말해 보면, 도파민은 '좋아하기'(쾌감)보다는 '싫어하기'(동기 부여)와 더 관련이 있다고 보는 것이다. 다음 글을 참고하라. M.

Kringelbach and K. Berridge, "The Joyful Mind," *Scientific American*, July 2012. 더 최근에 이루어진 연구를 보면, 도파민이 더 특수하게는 오류감지에서 중요한 역할을 하여, 지각이 기대를 만족시키는지 결정하는 일을 거듦을 시사한다. 다음 자료를 참고하라. Zorumski and Rubin, *Psychiatry and Clinical Neuroscience*, p. 76. 기대와 지각(예를 들면, 어떤 자극을 지각했거나 어떤 행동의 결과를 지각한 경우)에서 불일치나 오류가 있을 때에는 도파민이 방출되어 해당 사건이 중요하고 새롭고 주목할 가치가 있는 사건임을 표시할(돋을표시salient) 수도 있을 것이다. 지각이 기대보다 높으면, 그 사건은 보상받음으로 경험될 것이고, 동물은 그 경험을 반복하고자 할 것이다.

4. 한 가지 형질 집합만으로 사람을 정의하지는 못하기 때문에, 이런 식으로 일반화한 서술은 ADD를 가진 모든 사람들에게 적용되지는 못할 것이다. 이를테면 ADD 외에 불안증 형질까지 가졌다면, 그 사람은 실제로 위험을 무릅쓰기를 싫어하고 변화와 예측불가능성을 좋아하지 않을 수도 있다. 또한 집중력이 약한 사람이면서 동시에 강박적인 완벽주의자가 되는 것도 가능하다. 비록 세세한 것에 집중하기 힘들어 하기 때문에 좌절감이 심한 완벽주의자가 되긴 하겠지만 말이다.

5. Alan Schwarz, *ADHD Nation: Children, Doctors, Big Pharma, and the Making of an American Epidemic* (New York: Scribner, 2016).

6. 더 진지하게 말해 보면, 나는 개념을 세밀하게 이해하는 데 필요한 노력을 견디지 못하는 것이, 수많은 과학적 통찰들이 대중의 의식 속을 기대만큼 파고들지 못하는 까닭 중의 하나라고 생각한다.

7. Richard Dawkins, *The Selfish Gene* (Oxford: Oxford University Press, 1976) [《이기적 유전자》(을유문화사: 2018)]; Richard Dawkins, *The Greatest Show on Earth: The Evidence for Evolution* (New York: Free Press, 2009. [《지상 최대의 쇼》(김영사: 2009)]

8. Stuart A. Kauffman, *Reinventing the Sacred: A New View of Science, Reason and Religion* (New York: Basic Books, 2008), pp. 85-87.

9. 이 인지능력 가운데에는 덜 발달된 형태이긴 해도 다른 영장류는 물론 여러 다른 종류의 동물들에게서 볼 수 있는 것들도 있다. 그러나 사람이 가진 인지능력은 그것과는 비교할 수 없을 정도로 복잡하다.

10. A. H. Maslow, "A Theory of Human Motivation," *Psychological Review* 50, no. 4 (1943).

11. V. Griskevicius, R. B. Cialdini, and D. T. Kenrick, "Peacocks, Picasso, and Parental Investment: The Effects of Romantic Motives on Creativity," *Journal of Personality and Social Psychology* 91 (2006); Douglas T. Kenrick, *Sex, Murder, and the Meaning of Life: A Psychologist Investigates How Evolution, Cognition, and Complexity Are Revolutionizing Our View of Human Nature* (New York: Basic Books, 2011). [《인간은 야하다: 진화심리학이 들려주는 인

간 본성의 비밀》(21세기북스: 2012)]

12. 반면에 공격성이 강한 수컷들이 여기저기 널리 씨를 퍼뜨리는 바람에 강한 부성을 선호하는 성 선택의 효과가 희석되기도 하지만, 그와 동시에 유전자 풀의 신체적 건강미physical fitness를 유지하는 데 도움이 될 수도 있으며, 암컷들은 그처럼 강건한 수컷들에게 끌리는 경향도 가지고 있다.
13. O. D. Howes and S. Kapur, "The Dopamine Hypothesis of Schizophrenia: Version III —The Final Common Pathway," *Schizophrenia Bulletin* 35, no. 3 (2009); S. Kapur, "Psychosis As a State of Aberrant Salience: A Framework Linking Biology, Phenomenology, and Pharmacology in Schizophrenia," *American Journal of Psychiatry* 160, no. 1 (2003).
14. Zorumski and Rubin, *Psychiatry and Clinical Neuroscience*, p. 77.
15. Eric R. Kandel, *Psychiatry, Psychoanalysis, and the New Biology of Mind* (Washington, DC: American Psychiatric, 2005), p. 353.
16. E. R. Kandel, "The Biology of Memory: A Forty-Year Perspective," *Journal of Neuroscience* 29, no. 41 (2009).

9장. 도덕성의 떠오름

1. Amanda Marcotte, "10 Myths Many Religious People Hold about Atheists, Debunked," *AlterNet*, September 13, 2011, http://www.alternet.org/story/152395/10_myths_many_religious_people_hold_about_atheists%2C_debunked?paging=off.
2. Patrick Grim, *Questions of Value*, Great Courses (Chantilly, VA: Teaching, 2005), lecture 10.
3. 위 강연, lecture 2.
4. Stuart A. Kauffman, *Reinventing the Sacred: A New View of Science, Reason and Religion* (New York: Basic Books, 2008), pp. 85-87.
5. 반면에 흄과 무어는 아마 자연세계에 대한 사실들로부터 절대적 가치를 연역해 내려 했다는 점에서는 아마 옳았을 것이다. 그런 절대적 가치가 있어야만 한다는 생각 전체는 실제세계보다는 사람의 상상 속에 존재하는 관념일 가능성이 크다.
6. 20세기의 저명한 미국 철학자인 존 듀이John Dewey에 따르면, 생물의 진화처럼 도덕성의 발달 또한 미리 예정된 종점 또는 목표가 없는 자연의 한 진화과정이며, 모든 시대 모든 상황에 적합한 궁극적인 도덕률이란 것은 없다. 듀이는 이런 진화 과정은 아무 인도함 없는 성장, 개선, 확대와 통합 국면들과 관련이 된다고 논했다. 한 개체나 한 종에

게 가치 있는 것 또는 이로운 것이 다른 개체나 종에게는 해로울 수 있다. 가치와 윤리에 대한 이런 자연주의적 이론에 심란해하는 비판자들도 있었다. 그들은 그 이론이 지나치게 상대주의적이어서 절대적인 기준점을 찾을 수 없다고 보았다. 이와 관련해서는 다음 자료를 참고하라. Lawrence Cahoone, *The Modern Intellectual Tradition: From Descartes to Derrida*, Great Courses (Chantilly, VA: Teaching, 2010), lecture 22.

7. Frans B. M. de Waal, *The Age of Empathy: Nature's Lessons for a Kinder Society* (New York: Harmony Books, 2009). [《공감의 시대: 공감 본능은 어떻게 작동하고 무엇을 위해 진화하는가》(김영사: 2017)]
8. Steven Pinker, *The Better Angels of Our Nature: Why Violence Has Declined* (New York: Viking, 2011), p. 553. [《우리 본성의 선한 천사: 인간은 폭력성과 어떻게 싸워 왔는가》(사이언스북스: 2014)]
9. de Waal, *Age of Empathy*, p. 59.
10. 위의 책, p. 66.
11. 위의 책. p. 66.
12. Patricia Smith Churchland, *Braintrust: What Neuroscience Tells Us about Morality*(Princeton, NJ: Princeton University Press, 2011), pp. 63-64; Churchland, *Touching a Nerve: The Self as Brain* (Princeton, NJ: Princeton University Press, 2013), pp. 93-94. *Braintrust*의 71-82쪽에서는 사람 성인의 신뢰감정에 옥시토신이 어떤 영향을 주는지도 살피고 있다.
13. Martin Hoffman, *Empathy and Moral Development: Implications for Caring and Justice*(New York: Cambridge University Press, 2000), p. 14.
14. 10-20년 전이란, 호프만이 이 문제를 부각한 뒤로 최근에 이르러 공감에 대한 관심이 대폭 증가하기 이전을 말하다.
15. Paul Bloom, *Just Babies: The Origins of Good and Evil*(New York: Crown, 2013).
16. de Waal, *Age of Empathy*, p. 79.
17. 위의 책, p. 115.
18. 위의 책, p. 80.
19. Pinker, *Better Angels*.
20. 위의 책, pp. 572-573.
21. 위의 책, p. 573.
22. Bloom, *Just Babies*.
23. Paul Bloom, "The Trouble with Empathy," interview by Allyson Kirkpatrick, *Guernica*, February 1, 2016, https://www.guernicamag.com/interviews/the-trouble-with-empathy/; Bloom, *Against Empathy: The Case for Rational Compassion* (New York: Ecco,

2016).

24. Hoffman, *Empathy and Moral Development*, pp. 197-217.

25. Bloom, "Trouble with Empathy."

26. Simon Baron-Cohen, "Empathy Is Good, Right? A New Book Says We're Better Off without It," *New York Times*, December 30, 2016, https://www.nytimes.com/2016/12/30/books/review/against-empathy-paul-bloom.html?_r=0.

27. Pinker, *Better Angels*, p. 552.

28. Charles Mathewes, *Why Evil Exists*, Great Courses (Chantilly, VA: Teaching, 2011), lecture 23.

29. Scott Simon, "Huck Finn's Inner Conflicts Reflect Our Own," NPR, January 8, 2011, http://www.npr.org/2011/01/08/132759360/huck-finns-inner-conflicts-reflect-our-own.

30. M. Nowak, "Why We Help: The Evolution of Cooperation," *Scientific American*, July 2012.

31. 위의 글.

32. Jesse Bering, *The Belief Instinct: The Psychology of Souls, Destiny, and the Meaning of Life* (New York: W. W. Norton, 2011), p. 227.

33. 플라이스토세는 구석기시대에 해당되는 시기로, 약 260만 년 전부터 1만-1만2천 년 전까지를 말한다(플라이스토세가 끝나는 시점은 마지막 빙하기가 끝나고 농업이 시작되던 시점에 해당한다). 언어가 언제 진화했는지는 모른다. 일반적으로 5만 년 전과 10만 년 전 사이의 어느 시점에 언어가 진화했다고 보는 이론들이 많다. 이보다 훨씬 이전부터 원시언어가 있었다고 볼 수 있으며, 이 원시언어는 호모 사피엔스뿐만 아니라 아마 사람속의 다른 종들—이들 중에는 우리 조상들도 있었을 것이다—도 썼을 것이다.

34. Bering, *The Belief Instinct*, p. 183.

35. 위의 책, pp. 182-183.

36. Pinker, *Better Angels*, p. 327.

37. Charles F. Zorumski and Eugene H. Rubin, *Psychiatry and Clinical Neuroscience: A Primer* (New York: Oxford University Press, 2011), p. 72.

38. 동성애혐오처럼 여기에서 살펴보지 않은 다른 종류의 박해에 크게 기여하는 인자의 하나가 바로 이것이다. 동성애혐오는 동성애를 혐오하는 당사자 안에 정상적이기는 하지만 부정된 형태로 잠복해 있는 동성애성향이 깨어나는 것에 대한 불안에서 비롯되는 경우가 흔히 있다.

39. de Waal, *Age of Empathy*, p. 80.

40. Pinker, *Better Angels*, pp. 320–343.

41. Bloom, *Just Babies*.

42. Stephen Suomi, "How Gene-Environment Interactions Shape the Development of Impulsive Aggression in Rhesus Monkeys," in *Developmental Psychobiology of Aggression*, ed. David Stoff and Elizabeth Susman (Cambridge: Cambridge University Press, 2005).

43. Frans de Waal, "Moral Behavior in Animals," TED video transcript, filmed November 2011 in Peachtree, GA, https://www.ted.com/talks/frans_de_waal_do_animals_have_morals/transcript?language=en.

44. L. R. Goldberg, "The Structure of Phenotypic Personality Traits," *American Psychologist* 48, no. 1 (1993).

45. Walter Mischel, *The Marshmallow Test: Mastering Self-Control* (New York: Little, Brown, 2014).

46. B. J. Casey et al., "Behavioral and Neural Correlates of Delay of Gratification 40 Years Later," *Proceedings of the National Academy of Sciences of the United States of America* 108, no. 36 (2011).

47. Roy F. Baumeister and John Tierney, *Willpower: Rediscovering the Greatest Human Strength* (New York: Penguin, 2011).

48. Pinker, *Better Angels*, pp. 592–611.

49. 주의력 결핍 과잉 활동 장애는 교도소 죄수들에게서 매우 많이 나타난다. 다음 글을 참고하라. Joel Young, "ADHD and Crime: Considering the Connections," *Medscape*, April 12, 2010, http://www.medscape.org/viewarticle/719862.

50. Jonathan Haidt, *The Righteous Mind: Why Good People Are Divided by Politics and Religion* (New York: Pantheon Books, 2012), p. 27. [《바른 마음: 나의 옳음과 그들의 옳음은 왜 다른가》(웅진지식하우스: 2014)]

51. 위의 책, p. 3.

52. "Morals and the Machine," editorial, *Economist*, June 2, 2012.

53. 위의 글.

54. 위의 글.

55. Cory Doctorow, "The Problem with Self-Driving Cars: Who Controls the Code?," *Guardian*, December 23, 2015, https://www.theguardian.com/technology/2015/dec/23/the-problem-with-self-driving-cars-who-controls-the-code.

56. Haidt, *Righteous Mind*, p. 44.

57. Bloom, *Against Empathy*.

58. Pinker, *Better Angels*, pp. 668-669.

59. Jerry A. Coyne, *Faith versus Fact: Why Science and Religion Are Incompatible* (New York: Viking, 2015), p. 176.

60. Michael Shermer, *The Moral Arc: How Science and Reason Lead Humanity toward Truth, Justice, and Freedom* (New York: Henry Holt, 2015). [《도덕의 궤적: 과학과 이성은 어떻게 인류를 진리, 정의, 자유로 이끌었는가》(바다출판사: 2018)]

61. 마음 이론이 무엇인지는 2장에서 정의했다.

62. Grim, *Questions of Value*, lecture 12; R. Axelrod and W. D. Hamilton, "The Evolution of Cooperation," *Science* 211, no. 4489 (1981).

63. Wikipedia, s.v. "Evolution of Cooperation," accessed July 15, 2012, http://en.wikipedia.org/wiki/Evolution_of_cooperation#Axelrod.27s_Tournaments; Robert M. Axelrod, *The Evolution of Cooperation* (New York: Basic Books, 1984).

64. Haidt, *Righteous Mind*, p. 317.

65. Pinker, *Better Angels*, pp. 175-177. 현대에 와서는 라디오, 텔레비전, 영화, 인터넷이 이 역할을 떠맡았다.

66. Grim, *Questions of Value*, lecture 15; Kenneth Bartlett, The Development of European Civilization, Great Courses (Chantilly, VA: Teaching, 2011), lectures 17, 18.

67. Thomas Hobbes, *Of Man, Being the First Part of Leviathan*, in *Harvard Classics*, vol. 34, ed. Charles Eliot (New York: P. F. Collier & Son, 1917; Bartleby.com, 2000), http://www.bartleby.com/34/5/13.html.

68. Bartlett, *Development of European Civilization*, lectures 17, 18.

69. John Locke, "Of the State of Nature," chap. 2 in *Second Treatise of Government* (London: Awnsham Churchill, 1689; Project Gutenberg, 2005), https://www.gutenberg.org/files/7370/7370-h/7370-h.htm.

70. Pinker, *Better Angels*, pp. 35, 55, 680-682.

71. 이를테면 다음 조사들을 참고하라. The Human Development Index, Gallup Global Reports, the Pew Forum on Religion & Public Life, and the Global Peace Index.

72. Paul Kurtz, *Humanist Manifesto 2000: A Call for a New Planetary Humanism* (Amherst, NY: Prometheus Books, 2000).

73. Pinker, *Better Angels*, p. 563.

74. 위의 책, pp. 563-564.

75. W. Quattrociocchi, "Inside the Echo Chamber," *Scientific American*, April 2017.

76. Jim Giles, "Internet Encyclopaedias Go Head to Head," Nature 438 (December

2005): 900-901, https://www.nature.com/articles/438900a. 이보다 최근에 백과사전들을 비교한 연구에서도 대부분 비슷한 결과가 나왔다. 다음 자료를 참고하라. Jona Kraenbring et al., "Accuracy and Completeness of Drug Information in Wikipedia: A Comparison with Standard Textbooks of Pharmacology," PLoS One 9, no. 9 (September 2014), http://journals.plos.org/plosone/article?id=10.1371/journal.pone.0106930.

77. Pinker, *Better Angels*, p. 690.
78. 스티븐 핑커는 완전한 평화주의가 전쟁을 억제하는 해법은 아니라는 것을 우리에게 상기시킨다. "각 편은 적에게 밥이 되지 않을 만큼은 공격성을 가져야 하며, 좋은 공격이 종종 최선의 방어가 되곤 한다." 다른 한편으로, "믿음이 가는 선의를 표시하면 이따금 그 보답을 받아, 모두가 거의 기대조차 하지 않을 때 반목의 오고감을 풀어내서 폭력을 누그러뜨릴 수도 있다." 유연하고 합리적인 외교정책들은 "국가 지도자들에게, 그저 제1차 세계대전으로 귀결되었던 치킨게임이나 제2차 세계대전으로 귀결되었던 유화정책을 펼쳤을 때보다 더 많은 선택지를 줄" 수 있다. 위의 책, pp. 680, 691.
79. 위의 책, p. 477.
80. Sam Harris, *The Moral Landscape: How Science Can Determine Human Values* (New York: Free Press, 2010).
81. Shermer, Moral Arc. 셔머의 논증에서 역점을 두는 것은 개개인의 번성이다. 따라서 이런 의미에서 그 논증은 공리주의 논증이 아니다.

10장. 종교에는 무엇이 남았는가

1. Karen Armstrong, *The Case for God* (New York: Knopf, 2009), p. xi. [《신을 위한 변론: 우리가 잃어버린 종교의 참의미를 찾아서》(웅진지식하우스: 2010)]
2. 어린애처럼 성경을 글자 그대로 곧이곧대로 믿는 성향이 성인들 사이에서 지속적이고 '고무적으로' 인기를 끌고 있음을 보여 주는 무수히 많은 예 가운데 단 하나만 들어보면, 토드 부포Todd Burpo가 쓴 달콤한 '비소설' 책인 《천국은 진짜 있다Heaven Is For Real》가 오랫동안 미국 베스트셀러 목록에 올랐으며, 천만 부가 넘게 팔렸다는 것이다. 인터넷 서평 사이트들에 초기에 올라온 그 책에 대한 서평 중 '회의주의자들'이 쓴 서평은 얼마 되지 않았는데, 그나마도 소년이 묘사한 천국(진주로 장식된 문 등등)이 성경에서 묘사한 천국과 정확히 일치하느냐, 또는 신이 정말로 사람들에게 천국을 잠깐 보게 하고는 다시 돌려보내 지상에서의 삶을 이어 가도록 하느냐는 물음이나 단순하게 던지는 정도였다. Todd Burpo and Lynn Vincent, *Heaven Is for Real: A Little Boy's Astounding Story of His Trip to Heaven and Back* (Nashville, TN: Thomas Nelson, 2010). [《3분》(크리스천석

세스: 2011)]

이것과 매우 비슷한 베스트셀러 책이 위의 책과 거의 같은 무렵에 출간되었는데, 그 저자는 기독교 서점들에게 보내는 공개편지에서 자기 책을 부정하며 자기가 했던 임사체험이 조작이라고 말했다. 곧 주목을 받고 싶어서 지어 냈다는 것이었다. Kevin Malarkey and Alex Malarkey, *The Boy Who Came Back from Heaven: A Remarkable Account of Miracles, Angels, and Life beyond This World* (Carol Stream, IL: Tyndale House, 2010); Ron Charles, "'Boy Who Came Back From Heaven' Actually Didn't; Books Recalled," *Washington Post*, January 16, 2015, https://www.washingtonpost.com/news/arts-and-entertainment/wp/2015/01/15/boy-who-came-back-from-heaven-going-back-to-publisher/?utm_term=.1c0261e5b057.

만일 대학원 교육까지 받았는데 순진하게 성경을 글자 그대로 믿는 사람이 있을까 하는 의심이 든다면, 신경외과의사인 이븐 알렉산더 3세Eben Alexander III 박사의 경우를 보면 된다. 그가 쓴 《나는 천국을 보았다Proof of Heaven》는 그가 중병 — 그의 말에 따르면 그 병 때문에 자신의 대뇌 겉질의 기능이 꺼졌다고 한다 — 을 앓는 동안 환상과도 같이 천국을 방문했던 이야기를 담은 책이다. Eben Alexander, *Proof of Heaven: A Neurosurgeon's Journey into the Afterlife* (New York: Simon & Schuster, 2012). [《나는 천국을 보았다》(김영사: 2013)] 이성적으로 쓴 소수의 서평들이 지적했다시피, 이런 유의 책들은 그저 사람이 천국이나 내세, 또는 불멸성 같은 것을 동경하고 있다는 것이나 증명해 줄 따름이다. 다음 글을 참고하라. Peter Stanford, "All Eben Alexander Proves Is That There Is a Longing for Heaven," *Guardian*, October 11, 2012, http://www.guardian.co.uk/commentisfree/2012/oct/11/dr-eben-alexander-proves-need-heaven. 임사체험은 그 거짓됨이 낱낱이 밝혀졌으며, 신경-정신의학적 관점에서 완전하게 설명되었다. 다음 글을 참고하라. Oliver Sacks, "Seeing God in the Third Millennium: How the Brain Creates Out-of-Body Experiences and Religious Epiphanies," *Atlantic*, December 12, 2012, http://www.theatlantic.com/health/archive/2012/12/seeing-god-in-the-third-millennium/266134/ 알렉산더의 경우를 들면서 올리버 색스는 이렇게 말했다. "알렉산더 박사의 경우에서 한 가지 가장 개연성 있는 가설은 그의 NDE[near-death experience, 임사체험]가 혼수상태에서 일어난 것이 아니라 혼수상태에서 깨어나면서 대뇌 겉질이 온전한 기능을 되찾아가는 도중에 일어났다고 보는 것이다. 이런 명백하고 자연스러운 설명을 허용하지 않고, 그 대신 초자연적인 설명을 고집한 것이 의아하다." 다음 책도 참고하라. Michael Shermer, *Heavens on Earth: The Scientific Search for the Afterlife, Immortality, and Utopia* (New York: Henry Holt, 2018), pp. 113-119.

3. 예를 들면 다음 책들을 참고하라. Gerald Schroeder, *Genesis and the Big Bang Theory:*

The Discovery of Harmony between Modern Science and the Bible (New York: Bantam Books, 1990); Schroeder, *The Science of God: The Convergence of Scientific and Biblical Wisdom* (New York: Free Press, 1997)[《신의 과학》(범양사: 2000)]; Schroeder, *The Hidden Face of God: How Science Reveals the Ultimate Truth* (New York: Free Press, 2001)[《신의 숨겨진 얼굴》(하늘곳간: 2006)]; Schroeder, *God according to God: A Physicist Proves We've Been Wrong about God All Along* (New York: HarperOne, 2009).

4. 일반적인 개요를 보려면 다음 글을 참고하라. Wikipedia, s.v. "Bible Code," accessed November 24, 2011, http://en.wikipedia.org/wiki/Bible_code. 더 깊이 있게 알고 싶으면 다음 글을 참고하라. Brendan McKay et al., "Solving the Bible Code Puzzle," *Statistical Science* 14, no. 2 (1999): 150-173. 재미를 곁들이려면 다음 글을 참고하라. Brendan McKay, "Assassinations Foretold in Moby Dick!," 1997, http://users.cecs.anu.edu.au/~bdm/dilugim/moby.html.
5. 이 판본을 비롯해서 이와 비슷한 출판물들의 일반적인 방향성은 성경을 엄격하게 글자 그대로 읽는 것과 (부분적으로나마) 조금 더 은유적으로 읽는 것 사이에 자리하는 것으로 보인다.
6. Nosson Scherman et al., *The Chumash: The Torah, Haftaros and Five Megillos* (The Stone Edition), 11th ed., ArtScroll series (Brooklyn, NY: Mesorah Publications, 2001), p. xix.
7. 실제로 라비 주해서들은 과거에 살았던 모든 유대인들의 영혼까지 시내산에 와서 하느님께서 토라를 주시는 모습을 직접 목격했다고 말한다. 그리고 이것이 그 진실을 뒷받침하는 또 하나의 증거라고 말한다.
8. Lawrence Kelemen, *Permission to Receive: Four Rational Approaches to the Torah's Divine Origin* (New York: Targum Press, 1994).
9. Scherman et al., Chumash, p. xxi.
10. 이렇게 추정한 시간은 성경에 상술된 사건들의 연대를 계산해서 현대적 역사연표에 적용한 것에 기초했다. 학자들은 일반적으로 '기원전'을 뜻하는 표기로 BC(예수 이전) 대신 BCE(before the Common Era, 서력기원 이전), '기원후'를 뜻하는 표기로 AD(Anno Domini, 주님의 해) 대신 CE(Common Era, 서력기원 또는 서기)를 사용한다.
11. 히브리 성경을 누가 언제 왜 썼는지 자세한 분석을 보고 싶으면, 다음 책들을 참고하라. Karen Armstrong, *A History of God: The 4000-Year Quest of Judaism, Christianity, and Islam* (New York: A. A. Knopf, 1993)[《신의 역사: 유대교, 기독교, 이슬람의 4,000년 간 유일신의 역사》(동연: 1999)]; Armstrong, *The Bible: A Biography* (New York: Atlantic Monthly Press, 2007)[《성서: 읽을수록 새롭게 다가오는 최초의 경전》(세종서적: 2015)]; Armstrong, *Case for God*[《신을 위한 변론: 우리가 잃어버린 종교의 참의미를 찾아서》(웅진지식하우스: 2010)];

Israel Finkelstein and Neil Asher Silberman, *The Bible Unearthed: Archaeology's New Vision of Ancient Israel and the Origin of Its Sacred Texts* (New York: Free Press, 2001)[《성경: 고고학인가 전설인가》(까치: 2002)]; Finkelstein and Silberman, *David and Solomon: In Search of the Bible's Sacred Kings and the Roots of the Western Tradition* (New York: Free Press, 2006).

12. 쿠란도 틀림이 없다고들 믿는 경전이다. 곧, 서기 7세기에 선지자 무함마드에게 신께서 계시하신 성스런 말씀이라는 말이며, 히브리 성경과 기독교 성경을 기초로 하고 있다. 신약 성경과 쿠란이 씌어진 완전한 역사적 맥락을 특히나 포괄적이고 학문적이고 치우침 없이 분석하고 글의 일관성과 진위에 관한 많은 문제를 다룬 글로는 위에서 인용한 카렌 암스트롱의 책들을 추천한다.

13. Michael Lipka, "Americans' Faith in God May Be Eroding," Fact Tank, Pew Research Center, November 4, 2015, http://www.pewresearch.org/fact-tank/2015/11/04/americans-faith-in-god-may-be-eroding/.

14. 비록 성경이 신을 사람의 모습으로 그리고는 있지만, 성경을 축자적으로 믿지 않는 신자들은 그 묘사가 일종의 문학적인 장치라고 여긴다는 것을 주목해야 할 것이다. 그런 신자들은 성경에 신이 이렇게 묘사된 것을, 신께서 비록 자신의 진정한 형상을 반드시 반영하지는 못한다 할지라도 보통 사람들에게 자신을 더 이해하기 쉽게 하려고 그렇게 묘사한 것일 뿐이라고 해석할 것이다.

15. Armstrong, *Case for God*, pp. 110, 316, 320.

16. 위의 책.

17. Robert Wright, The Evolution of God (New York: Little, Brown, 2009), p. 445.[《신의 진화: 종교와 과학, 문명과 문명 간의 화해는 가능한가》(동녘사이언스: 2010)]

18. 못하는 것이 없고 모르는 것이 없고 한없이 선하다는 뜻.

19. Steven Weinberg, *Dreams of a Final Theory* (New York: Pantheon Books, 1992), p. 251. [《최종 이론의 꿈: 자연의 최종 법칙을 찾아서》(사이언스북스: 2016)]

20. David Attenborough, "Sir David Attenborough's View on Science & Religion - Life on Air," BBC interview by Michael Palin, posted November 3, 2008, YouTube video, 2:22, http://www.youtube.com/watch?v=Gfa88SeNohY.

21. Lawrence Kelemen, Permission to Believe: Four Rational Approaches to God's Existence, 2nd rev. ed. (New York: Targum Press, 1990).

22. Thomas Nagel, *Mind and Cosmos: Why the Materialist Neo-Darwinian Conception of Nature Is Almost Certainly False* (New York: Oxford University Press, 2012).

23. 위의 책, p. 5.

24. H. Allen Orr, "Awaiting a New Darwin," *New York Review of Books*, February 7, 2013.

25. Wright, *Evolution of God*.

26. Robert Wright, "Can Evolution Have a 'Higher Purpose'?," *New York Times*, December 12, 2016, https://www.nytimes.com/2016/12/12/opinion/can-evolution-have-a-higher-purpose.html.

27. Jerry Coyne, "Robert Wright in the NYT: Evolution Could Have a 'Higher Purpose,'" *Why Evolution Is True* (blog), December 13, 2016, https://whyevolutionistrue.wordpress.com/2016/12/13/robert-wright-in-the-nyt-evolution-could-have-a-higher-purpose.

28. Ibid.

29. Neil Turok, *The Universe Within: From Quantum to Cosmos* (Toronto: House of Anansi, 2012), p. 14. [《우리 안의 우주: 인간 삶의 깊은 곳에 관여하는 물리학의 모든 것》(시공사: 2013)]

30. 위의 책, p. 201.

31. 위의 책, p.249. 투록은 남아프리카에서 태어났고, 그의 부모는 아파르트헤이트apartheid[남아프리카공화국의 인종분리 정책]에 반대하는 활동가로서 아직까지도 정치적으로 남아프리카공화국에 관여하고 있다. 그런 투록은 무엇보다도 아프리카에서 수학과 과학의 교육을 장려했고, 아프리카수리과학연구소African Institutes for Mathematical Sciences(AIMS)를 설립했다. 그 연구소는 혁신적인 연구소들이 모인 곳이며, 지적 능력이 높은 아프리카 학생들에게 고등 수학과 과학 공부 프로그램을 제공하고 있다. 그 학생들은 그 연구소가 아니었다면 결코 그런 기회를 갖지 못했을 것이다.

32. 반드시 목적론적일 필요가 없고 과학적 세계관과 더 양립할 수 있는 유사영성적인 세계관을 찾는 사람들에게는 다양한 형태의 범신론(신은 자연이다)이 호소력을 가질 수도 있다. 아인슈타인이 가졌던 것이 바로 범신론적 세계관으로서, 스피노자의 신을 본으로 삼은 것이었다. (그러나 스피노자가 사실은 범신론자보다는 만유내재신론자panentheist에 더 가깝다고 보는 사람들도 있다. 만유내재신론은 글자 그대로 '모든 것은 신 안에 있다all-in-God'는 뜻이다. 곧, 신은 자연으로 발현되지만, 또한 우주를 초월해 있기도 하다는 것이다. 자연은 그저 신의 일부일 뿐이다. 순수한 범신론자들이 생각하기에 자연이 가진 모든 형태들은 신이 전체적으로 발현된 것이며, 신은 그저 자연에 지나지 않는다. 존재하는 것은 그것뿐이다.) 오늘날에 과학적 자연주의scientific naturalism를 이해하기 쉽게 설명하면서 범신론적이고 영적인 성찰을 세심하고 웅변적으로 결합한 책의 예로는 다음의 책이 있다. Ursula Goodenough, *The Sacred Depths of Nature* (New York: Oxford University Press, 1998).

33. 이를테면 존재론적 논증, 우주론적 논증, 목적론적 논증 등이 있다.

34. Rebecca Goldstein, *36 Arguments for the Existence of God: A Work of Fiction* (New York:

Pantheon Books, 2010). 이 소설의 부록에서는 철학적 논증들을 진지하게 개괄하고 있다. 다음 강의도 참고하라. James Hall, *Philosophy of Religion*, Great Courses (Chantilly, VA: Teaching, 2003), lectures 9–16.

35. 내가 일하는 병원의 블로그에 이것에 관한 글을 썼다. Ralph Lewis, "Our Sense of Purpose Is Not Dependent on the Universe Having a Purpose," *Finding Purpose* (blog), YourHealthMatters, Sunnybrook Hospital, January 29, 2018, http://health.sunnybrook.ca/mental-health/finding-purpose/sense-purpose-not-dependent-universe-purpose/.
36. 아마 독단적 무신론에 빠져서 꽥꽥대지 않으려고 애썼다는 것만큼은 서로 달랐을 것이다. 불행히도 '신무신론자New Atheist'라는 용어가 획득한 함의가 바로 이렇다.
37. Stephen Jay Gould, *Rocks of Ages: Science and Religion in the Fullness of Life*, Library of Contemporary Thought (New York: Ballantine, 1999).
38. Jerry A. Coyne, *Faith versus Fact: Why Science and Religion Are Incompatible* (New York: Viking, 2015).
39. H. G. Koenig, "Research on Religion, Spirituality, and Mental Health: A Review," *Canadian Journal of Psychiatry* 54, no. 5 (2009).
40. 이런 점을 보여 주는 세속적인 예들도 많이 떠오른다. 이를테면, 범죄가 만연한 도시에서는 종종 이웃들이 나서서 쓰레기를 치우고 그림낙서를 지우는 것이 성공적인 범죄예방전략이 된다. 그렇게 하면 이곳은 규칙을 중요하게 여기는 곳이고 주민들이 주변 환경에 신경을 쓰면서 돌보는 곳임을 사람들에게 알려주는 셈이기 때문이다.
41. Armstrong, *Case for God*.
42. Karen Armstrong, *Fields of Blood: Religion and the History of Violence* (New York: Alfred A. Knopf, 2014).
43. 전체로 보았을 때 종교가 인류의 역사에서 과연 나쁜 일보다는 좋은 일을 더 많이 했느냐는 물음은 종교를 믿는 자들이 안 믿는 자들보다 과연 더 윤리적이고, 연민이 더 많고, 관용이 더 크냐는 물음만큼이나 논쟁의 여지가 큰 물음이다. 역사적으로 종교가 사회에 이바지한 유산이 무엇이냐를 따지는 문제에서 종교가 가진 대차대조표는 복잡하다. 다음 책을 참고하라. Christopher Hitchens and Tony Blair, *Hitchens vs. Blair: Be It Resolved Religion Is a Force for Good in the World* (Toronto: House of Anansi, 2011).
44. Jerry Coyne, "The Incoherence of Karen Armstrong," Why Evolution Is True (blog), November 18, 2014, https://whyevolutionistrue.wordpress.com/2014/11/18/the-incoherence-of-karen-armstrong/.
45. Armstrong, Case for God.

46. Jay Garfield, *The Meaning of Life: Perspectives from the World's Great Intellectual Traditions*, Great Courses (Chantilly, VA: Teaching, 2011), lectures 17, 18.

47. 위의 강연, lectures 12-14.

11장. 시련에 부딪혀도 의미롭게 살기

1. 유대교, 기독교, 이슬람교

2. Kate Bowler, "Death, the Prosperity Gospel and Me," *New York Times*, February 13, 2016, http://www.nytimes.com/2016/02/14/opinion/sunday/death-the-prosperity-gospel-and-me.html; Wikipedia, s.v. "Kingdom Theology," accessed February 16, 2016, https://en.wikipedia.org/wiki/Kingdom_theology.

3. Harold S. Kushner, *When Bad Things Happen to Good People* (New York: Schocken Books, 1981)[《왜 착한 사람에게 나쁜 일이 일어날까》(창: 2005)]; Gerald Schroeder, *God according to God: A Physicist Proves We've Been Wrong about God All Along* (New York: HarperOne, 2009); Arthur Green, *Radical Judaism: Rethinking God and Tradition* (New Haven, CT: Yale University Press, 2010).

4. 카발라에서는 하느님의 초월적 본질을 '에인 소프Ein Sof'라고 일컬으며, '끝이 없다', 무한하다는 뜻이다. 곧, 우주를 초월해 있다는 뜻으로 쓰는 말이다. 우리가 이 세계에서 경험한다고들 말하는 하느님의 부분적이고 내재적인 측면들은 창조의 재료 속에 갇혀 있는 궁극적인 초월의 빛이 그저 잠깐 불꽃을 튀긴 것으로 비유할 때도 있다.

5. Charles Mathewes, Why Evil Exists, Great Courses (Chantilly, VA: Teaching, 2011), lecture 10.

6. Richard Dawkins et al., "Debate: Does the Universe Have a Purpose?," debate at 2010 La Ciudad de las Ideas festival, posted November 18, 2010, YouTube video, 1:43:28, http://www.youtube.com/watch?v=p6tIee8FwX8.

7. 3장의 미주 16번에서 '순수한 악의 신화'에 대해 쓴 글을 참고하라.

8. 이를테면 다음 글을 참고하라. Yehuda Bauer, "The Background to Nazi Antisemitism and the Holocaust," interviewed by Amos Goldberg, Yad Vashem, January 18, 1998, http://www1.yadvashem.org/odot_pdf/Microsoft%20Word%20-%203856.pdf. 소름끼치는 자기정당화의 한 예로서 '유대인 문제'에 대한 나치의 '최종해법Final Solution'을 고안한 중심인물의 한 사람인 하인리히 힘러Heinrich Himmler가 펼친 자기정당화의 사고 과정 — 하인리히는 자기 자신을 '점잖은 사람'으로 보았다 — 은 다음 글에서 볼 수 있다. Wikipedia, s.v. "Posen speeches," accessed April 22, 2012, http://en.wikipedia.org/

wiki/Posen_speeches.

9. Michael Berenbaum, *The World Must Know: The History of the Holocaust as Told in the United States Holocaust Memorial Museum* (Boston: Little, Brown, 1993), p. 220.

10. 위의 책.

11. 위의 책.

12. 위의 책, p. 222.

13. 현실적 및 심리적 장애들이 도저히 극복할 수 없는 것처럼 보였음에도 불구하고, 사실 희생자들이 저항했던 사례들은 많이 있었다.

14. 예후다 바우어는 저명한 역사학자이자 홀로코스트 학자이며, 이스라엘의 홀로코스트 박물관인 야드 바셈Yad Vashem의 학술고문이다.

15. Berenbaum, *World Must Know*, p. 221.

16. 위의 책, pp. 221-222.

17. Viktor E. Frankl, *Man's Search for Meaning: An Introduction to Logotherapy* (Boston: Beacon Press, 1963).

18. Ian Brown, "How Do You Forgive the Unforgivable?," *Globe and Mail*, December 22, 2012, http://www.theglobeandmail.com/news/how-do-you-forgive-the-unforgivable/article6673873/?page=3.

19. Jennifer Pagliaro, "Mental Illness: Suicide, Schizophrenia and One Family's Losing Battle to Save Their Son," *Toronto Star*, March 15, 2013, http://www.thestar.com/news/gta/2013/03/15/mental_illness_suicide_schizophrenia_and_one_familys_losing_battle_to_save_their_son.html.

20. Irvin D. Yalom, *Staring at the Sun: Overcoming the Terror of Death* (San Francisco: Jossey-Bass, 2008), p. 7.

21. 위의 책, p.196. 물론 우리가 삶의 기쁨과 창의성을 가지도록 이끈 우리 뇌와 심리적 및 문화적 진화에 대해서는 다른 관점들도 많이 있지만, 서루와 얄롬의 관점도 잘 받아들여지고 있다.

    이 지점에 이르러, 이슬람의 성전을 치르는 자살폭탄테러범들이 했다는 다음의 말을 지적하는 사람도 있을 것이다. "당신이 삶을 사랑하는 것만큼 나는 죽음을 사랑한다." 다음 글을 참고하라. Jewish Telegraphic Agency, "Families of Toulouse Victims Seek Gag Order on Leaked Recordings," *Jewish Journal*, July 9, 2012, http://jewishjournal.com/news/world/105947/. 죽음이 끝이라고 믿는 사람들은 자살-살인이란 영원한 보상이 있는 천국의 삶으로 빠르게 가기 위한 길에 불과하다고 믿는 사람들에 비해 광신적인 대의를 위해 자신을 순교할 가능성이 훨씬 낮다.

22. Yalom, *Staring at the Sun*, pp. 49, 281.

23. Sandra Martin, *A Good Death: Making the Most of Our Final Choices* (Toronto: Patrick Crean Editions, 2016).

24. Yalom, *Staring at the Sun*, p. 83.

25. 위의 책, p. 85.

26. W. Breitbart et al., "Meaning-Centered Group Psychotherapy for Patients with Advanced Cancer: A Pilot Randomized Controlled Trial," *Psychooncology* 19, no. 1 (2010).

27. David J. Wolpe, *Why Faith Matters* (New York: HarperOne, 2008), p. xiv.

28. 조력사 합법화 지지는 서유럽의 몇몇 국가와 미국의 몇몇 주에서 시행된 책임프로그램들이 성공을 거두면서 힘을 얻었다. 조력사 합법화가 야기할 것으로 우려했던 '미끄러운 비탈 효과'는 일반적으로 현실로 나타나지 않았다.

29. Dave McGinn, "Vast Majority of Canadians in Favour of Assisted Dying: Poll," *Globe and Mail*, October 8, 2014, http://www.theglobeandmail.com/life/health-and-fitness/health/vast-majority-of-canadians-in-favour-of-assisted-dying-poll/article20981301/.

30. André Picard, "High-Altitude Climber Advocating for the Choice to Die," *Globe and Mail*, October 13, 2014, http://www.theglobeandmail.com/life/health-and-fitness/health/high-altitude-climber-advocating-for-the-choice-to-die/article21083795/.

31. 위의 글.

32. Ross Douthat, "The Last Right: Why America Is Moving Slowly on Assisted Suicide," New York Times, October 11, 2014, http://www.nytimes.com/2014/10/12/opinion/sunday/ross-douthat-why-america-is-moving-slowly-on-assisted-suicide.html?_r=1.

33. 위의 글.; Kara Tippetts, "Dear Brittany: Why We Don't Have to Be So Afraid of Dying & Suffering That We Choose Suicide," Ann Voskamp (website), October 8, 2014, http://annvoskamp.com/2014/10/dear-brittany-why-we-dont-have-to-be-so-afraid-of-dying-suffering-that-we-choose-suicide/.

34. "Feb. 22: This Week's Talking Point—The Right to Die—and Other Letters to the Editor," letters to the editor, *Globe and Mail*, February 22, 2014, http://www.theglobeandmail.com/globe-debate/letters/feb-22-this-weeks-talking-point-the-right-to-die-and-other-letters-to-the-editor/article17032361/.

35. Sean Fine, "Government's Stance on Assisted-Suicide Runs into Skepticism from

Supreme Court," *Globe and Mail*, October 15, 2014, http://www.theglobeandmail.com/news/national/disability-rights-take-the-fore-at-supreme-courts-assisted-suicide-hearing/article21106806/.

36. Sean Fine, "Supreme Court Rules Canadians Have Right to Doctor-Assisted Suicide," *Globe and Mail*, February 6, 2015, http://www.theglobeandmail.com/news/national/supreme-court-rules-on-doctor-assisted-suicide/article22828437/; Canadian Medical Association, "CMA Policy: Euthanasia and Assisted Death (Update 2014)," Canadian Medical Association, August 2014, https://www.cma.ca/Assets/assets-library/document/en/advocacy/EOL/CMA_Policy_Euthanasia_Assisted%20Death_PD15-02-e.pdf.
37. Fine, "Supreme Court Rules."
38. Laura Payton, "Supreme Court Says Yes to Doctor-Assisted Suicide in Specific Cases," CBC News, February 6, 2015, http://www.cbc.ca/news/politics/supreme-court-says-yes-to-doctor-assisted-suicide-in-specific-cases-1.2947487.
39. 그래서 전문가들, 병원들, 규제기관들에서는 본인이 직접 경구로 투여하는 혼합약제(캐나다에서는 이것도 합법이다)보다 안락사를 압도적으로 선호하고 있다. 전문가의 관리를 받아 실행되는 안락사는 훨씬 빠르고, 부드럽고, 안전하며, 잘못해서 망칠 가능성이 거의 없다. 그리고 치사약제들이 사람들 사이에서 돌아다니는 것도 피할 수 있다. 전문가의 손으로 약이 투여될 때에 환자들은 더 의지가 되고 안심할 수 있다.
40. Ralph Lewis, "Medical Assistance in Dying: Is There Purpose in Suffering?," *Finding Purpose* (blog), *YourHealthMatters*, Sunnybrook Hospital, November 13, 2017, http://health.sunnybrook.ca/mental-health/finding-purpose/medical-assistance-dying-purpose-suffering/; Lewis, "Depression and MAID: Terminally Ill Patients Are Often Depressed. But That Doesn't Mean They're Incompetent," *Healthy Debate*, February 21, 2018, http://healthydebate.ca/opinions/depression-and-maid.
41. Yalom, *Staring at the Sun*, p. 145.

12장. 자연주의적인 시각에서 찾은 영감

1. 더글러스 애덤스의 삶은 애석하게도 수많은 열혈독자들의 바람보다 훨씬 짧았다. 여기에 인용한 애덤스의 말은 다음의 다큐멘터리 속 인터뷰에 나온다. Break the Science Barrier, written and presented by Richard Dawkins, aired October 30, 1996, on Channel 4 (UK).

2. 이때의 '초월'이란 말에는 그 어떤 형이상학적인 함의도 들어 있지 않다.
3. Tyler Volk and Dorion Sagan, *Death & Sex* (White River Junction, VT: Chelsea Green, 2009)[《죽음과 섹스: 생명은 어떻게 끝나고 다시 시작하는가》(동녘사이언스: 2012)]; George Wald, "The Origin of Death," transcript of 1970 talk, accessed June 6, 2012, http://www.elijahwald.com/origin.html.
4. Ursula Goodenough, *The Sacred Depths of Nature* (New York: Oxford University Press, 1998)[《자연의 신성한 깊이》(수수꽃다리: 2000)].
5. 위의 책, pp. 145-146.
6. Richard Dawkins, *The Selfish Gene* (Oxford: Oxford University Press, 1976)[《이기적 유전자》(을유문화사: 2002)].
7. 도킨스의 저명한 비평가 중 한 사람인 스티븐 제이 굴드는 유전자보다는 유기체 전체가 자연 선택의 단위로 더 중요하다고 논했다. E. O. 윌슨Wilson 등의 사람들은 개체들로 이루어진 집단 전체가 자연 선택의 단위일 수 있다고 논했다. 진화의 세밀한 측면을 놓고 벌어진 이 논쟁은 아직도 계속되고 있지만, 이 책을 쓰고 있는 현재는 과학계의 중론이 도킨스 쪽으로 기울고 있는 것 같다. 다음 글들을 참고하라. Steven Pinker, "The False Allure of Group Selection," *Edge*, June 18, 2012, http://edge.org/conversation/the-false-allure-of-group-selection; E. O. Wilson, *The Social Conquest of Earth* (New York: W. W. Norton, 2012)[《지구의 정복자: 우리는 어디서 왔는가, 우리는 무엇인가, 우리는 어디로 가는가?》(사이언스북스: 2013)].
8. Goodenough, *Sacred Depths of Nature*, p. 146.
9. 위의 책.
10. 위의 책, pp. 147-148.
11. 위의 책, p. 148.
12. 위의 책, pp. 149, 151.
13. Irvin D. Yalom, *Staring at the Sun: Overcoming the Terror of Death* (San Francisco: Jossey-Bass, 2008), p. 78.
14. Douglas Adams, *Life, the Universe and Everything*, 1st UK ed. (London: Pan Books, 1982), chap. 1.[《은하수를 여행하는 히치하이커를 위한 안내서 3》(책세상: 2004)]
15. Yalom, *Staring at the Sun*, p. 109.
16. 위의 책, p. 147.
17. *Horizon*, "The Pleasure of Finding Things Out," interview with Richard Feynman, aired 1981 on BBC, http://www.bbc.co.uk/sn/tvradio/programmes/horizon/broadband/archive/feynman/.

18. Steven Pinker, *The Better Angels of Our Nature: Why Violence Has Declined* (New York: Viking, 2011).

19. 이와 비슷한 맥락에서, 저명하고 영향력 있는 경제학자인 제러미 리프킨Jeremy Rifkin은 문명화와 세계화가 이루어지는 과정에서 인류가 '집단' 개념을 서서히 확장해 나가고 있으며, 그에 따라 인류의 협력성과 공감도 확장하고 있다는 신중한 긍정적 시각을 취했다. Jeremy Rifkin, The Empathic Civilization: The Race to Global Consciousness in a World in Crisis (New York: J. P. Tarcher/Penguin, 2009). [《공감의 시대》(민음사: 2010)]

20. 핑커는 적절하게도 이렇게 주의를 주었다. "나는 지나친 해피엔딩으로 군중을 기쁘게 하고픈 유혹에 저항할 것이다. ……우리가 가진 선한 천사들에 대한 탐구는 그 천사들이 어떻게 우리를 폭력에서 멀어지게끔 했느냐는 것뿐만 아니라 왜 그 일을 그리도 자주 실패하고 마느냐는 것까지, 그리고 어떻게 그 천사들이 점점 더 관여하게 되었느냐는 것뿐만 아니라, 그들을 모두 투입하기까지 역사가 왜 그토록 오랜 세월을 기다려야만 했느냐 하는 것까지 보여 주어야만 한다." Pinker, *Better Angels of Our Nature*, p. 573. 이 책의 671쪽에서 핑커는 다음과 같이 적고 있다. "우리가 확실하다고 느낄 수 있는 것은, 현재까지 이르는 동안 수많은 종류의 폭력이 쇠퇴해 왔으며, 왜 그런 일이 벌어졌는지 우리가 이해할 수 있다는 것이다. 과학자로서 나는 신비적인 힘이나 우주적인 운명이 우리를 이제까지 계속해서 위로 올려 왔다는 그 어떤 소리에도 회의적인 입장을 취해야 한다. 폭력의 쇠퇴는 사회적, 문화적, 물질적 조건들이 낳은 한 산물이다. 그 조건들이 지속된다면, 폭력은 낮은 수준을 유지하거나 훨씬 더 쇠퇴할 것이다. 그러나 그 조건들이 지속되지 않는다면, 폭력은 그렇게 되지 않을 것이다."

21. 순진하게 여성은 폭력적이고 잔인하고 가학적이고 이기적이 될 수 없다고 말하는 것이 아니다. 남성처럼 당연히 여성도 그렇게 될 수 있다. 그러나 젠더의 차이는 단순히 사회화의 한 산물에 불과함을 증명하고 싶어 했던 1960년대의 이상주의자들에게는 미안한 말이지만, 평균적으로 여성이 남성보다 훨씬 덜 폭력적임은 현재 일반적으로 받아들여지고 있고, 생물학적 및 인류학적으로도 타당성을 잘 확인받은 사실이다.

22. Michael Shermer, *The Moral Arc: How Science and Reason Lead Humanity toward Truth, Justice, and Freedom* (New York: Henry Holt, 2015).

23. Steven Pinker, *Enlightenment Now: The Case for Reason, Science, Humanism, and Progress* (New York: Viking, 2018), p. 333.

24. 위의 책, p. 451.

25. 위의 책.

26. Max Roser, "A History of Global Living Conditions in 5 Charts," Our World in Data, December 20, 2016, https://ourworldindata.org/a-history-of-global-living-

conditions-in-5-charts/.

27. 실제로, 종교적 믿음이 독실한 사람들이 트럼프가 쉽게 승리할 수 있게 했다.

참고문헌

Adams, Douglas. Life, the Universe and Everything. 1st UK ed. London: Pan Books, 1982.

Alexander, Eben. Proof of Heaven: A Neurosurgeon's Journey into the Afterlife. New York: Simon & Schuster, 2012.

American Psychiatric Association DSM-5 Task Force. Diagnostic and Statistical Manual of Mental Disorders: DSM-5. 5th ed. Washington, DC: American Psychiatric Association, 2013.

Armstrong, Karen. The Bible: A Biography. New York: Atlantic Monthly Press, 2007.

__________. The Case for God. New York: Knopf, 2009.

__________. Fields of Blood: Religion and the History of Violence. New York: Alfred A. Knopf, 2014.

__________. A History of God: The 4000-Year Quest of Judaism, Christianity, and Islam. New York: A. A. Knopf, 1993.

Atran, Scott. In Gods We Trust: The Evolutionary Landscape of Religion. Evolution and Cognition. Oxford: Oxford University Press, 2002.

Axelrod, R., and W. D. Hamilton. "The Evolution of Cooperation." Science 211, no. 4489 (1981): 1390-6.

Axelrod, Robert M. The Evolution of Cooperation. New York: Basic Books, 1984.

Banerjee, K., and P. Bloom. "Why Did This Happen to Me? Religious Believers' and Non-Believers' Teleological Reasoning about Life Events." Cognition 133, no. 1 (October 2014): 277-303.

Bartlett, Kenneth. The Development of European Civilization. Great Courses. Chantilly, VA: Teaching, 2011.

Bauer, Yehuda. "The Background to Nazi Antisemitism and the Holocaust: Interview with Yehuda Bauer." By Amos Goldberg. Yad Vashem, January 18, 1998. http://www1.

yadvashem.org/odot_pdf/Microsoft%20Word%20-%203856.pdf.

Baumeister, Roy F. Evil: Inside Human Violence and Cruelty. New York: W. H. Freeman, 1997.

Baumeister, Roy F., and John Tierney. Willpower: Rediscovering the Greatest Human Strength. New York: Penguin, 2011.

Beck, Julie. "Coincidences and the Meaning of Life." Atlantic, February 23, 2016. http://www.theatlantic.com/science/archive/2016/02/the-true-meaning-of-coincidences/463164/.

Begley, Sharon. "Most Cancer Cases Arise from 'Bad Luck.'" Scientific American, March 2017. https://www.scientificamerican.com/article/most-cancer-cases-arise-from-bad-luck/.

Berenbaum, Michael. The World Must Know: The History of the Holocaust as Told in the United States Holocaust Memorial Museum. Boston: Little, Brown, 1993.

Bering, Jesse. The Belief Instinct: The Psychology of Souls, Destiny, and the Meaning of Life. New York: W. W. Norton, 2011.

__________. "The End? Why So Many of Us Think Our Minds Continue On After We Die." Scientific American Mind, October/November 2008, 34-41.

__________. "The Existential Theory of Mind." Review of General Psychology 6, no. 1 (March 2002): 3-24.

Bloom, Paul. Against Empathy: The Case for Rational Compassion. New York: Ecco, 2016.

__________. "Is God an Accident?" Atlantic, December 1, 2005. http://www.theatlantic.com/magazine/archive/2005/12/is-god-an-accident/304425/.

__________. Just Babies: The Origins of Good and Evil. New York: Crown, 2013.

__________. "The Trouble with Empathy: Interview with Paul Bloom." By Allyson Kirkpatrick. Guernica, February 1, 2016. https://www.guernicamag.com/interviews/the-trouble-with-empathy/.

Boyer, Pascal. Religion Explained: The Evolutionary Origins of Religious Thought. New York: Basic Books, 2001.

Breitbart, W., B. Rosenfeld, C. Gibson, H. Pessin, S. Poppito, C. Nelson, A. Tomarken, et al. "Meaning-Centered Group Psychotherapy for Patients with Advanced Cancer: A Pilot Randomized Controlled Trial." Psychooncology 19, no. 1 (January 2010): 21-28.

Burpo, Todd, and Lynn Vincent. Heaven Is for Real: A Little Boy's Astounding Story of His Trip to Heaven and Back. Nashville, TN: Thomas Nelson, 2010.

Cahoone, Lawrence. The Modern Intellectual Tradition: From Descartes to Derrida. Great Courses. Chantilly, VA: Teaching, 2010.

Camus, Albert, and Justin O'Brien. The Myth of Sisyphus and Other Essays. 1st Vintage international ed. New York: Vintage Books, 1991.

Canadian Medical Association. "CMA Policy: Euthanasia and Assisted Death (Update 2014)." Canadian Medical Association, August 2014. https://www.cma.ca/Assets/assets-library/document/en/advocacy/EOL/CMA_Policy_Euthanasia_Assisted%20Death_PD15-02-e.pdf.

Carroll, Sean M. The Big Picture: On the Origins of Life, Meaning, and the Universe Itself. New York: Dutton, 2016.

__________. From Eternity to Here: The Quest for the Ultimate Theory of Time. New York: Dutton, 2010.

Casey, B. J., L. H. Somerville, I. H. Gotlib, O. Ayduk, N. T. Franklin, M. K. Askren, J. Jonides, et al. "Behavioral and Neural Correlates of Delay of Gratification 40 Years Later." Proceedings of the National Academy of Sciences of the United States of America 108, no. 36 (September 6, 2011): 14998-5003.

Chopra, Deepak, and Menas C. Kafatos. You Are the Universe: Discovering Your Cosmic Self and Why It Matters. New York: Harmony Books, 2017.

Churchland, Patricia Smith. Braintrust: What Neuroscience Tells Us about Morality. Princeton, NJ: Princeton University Press, 2011.

__________. Touching a Nerve: The Self as Brain. Princeton, NJ: Princeton University Press, 2013.

Coyne, Jerry A. Faith versus Fact: Why Science and Religion Are Incompatible. New York: Viking, 2015.

Damasio, Antonio R. Descartes' Error: Emotion, Reason, and the Human Brain. New York: Putnam, 1994.

__________. Looking for Spinoza: Joy, Sorrow, and the Feeling Brain. Orlando, FL: Harcourt, 2003.

Darwin, Charles Robert. The Autobiography of Charles Darwin. London: Collins, 1958. http://darwin-online.org.uk/content/frameset?pageseq=94&itemID=F1497&viewtype=image.

Dawkins, Richard. Climbing Mount Improbable. 1st American ed. New York: Norton, 1996.

__________. The God Delusion. Boston: Houghton Mifflin, 2006.

__________. The Greatest Show on Earth: The Evidence for Evolution. New York: Free Press, 2009.

__________. "Militant Atheism." Filmed February 2002 in Monterrey, CA. TED video transcript. https://www.ted.com/talks/richard_dawkins_on_militant_atheism/transcript.

__________. The Selfish Gene. Oxford: Oxford University Press, 1976.

de Waal, Frans. The Age of Empathy: Nature's Lessons for a Kinder Society. New York: Harmony Books, 2009.

__________. "Moral Behavior in Animals." Filmed November 2011 in Peachtree, GA. TED video transcript. https://www.ted.com/talks/frans_de_waal_do_animals_have_morals/transcript?language=en.

Deacon, Terrence William. Incomplete Nature: How Mind Emerged from Matter. New York: W. W. Norton, 2011.

Dennett, D. C., and Alvin Plantinga. Science and Religion: Are They Compatible? New York: Oxford University Press, 2010.

Dennett, Daniel C. Breaking the Spell: Religion as a Natural Phenomenon. New York: Viking, 2006.

__________. From Bacteria to Bach and Back: The Evolution of Minds. New York: W. W. Norton, 2017.

__________. The Intentional Stance. Cambridge, MA: MIT Press, 1987.

Deutsch, David. The Beginning of Infinity: Explanations That Transform the World. New York: Viking, 2011.

Ehrenreich, Barbara. Bright-Sided: How the Relentless Promotion of Positive Thinking Has Undermined America. New York: Metropolitan Books, 2009.

__________. Living with a Wild God: A Nonbeliever's Search for the Truth about Everything. New York: Twelve, 2014.

Feynman, Richard. "Cargo Cult Science." Engineering and Science 37, no. 7 (June 1974): 10-13. http://calteches.library.caltech.edu/51/2/CargoCult.pdf.

Finkelstein, Israel, and Neil Asher Silberman. The Bible Unearthed: Archaeology's New Vision of Ancient Israel and the Origin of Its Sacred Texts. New York: Free Press, 2001.

__________. David and Solomon: In Search of the Bible's Sacred Kings and the Roots of the Western Tradition. New York: Free Press, 2006.

Fox, Elaine. "The Evolutionary Origins of Optimism." Salon, June 11, 2012. http://www.salon.com/2012/06/12/the_evolutionary_origins_of_optimism/.

Frances, A. Saving Normal: An Insider's Revolt against Out-of-Control Psychiatric Diagnosis, DSM-5, Big Pharma, and the Medicalization of Ordinary Life. New York: William Morrow, 2013.

Frankl, Viktor E. Man's Search for Meaning; An Introduction to Logotherapy. Boston: Beacon, 1963.

Fuster, Joaquin. The Prefrontal Cortex. 4th ed. Oxford: Elsevier, 2008.

Garfield, Jay. The Meaning of Life: Perspectives from the World's Great Intellectual Traditions. Great Courses. Chantilly, VA: Teaching, 2011.

Gawande, Atul. Being Mortal: Medicine and What Matters in the End. Toronto: Penguin Random House Canada, 2014.

Gervais, W. M. "Everything Is Permitted? People Intuitively Judge Immorality as Representative of Atheists." PLoS One 9, no. 4 (2014): e92302.

Gervais, W. M., A. K. Willard, A. Norenzayan, and J. Henrich. "The Cultural Transmission of Faith: Why Innate Intuitions Are Necessary, but Insufficient, to Explain Religious Belief." Religion 41, no. 3 (September 2011): 389–410.

Giles, Jim. "Internet Encyclopaedias Go Head to Head." Nature 438 (December 2015): 900–1. https://www.nature.com/articles/438900a.

Gold, I. "Reduction in Psychiatry." Canadian Journal of Psychiatry 54, no. 8 (August 2009): 506–12.

Goldberg, L. R. "The Structure of Phenotypic Personality Traits." American Psychologist 48, no. 1 (January 1993): 26–34.

Goldstein, Rebecca. 36 Arguments for the Existence of God: A Work of Fiction. New York: Pantheon Books, 2010.

Goodenough, Ursula. The Sacred Depths of Nature. New York: Oxford University Press, 1998.

Gould, Stephen Jay. Rocks of Ages: Science and Religion in the Fullness of Life. Library of Contemporary Thought. New York: Ballantine, 1999.

Green, Arthur. Radical Judaism: Rethinking God and Tradition. New Haven, CT: Yale University Press, 2010.

Greene, Brian. The Hidden Reality: Parallel Universes and the Deep Laws of the Cosmos. New York: Alfred A. Knopf, 2011.

Grim, Patrick. Questions of Value. Great Courses. Chantilly, VA: Teaching, 2005.

Griskevicius, V., R. B. Cialdini, and D. T. Kenrick. "Peacocks, Picasso, and Parental Investment: The Effects of Romantic Motives on Creativity." Journal of Personality and Social Psychology 91 (2006): 63–76.

Haidt, Jonathan. The Righteous Mind: Why Good People Are Divided by Politics and Religion. New York: Pantheon Books, 2012.

Hale, John. Exploring the Roots of Religion. Great Courses. Chantilly, VA: Teaching, 2009.

Hall, James. Philosophy of Religion. Great Courses. Chantilly, VA: Teaching, 2003.

Harari, Yuval N. Sapiens: A Brief History of Humankind. Oxford: Signal, 2014.

Harris, Sam. The End of Faith: Religion, Terror, and the Future of Reason. New York: W. W. Norton, 2004.

_________. Letter to a Christian Nation. New York: Knopf, 2006.

_________. The Moral Landscape: How Science Can Determine Human Values. New York: Free Press, 2010.

Hawking, S. W., and Leonard Mlodinow. The Grand Design. New York: Bantam Books, 2010.

Hitchens, Christopher. God Is Not Great: How Religion Poisons Everything. New York:

Twelve, 2007.

Hitchens, Christopher, and Tony Blair. Hitchens vs. Blair: Be It Resolved Religion Is a Force for Good in the World. Toronto: House of Anansi, 2011.

Hobbes, Thomas. Of Man, Being the First Part of Leviathan. In Harvard Classics, vol. 34, edited by Charles Eliot. New York: P. F. Collier & Son, 1917; Bartleby.com, 2000. http://www.bartleby.com/34/5/13.html.

Hoffman, Martin. Empathy and Moral Development: Implications for Caring and Justice. New York: Cambridge University Press, 2000.

Hofstadter, Douglas R. Gödel, Escher, Bach: An Eternal Golden Braid. New York: Basic Books, 1979.

__________. I Am a Strange Loop. New York: Basic Books, 2007.

Hofstadter, Douglas R., and Emmanuel Sander. Surfaces and Essences: Analogy as the Fuel and Fire of Thinking. New York: Basic Books, 2013.

Hood, Bruce M. Supersense: Why We Believe in the Unbelievable. New York: HarperOne, 2009.

Hout, Michael, Claude Fischer, and Mark Chaves. More Americans Have No Religious Preference: Key Finding from the 2012 General Social Survey. Berkeley, CA: Institute for the Study of Societal Issues, 2013. http://sociology.berkeley.edu/sites/default/files/faculty/fischer/Hout%20et%20al_No%20Relig%20Pref%202012_Release%20Mar%202013.pdf.

Howes, O. D., and S. Kapur. "The Dopamine Hypothesis of Schizophrenia: Version III—The Final Common Pathway." Schizophrenia Bulletin 35, no. 3 (2009): 549-62.

Ijjas, A., P. J. Steinhardt, and A. Loeb. "Pop Goes the Universe." Scientific American, January 2017.

James, William. The Varieties of Religious Experience: A Study in Human Nature. Modern Library ed. New York: Modern Library, 1994.

Jung, C. G., and Wolfgang Pauli. The Interpretation of Nature and the Psyche. Synchronicity: An Acausal Connecting Principle. New York: Pantheon Books, 1955.

Kahneman, Daniel. Thinking, Fast and Slow. New York: Farrar, Straus and Giroux, 2011.

Kandel, E. R. "The Biology of Memory: A Forty-Year Perspective." Journal of Neuroscience 29, no. 41 (October 2009): 12748-56.

__________. "The Molecular Biology of Memory Storage: A Dialogue between Genes and Synapses." Science 294, no. 5544 (November 2001): 1030-38.

__________. Psychiatry, Psychoanalysis, and the New Biology of Mind. Washington, DC: American Psychiatric, 2005.

Kant, Immanuel. "What Is Enlightenment?" EServer. Accessed August 25, 2013. http://

philosophy.eserver.org/kant/what-is-enlightenment.txt.

Kapur, S. "Psychosis as a State of Aberrant Salience: A Framework Linking Biology, Phenomenology, and Pharmacology in Schizophrenia." American Journal of Psychiatry. 160, no. 1 (2003): 13-23.

Kauffman, Stuart A. Reinventing the Sacred: A New View of Science, Reason and Religion. New York: Basic Books, 2008.

Kelemen, D. "Why Are Rocks Pointy? Children's Preference for Teleological Explanations of the Natural World." Developmental Psychology 35, no. 6 (November 1999): 1440-52.

Kelemen, D., and E. Rosset. "The Human Function Compunction: Teleological Explanation in Adults." Cognition 111, no. 1 (April 2009): 138-43.

Kelemen, D., J. Rottman, and R. Seston. "Professional Physical Scientists Display Tenacious Teleological Tendencies: Purpose-Based Reasoning as a Cognitive Default." Journal of Experimental Psychology: General 142, no. 4 (November 2013): 1074-83.

Kelemen, Lawrence. Permission to Believe: Four Rational Approaches to God's Existence. 2nd rev. ed. New York: Targum, 1990.

__________. Permission to Receive: Four Rational Approaches to the Torah's Divine Origin. New York: Targum, 1994.

Kenrick, Douglas T. Sex, Murder, and the Meaning of Life: A Psychologist Investigates How Evolution, Cognition, and Complexity Are Revolutionizing Our View of Human Nature. New York: Basic Books, 2011.

Kida, Thomas E. Don't Believe Everything You Think: The 6 Basic Mistakes We Make in Thinking. Amherst, NY: Prometheus Books, 2006.

Koch, Christof. "A 'Complex' Theory of Consciousness." Scientific American, July 2009. https://www.scientificamerican.com/article/a-theory-of-consciousness/.

__________. Consciousness: Confessions of a Romantic Reductionist. Cambridge, MA: MIT Press, 2012.

Koenig, H. G. "Research On Religion, Spirituality, and Mental Health: A Review." Canadian Journal of Psychiatry 54, no. 5 (2009): 283-91.

Kräenbring, Jona, Tika Monzon Penza, Joanna Gutmann, Susanne Muehlich, Oliver Zolk, Leszek Wojnowski, Renke Maas, Stefan Engelhardt, and Antonio Sarikas. "Accuracy and Completeness of Drug Information in Wikipedia: A Comparison with Standard Textbooks of Pharmacology." PLoS One 9, no. 9 (September 2014): e106930. http://journals.plos.org/plosone/article?id=10.1371/journal.pone.0106930.

Krauss, Lawrence. A Universe from Nothing: Why There Is Something Rather Than Nothing. New York: Free Press, 2012.

Kringelbach, M., and K. Berridge. "The Joyful Mind." Scientific American, August 2012.

Kuhn, Robert. "Levels of Nothing: There Are Multiple Answers to the Question of Why the Universe Exists." eSkeptic, August 28, 2013. https://www.skeptic.com/eskeptic/13-08-28/#feature.

Kurtz, Paul. Humanist Manifesto 2000: A Call for a New Planetary Humanism. Amherst, NY: Prometheus Books, 2000.

Kushner, Harold S. When Bad Things Happen to Good People. New York: Schocken Books, 1981.

Lewis, Ralph. "Controversies in Psychiatric Diagnosis: What Is a Mental Disorder? And When Are Irrational Beliefs Delusional?" Skeptic, December 2013.

Lipka, Michael. "Americans' Faith in God May Be Eroding." Pew Research Center, November 4, 2015. http://www.pewresearch.org/fact-tank/2015/11/04/americans-faith-in-god-may-be-eroding/.

Locke, John. "Of the State of Nature." Chap. 2 in Second Treatise of Government. London: Awnsham Churchill, 1689; Project Gutenberg, 2005. https://www.gutenberg.org/files/7370/7370-h/7370-h.htm.

Malarkey, Kevin, and Alex Malarkey. The Boy Who Came Back from Heaven: A Remarkable Account of Miracles, Angels, and Life beyond This World. Carol Stream, IL: Tyndale House, 2010.

Marcotte, Amanda. "10 Myths Many Religious People Hold about Atheists, Debunked." AlterNet, September 13, 2011. http://www.alternet.org/story/152395/10_myths_many_religious_people_hold_about_atheists%2C_debunked?paging=off.

Martin, Sandra. A Good Death: Making the Most of Our Final Choices. Toronto: Patrick Crean Editions, 2016.

Maslow, A. H. "A Theory of Human Motivation." Psychological Review 50, no. 4 (1943): 370-96.

Mathewes, Charles. Why Evil Exists. Great Courses. Chantilly, VA: Teaching, 2011.

McKay, Brendan, Gil Kalai, Maya Bar-Hillel, and Dror Bar-Natan. "Solving the Bible Code Puzzle." Statistical Science 14, no. 2 (1999): 150-73.

Mischel, Walter. The Marshmallow Test: Mastering Self-Control. New York: Little, Brown, 2014.

Mitchell, Melanie. Complexity: A Guided Tour. Oxford: Oxford University Press, 2009.

Mlodinow, Leonard. The Drunkard's Walk: How Randomness Rules Our Lives. New York: Pantheon Books, 2008.

Morowitz, Harold J. The Emergence of Everything: How the World Became Complex. New York: Oxford University Press, 2002.

Muesse, Mark. Religions of the Axial Age: An Approach to the World's Religions. Great

Courses. Chantilly, VA: Teaching, 2007.

Nagel, Thomas. Mind and Cosmos: Why the Materialist Neo-Darwinian Conception of Nature Is Almost Certainly False. New York: Oxford University Press, 2012.

[확인 요] National Aeronautics and Space Administration. "Life's Working Definition: Does It Work?" NASA. Accessed March 14, 2017. https://www.nasa.gov/vision/universe/starsgalaxies/life's_working_definition.

National Institute of Mental Health. "Research Domain Criteria (RDoC)." NIMH, July 2010 and updates. https://www.nimh.nih.gov/research-priorities/rdoc/index.shtml.

Nowak, M. "Why We Help: The Evolution of Cooperation." Scientific American, July 2012.

Orr, H. Allen. "Awaiting a New Darwin." New York Review of Books, February 7, 2013.

Pennycook, G., J. A. Cheyne, N. Barr, D. J. Koehler, and J. A. Fugelsang. "On the Reception and Detection of Pseudo-Profound Bullshit." Judgment and Decision Making 10, no. 6 (November 2015): 549-63.

Penrose, Roger. Cycles of Time: An Extraordinary New View of the Universe. London: Bodley Head, 2010.

Petticrew, M., R. Bell, and D. Hunter. "Influence of Psychological Coping on Survival and Recurrence in People with Cancer: Systematic Review." BMJ 325, no. 7372 (November 2002): 1066.

Pew Research Center. "America's Changing Religious Landscape." Pew Research Center, May 12, 2015. http://www.pewforum.org/2015/05/12/americas-changing-religious-landscape/.

Pinker, Steven. The Better Angels of Our Nature: Why Violence Has Declined. New York: Viking, 2011.

__________. Enlightenment Now: The Case for Reason, Science, Humanism, and Progress. New York: Viking, 2018.

Prothero, Donald R. Reality Check: How Science Deniers Threaten Our Future. Bloomington: Indiana University Press, 2013.

Quattrociocchi, W. "Inside the Echo Chamber." Scientific American, April 2017.

Reznek, Lawrie. Peddling Mental Disorder: The Crisis in Modern Psychiatry. Jefferson, NC: McFarland, 2015.

Rifkin, Jeremy. The Empathic Civilization: The Race to Global Consciousness in a World in Crisis. New York: J.P. Tarcher/Penguin, 2009.

Roser, Max. "A History of Global Living Conditions in 5 Charts." Our World in Data, December 20, 2016. https://ourworldindata.org/a-history-of-global-living-conditions-in-5-charts/.

Sacks, Oliver. "Seeing God in the Third Millennium: How the Brain Creates Out-of-Body Experiences and Religious Epiphanies." Atlantic, December 12, 2012. http://www.theatlantic.com/health/archive/2012/12/seeing-god-in-the-third-millennium/266134/.

Sadock, Benjamin J., Virginia A. Sadock, Pedro Ruiz, and Harold I. Kaplan, eds. Kaplan & Sadock's Comprehensive Textbook of Psychiatry. 9th ed. Philadelphia: Wolters Kluwer Health/Lippincott Williams & Wilkins, 2009.

Sagan, Carl. The Demon-Haunted World: Science as a Candle in the Dark. New York: Random House, 1995.

Sagan, Carl. "Wonder and Skepticism." Skeptical Inquirer, January/February 1995.

Scherman, Nosson, Hersh Goldwurm, Avie Gold, and Meir Zlotowitz. The Chumash: The Torah, Haftaros and Five Megillos (The Stone Edition). ArtScroll series. 11th ed. Brooklyn: Mesorah, 2001.

Schreiner, Olive. The Story of an African Farm: A Novel. New York: Crown, 1987.

Schroeder, Gerald L. Genesis and the Big Bang Theory: The Discovery of Harmony between Modern Science and the Bible. New York: Bantam Books, 1990.

__________. God according to God: A Physicist Proves We've Been Wrong about God All Along. New York: HarperOne, 2009.

__________. The Hidden Face of God: How Science Reveals the Ultimate Truth. New York: Free Press, 2001.

__________. The Science of God: The Convergence of Scientific and Biblical Wisdom. New York: Free Press, 1997.

Schwarz, Alan. ADHD Nation: Children, Doctors, Big Pharma, and the Making of an American Epidemic. New York: Scribner, 2016.

Sharot, Tali. "The Optimism Bias." Current Biology 21, no. 23 (December 2011): R941-45.

__________. "The Optimism Bias." Filmed February 2012 in Long Beach, CA. TED video, 17:34. http://www.ted.com/talks/tali_sharot_the_optimism_bias?language=en.

Shermer, Michael. "Agenticity. Why People Believe That Invisible Agents Control the World." Scientific American, May 2009.

__________. "Anomalous Events That Can Shake One's Skepticism to the Core." Scientific American, October 2014.

__________. The Believing Brain: From Ghosts and Gods to Politics and Conspiracies—How We Construct Beliefs and Reinforce Them as Truths. New York: Times Books, 2011.

__________. Heavens on Earth: The Scientific Search for the Afterlife, Immortality, and Utopia. New York: Henry Holt, 2018.

__________. "Martin Gardner 1914-2010, Founder of the Modern Skeptical Movement." eSkeptic, May 26, 2010. http://www.skeptic.com/eskeptic/10-05-26/.

_________ . The Moral Arc: How Science and Reason Lead Humanity toward Truth, Justice, and Freedom. New York: Henry Holt, 2015.

_________ . "Patternicity: Finding Meaningful Patterns in Meaningless Noise." Scientific American, November 2008.

_________ . Why People Believe Weird Things: Pseudoscience, Superstition, and Other Confusions of Our Time. Rev. ed. New York: Holt Paperbacks, 2002.

Solomon, Robert, and Kathleen Higgins. The Will to Power: The Philosophy of Friedrich Nietzsche. Great Courses. Chantilly, VA: Teaching, 1999.

Steinhardt, Paul J., and Neil Turok. Endless Universe: Beyond the Big Bang. New York: Doubleday, 2007.

Stenger, Victor J. God: The Failed Hypothesis: How Science Shows That God Does Not Exist. Amherst, NY: Prometheus Books, 2007.

_________ . The New Atheism: Taking a Stand for Science and Reason. Amherst, NY: Prometheus Books, 2009.

Suomi, Stephen. "How Gene-Environment Interactions Shape the Development of Impulsive Aggression in Rhesus Monkeys." In Developmental Psychobiology of Aggression, edited by David Stoff and Elizabeth Susman, 252-68. Cambridge: Cambridge University Press, 2005.

Tegmark, Max. Our Mathematical Universe: My Quest for the Ultimate Nature of Reality. New York: Alfred A. Knopf, 2014.

_________ . "Parallel Universes: Not Just a Staple of Science Fiction, Other Universes Are a Direct Implication of Cosmological Observations." Scientific American, May 2003.

Tennyson, Alfred. "In Memoriam A.H.H." The Literature Network. Accessed March 17, 2017. http://www.online-literature.com/tennyson/718/.

Thomson, J. Anderson., and Clare Aukofer. Why We Believe in God(s): A Concise Guide to the Science of Faith. Charlottesville, VA: Pitchstone, 2011.

Tomasetti, C., L. Li, and B. Vogelstein. "Stem Cell Divisions, Somatic Mutations, Cancer Etiology, and Cancer Prevention." Science 355, no. 6331 (March 2017): 1330-34.

Tomasetti, C., and B. Vogelstein. "Cancer Etiology: Variation in Cancer Risk among Tissues Can Be Explained by the Number of Stem Cell Divisions." Science 347, no. 6217 (January 2015): 78-81.

Tononi, Giulio. Phi: A Voyage from the Brain to the Soul. New York: Pantheon Books, 2012.

Turok, Neil. The Universe Within: From Quantum to Cosmos. Toronto: House of Anansi, 2012.

Vance, Erik. Suggestible You: The Curious Science of Your Brain's Ability to Deceive, Transform, and Heal. Washington, DC: National Geographic, 2016.

Venter, J. Craig. Life at the Speed of Light: From the Double Helix to the Dawn of Digital Life. New York: Viking, 2013.

Volk, Tyler, and Dorion Sagan. Death & Sex. White River Junction, VT: Chelsea Green, 2009.

Wald, George. "Life and Mind in the Universe." International Journal of Quantum Chemistry 26, suppl. 11 (1984): 1-15.

__________. "The Origin of Death." Transcript of 1970 talk. Accessed June 6, 2012. http://www.elijahwald.com/origin.html.

Ward, Peter D., and Joseph L. Kirschvink. A New History of Life: The Radical New Discoveries about the Origins and Evolution of Life on Earth. New York: Bloomsbury, 2015.

Warren, Rick. The Purpose Driven Life: What on Earth Am I Here For? Grand Rapids, MI: Zondervan, 2002.

Weinberg, Steven. Dreams of a Final Theory. New York: Pantheon Books, 1992.

__________. The First Three Minutes: A Modern View of the Origin of the Universe. New York: Basic Books, 1977.

Wilson, E. O. The Social Conquest of Earth. New York: W. W. Norton, 2012.

Wolpe, David J. Why Faith Matters. New York: HarperOne, 2008.

World Health Organization. The ICD-10 Classification of Mental and Behavioural Disorders: Clinical Descriptions and Diagnostic Guidelines. Geneva: World Health Organization, 1992.

Yalom, Irvin D. Staring at the Sun: Overcoming the Terror of Death. San Francisco: Jossey-Bass, 2008.

Young, Joel. "ADHD and Crime: Considering the Connections." Medscape, April 12, 2010. http://www.medscape.org/viewarticle/719862.

Zorumski, Charles F., and Eugene H. Rubin. Psychiatry and Clinical Neuroscience: A Primer. New York: Oxford University Press, 2011.

찾아보기

신 없는 세계에서 목적 찾기

초판 1쇄 발행 2022년 4월 15일

지은이 랠프 루이스
옮긴이 류운
기획편집 박소현
디자인 최우영 고영선 김슬기

펴낸곳 (주)바다출판사
주소 서울시 종로구 자하문로 287(부암동)
전화 02-322-3885(편집), 02-322-3575(마케팅)
팩스 02-322-3858
e-mail badabooks@daum.net
홈페이지 www.badabooks.co.kr

ISBN 979-11-6689-084-0 03180